Ursel Borstell

Die schönsten Gärten Österreichs

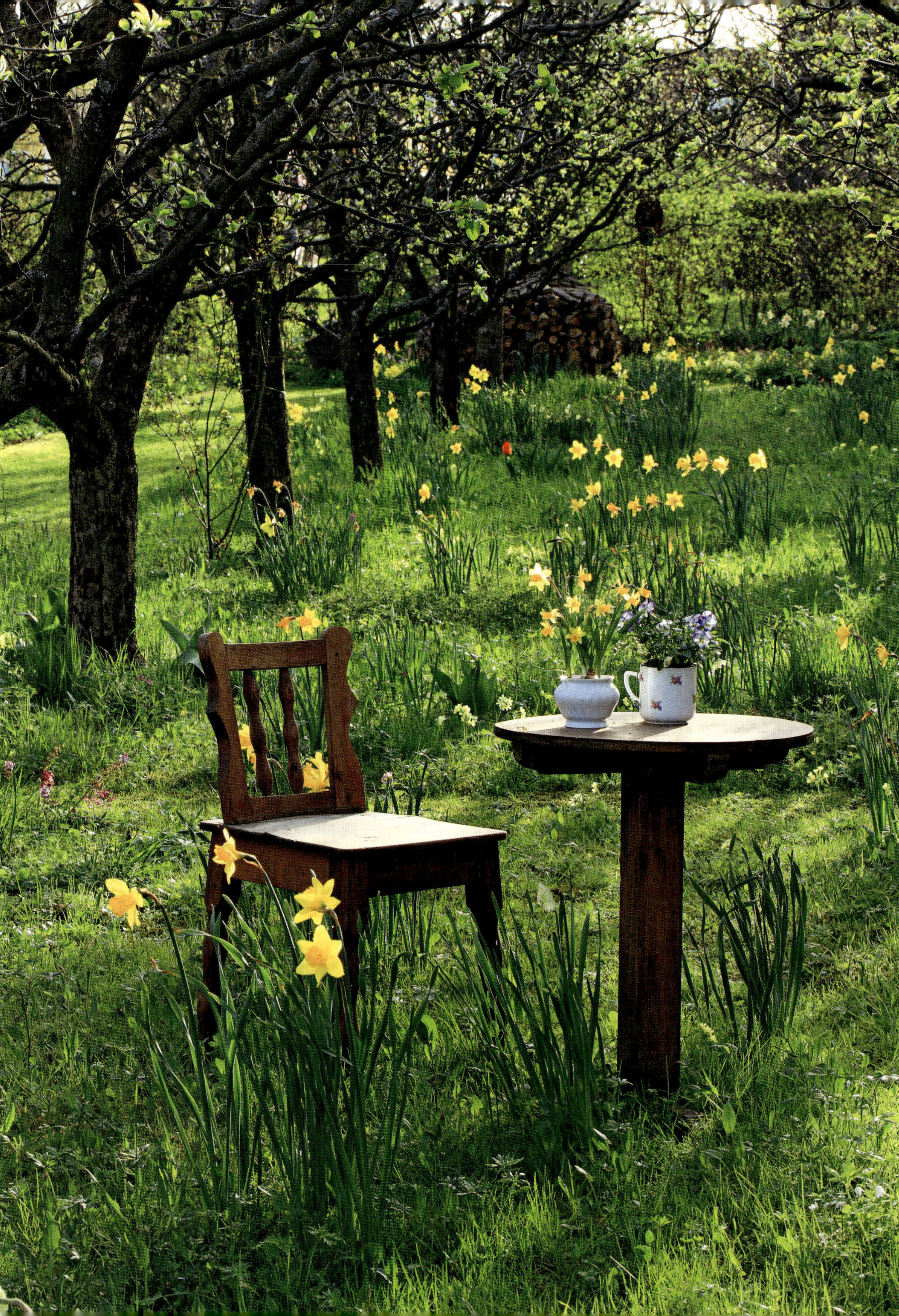

Ursel Borstell

Die schönsten Gärten Österreichs

Mit Texten von Elke Papouschek
und Veronika Schubert
Vorwort von Karl Ploberger

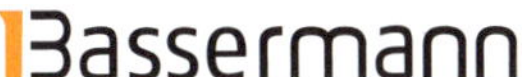

Inhalt

Österreichs schönste Gärten

Wer an Österreich denkt, der denkt an ein Kulturland mit Mozart, Neujahrskonzert, Festspielen in Salzburg, Bregenz oder auch an die bekannte Operetten- und Weinbaugemeinde Mörbisch am Neusiedler See. Viele sehen das Land auch als beliebtes Urlaubsziel zum Skifahren und Wandern, gelegen im Herzen Europas ist es aber auch in wirtschaftlicher Hinsicht eine Insel der Seligen. Und es ist ein kleines Naturparadies: von den schneebedeckten Bergen bis zu den mediterran anmutenden Seen, von der panonnischen Weite bis zu den schroffen engen Tälern der Alpen. Das alles geht Nicht-Österreichern durch den Kopf, wenn sie an die „Alpenrepublik“ oder die „Ösis“ denken, wie sie oft auch liebevoll die Bewohner nennen.

Beinahe still und heimlich ist dieses Land aber in den letzten Jahrzehnten zu einem Geheimtipp für Gartenliebhaber, zu einer grünen Insel im wahrsten Sinne des Wortes geworden. Die Fotografin Ursel Borstell hat in jahrelanger mühevoller Detailarbeit die kleinen und größeren grünen Paradiese ausgewählt. Mit dem Blick der Fotografin ist ein Buch entstanden, das es in dieser Form noch nicht gegeben hat. Die Gespräche mit den Gartenbesitzerinnen und -besitzern haben Veronika Schubert und Elke Papouschek geführt und versucht, die Leidenschaft und Liebe, aber auch die Ideen und Strategien zu ergründen, die diese und jene Gestaltung mit sich gebracht hat.

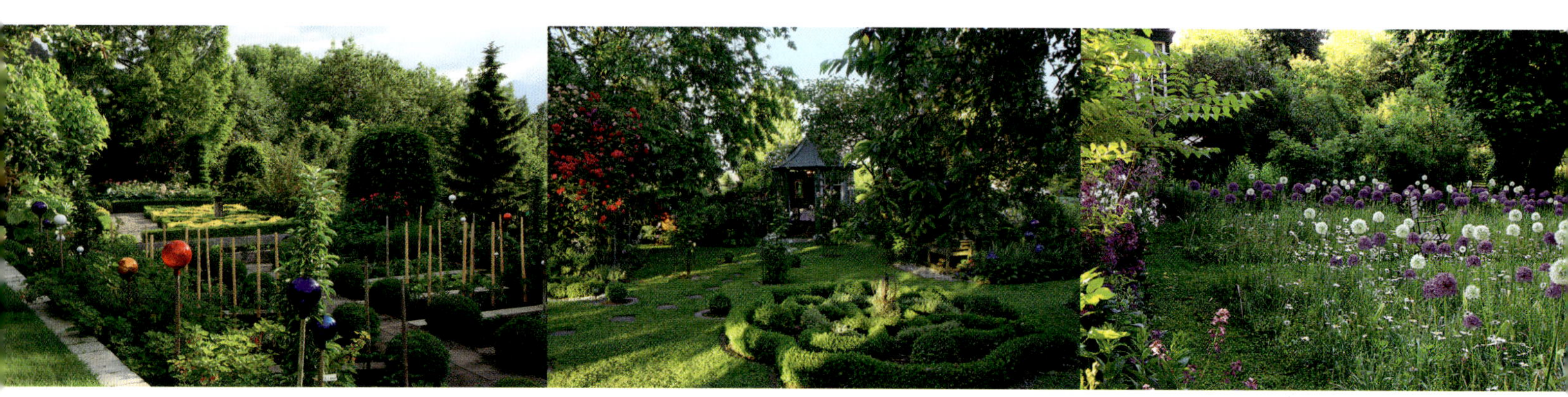

Mit meiner Gartensendung „Natur im Garten" habe ich in den letzten Jahren weit mehr als 150 Gärten mit Kamera und Team besuchen dürfen und in den Plaudereien mit den Besitzern die besondere Leidenschaft der österreichischen Gartenenthusiasten erkundet. Für mich zeigte sich dabei, dass wir den englischen Gartenparadiesen um nichts mehr nachstehen. Zwar sind die Gärten in der Alpenrepublik insgesamt viel kleiner, die Vielfalt kann sich aber mit den Gärten auf der Insel messen.

Das zeigt sich auch in diesem Buch, in dem – völlig unobjektiv – die „schönsten Gärten"vom Bodensee bis zum Neusiedler See ausgewählt wurden. Von ganz romantisch bis zu ganz modern, von naturnah bis zu Gärten, die Individuelles aussagen.

Ich freue mich, dass ich mit meinem Garten auch in diesem Buch vorkomme, stellt doch dieses private Paradies von mir und meiner Familie ein Mosaik der vielen Ideen dar, die ich bei meinen Dreharbeiten im In- und Ausland zusammengetragen und an die Gegebenheiten und das Klima in diesem Land angepasst habe. Mein Garten ist sozusagen Symbol geworden für die neue Gartenleidenschaft der Österreicher.

Eines freut mich, dass ich in den nun schon mehr als 30 Jahren Gartenjournalismus ein Stück mitgeholfen habe, die Begeisterung zu schüren – ich habe sozusagen mit meinen Fernsehsendungen, Büchern, Hunderten Zeitungsartikeln und ungezählten Radiosendungen den Zündstoff geliefert. Das Feuer der Leidenschaft kam von selbst und ist nun an allen Ecken und Enden zu spüren – oft aber noch immer versteckt hinter Gartenzäunen.

Mit diesem Buch über „Österreichs schönste Gärten" wird das Gartentürl einiger Gärten ein wenig geöffnet. Es zeigt, was selbst hier unter den teilweise extremen Wetterbedingungen möglich ist. Und nun können wir gemeinsam mit den Besitzern genießen. Denn das beweist auch diese bildliche Reise durchs Land: Garten und Genuss gehören zusammen. Nicht nur visuell, sondern auch leibhaftig, denn hier gibt es kaum einen Garten, bei dem es nicht ein Kräutergärtchen, ein Gemüsebeet oder Obstbäume und Beerensträucher gibt. Selbstversorger sind die meisten nicht mehr, aber einen Gutteil der Vitamine lassen die Gartenbesitzer vor der Haustür „wachsen".

Mit diesem Buch gelingt es erstmals, ein wenig mehr von dem Enthusiasmus in Österreich zu spüren, aber gleichzeitig liefert es auch neue Ideen für den eigenen Garten. Und der muss gar nicht in den Alpen liegen ...

Viel Freude beim Lesen und Schauen, vor allem aber dann viel Spaß beim Garteln, wie wir Österreicher sagen.

Karl Ploberger

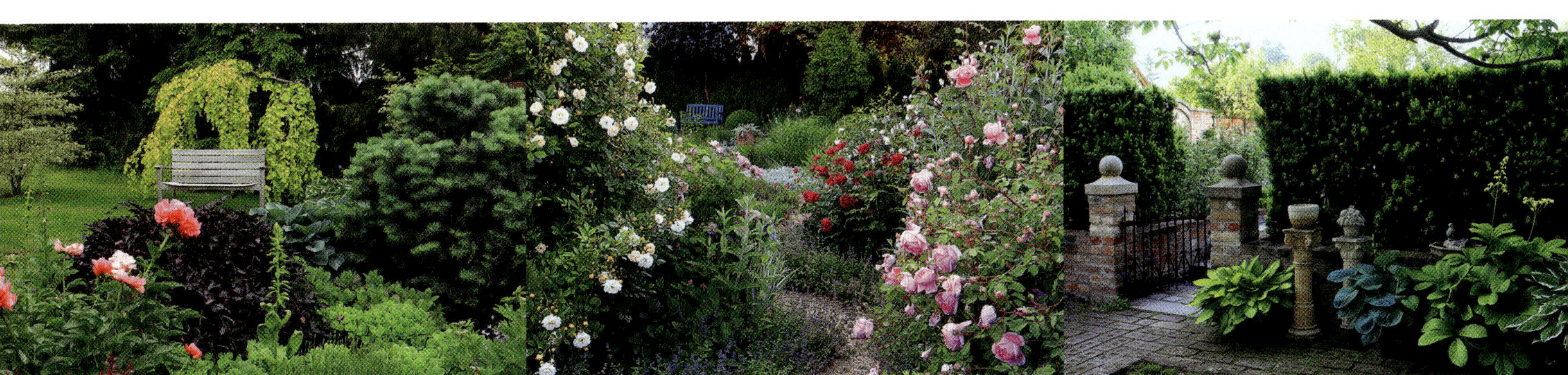

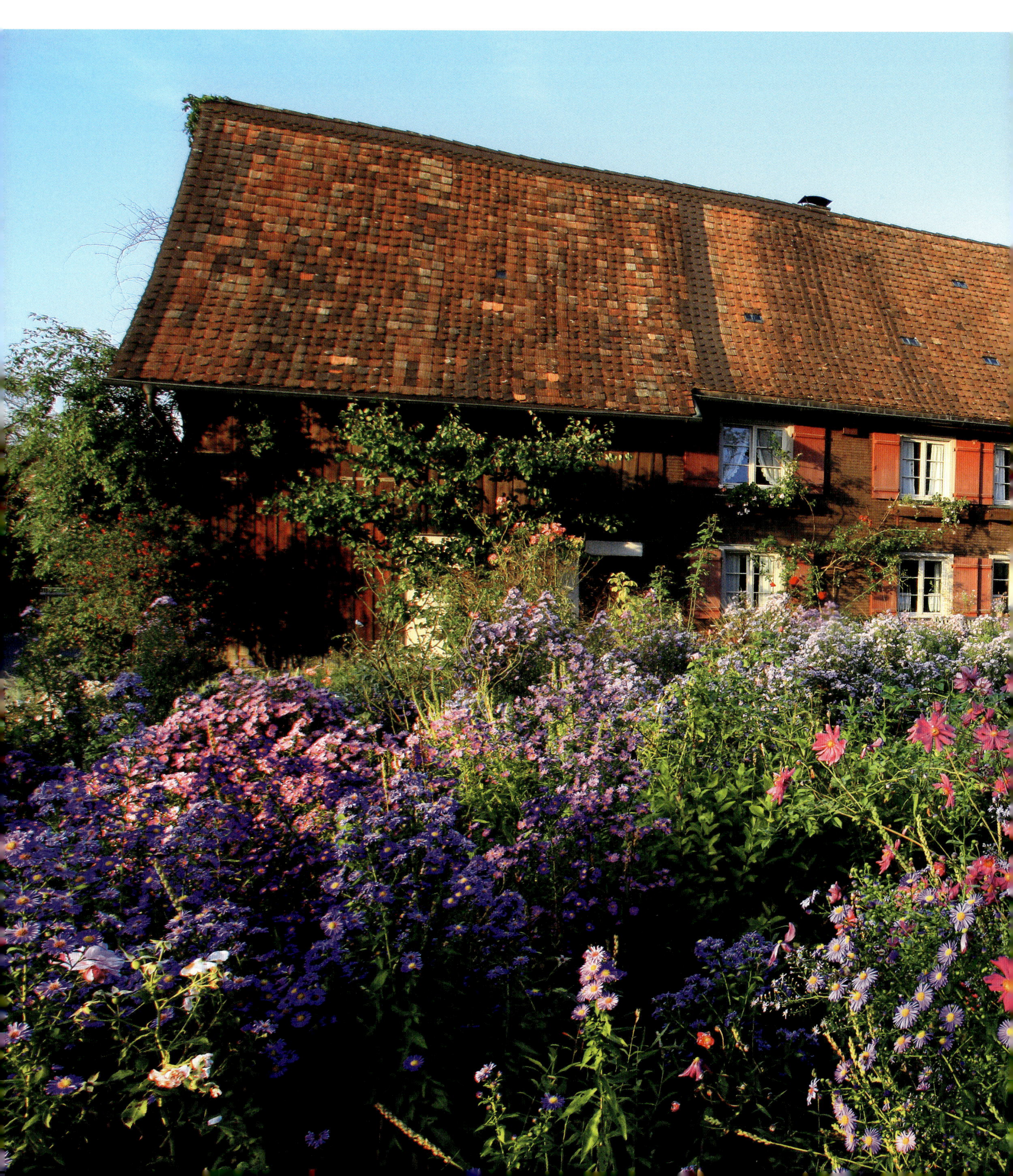

Eine Gartenpionierin in Vorarlberg

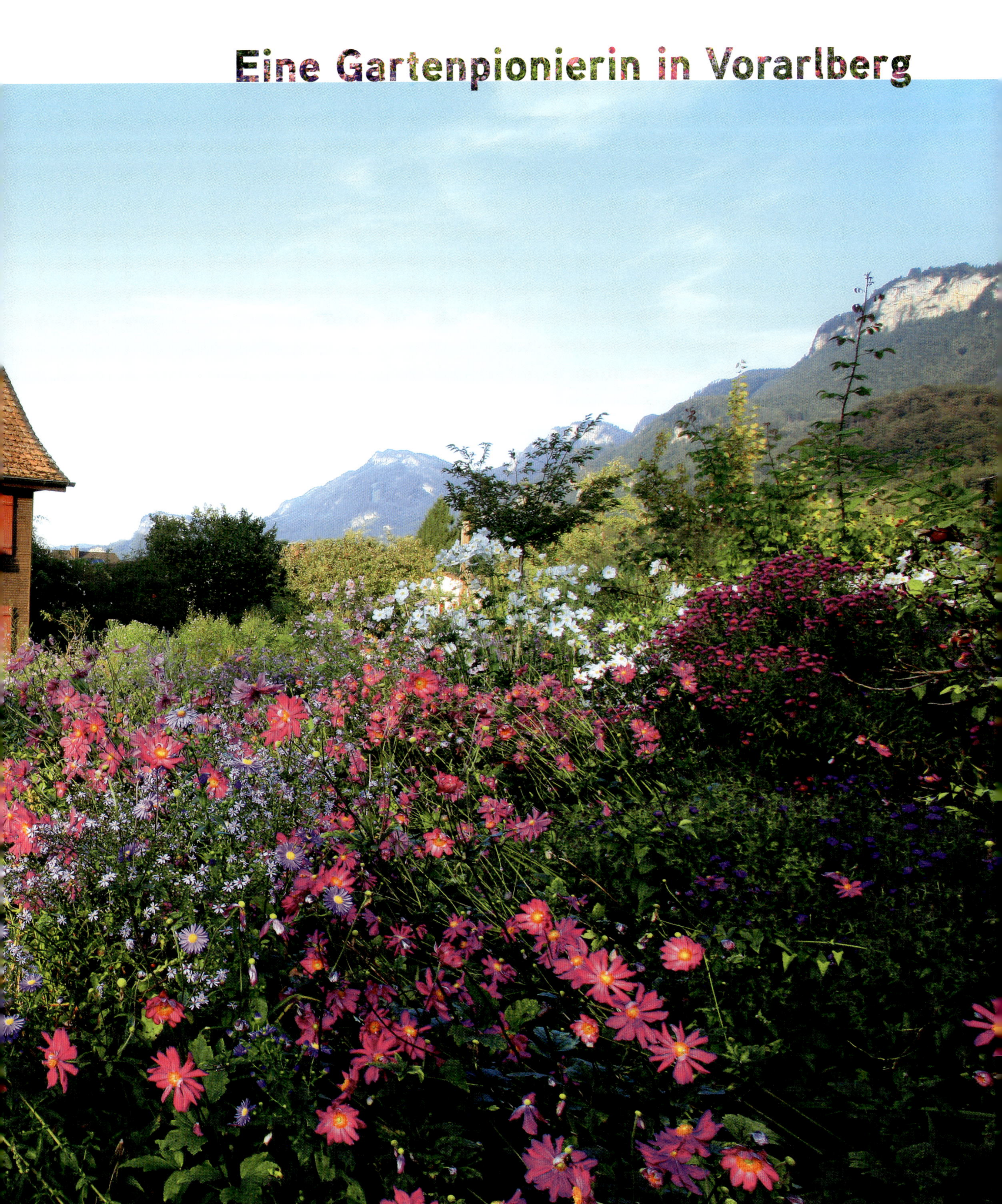

Unten links *Ein Leben für den Garten, um die Natur zu begreifen und einfach glücklich zu sein. Elfriede Heinzle verbringt vor allem dann Zeit in ihrem grünen Reich, wenn sie zur Ruhe kommen möchte. Aufmerksam spürt sie, was ihre Blumen an Pflege benötigen.*

Unten rechts *Hühner zu halten, ist für die Bäuerin eine Selbstverständlichkeit. Der Mist wird für die Beete verwendet und tut den Gehölzen und Stauden sichtlich gut.*

Rechte Seite *Glockenblumen im Vordergrund, Kletterrosen im Hintergrund. Üppige Blütenfülle entsteht hier inmitten der Bergwelt fast beiläufig. Nistkästen bieten den gefiederten Freunden ein Quartier.*

Das Sonnenlicht der Mittagsstunden liegt gleißend über den bunten Blumen – ein wahrer Farbenrausch! Die Schönheit des Gartens von Elfriede Heinzle präsentiert sich nahezu in einem einzigen großen Staudenbeet: Taglilien, Phlox und Stockrosen malen im Sommer ein Bild, als hätte der Maler Claude Monet selbst Hand angelegt. Mutterkraut und auch die zarten Blüten des Storchschnabels bringen eine gewisse Leichtigkeit in den „natürlichen Blumenstrauß". Später im Jahr dürfen Astern und Gräser diese Rolle übernehmen.

Der Garten von Elfriede Heinzle in Götzis liegt einladend mitten in die Landschaft gebettet, ganz ohne Zaun – als wäre es Sinn des Gartens, sich den Vorübergehenden zu offenbaren. Das Geheimnis dieses Gartens liegt allerdings nicht nur im Betrachten, sondern im Verstehen, wie die Besitzerin nicht müde wird zu betonen. Nicht die Gestaltung nach Richtlinien und Gesichtspunkten des Menschen steht im Vordergrund, sondern das Verschmelzen desselben mit der Natur. Das 400 Jahre alte Bauernhaus strahlt dazu seine Ruhe und Beständigkeit aus.

Elfriede Heinzle bezeichnet sich selbst als Gartenpionierin im Land, und das ist sie auch – hat sie doch ihr ganzes Leben unermüdlich damit verbracht, im örtlichen Bildungshaus Handwerk wie auch Philosophie weiterzugeben. Altes Wissen verknüpft sie mit dem Bewusstsein, dass der Garten uns erdet und inneren Frieden bringt. Am liebsten spricht sie dabei im vorarlbergerischen Dialekt, der auch dem Deutschsprachigen vorerst genaues Hinhören abverlangt, um zu verstehen. Die Kernbotschaft der Naturbegeisterten mit dem gütigen Blick kehrt jedoch immer wieder, gleich einem Refrain in einem fröhlichen Lied. „Der Boden zieht die Sorgen, der Wind bläst sie davon – das hat meine Mutter immer gesagt", beschreibt Elfriede Heinzle ihren persönlichen Zugang zum Garten.

Was hier als Erlebnis bezeichnet werden kann, ist also nicht der Garten allein, sondern die Botschafterin und Gärtnerin als solche. Schon vor vielen Jahren wurde sie in den Medien zu den Gartenmenschen Österreichs gezählt, zahlreiche Porträts über diese besondere Frau sind geschrieben. Wer diesen Garten

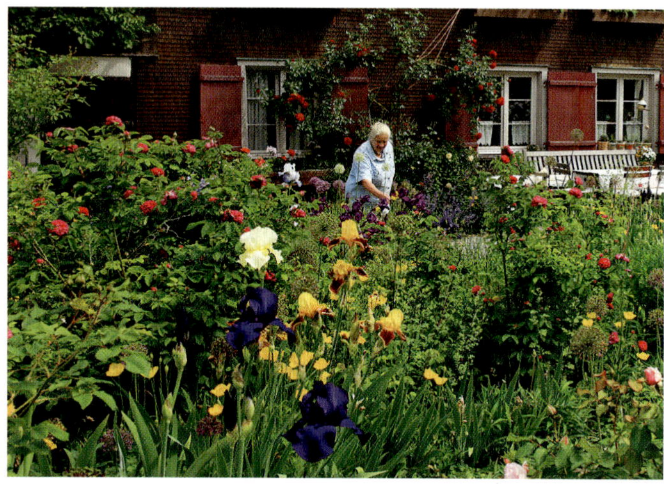

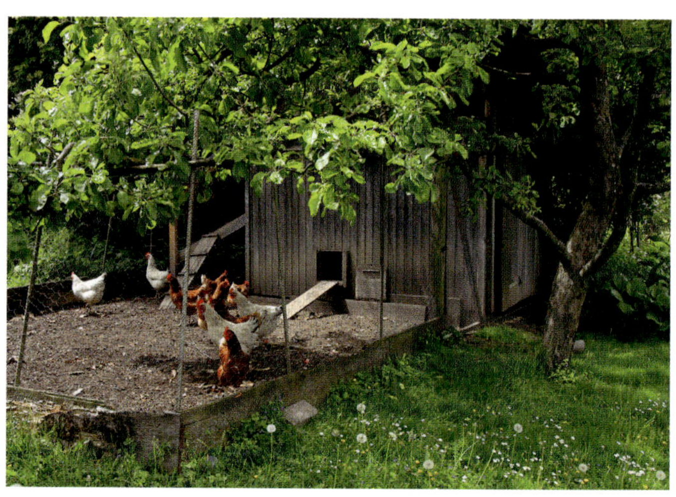

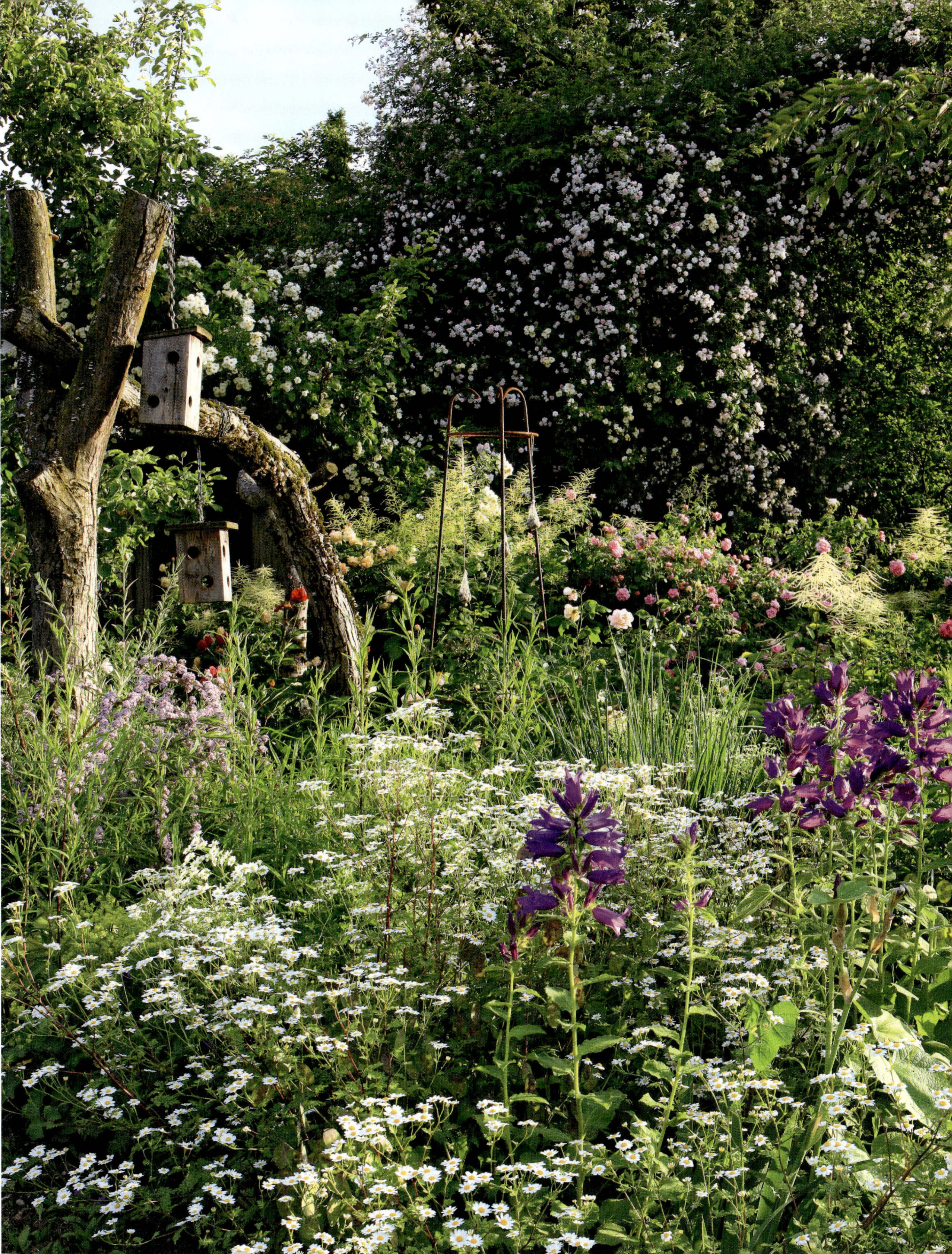

Unten links beide *In der Laube werden den Gästen Kaffee und Kuchen kredenzt. Der Blick in den Garten und das Gespräch mit der Gärtnerin bringen innere Ruhe. Die zarte, blaublütige „Gretel im Busch“* (Nigella damascena *oder Jungfer im Grünen) mit ihren auffallenden Fruchtkapseln dient als beliebter Lückenfüller im Staudenbeet.*

Unten rechts beide *Iris oder Schwertlilien gedeihen an verschiedenen Stellen und vor Gesundheit strotzend in vielfältiger Farbenpracht. „Ein Garten ist da zum Sein“, lautet die Aufforderung, die wunderbaren Blütenbilder mit allen Sinnen wahrzunehmen, denn „der Garten hat verschiedene Mitteilungen“.*

Rechte Seite beide *Weißfarbene, gefüllte und gut duftende Ramblerrosen in den Sorten 'Rambling Rector', 'Venusta Pendula' und 'Madeleine Selzer' bilden Bögen und begrenzende Hecken.*

besucht, dem sei daher geraten, Elfriede Heinzle ad personam anzutreffen. „Zeig mir deinen Garten, und ich sag dir, wer du bist“, lautet ein altes Sprichwort. Doch hier könnte man abwandeln: „Zeig mir den Menschen, die Gärtnerin dahinter, und ich erlebe und sehe den Garten mit neuen Augen!“

Elfriede Heinzle wuchs als älteste Tochter und elftes Kind einer Bauernfamilie auf. Schon früh galt es für sie, die Mutter zu unterstützen, und so begann sie erst spät, ihren Beruf im Bildungshaus auszuüben, der aber rasch zur „Berufung“ wurde. Sie organisierte Gartenreisen und Seminare sowie zahlreiche Vorträge – und holte dabei die Gartenkultur in ihre Heimatgemeinde. Die Bäuerin erkannte früh, welche Bedeutung das Gärtnern für die Seele des Menschen haben kann. Was heute als „Gartentherapie“ neu definiert wird, war ihr vor Jahrzehnten eine Selbstverständlichkeit, nämlich Gärtnern als Mittel zum Zweck.

„Ich liebe die beständigen Pflanzen mit tiefen Wurzeln“, zeigt sie sich erdverbunden. „Es ist mir wichtig, meine Welt im Garten umzusetzen. Niemals dürfen wir dabei hetzen, hasten oder zwingen wollen“, meint sie. „Es geht nicht um die Perfektion! Verstehen Sie, was ich meine? Wenn der Mensch etwas unbedingt möchte, dann ist er müde, ehe er mit seiner Arbeit begon-

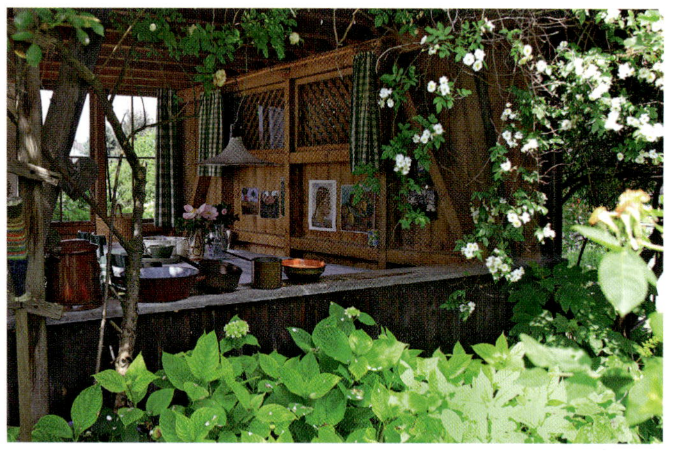

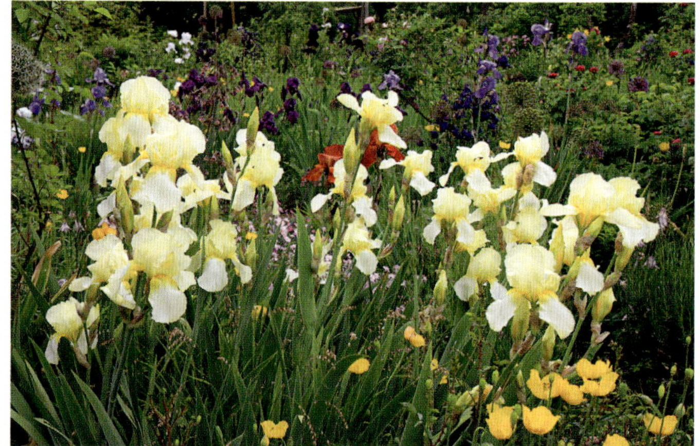

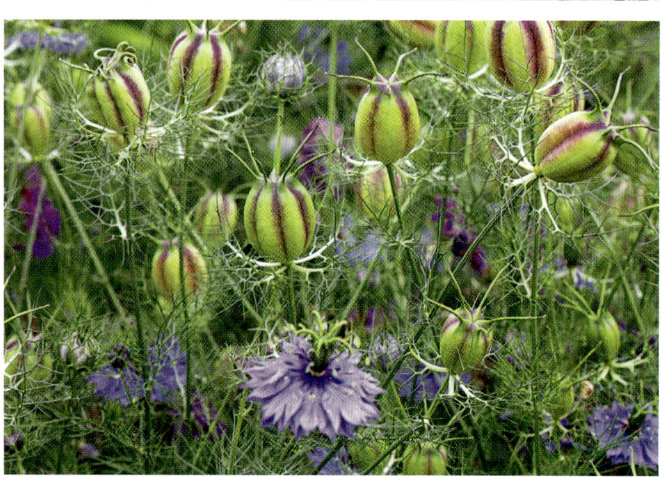

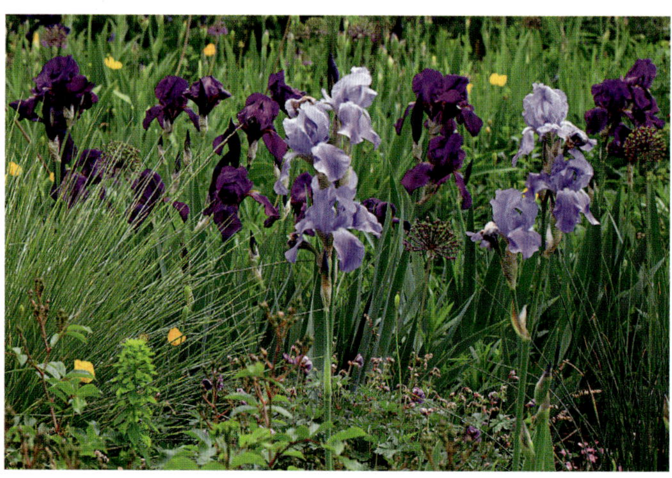

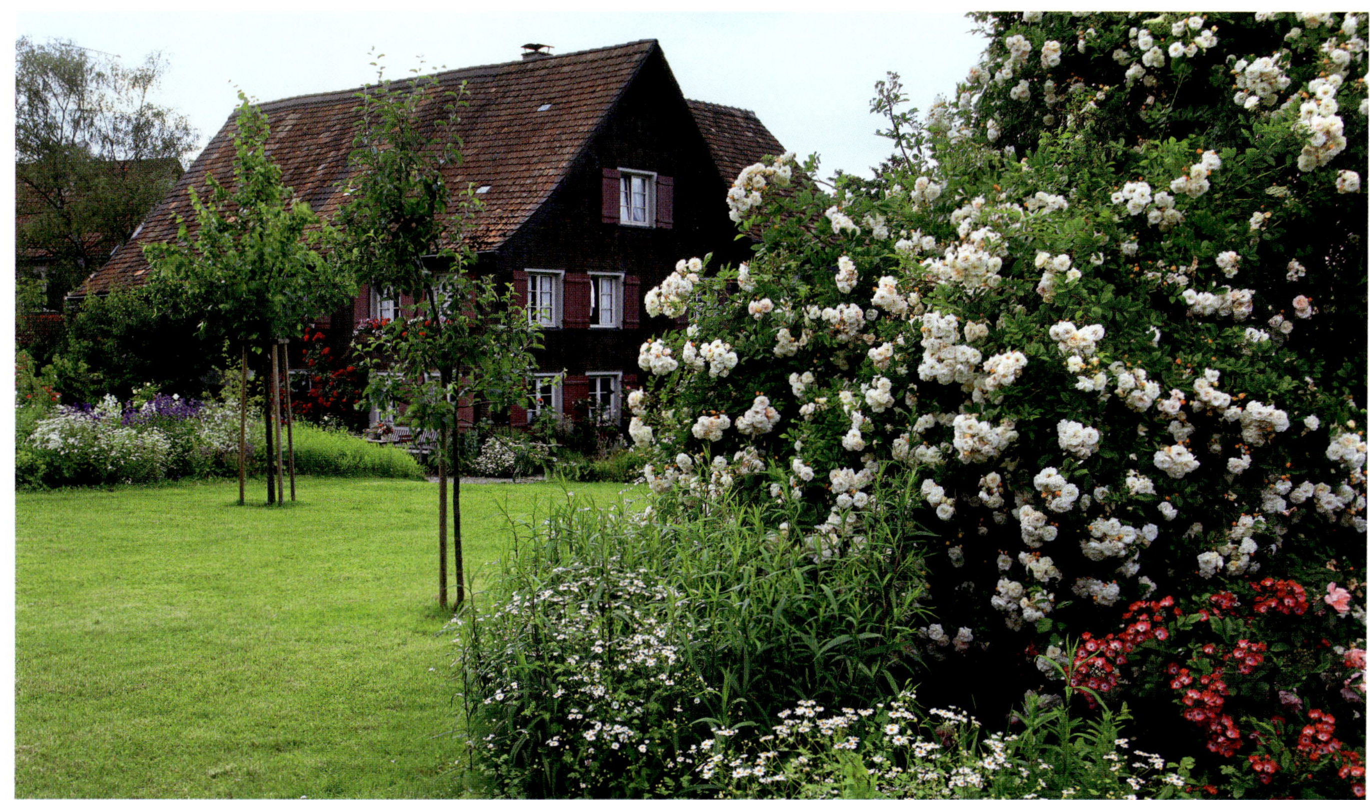

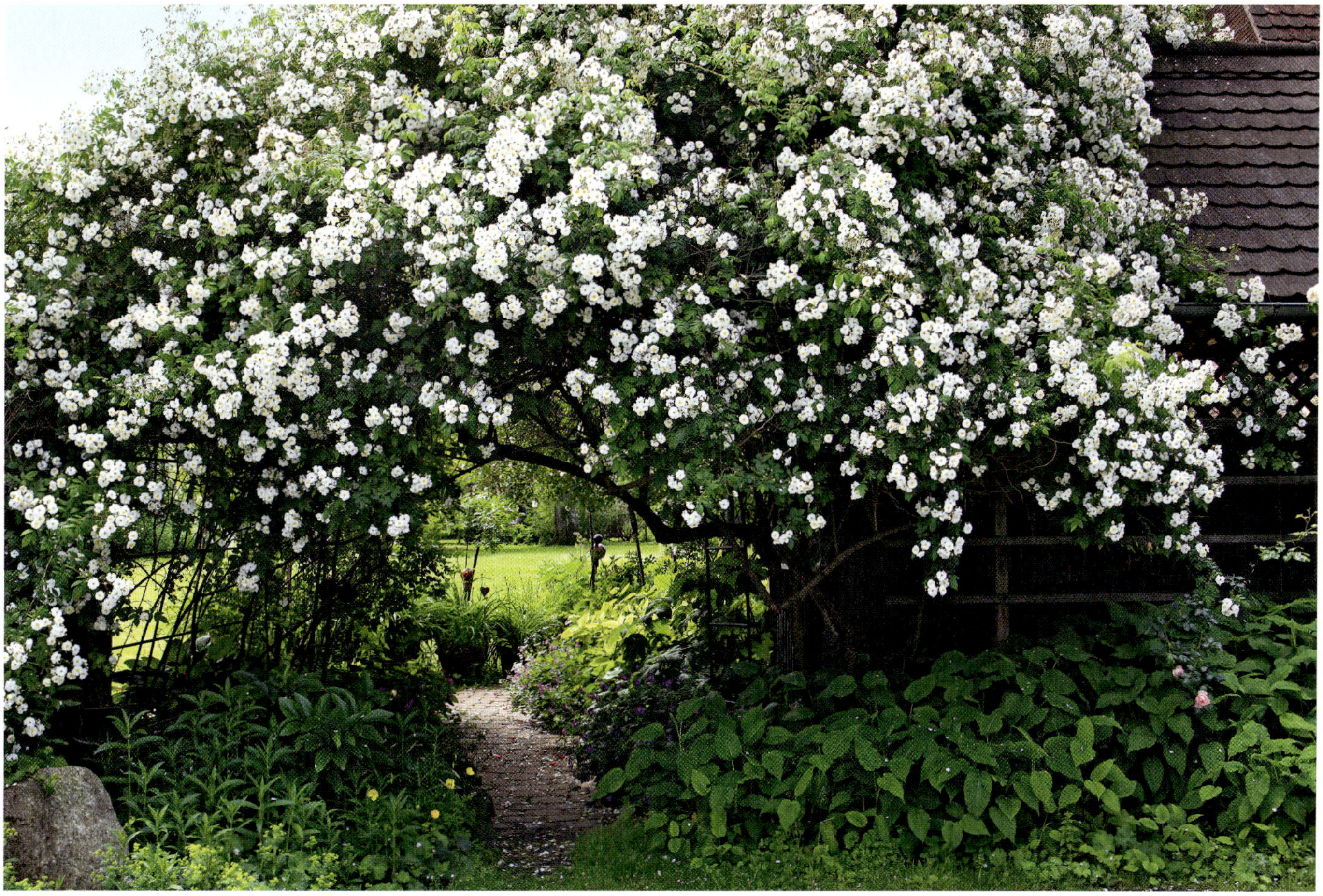

Unten *Die Vorliebe von Elfriede Heinzle für Farben änderte sich im Laufe der Zeit. Waren es früher grelle Töne, sind es heute die leisen Pastellnuancen. Ein Wiesenblumenstrauß erfüllt diesen Wunsch. Jeden Sonntag kommen Verwandte und Bekannte zu Besuch und folgen so einer liebgewordenen Tradition.*

Ganz unten *Wie das Blühen und Vergehen der Blumen bringen auch die Jahreszeiten einen willkommenen Wechsel. Fette Henne* (Sedum), *Sonnenhüte* (Rudbeckia), *Nüsse und rotbackige Äpfel zeichnen ein stimmiges Herbstbild.*

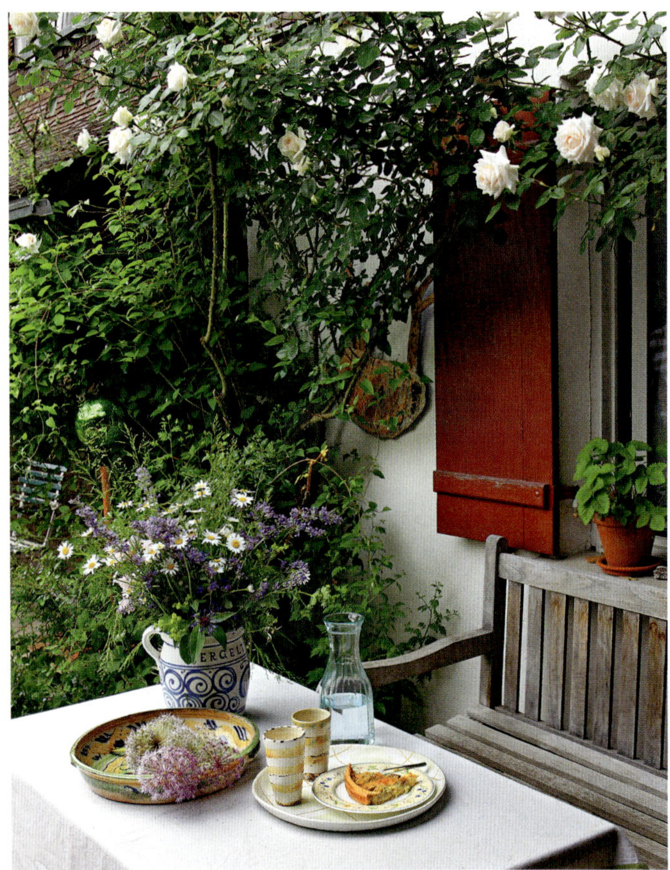

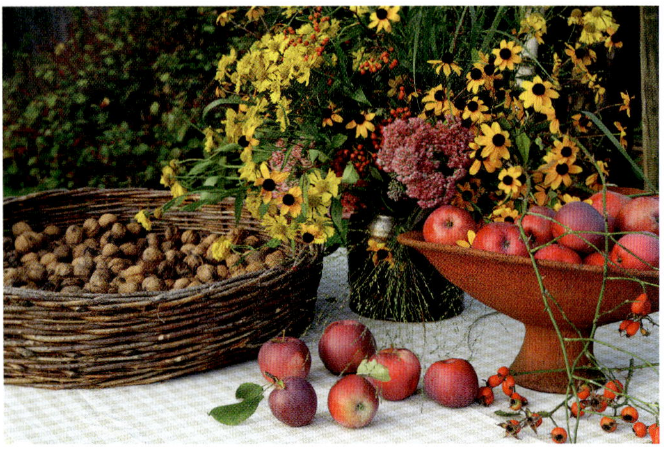

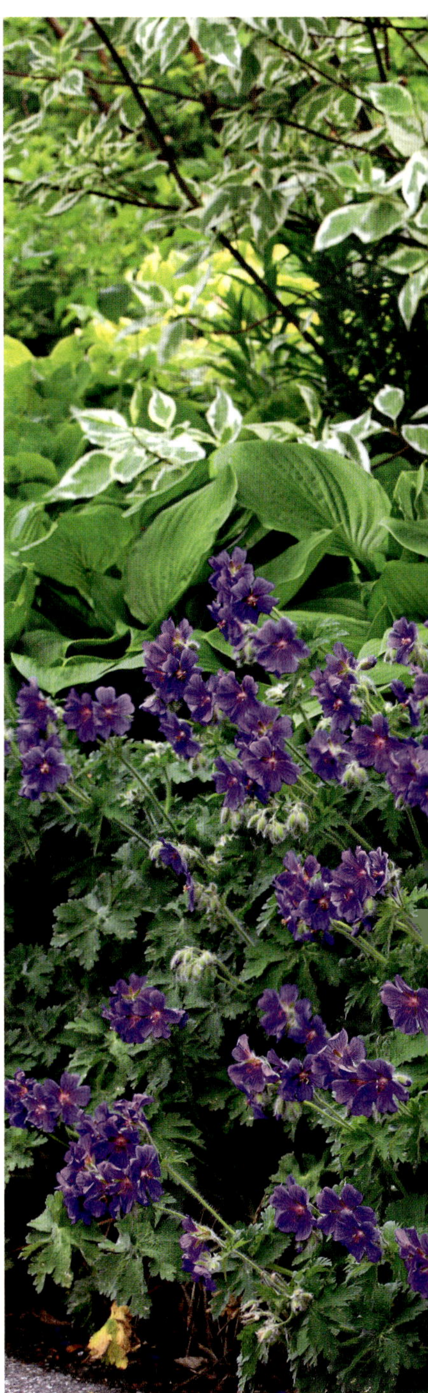

Rechts *Storchschnabel* (Geranium) *säumt die Beetkanten entlang von Wegen. Nach zahlreichen blauen Blüten bilden sich später Früchte, die an die Form des Storchschnabels erinnern. Diese „Haare im Gegenlicht" gilt es zu bestaunen, denn sie sind nicht minder schön als die Blüten. Funkien, weißblättriger Hartriegel und die Glöckchen des Salomonsiegels* (Polygonatum) *bilden die Kulisse.*

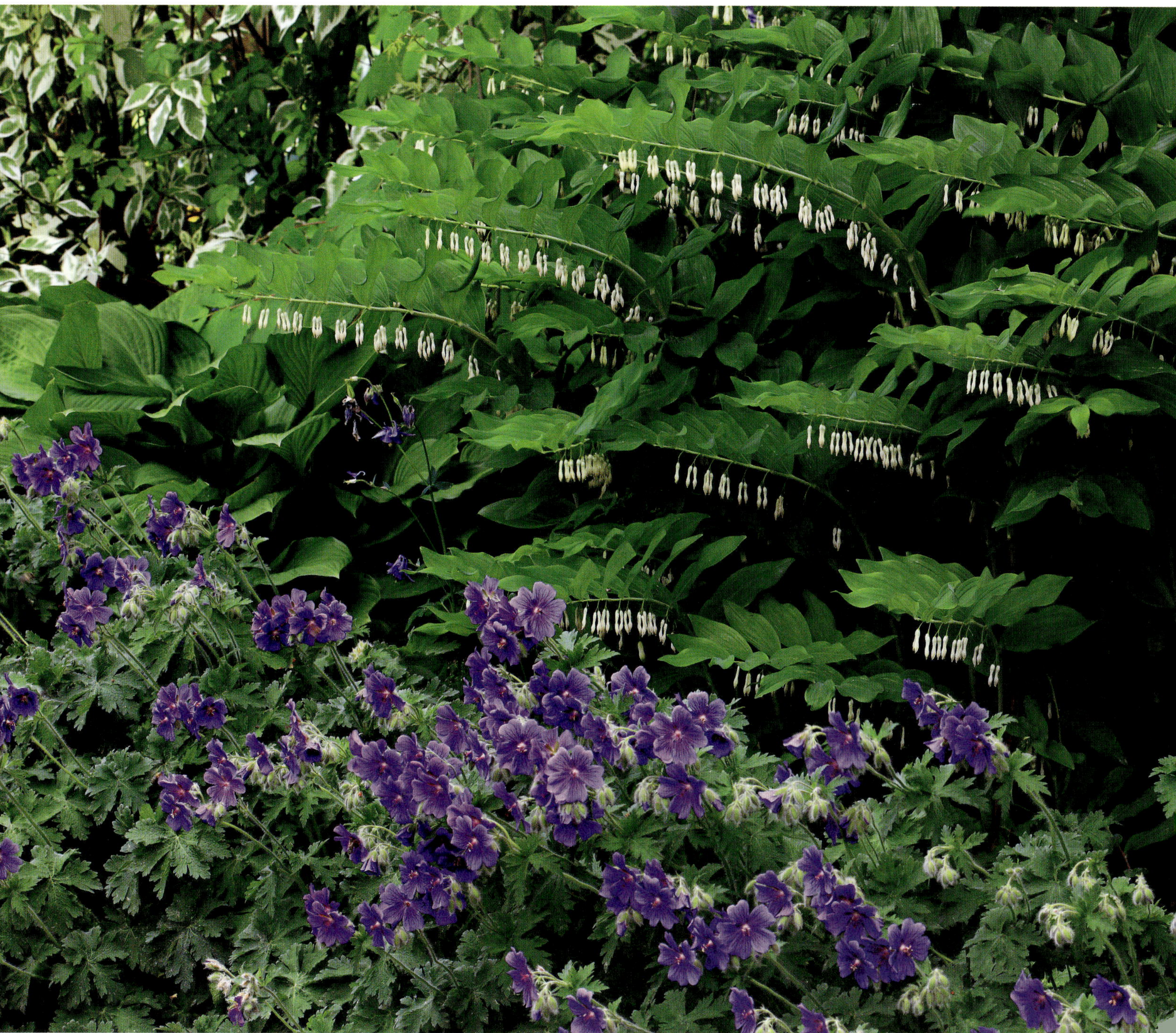

nen hat. Mit Gelassenheit lässt sich hingegen Energie gewinnen, mit Eile geht sie verloren." Den Garten als Lehrbuch zu sehen, lautet ihr Credo. Die Haltung vieler Menschen sei heute zu kopflastig. Sie beschweren sich darüber, kehren zu müssen, wenn die Linde blüht, anstatt das Lied anzustimmen „... und wieder blüht die Linde." Und wieder und wieder blühen in diesem Garten auch Schwertlilien im Frühjahr, eine Allee von Zieräpfelbäumen, Rosen über Rosen, Clematis und Schleierkraut neben Hollerblüten oder Funkien in Töpfen.

Adresse

Elfriede Heinzle
Unteres Tobel 16
6840 Götzis
Tel.: +43/55 23/540 87

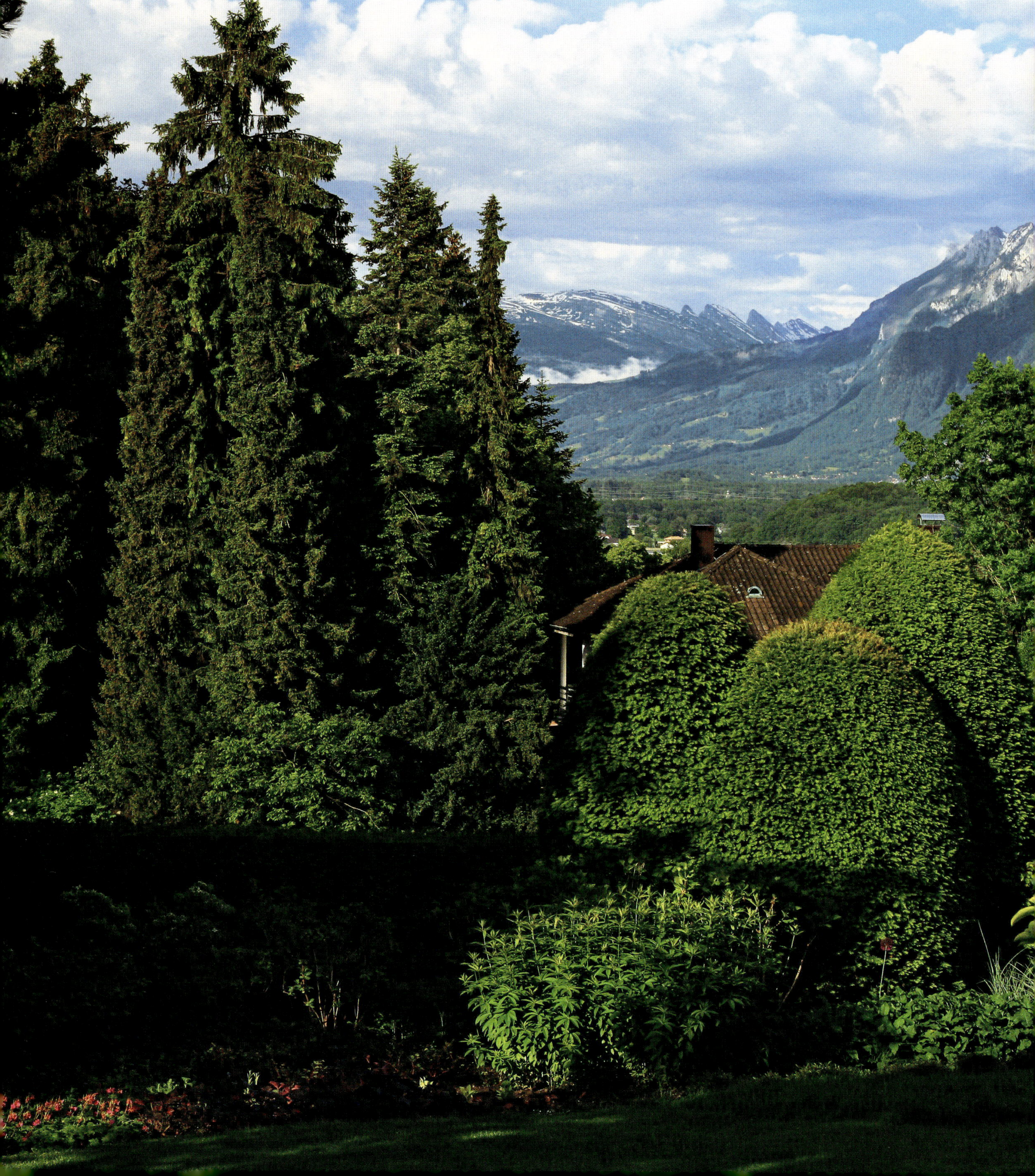

Solitärpflanzen als Gestaltungsmittel

Die Nähe der Berge bietet dem Garten von Irmgard und Othmar Schneider eine geschützte Atmosphäre.

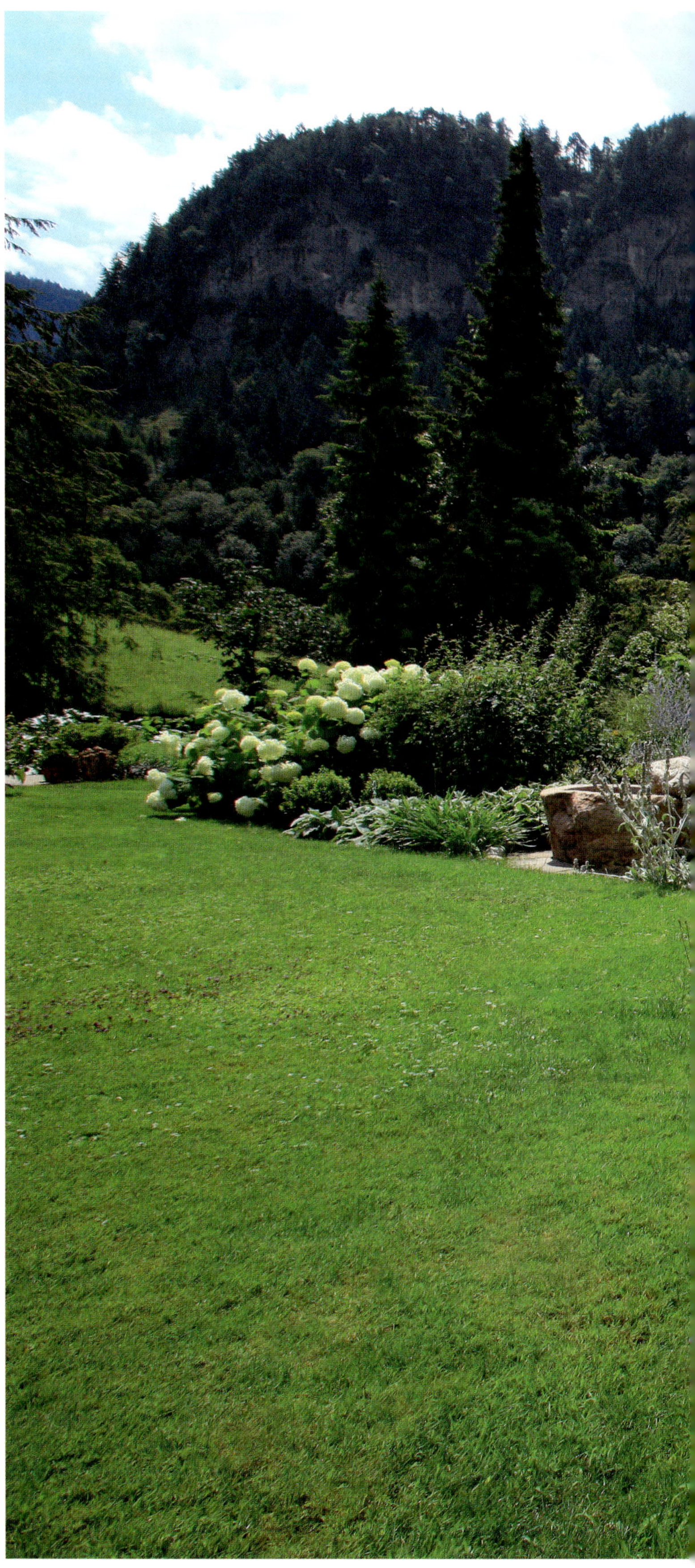

Charmant umschließt eine Steinmauer das 5000 Quadratmeter große Grundstück der Familie Schneider in Götzis. Hier im Westen Österreichs, mitten „im Ländle", wie Vorarlberg liebevoll genannt wird, erstreckt sich im Verborgenen ein formaler, durch großflächige Struktur- und Solitärpflanzen geprägter Garten. Gleich einer grazilen Sonnenkugel verspricht schon beim Eingang die gelbblättrige Goldakazie *(Robinia pseudoacacia* 'Frisia'), dass es hier besonders wirkungsvolle Pflanzen zu entdecken gilt.

„Meine Mutter beauftragte 1958 einen Schweizer Gartenarchitekten namens Sulzer, der die Grundstrukturen legte. Die Bepflanzung hat sich aber im Laufe der Jahre immer wieder gewandelt", erzählt Irmgard Schneider. Ihre Familie betreibt im berühmten Skiort Lech am Arlberg nun schon in zweiter Generation das noble Hotel Kristiania. Barbara Schneider und ihr Mann Othmar, einst erfolgreicher Skirennläufer und Olympiasieger, legten den Grundstein dazu. In den Jahren des Aufbaus blieb neben Beruf und zwei Töchtern nicht viel Zeit für den Garten.

„Wir konnten nur am Wochenende und im Sommer ein paar Stunden genießen, aber diese haben wir stets genutzt", erzählt Irmgard Schneider rückblickend, die seit Jahren Kunstwerke und Pflanzen sammelt. Die Weltoffenheit der Familie und ihr Sinn für Kunst schlägt sich in ihrem grünen Reich gekonnt nieder. Nicht nur Skulpturen, auch Pflanzen lassen sich „inszenieren". So wächst hier im wahrsten Sinne des Wortes ein Gesamtkunstwerk „Garten" heran.

Der zeitgenössische Künstler Joannis Avramidis setzt im Knotengarten ein gelungenes Zentrum, während Karl Prantls oder Ulrich Rückriems minimalistische Arbeiten zur Meditation einladen. Auch der aus dem Ort Götzis stammende Bildhauer Hubert Lampert ist mit einer Eisenskulptur vertreten. Weit schweift der Blick den Hang hinunter bis zur Grenze, an deren Eckpunkt eine Säule in den Himmel ragt – sie erinnert an einen Obelisken. „Wenn die Sonne in einem bestimmten Winkel einfällt,

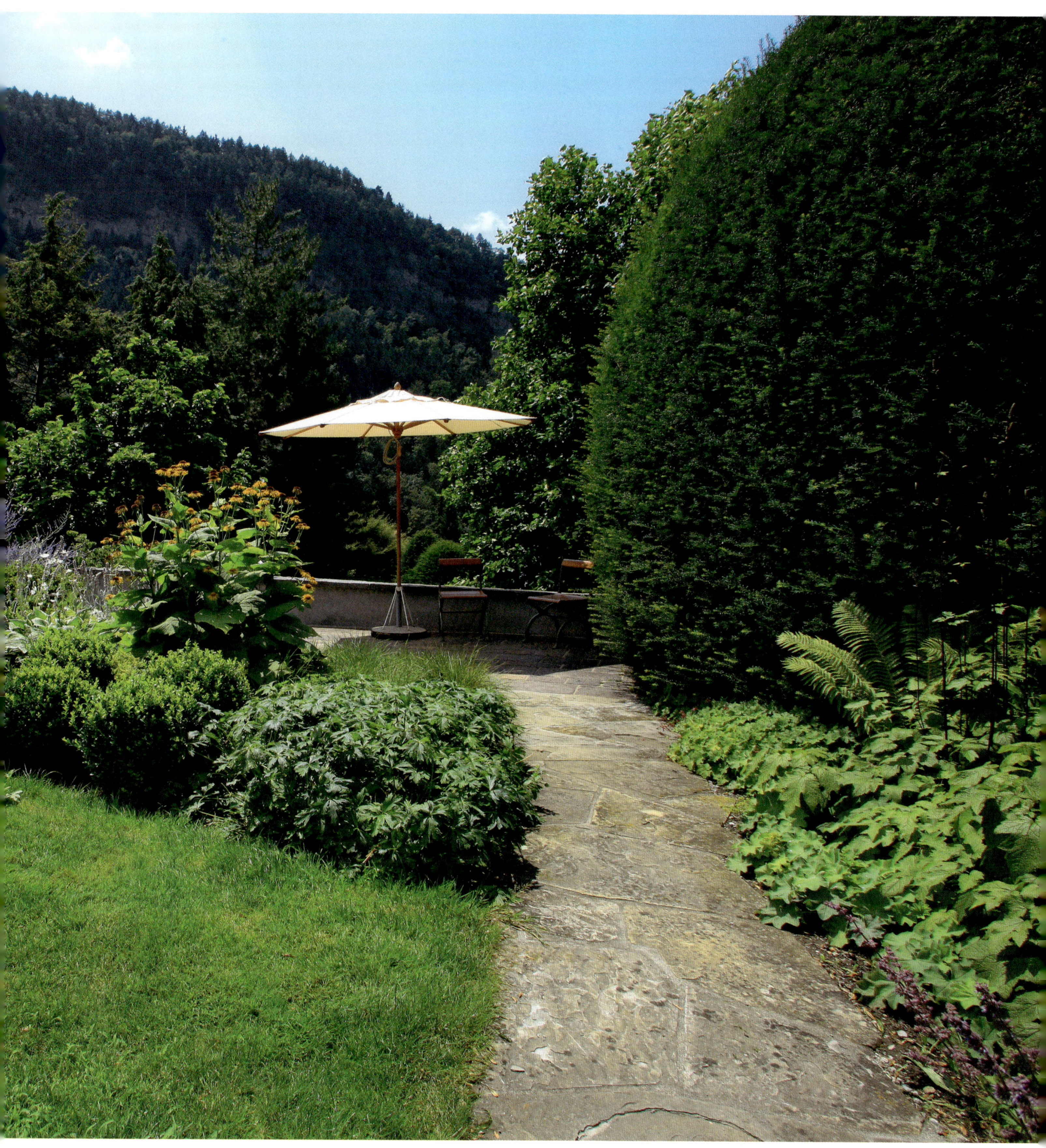

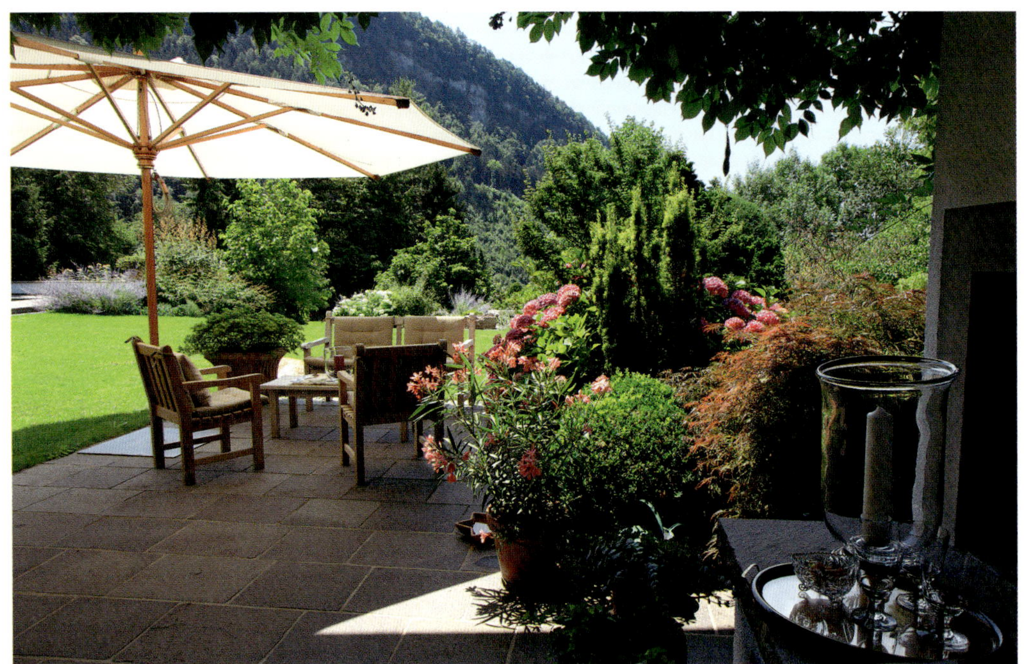

Die großzügige Terrasse und das Schwimmbad laden die Familie Schneider ein, im Garten Erholung zu finden. Vom Architekten geplant wurden einst die Grundstrukturen. Irmgard Schneider übernahm den Garten von ihrer Mutter und zeigte dabei eine besondere Begabung, mit Solitärgehölzen und großzügigen Staudenpflanzungen neue Details zu zeichnen.

beginnen die Ecken und Kanten förmlich zu leuchten", schwärmt Frau Schneider. Herbert Hamak ist bekannt für seine besondere Methode: In ein Bindemittel aus Kunstharzen und Wachs werden Farbpigmente eingerührt und anschließend in eine Form gegossen. Der Künstler erzeugt beinahe wie ein Alchemist teils lichtundurchlässige und teils durchscheinende Bildkörper, die unter natürlichem Licht geradezu aufglühen können.

Skurril wirkt die in einem Kübel wachsende Stechpalme *(Ilex)* – sie wurde, wie auch die vielen Buchspflanzen in Töpfen, nahe der Hauswand beim Schwimmbad, zum „Pudel" geschnitten. „Wir haben aus der Not eine Tugend gemacht", lacht die Besitzerin, „die Pflanze war in einem schlechten Zustand." Die Gartenrunde, die wir mit Hund und Irmgard Schneider drehen dürfen, lässt uns weiter staunen. Was Pflanzensammler oft ausmacht, ist die Neigung, wenige bis nur ein Gewächs je Art zu setzen, immer in dem Bestreben, noch mehr Platz für andere zu belassen. Nicht so hier! Ob Gamander *(Teucrium)* oder Meerkohl *(Crambe*, auch Riesenschleierkraut genannt), Blaurauten *(Perovskia)* oder hohe Veronika – breit und ausladend stehen sie an ihren Plätzen und ziehen die Blicke auf sich. „Ich pflanze

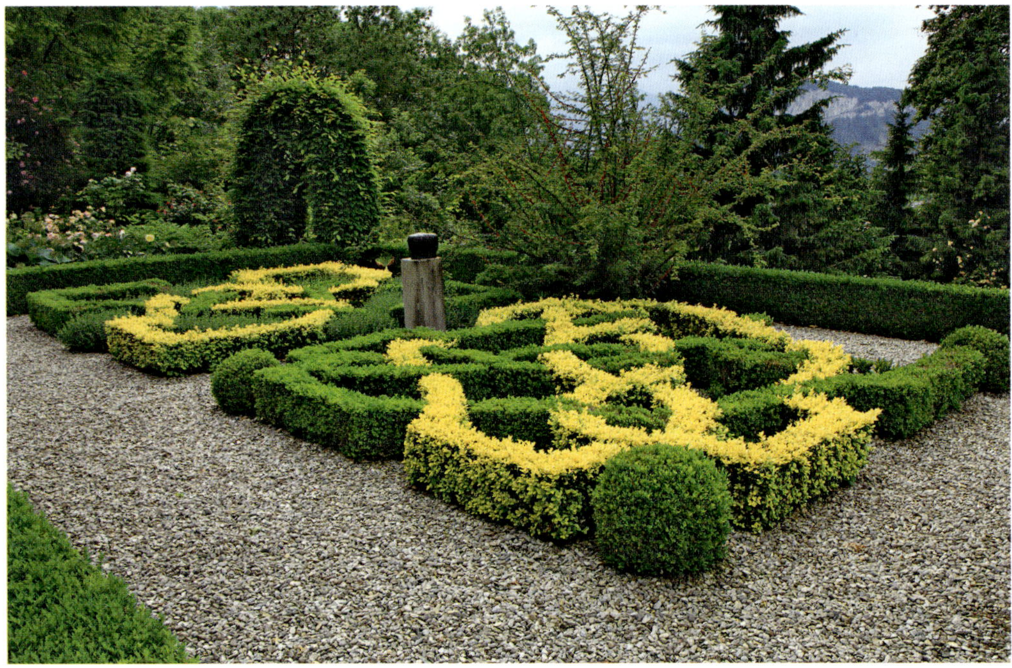

Der Knotengarten aus grünem und gelb-panaschiertem Buchs, ein Element aus italienischen Gärten der Renaissance, ist ein Meisterwerk und passt in seinen klaren geometrischen Formen fabelhaft in den modernen Garten. Das Zentrum bildet ein Objekt des zeitgenössischen Künstlers Joannis Avramidis.

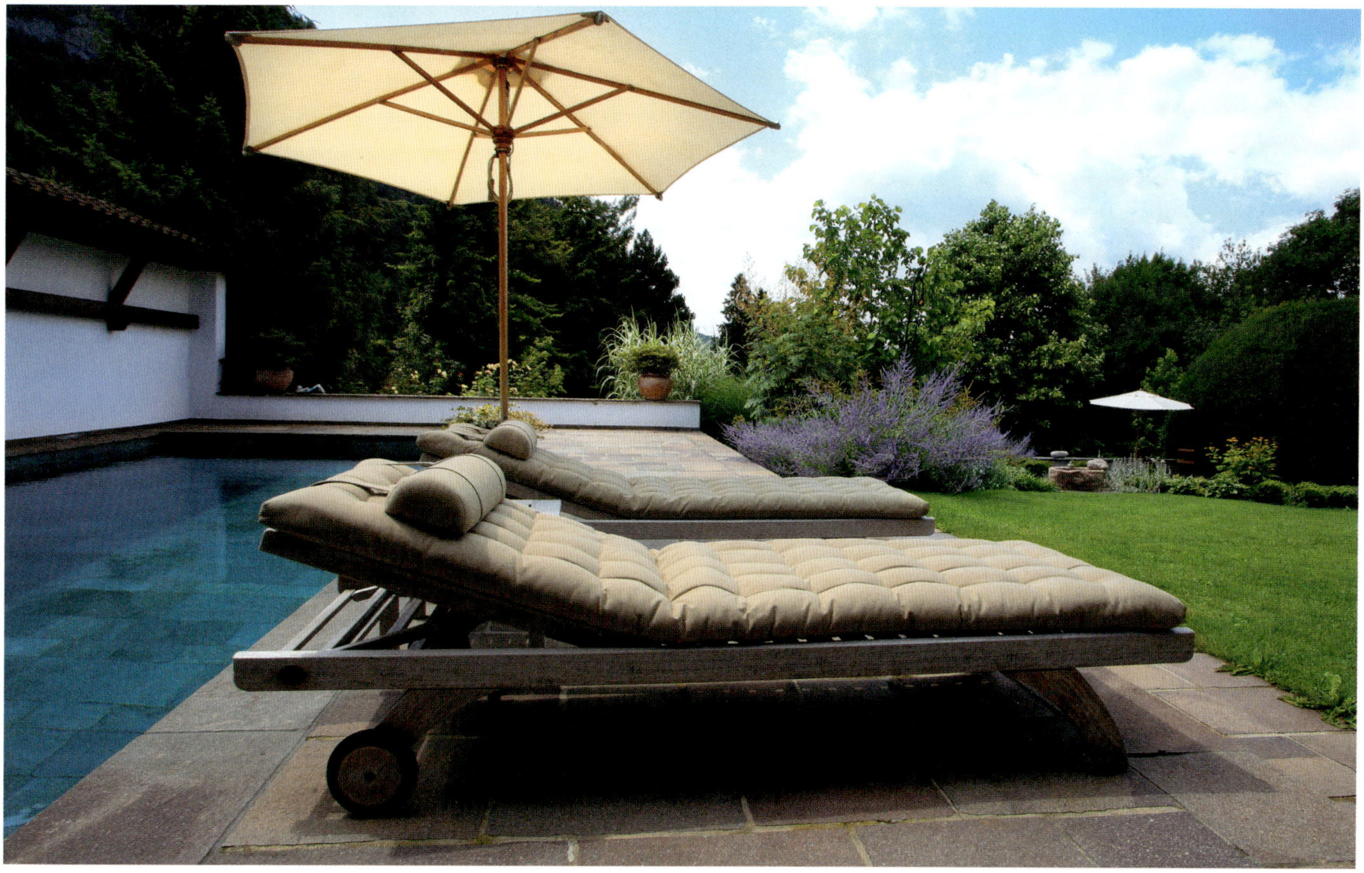

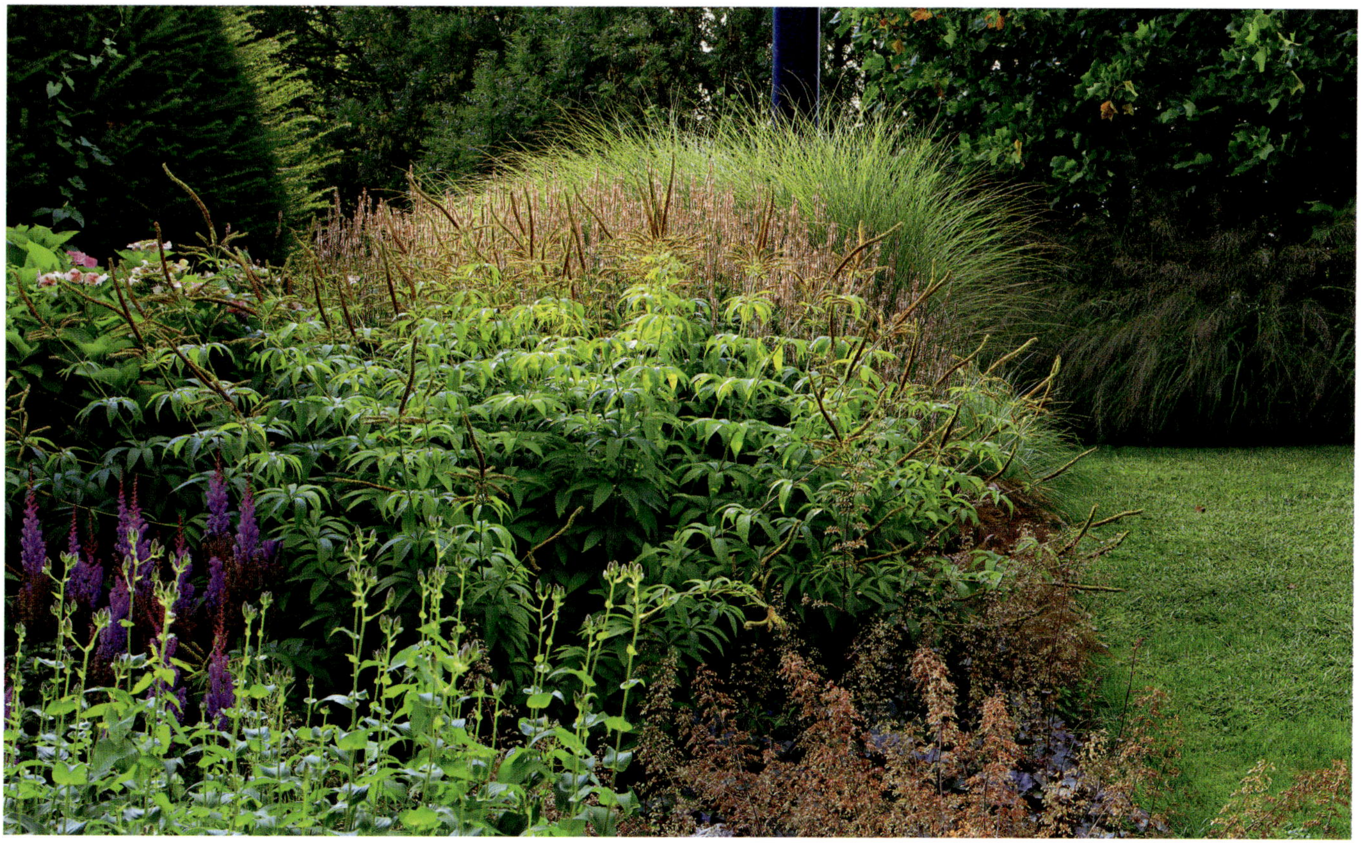

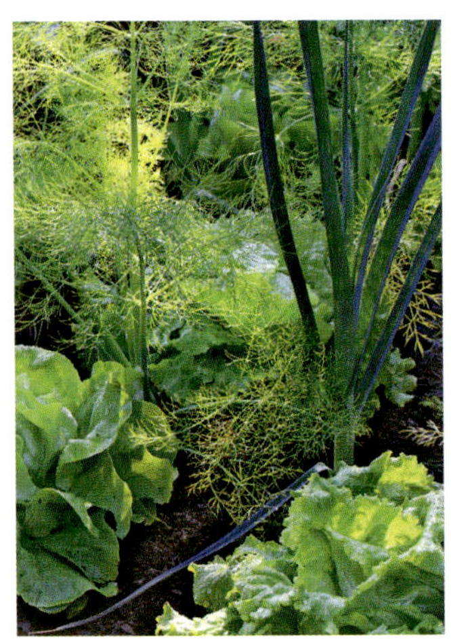

Die Mischkultur im Gemüsegarten wird nach optischen Gesichtspunkten gepflanzt. Hier ergeben Lauch, Fenchel und Salat ein hübsches Bild. Runde Blattköpfe harmonieren mit den aufrechten, strammen Lauchstangen, die ihrerseits vom zarten Laub des Fenchels umspielt werden. Ganz nebenbei benötigen sie die gleichen Mengen an Nährstoffen und stehen einander somit auch gärtnerisch gesehen ganz und gar nicht im Wege.

nicht nur gern prominent an eine Stelle, sondern liebe auch die Wiederholung", so die bescheidene, höchst begabte Gestalterin. In der Großzügigkeit der Bepflanzung liegt ihr Geheimnis! Und in der Vorliebe für strukturgebende Pflanzen, zu denen schwarze Gräser, Wolfsmilcharten oder Federmohn *(Macleaya microcarpa)* zählen. Stattliche wild aufgegangene Exemplare von Königskerzen säumen den Weg und machen den Betrachter so gar nicht glauben, dass sie willkürlich aufgegangen sind.

Was aber wäre dieser Garten ohne seltene Gehölze? Ob Blauglockenbaum, Tulpenbaum, Trompeten- oder Persischer Eisenholzbaum – keiner fehlt. Prächtige Hortensien zeigen ihren Blütenhöhepunkt gleich nach den üppigen Kletterrosen. „Bei uns wuchern 'Kiftsgate' und 'Paul's Himalayan Musk', 'Rambling Rektor' und 'Bobby James'", sagt Irmgard Schneider, und es hätte auch verwundert, wenn sie, die sogar ihren Gemüsegarten nach ästhetischem Gesichtspunkt im Muster pflanzt, nicht auch eine ausgesprochene Rosenliebhaberin wäre.

Kräuter duften um die Wette, Basilikum und Oregano machen dem italienischen Flair alle Ehre. Kleine Apfelbäumchen setzen Blickpunkte und Buchskugeln Endpunkte. Alles scheint trotz hohem Nutzwert der Zierde wegen gepflanzt.

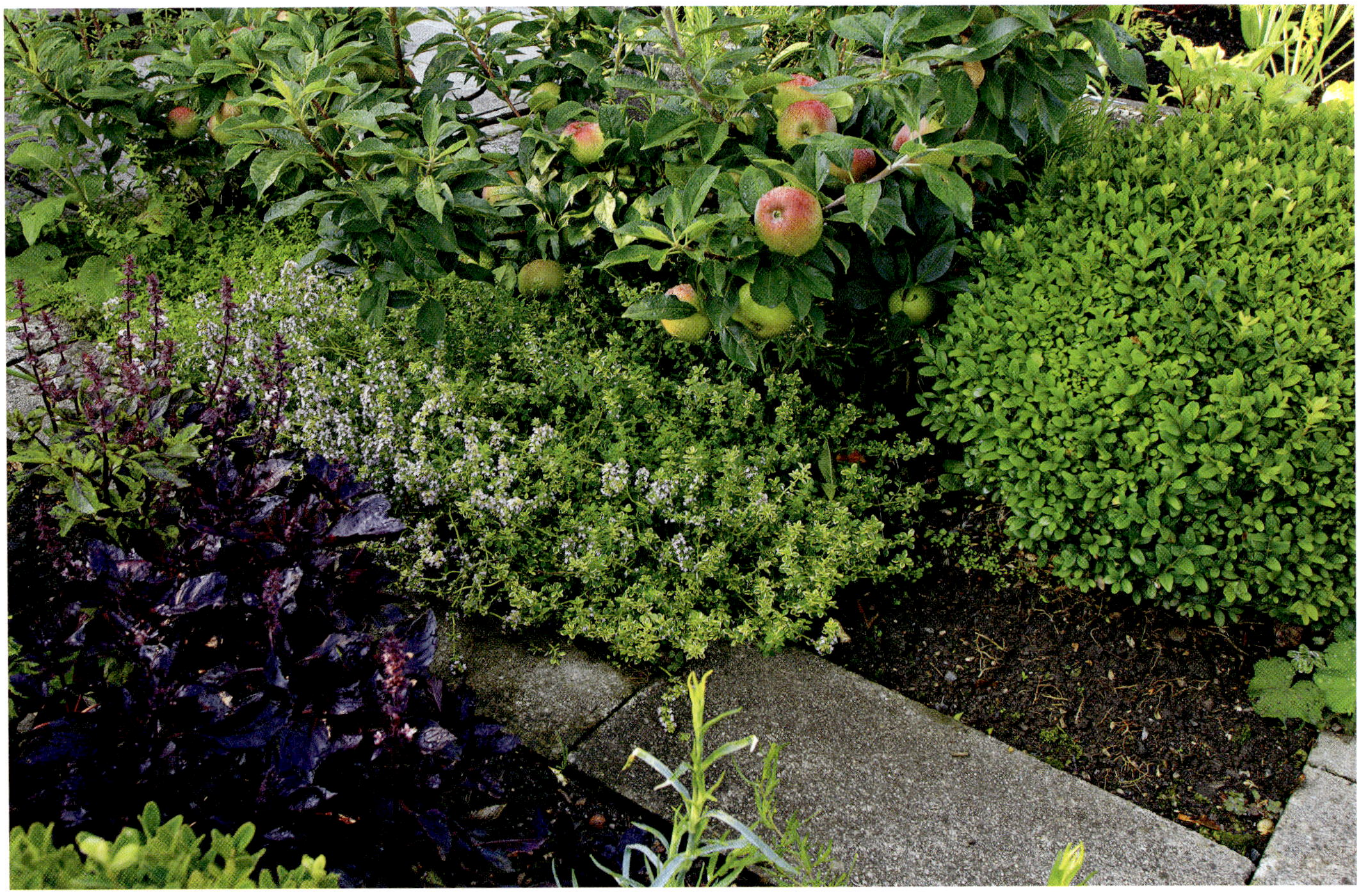

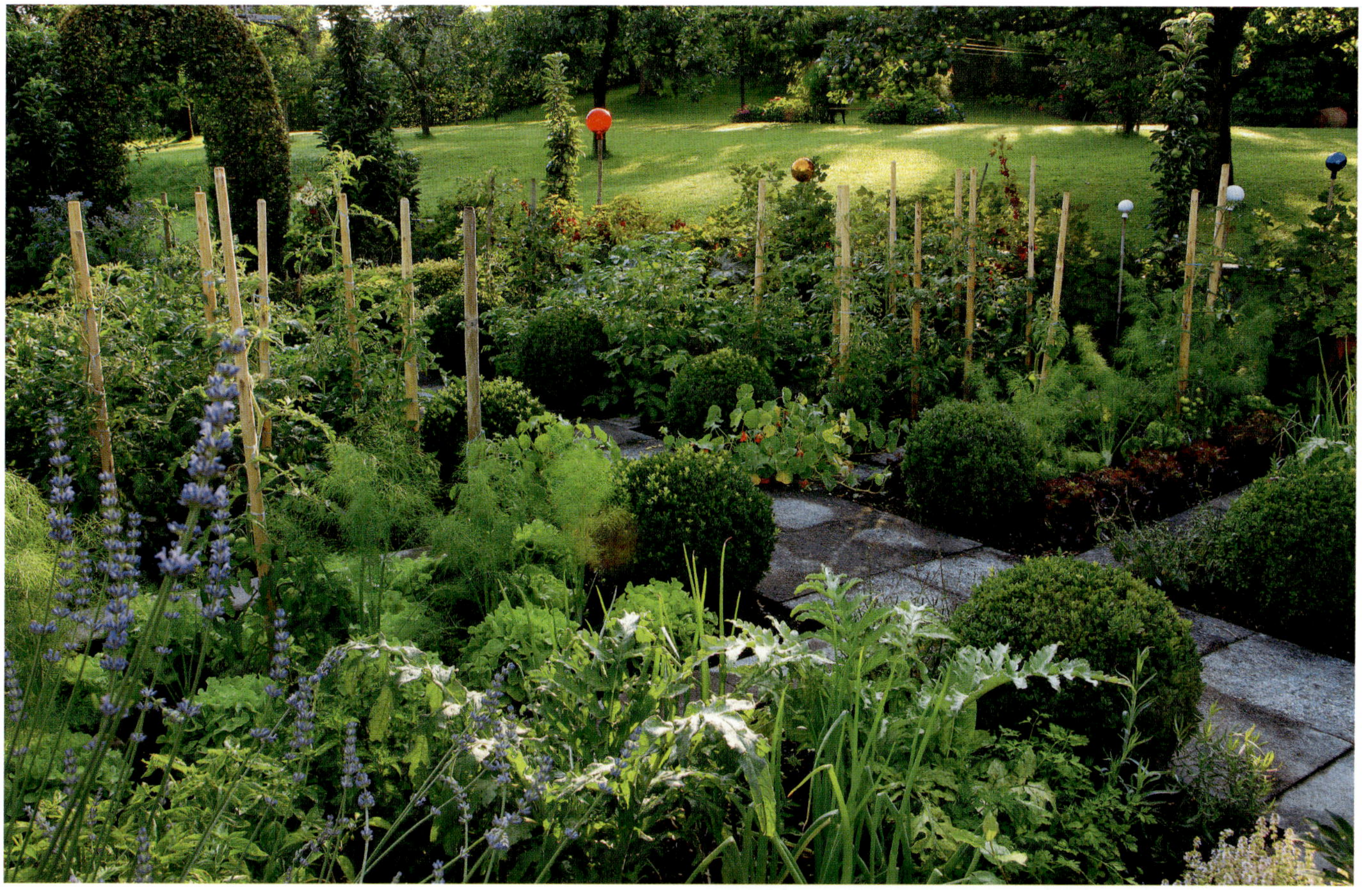

Die Perfektion in diesem Garten macht nirgends Halt. Gemüse-, Kräuter- und Obstgarten zeigen sich in beeindruckender Schönheit – untrennbar miteinander verbunden sind Augenschmaus und Gaumenfreude. Kein Wunder, betreibt doch die Familie Schneider ein nobles Hotel in Lech am Arlberg. Wer im Nutzgarten verzaubert ist, erntet auch mit Leidenschaft – aber bitte nicht zu viel, das Gesamtensemble soll nicht gestört werden.

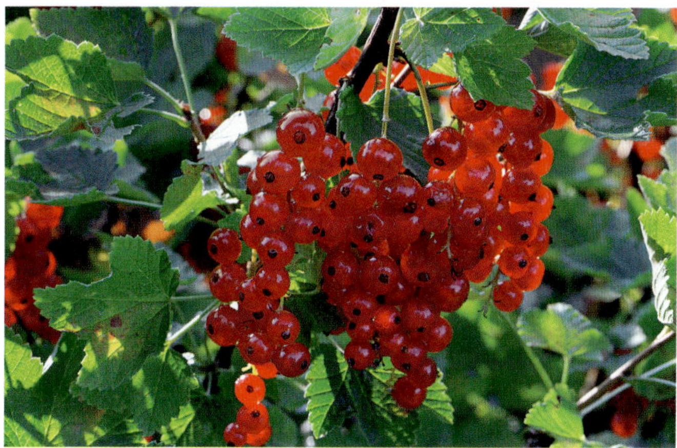

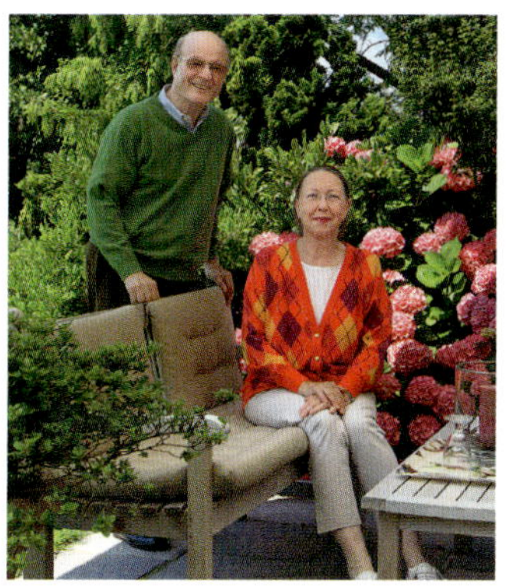

Adresse

Irmgard Schneider
Am Hof 17
6840 Götzis
Tel.: +43/55 23/520 96

Besuch nach telefonischer Vereinbarung

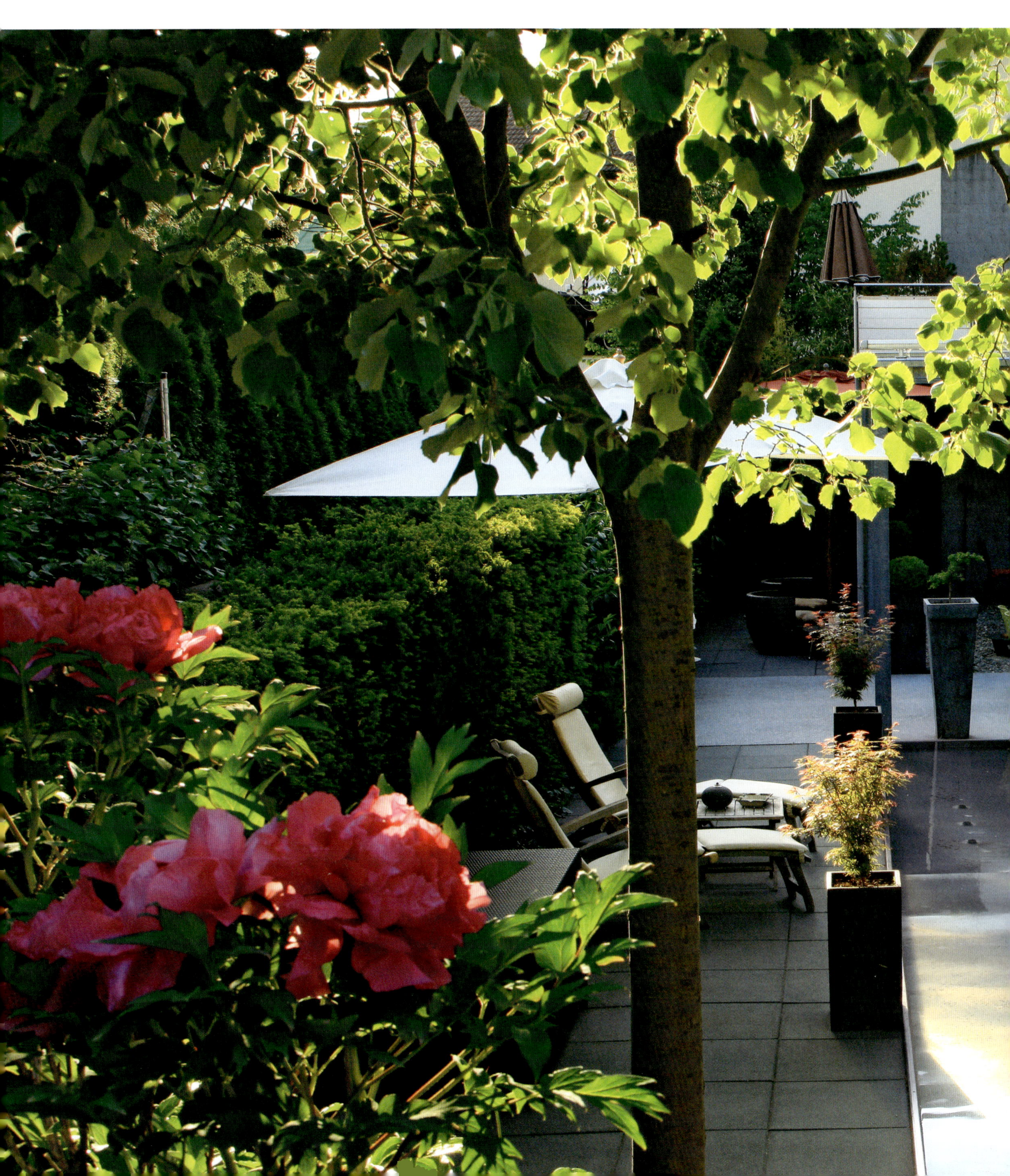

Architektonische Einheit von Haus und Garten

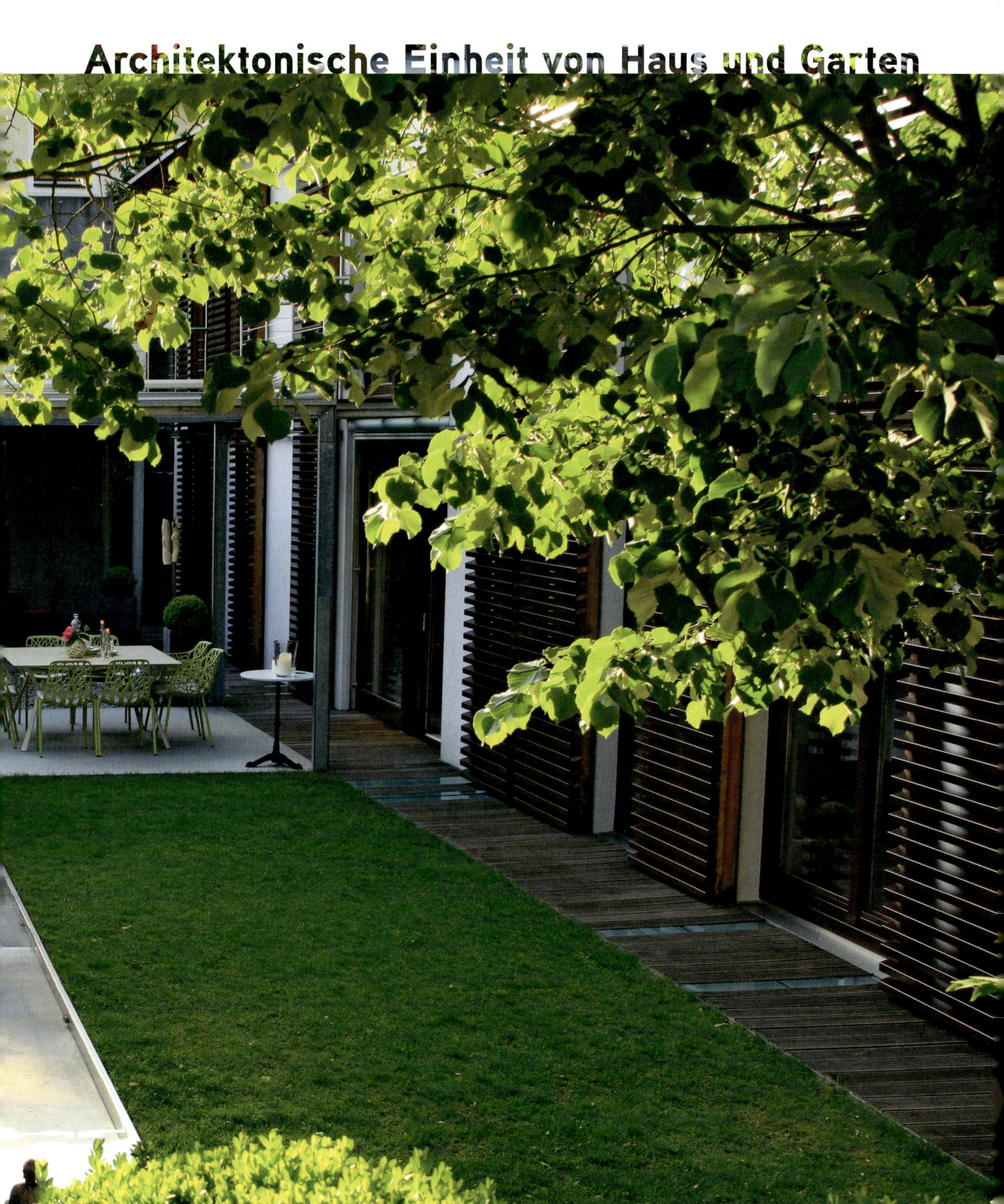

Rechte Seite *In Tirol ist die Bergkulisse meist Teil des Gartens. Im formal modernen Garten der Familie Kraxner bringt der Kontrast einerseits Spannung in das Bild, andererseits darf die Natur einfließen. Denn die Hecken aus Koniferen wiederholen den heimischen Bewuchs knapp unter der Baumgrenze.*

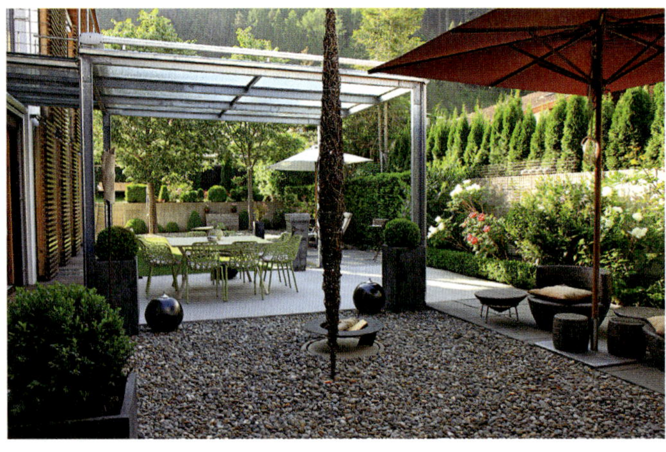

Klar strukturiert und streng geometrisch präsentiert sich der kleine Garten in Landeck. Haus und Garten verschmelzen so zu einer Einheit. Pflanzen drängen sich nicht in den Vordergrund und sind Mittel zum Zweck, bevorzugt wurden immergrüne Nadel- und Laubgehölze ausgewählt.

„Kommen Sie nur herein, bitte, Sie sind ja vom Fach. Sehen Sie sich um, ich kann Ihnen nämlich nicht weiterhelfen", begrüßt uns Dr. Heinz Kraxner. Er genießt und liebt seinen Garten, zuständig für die Pflanzengestaltung ist jedoch seine Frau Barbara. Erst in den letzten Jahren wurde sie von ihrer gartenbegeisterten Schwester „angelernt", und das Ergebnis kann sich sehen lassen. Denn dieser Garten ist ein Beispiel gelungener Gartenarchitektur, nichts blieb dabei dem Zufall überlassen.

Im Jahr 1998 wurde das Haus erbaut, sehr modern formal, aus Materialien wie Stahl, Glas und Beton. Es ist ein vom Architekten geplantes einstöckiges Einfamilienhaus mitten in Landeck, nicht weit der Kirche. Erst Jahre später, 2005, folgte die Anlage des gerade einmal 700 Quadratmeter großen Gartens. Selbstverständlich auch aus der Hand des Designers, lautet unser Schluss. Nein, weit gefehlt! „Wir haben alles selbst geplant", sagt Dr. Kraxner und freut sich über unsere Verblüffung. „Unser Garten sollte zum Haus passen, die Architektur spielte dabei eine übergeordnete Rolle, die Pflanzen gesellten sich nach den Anforderungen dazu."

Barbara Kraxner nickt: „Wir wollten dem Garten unsere individuelle Note geben. Wenn jemand sagt: ‚Der Garten gefällt mir nicht!', dann trifft mich das heute persönlich."

Zwei Terrassen teilen den leicht ansteigenden Grund. Oben erstreckt sich ein Stück Rasen mit einem Kräuterbeet – mit Salbei, Petersilie, Zitronenmelisse, Rosmarin und auch Katzenminze und Walderdbeeren, wenn schon kein Gemüsegarten und auch keine üppigen „Mixed Borders" Platz finden. „Ich betreue hier zweimal in der Woche meine Enkelkinder", erzählt die jugendliche Großmutter, „und jedes kleine Stückchen Grün ist auch ein Spielplatz."

Eingangs und auch als abgrenzende Hecke wie Eiben und Hainbuchen gepflanzt, stehen Bambus im strammen Spalier. „Haben Sie nicht Sorge, dass Sie den Garten zuwachsen oder wurden entsprechende, nicht ausläufertreibende Arten ge-

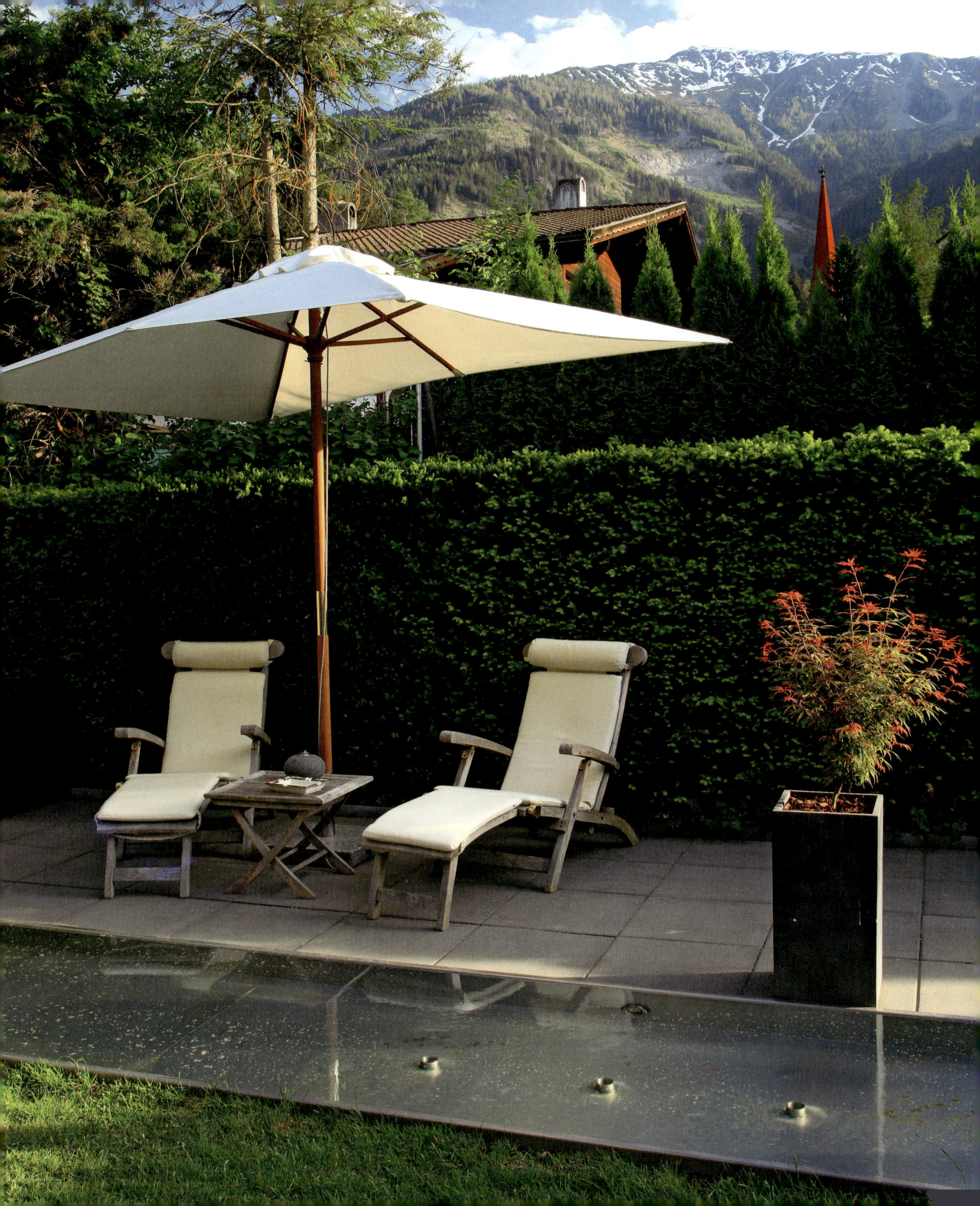

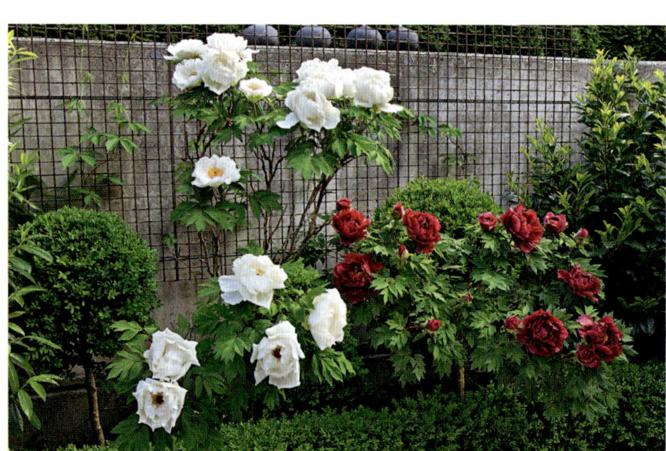

Pfingstrosen zählen zu den wenigen Blütenpflanzen in diesem Garten, offenbaren sich aber umso üppiger. Der Ginkgo soll als Kübelpflanze einen Akzent setzen. Auch der rotlaubige Japanische Zierahorn zieht als Solitärpflanze die Blicke auf sich.

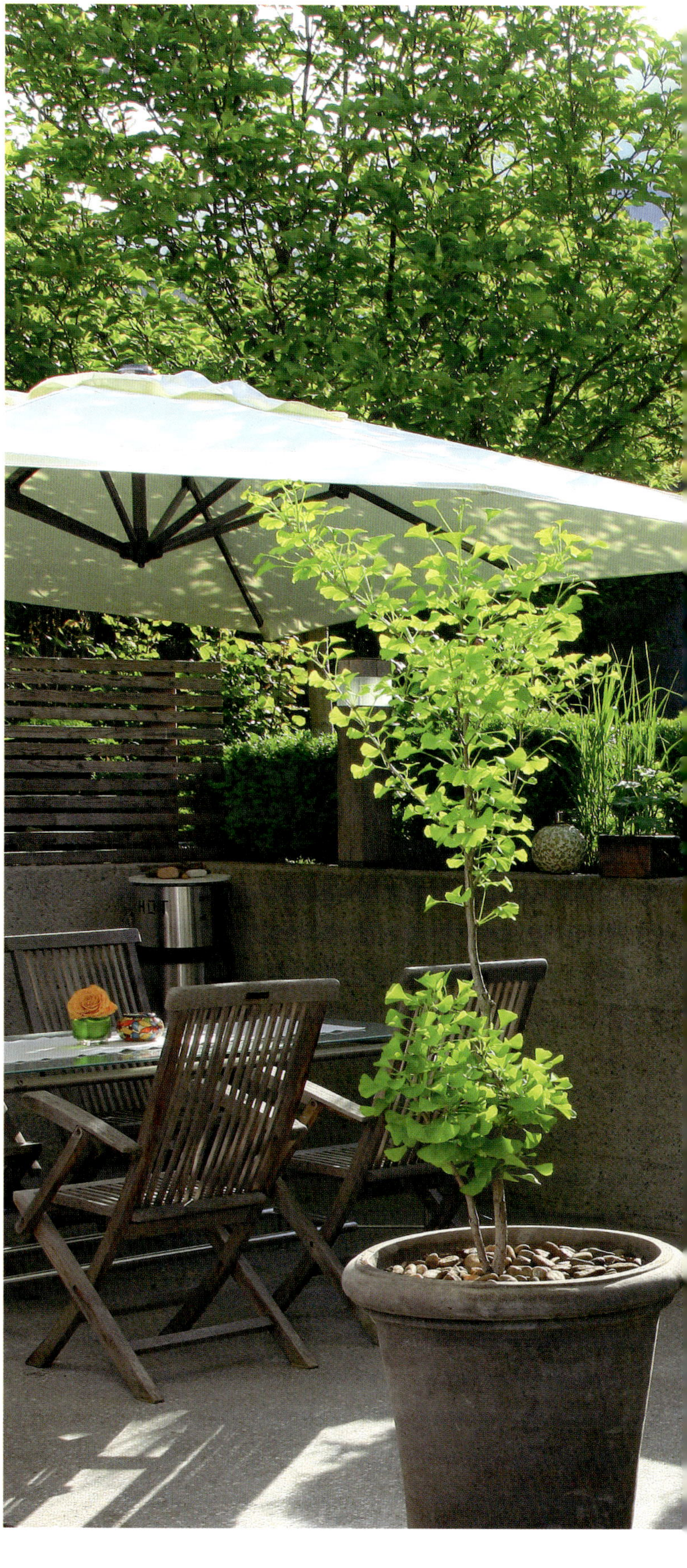

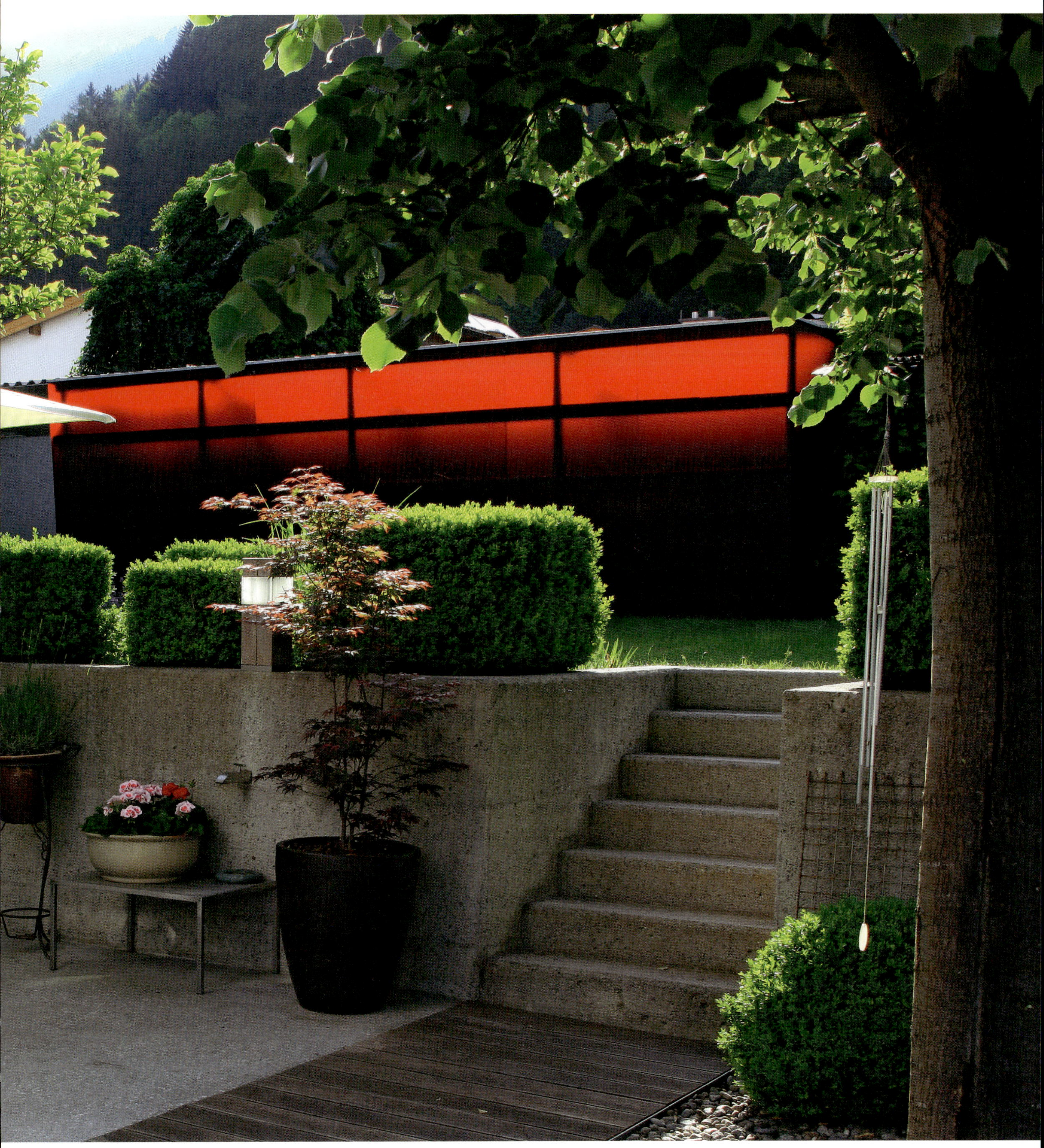

Rechte Seite *Rosen und geschnittener Buchs in Kombination mit grobem Kies. Die Sitzgruppe lädt zum Chillen ein. Gut platziert im Zentrum bietet die Feuerschale eine Möglichkeit, sich in den eigenen Gedanken zu verlieren. Weniger ist mehr – die reduzierten Elemente wurden gekonnt in Szene gesetzt.*

pflanzt?", fragen wir erstaunt. „Wir haben Wurzelsperren eingebaut", beruhigt der Hausherr, „und zum Nachbarn hinüber wachsen sie zum Glück nicht – wahrscheinlich hängt dies mit der Sonneneinstrahlung zusammen –, sonst hätten wir längst ein Problem."

Im Hauptteil des Gartens, der sich an der Längsseite des Hauses erstreckt, dominiert ein formales Wasserbecken die Gestaltung. „Die Terrasse ist unser verlängertes Wohnzimmer", sagt Heinz Kraxner, „wir sind eigentlich, so es das Wetter zulässt, immer draußen." Unter dem Balkon baumelt über grobem Kies eine Hängematte. Klare Linien und Minimalismus sorgen auch hier für ein sehr ansprechendes Gesamtbild. Als Material wurde für die Terrasse Holz und Beton gewählt, um die Architektur des Hauses fortzusetzen.

„Geometrische Formen gefallen uns besser und nützen auch die Fläche im kleinen Garten besser aus", erklärt der Hausherr. „Wichtig war uns bei der Pflanzenauswahl nur: Sie sollten immergrün sein." Eine Eibenhecke, Buchs und Lorbeer bescheren den perfekten „Wintergarten", wenn die Familie in den kalten Monaten durch die großzügige Verglasung blickt. Denn der Garten ist vom Wohnhaus an jeder Stelle einsehbar. Aber nicht nur Immergrüne zeigen „Farbe". Wenn Blüten bewusst eingesetzt wurden, dann gab es auch eine Bedingung: Weiß musste vorherrschen, denn Weiß hellt schattige Plätze auf und passt sich der Geometrie an. Ein buntes Durcheinander wäre hier definitiv fehl am Platz!

Rosen und Hortensien erblühen im Juni, allesamt in weißen Sorten. „Die Pfingstrosen hätten weiß blühen sollen, sind aber lila", gesteht Barbara Kraxner. Aus unserer Sicht auch kein Problem! Skulpturen von Tiroler Künstlern passen ebenso wie der Ginkgo im Topf gut in das Ensemble der Moderne. Und abends wird der Garten entsprechend beleuchtet. Dann zeigt er noch viele Stunden bis spät in die Nacht sein perfektes Gesicht.

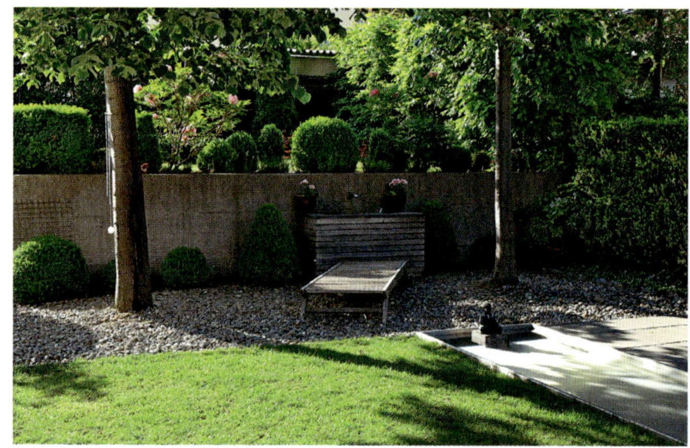

So klein der Raum hier auch ist, es finden drei Generationen ihr Glück in der grünen Oase. Abgeschirmt vom Rest der Welt verschmelzen Drinnen und Draußen zu einem perfekten Ganzen. Lebensqualität pur ist allgegenwärtig und wird von Heinz und Barbara Kraxner genossen.

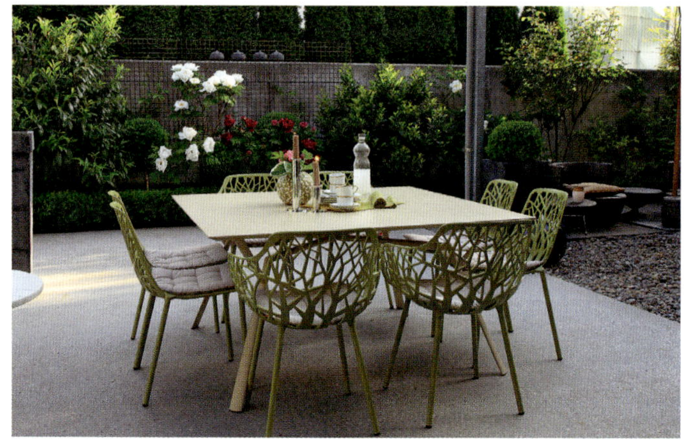

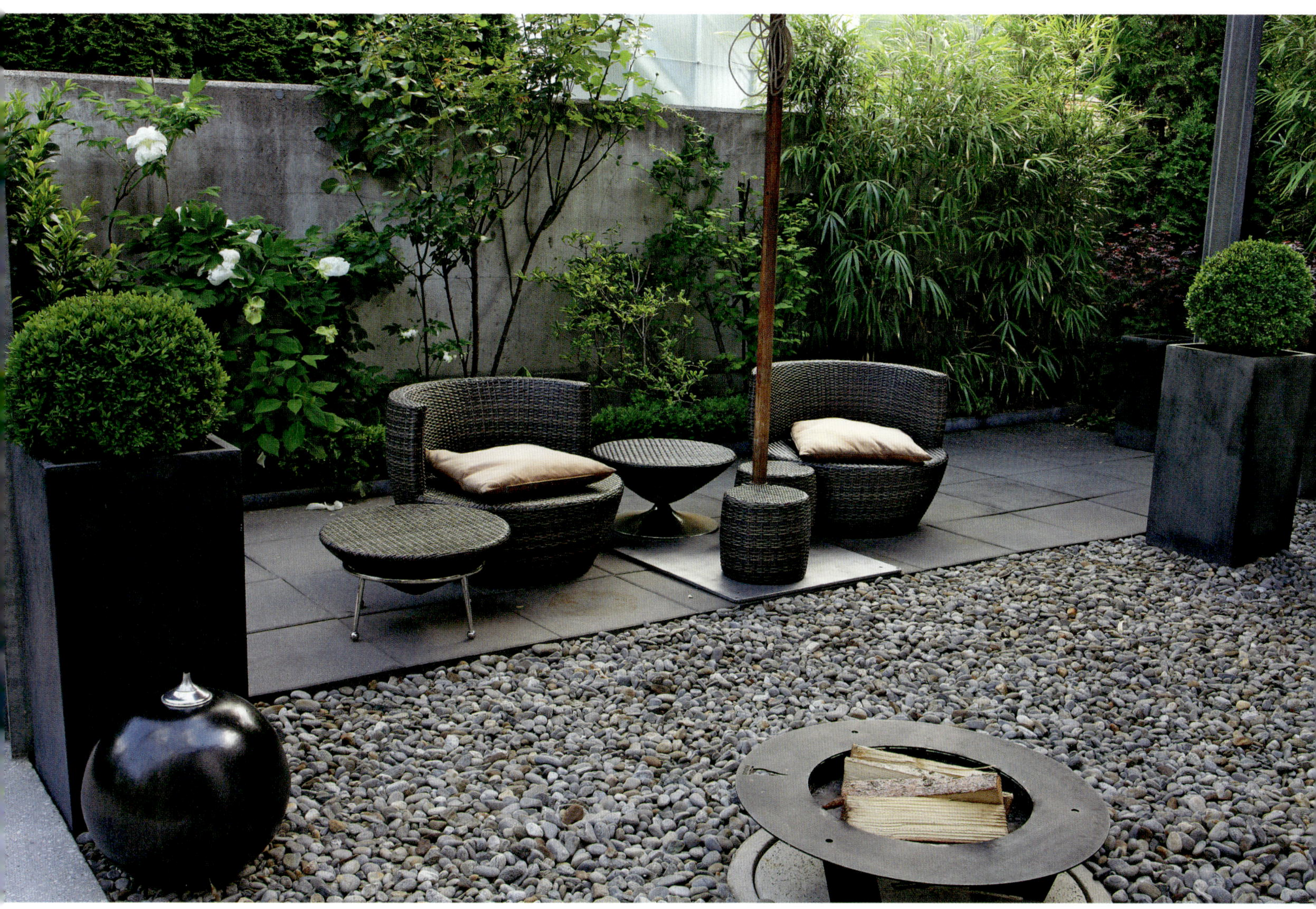

Der zentrale Sitzplatz wird bei entsprechendem Wetter tagtäglich genutzt. Das grüne Wohnzimmer ist jedoch keineswegs immer gleich. Ab und an hat die Familie den Wunsch, die Gartenmöbel umzustellen und an die neuen familiären Bedürfnisse anzupassen. Denn nicht nur der Garten wächst, sondern auch die Kinder und Enkelkinder.

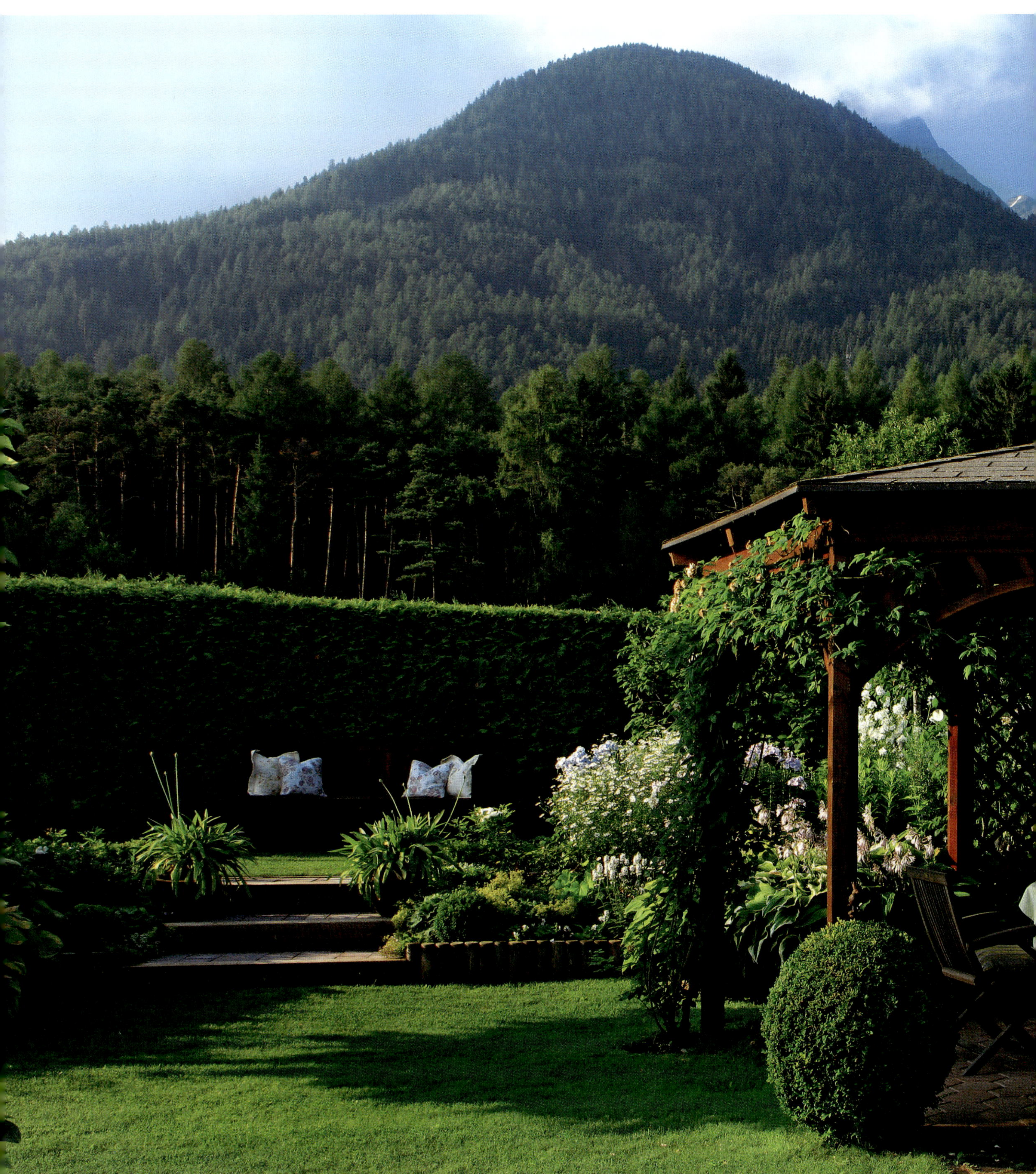

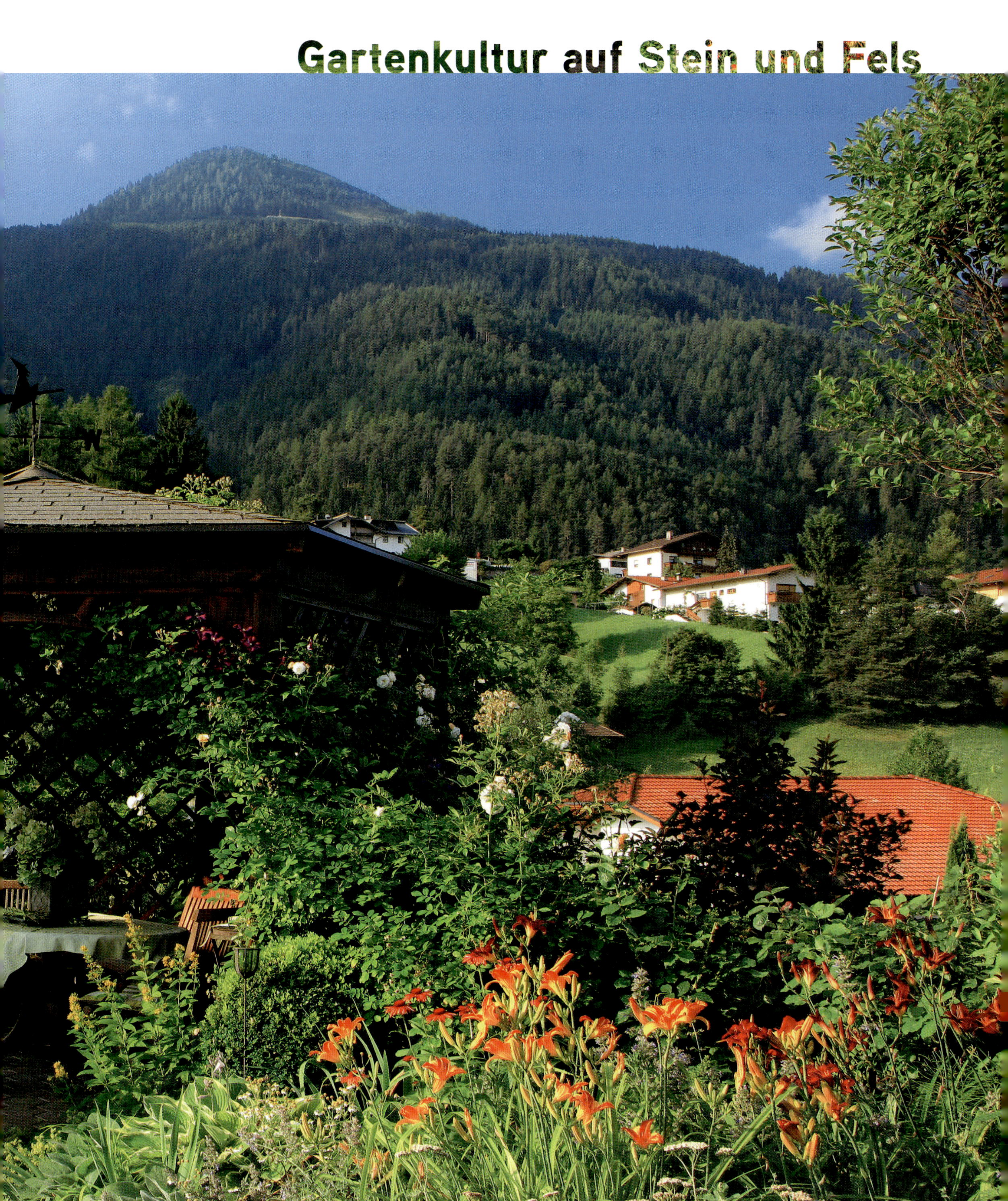

Rechte Seite *Englische Rosen zeigen inmitten üppiger Mixed Boarders die Liebe der Gärtnerin zur britischen Gartenkultur. Die gelbe Strauchrose 'Charlotte', eine Austin-Züchtung, gedeiht harmonisch neben Glockenblumen* (Campanula). *Im Hintergrund dominieren die Blüten der Steppenkerze* (Eremurus), *während die Kletterrose 'Alchymist' liebevoll das Gartenhaus zu erobern beginnt.*

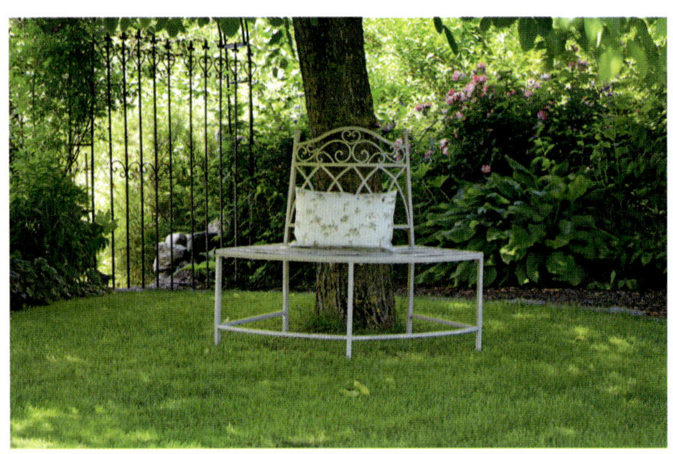

Die kreisrunde Baumbank im unteren Teil des Hanggartens lässt es zu, kurz innezuhalten. Besucherinnen und Besucher wissen jedoch schon bald, dass dies nur ihnen selbst vorbehalten ist, denn Pflege und Gestaltung nehmen hier viel Zeit in Anspruch.

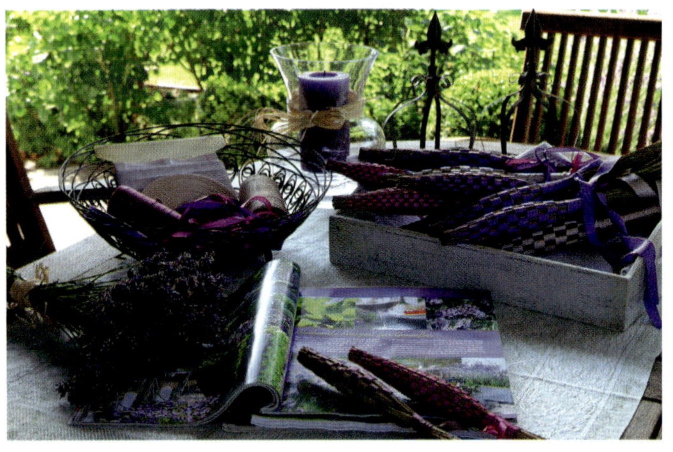

Sie wuchs in einem Ötztaler Bergdorf auf 1500 Metern Meereshöhe auf – heute lebt Maria Heiß in Roppen im Tiroler Oberinntal. Schon als Kind wollte sie immer unten im Tal wohnen, dort, wo es die schönen Blumen gab. „Eine Kindheitserinnerung prägte mich: Ein mit Blüten üppig gesäumter Gartenweg, der zum Heimathaus meiner Mutter führte. Genauso stellte ich mir meinen späteren Garten vor", erzählt die passionierte Gärtnerin. Zu Studienzeiten verbrachte die Volksschullehrerin jede freie Minute im Hofgarten in Innsbruck.

Der Garten der Familie Heiß liegt am Fuße des mächtigen Tschirgant. Der Berg zeigt imposante kahle Felswände. Einen Tiroler Garten unabhängig von der umgebenden Landschaft zu sehen, ist unmöglich, denn die eindrucksvolle Bergkulisse wird immer ein Teil davon sein.

Maria Heiß legte nach vielen Reisen und steter Vorliebe für die Britischen Inseln ihren eigenen englischen Garten an. Schwerpunkt – wie könnte es anders sein – sind „Mixed Borders", wie die Staudenbeete genannt werden. Und doch ist ihr englischer Garten etwas ganz Besonderes: Gelegen inmitten der Tiroler Bergwelt bietet sich hier dem Betrachter ein atemberaubendes Bild.

Während wir noch beeindruckt auf den Tschirgant blicken, schüttelt Maria Heiß heftig den Kopf. „Ich mag ihn gar nicht", sagt sie schroff. „Wenn man länger zwischen den Bergen lebt, fühlt man sich beengt." Auch die mühsame Arbeit, den Boden fruchtbar zu machen, hätte sie ihnen zu „verdanken". „Sie stehen hier auf einem Felssturzgelände, der Humus darüber ist gerade einmal 5 Zentimeter hoch!" Hut ab vor der Gärtnerin, denn der Rasen unter unseren Füßen ist „very British", saftig grün, dicht und kurz geschnitten. Doch die Pflanzen in der umliegenden Landschaft geben Maria Heiß recht, Wacholder, Föhren und Besenheide fristen dort ihr karges Dasein.

Der Boden ist also eine Herausforderung, aber das Klima hingegen unerwartet mild. Das begründet auch, warum in diesem

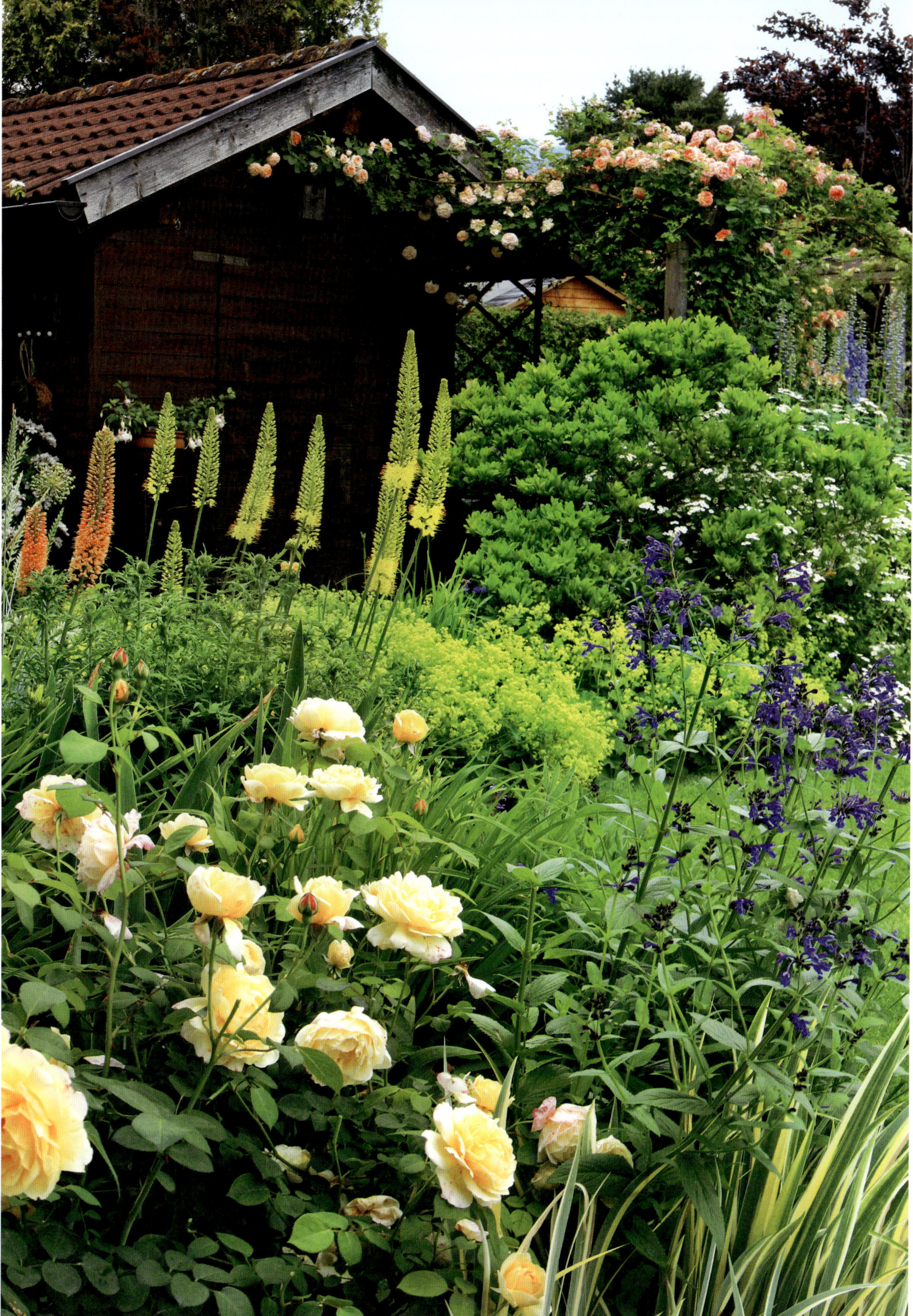

Im Garten hinter dem Haus herrschen Grün- bis Gelbtöne und violette Farben vor. Keine falsche Blüte darf sich dazwischen schwindeln, denn sie würde das Ensemble stören. Die gelben Taglilien (Hemerocallis) *passen wunderbar in diese Farbkombination. Der Blauglockenbaum* (Catalpa) *setzt einen schönen Eckpunkt.*

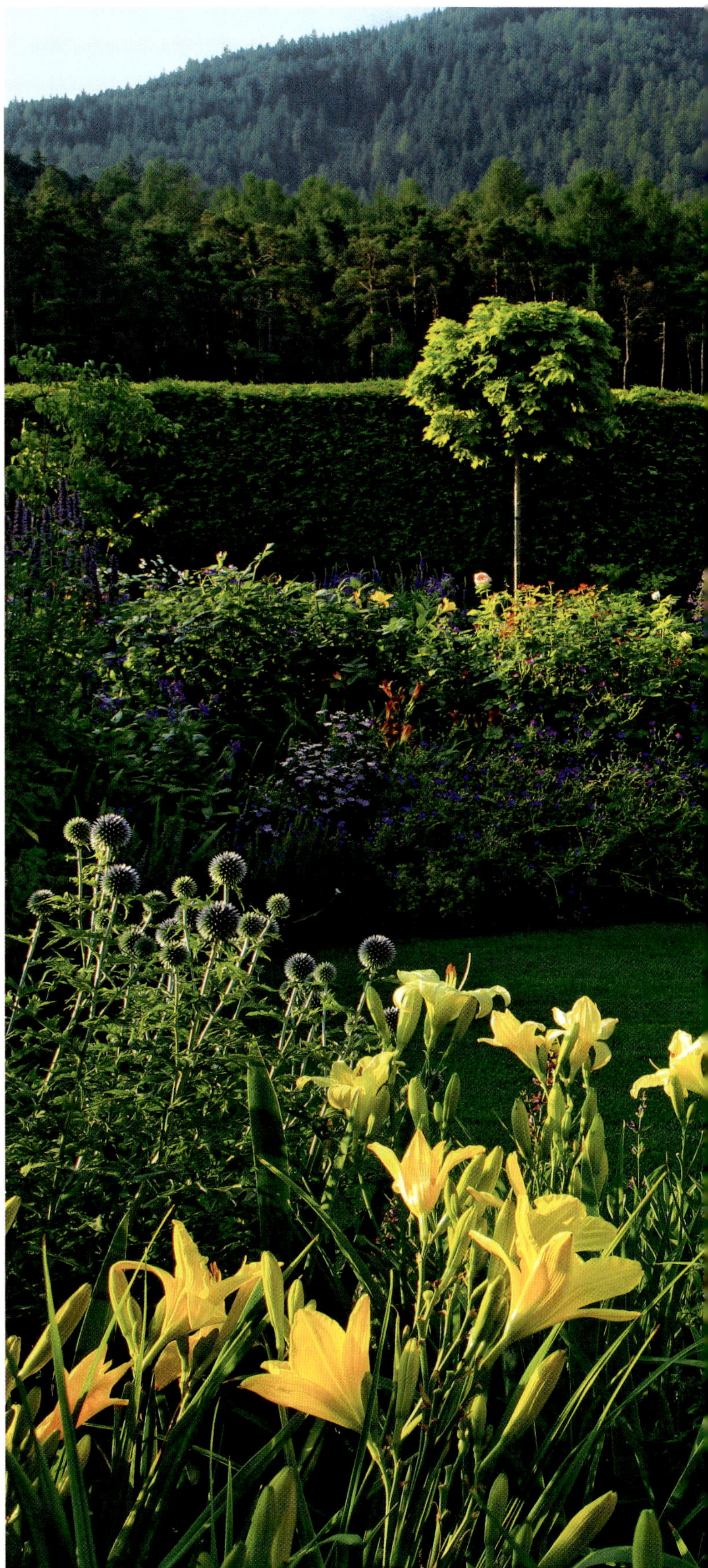

Garten empfindliche, wenig winterharte Noisette- oder Teerosen blühen.

„Die Winter sind hier nicht so kalt, wie Sie vermuten", erklärt die anglophile Expertin die Lage. „Die letzten dreißig Jahre gab es nur einzelne Tage mit Temperaturen unter minus 10 Grad. Dank der guten Dränage durch den felsigen Untergrund" – darüber muss sie selbst lachen – „gibt es bei uns auch keine Schäden durch Staunässe." Lavendel, Katzenminze und Ziest scheinen sanft zu nicken. Nur der Tschirgant steht immer noch stramm und stolz vor uns. Immerhin hat Frau Heiß ihm das milde Klima zu verdanken, weil er schlechtes und kaltes Wetter abhält.

Dass Rosen zu den Lieblingspflanzen der stolzen Gartenbesitzerin zählen, zeigt sich in Hülle und Fülle und ist auch typisch für englische Gärten. Da wachsen unter anderen 'Variegata di Bologna' und 'Felicia' im unteren Gartenteil nahe dem kleinen Teich und oben hinter dem Haus 'Alchymist' und 'Celine Forestier' vor dem 3000 Meter hohen Acherkogel, der dort massiv auf sich aufmerksam macht. Umschlungen wird die Königin der Blumen oft von prächtigen Clematissorten, begleitet stets vom passenden Hofstaat wie Rittersporn, Veronica in der Sorte 'Blauriesin', Bergminzen, Glockenblumen und Storchschnabel, um nur einige zu nennen.

Die Farbgebung der Stauden ist Maria Heiß dabei ein besonderes Anliegen. „Ich überlasse nichts dem Zufall und plane die Beete, bevor ich sie anlege", erklärt die Spezialistin ihre Perfektion. „Ob die Pflanzen gedeihen oder nicht, damit befasse ich mich lange bevor sie in den Boden kommen." Manchmal schwindelt sich in das gelb-blaue Ensemble ein falscher Blauton, anders als erwartet, weniger zartviolett, eher himmelblau vielleicht – dann muss umgepflanzt werden, denn „wenn die Farbe nicht stimmt, stört es mich". Das Ergebnis ist hinreißend: Taglilien, Frauenmantel, Schafgarben blühen in Nuancen von Maigrün bis Hellgelb und werden von lavendelblauen Blüten der

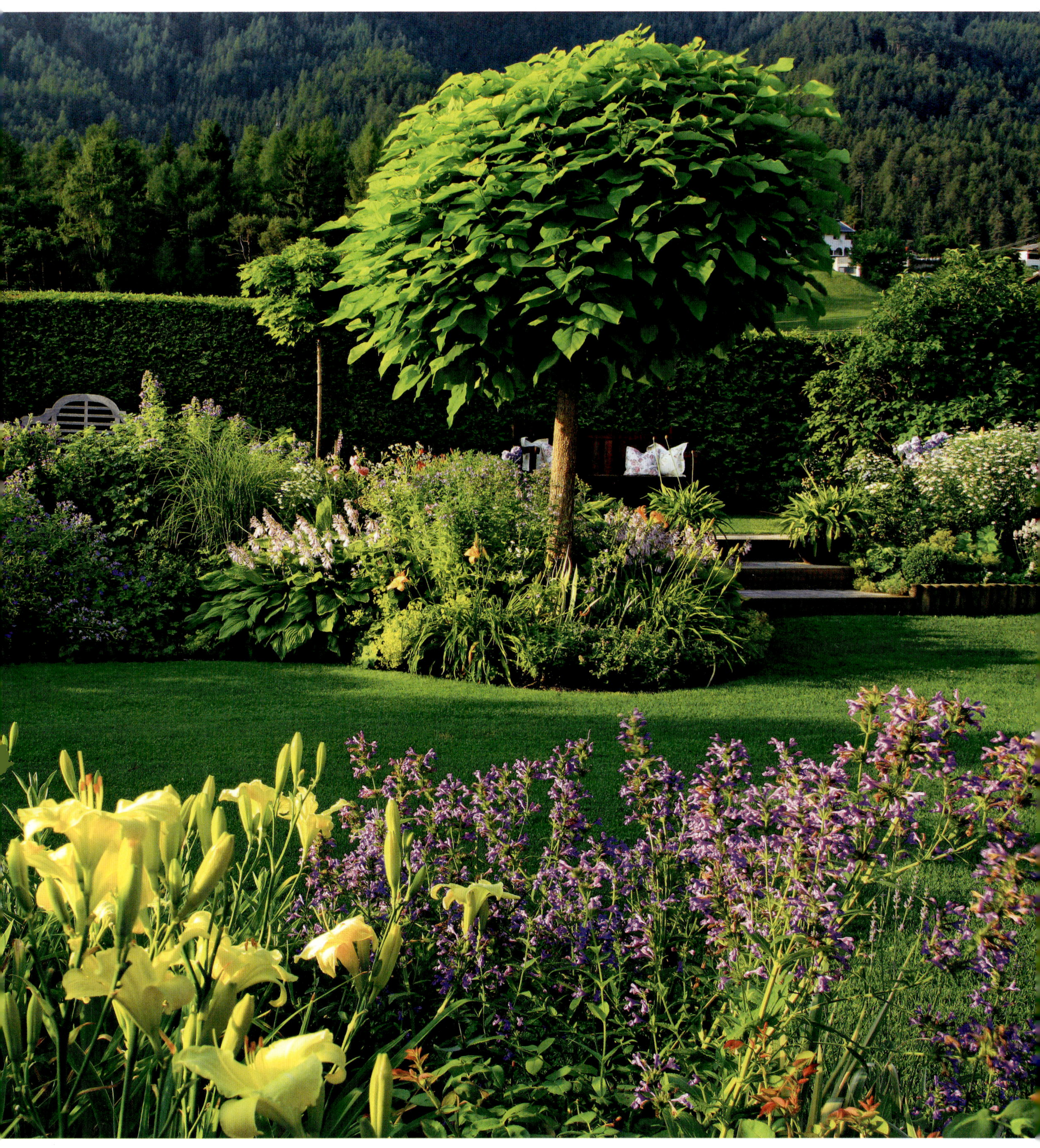

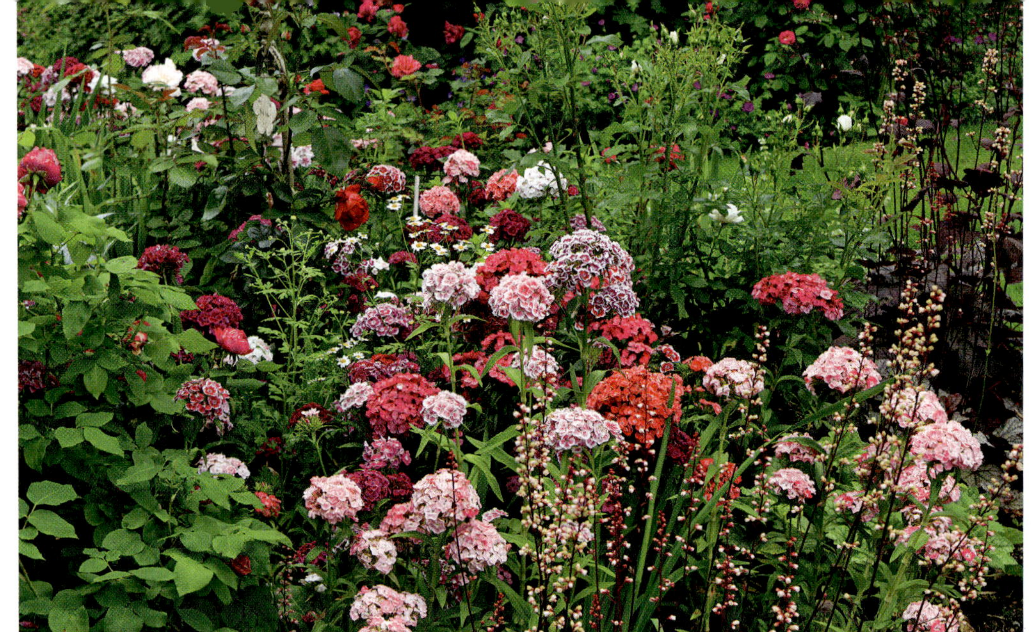

Ein gemischtes Beet Ton-in-Ton: Bartnelken (Dianthus barbatus) *in Rosa, Pink und anderen Pastellfarben, Rosen und Purpurglöckchen* (Heuchera) *mit dunklem Laub zeigen eine Kombination aus Stauden und zweijährigen Sommerblumen.*

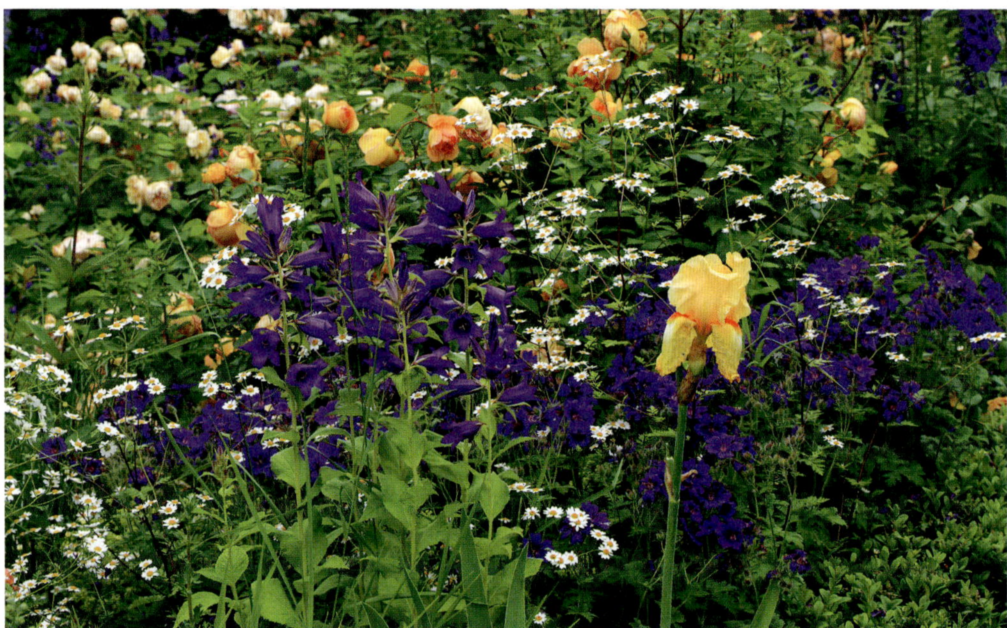

Wie ein Blumenstrauß: Im Vordergrund blau-violette Glockenblumen, besonders attraktiv die niedrigere Waldglockenblume (Campanula macrantha) *mit einer einzelnen aprikosefarbenen Iris, dahinter die stark duftende, kupferorange Rose 'Pat Austin', dazwischen das weiße, zarte Mutterkraut* (Tanacetum).

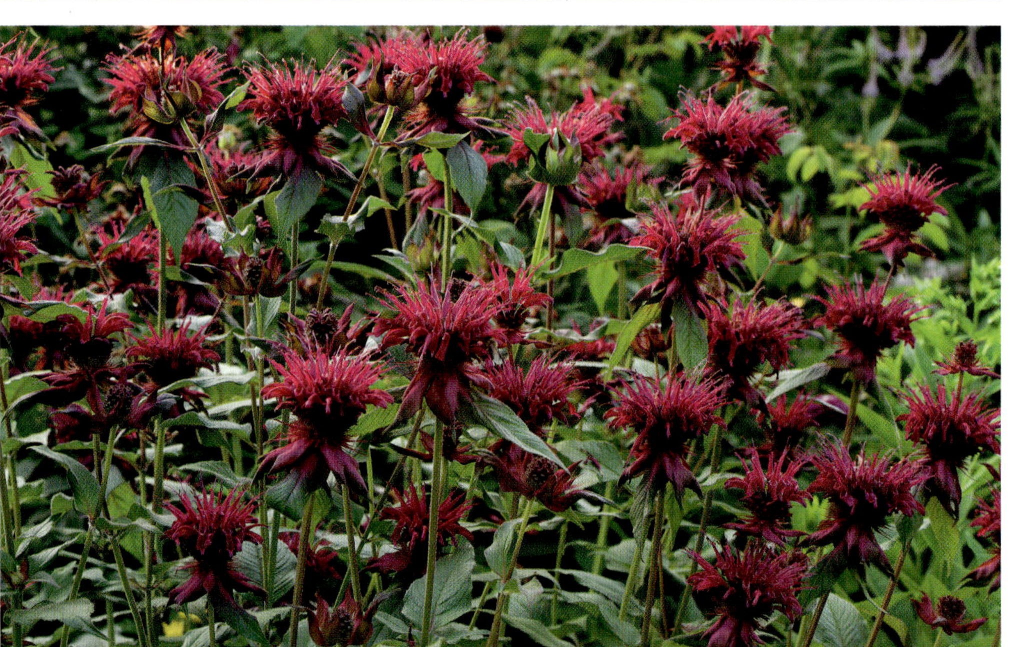

Die Indianernessel (Monarda) *in der Sorte 'Purple Anne' zeigt dunkle, purpurrote Blüten im Hochsommer. Flächig gepflanzt, kommt die über 1 Meter hoch werdende Staude gut zur Geltung.*

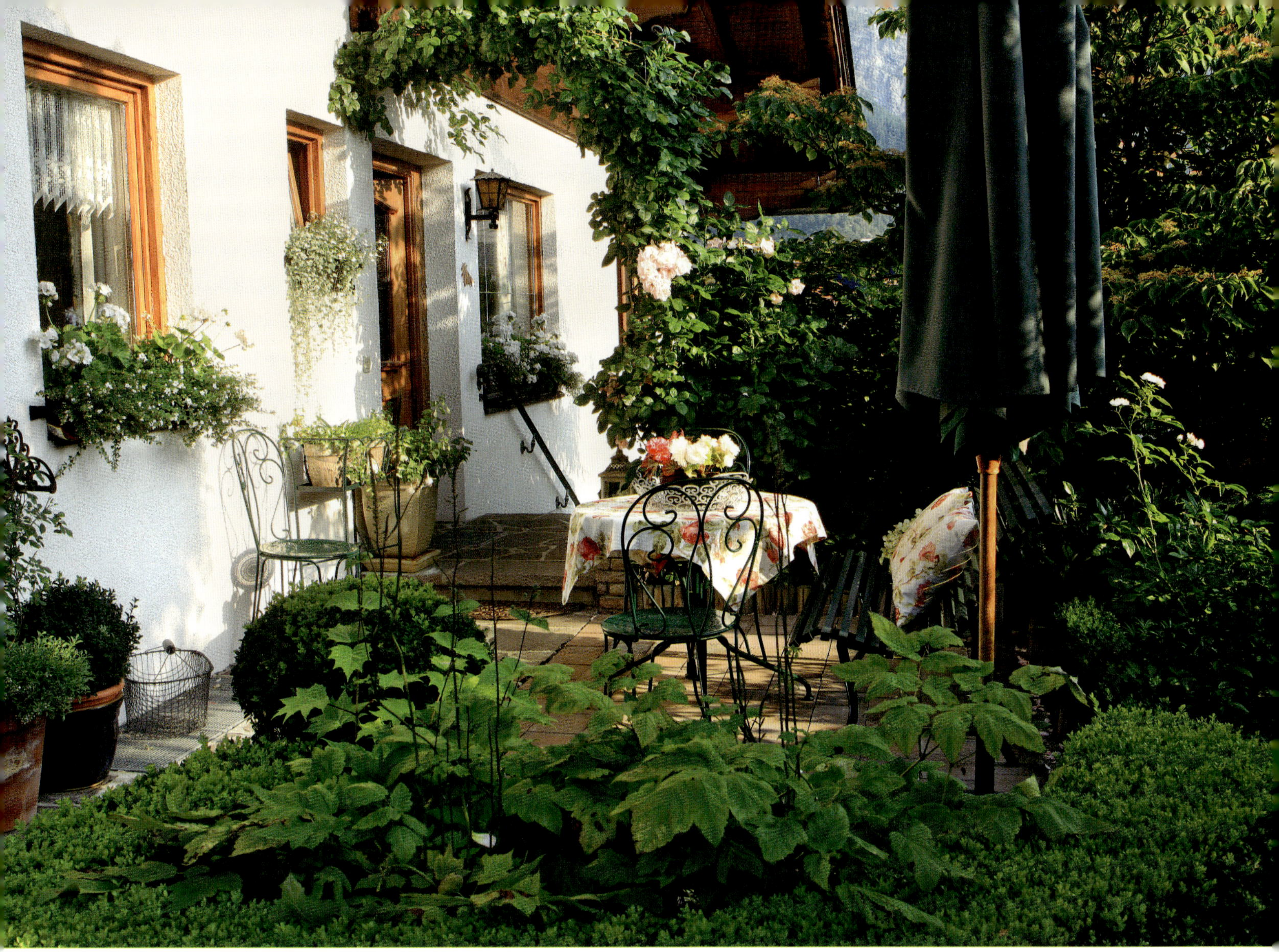

Clematis *(Viticella)* 'Prince Charles', Schönaster *(Kalimeris)* oder entsprechenden Indianernesseln und Phlox kontrastiert.

Der Pflegeaufwand allerdings ist doch beträchtlich. „Ich fahre zur Rosenzeit nicht gern auf Urlaub, im Juli geht es am besten, gleich nach dem Blütenhöhepunkt und nach dem Rückschnitt", bekennt sich Maria Heiß zu einem Leben für den Garten.

Auf der Frühstücksterrasse, umgeben von geschnittenem Buchs, lässt sich gemütlich die Morgensonne einfangen.

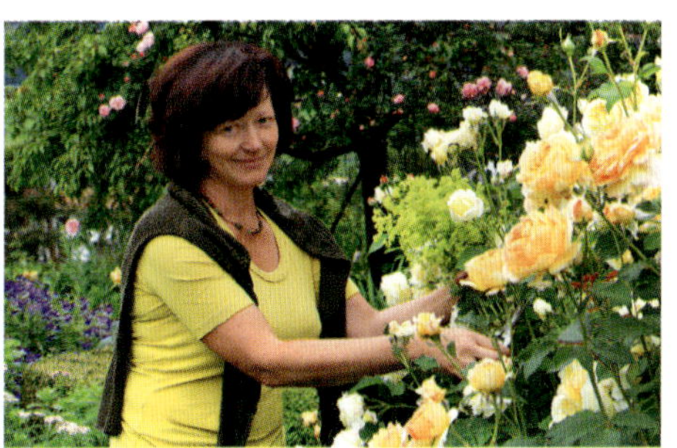

Adresse

Maria Heiß
Föhrenweg 37
6426 Roppen
Tel.: +43/664/737 519 12
E-Mail: mariaheiss@gmx.at

Besuch nach Vereinbarung

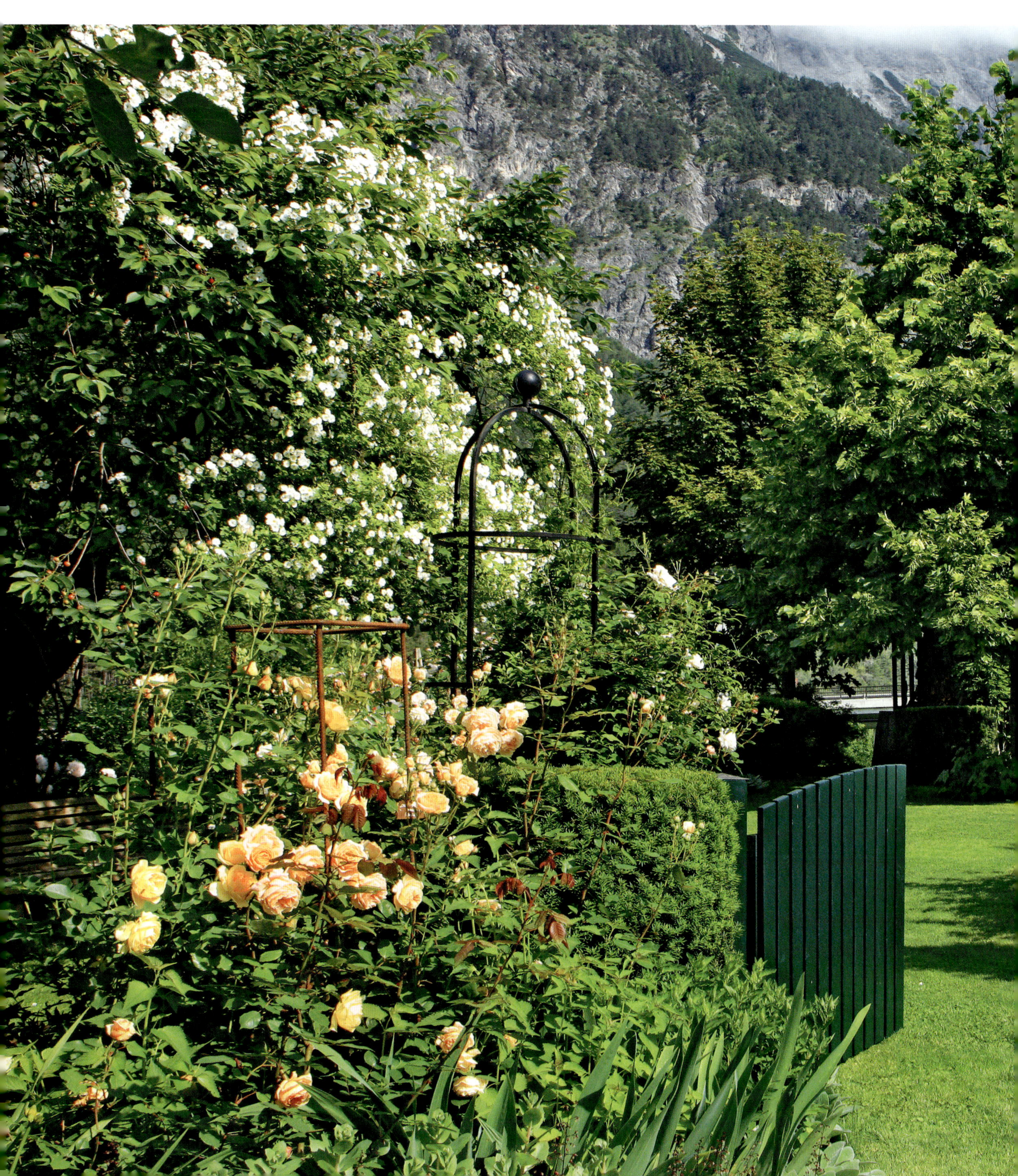

Gartenkunst versus Bergwelt

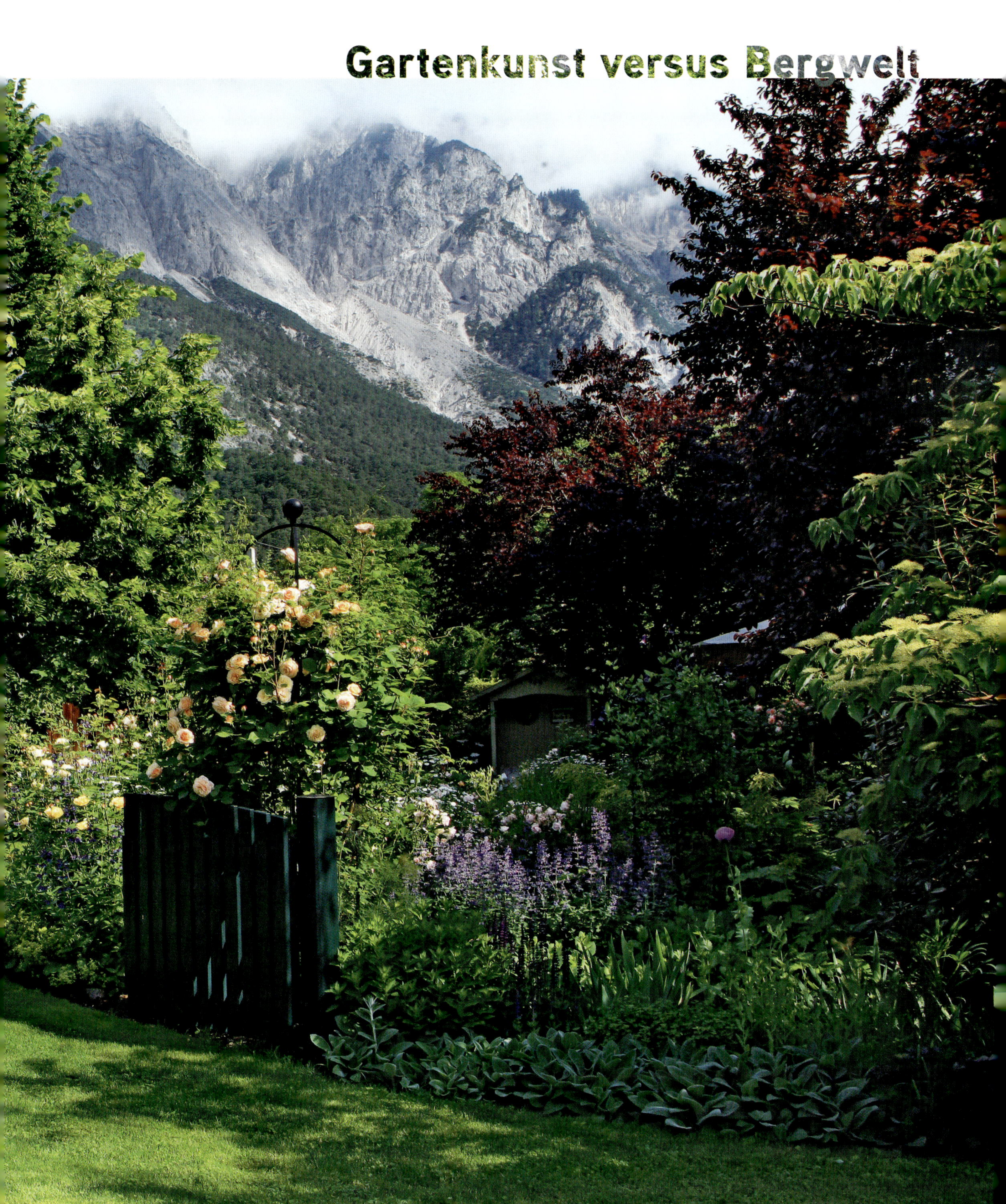

Rechte Seite *Die erklärte Rosenliebhaberin pflanzt Staudenkombinationen, die zu jeder Jahreszeit attraktiv sind. Leuchtende Taglilien* (Hemerocallis) *neben Fetter Henne* (Sedum) *werden von Purpurglöckchen und Frauenmantel umspielt. Alte Obstbäume dienen als Schattenspender oder Klettergerüst für Clematis und Rosen.*

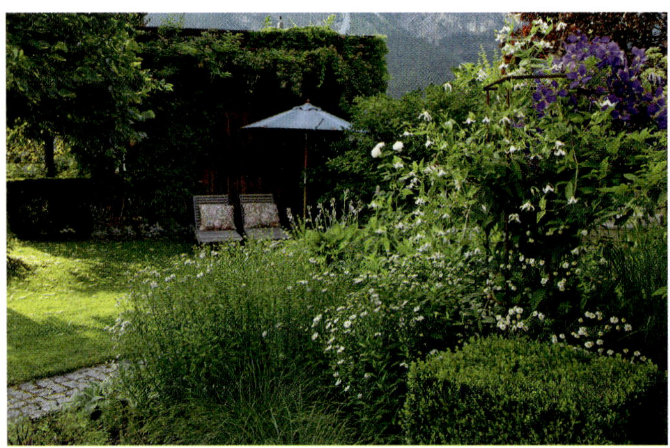

Geschnittener Buchs lässt an englische Gärten erinnern. Sogar eine Sommerspiere (Spiraea) *wurde in Form gebracht und zeigt nun eine interessante kugelige Gestalt. In diesem Garten wird beherzt Hand angelegt und nichts dem Zufall überlassen.*

Nahezu feierlich öffnet Ursula Kurz ihre Gartentür. Die Gartenleidenschaft steht ihr vom ersten Augenblick an ins Gesicht geschrieben. Noch dürfte sie nicht wissen, dass eine interessierte Besucherin nur einen neugierigen Blick wagt. Der Garten zwischen beeindruckenden Tiroler Bergen ist in einem perfekten Pflegezustand, das ist offensichtlich. Und dieser Garten ist für Ursula Kurz grüne Oase, Raum für Kreativität und gleichzeitig Tag für Tag Selbstbestätigung und vor allem Lebensinhalt.

Mit Maria Heiß aus dem Heimatort Roppen verbindet sie eine lange Gartenfreundschaft, gemeinsam haben sie viele Reisen unternommen, sich der Liebe zu gekonnt bepflanzten Staudenbeeten angenähert und sind schon bald der „Rosenmania" verfallen. Kataloge bekannter Rosenzüchter wurden studiert und Bestellungen aufgegeben. „Heute bin ich gar nicht mehr so ein Fan von Austin-Rosen wie früher", erklärt Frau Kurz ihre Entwicklung und gleichzeitig die stete Veränderung des Gartens. Die Rosen von damals seien längst wieder verschwunden, jetzt dominieren Historische Rosen, die zwar nicht ausdauernd blühen, dafür aber unglaublich duften.

„Gefällt es Ihnen?", lautet die zaghafte Frage und gleichzeitig das Bekenntnis, „ich bin nämlich niemals fertig." Die Staudenbeete dürfen bei ihr keine Einfassungen haben, obwohl es praktisch wäre. Denn für Ursula Kurz muss sich die Möglichkeit bieten, Beete zu vergrößern. Still und freundlich hält sich lächelnd der Ehemann im Hintergrund und nickt – ist doch der Jurist im Garten für die technischen Ausführungen zuständig. Der Brunnen wurde von ihm selbst aus Beton gegossen und sieht alten Stalltrögen verblüffend ähnlich. Sogar die „Philosophenbank" hat er liebvoll in Eigenregie gezimmert.

Geschnittene Buchskugeln und exakte Eibenhecken zeigen einen Hang zur Perfektion. Efeu schmiegt sich an die Unterkanten der aus Klinkersteinen gesetzten Stufen. Dahinter erstreckt sich ein Weg aus grobem, strahlend weißem Kies, dessen Ränder Lavendel und Katzenminzen säumen. Der schönste Laven-

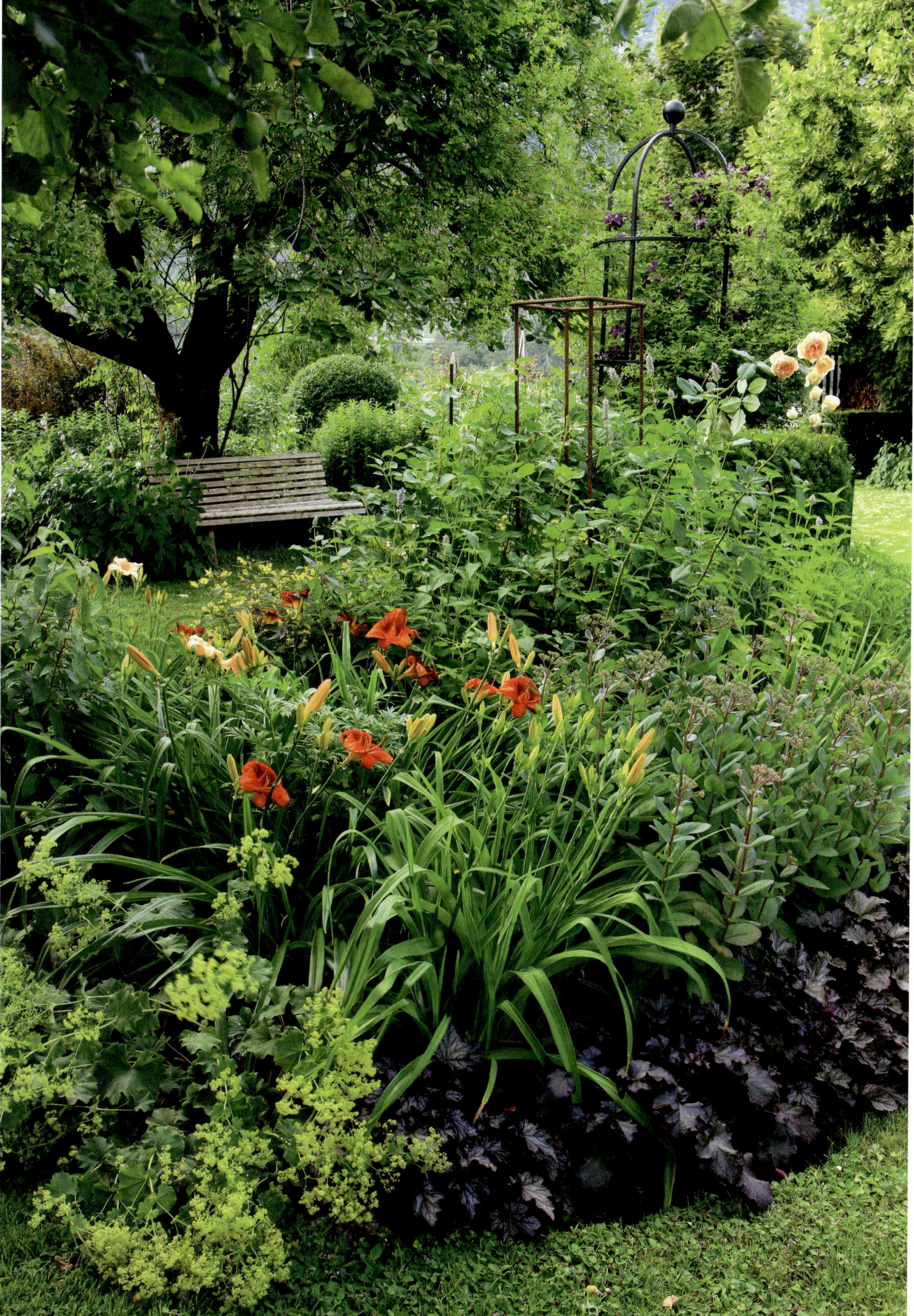

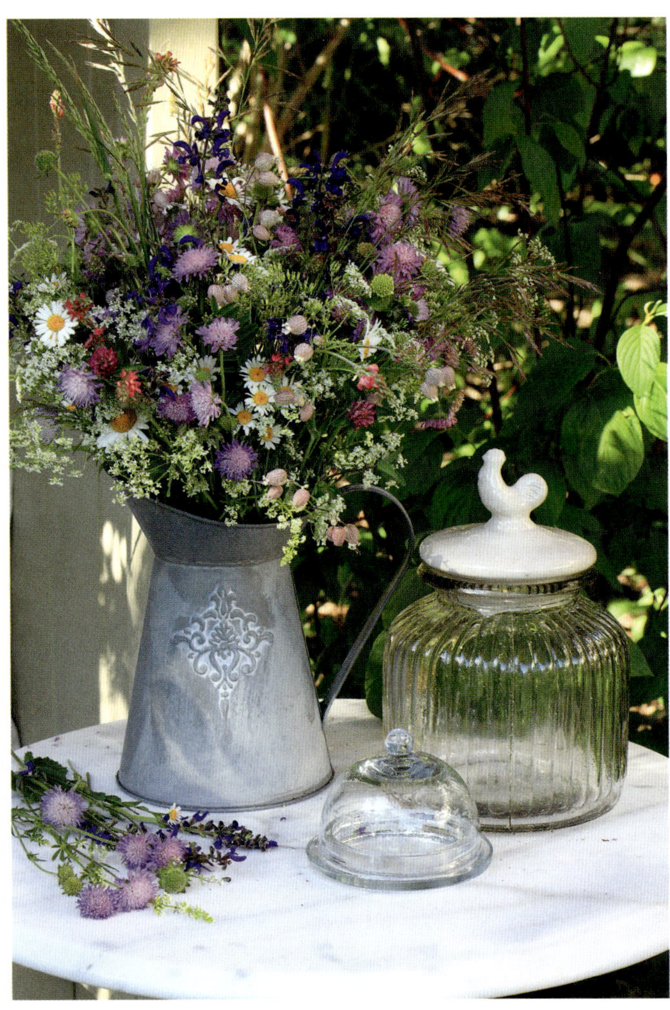

Liebevolle Details – und sei es nur der natürliche Wiesenblumenstrauß im stilvollen Krug – werten so manche Gartenecke auf. Wer Freude am Gestalten und Verändern hat, beginnt schon im Kleinen damit.

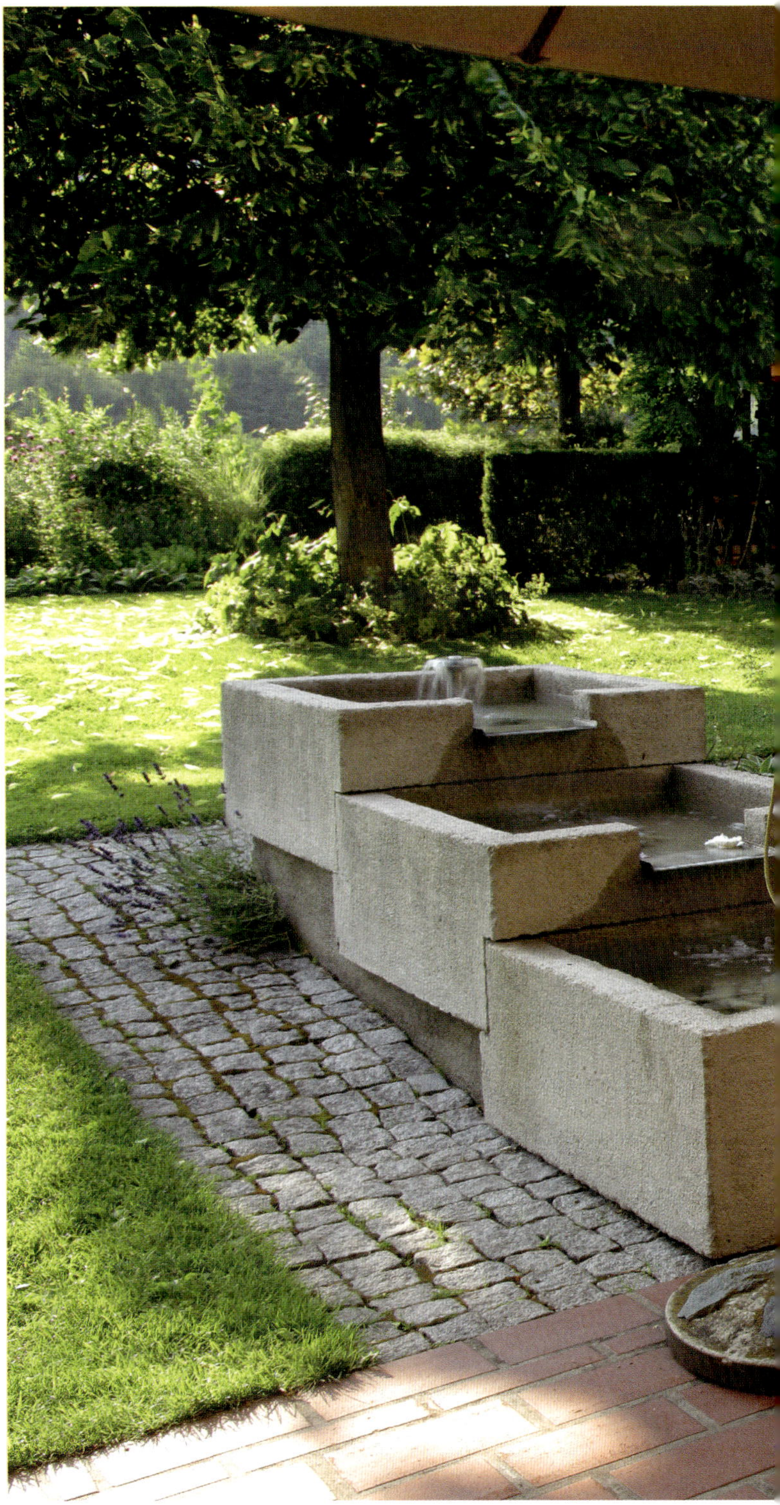

delstock gedeiht jedoch mitten im Weg, und Beth Chatto, die Begründerin des Kiesgartens, lässt uns offensichtlich grüßen.

Farbe spielt auch im Garten von Ursula Kurz eine dominante Rolle. „Alle Blüten sind in Weiß, Rosa und Lila gehalten", sagt die Meisterin der „mixed borders". „Manche Blüten muss ich abzwicken, wenn sie in der Farbe nicht passen. Manchmal stimmen die Bestellungen leider nicht." Blüten zu entfernen, um Farbkompositionen nicht zu stören, ist ein für uns neuer gärtnerischer Handgriff. Doch andererseits wird klar, dass solch gelungene Pflanzenbilder nicht anders entstehen können.

Der Garten wurde vor etwa drei Jahrzehnten übernommen, Relikte aus dieser Zeit sind die Zirbe, die Blutpflaume und so mancher Apfelbaum. „Die Obstbäume müssen wir zugunsten der Kletterrosen großteils zweckentfremden", so Ursula Kurz. Immerhin bieten sie Platz für nicht weniger als 14 Ramblerrosen! Gibt es hier überhaupt Zufälle? Die Natur erkämpft sich doch fallweise auch ihre Plätze. „Leinkräuter und Bergminzen gehen bei uns wild auf", bestätigt Frau Kurz, „doch was zuviel ist, muss wieder weg."

Im Laufe der Jahreszeiten haben alle Pflanzen ihre Rolle übernommen. Oder hat sie ihnen die Gartengestalterin zuge-

Das Wasserspiel wurde nicht, wie angenommen, aus alten Stalltrögen gebaut, sondern vom Hausherrn persönlich gegossen. Sanftes Plätschern lädt zum Verweilen auf der Terrasse und bringt eine meditative Stimmung in den Garten. Kleine Granitwürfel und Klinkersteine lassen den Sitzplatz lebendig wirken.

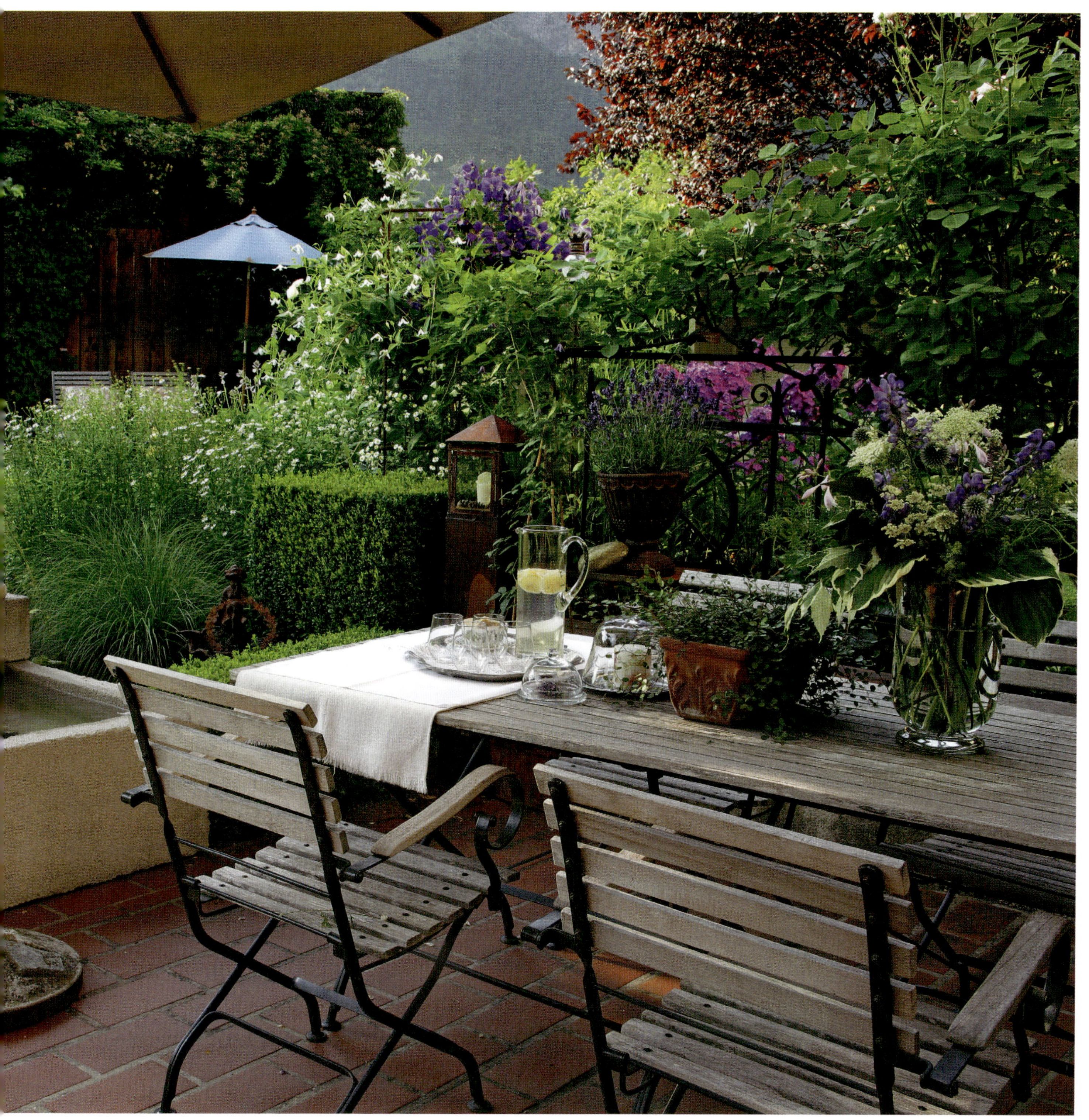

Auch die „Philosophenbank" ist in Eigenregie entstanden. Als Vorlage dienten englische Bänke – und schon wurde gezimmert. Doch die umtriebige Gärtnerin nimmt sich wenig Zeit, um zu ruhen. Kaum sitzt sie, schweift der Blick in den Garten, und schon sieht sie, wo etwas verändert werden muss.

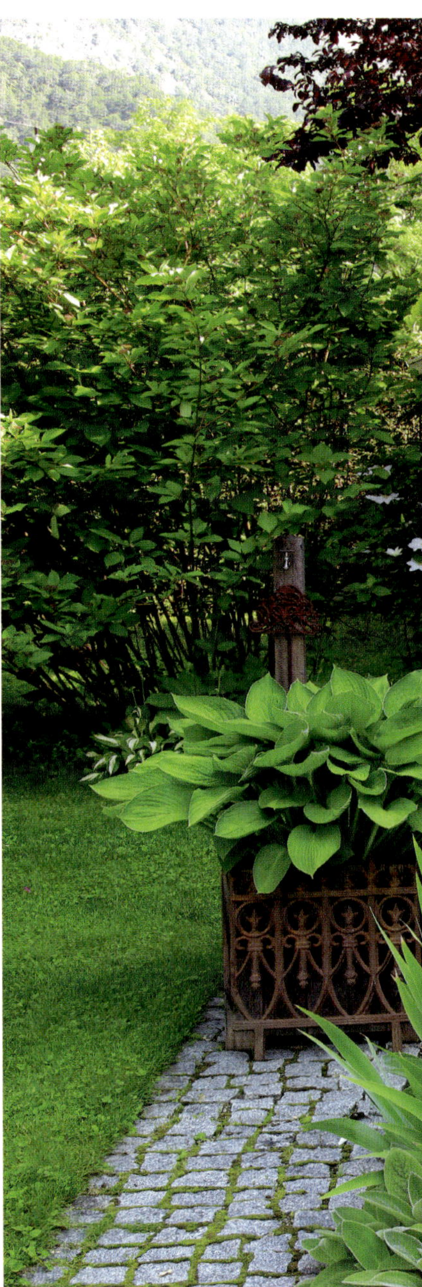

ordnet? Die Gehölze läuten das Jahr mit Blütenreichtum ein und schließen es mit buntem Laub würdig ab. Der Tulpenbaum „brennt" förmlich im Herbst. Dazwischen, in den Sommermonaten, erblühen die zahlreichen Rosen und die wunderbaren Staudenkombinationen Ton in Ton.

Erstaunlich immer wieder, welch große Fachkenntnis sich Menschen autodidaktisch aneignen können. Ursula Kurz ist zweifelsohne eine jener Gärtnerinnen, die sich unermüdlich fortbilden und vor allem der Experimentierlust nicht müde werden. Praktisch wird erprobt, was andere empfehlen, denn die eigenen Erkenntnisse zählen schließlich am meisten. Wie sich das zeigt? „Ich liebe Italien und beschloss deshalb, Italienisch zu lernen", erzählt Frau Kurz, „doch daraus wurde nichts, denn ich musste, meinem inneren Drang folgend, doch immer wieder zu den Gartenbüchern greifen."

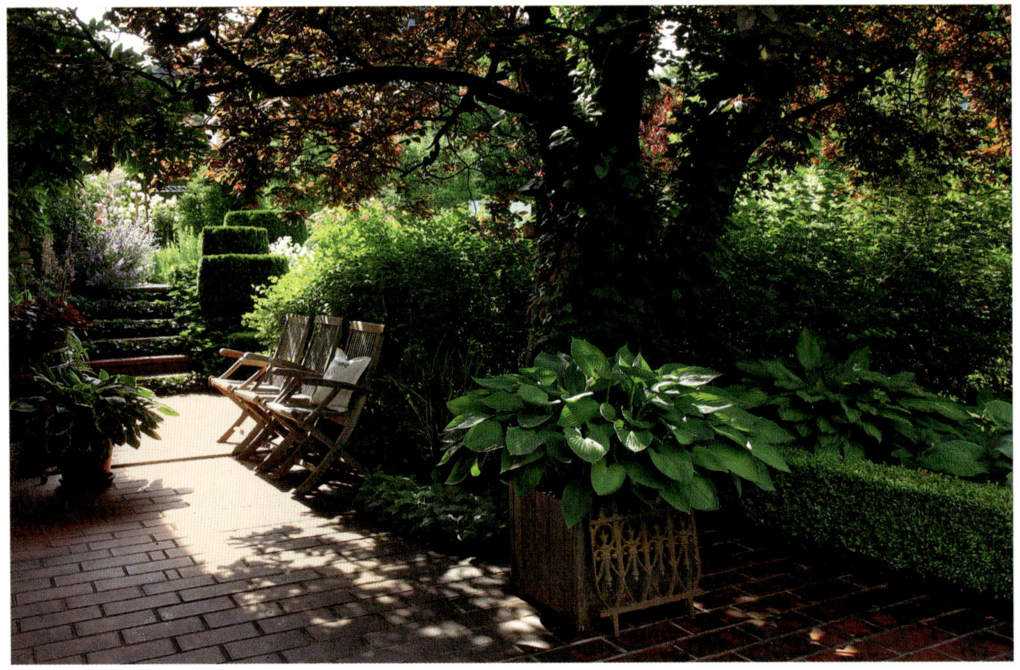

Alte Bäume bilden das Gerüst des Gartens. Die Treppe aus Klinkerstein führt nach oben, Efeuranken wachsen gekonnt zwischen den Stufen. Üppige Funkien gedeihen in Trögen und entlang des Weges erhebt sich immer wieder geschnittener Buchs, nicht in Hecken, sondern in kleinen „Mauerteilen".

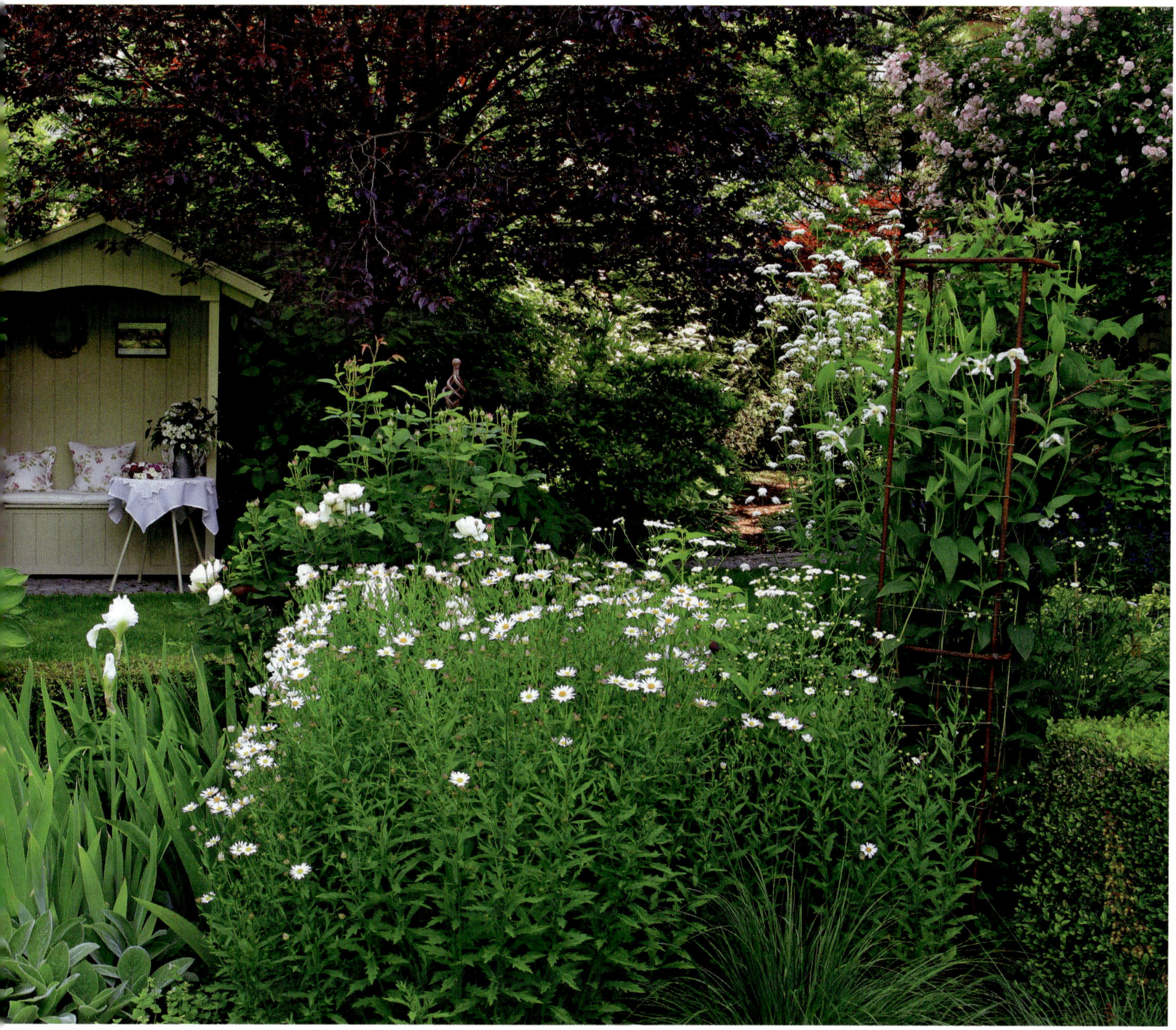

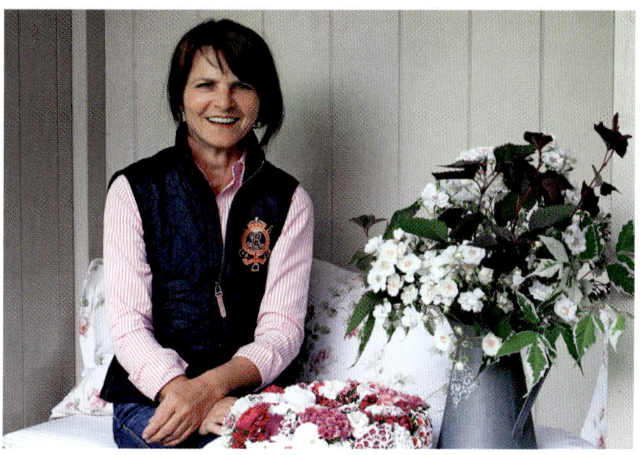

Adresse

Ursula Kurz
Unterfeld 3
6424 Roppen
Tel.: +43/676/954 89 84
E-Mail: ursula-kurz@roppen.net

Besuch nach Vereinbarung

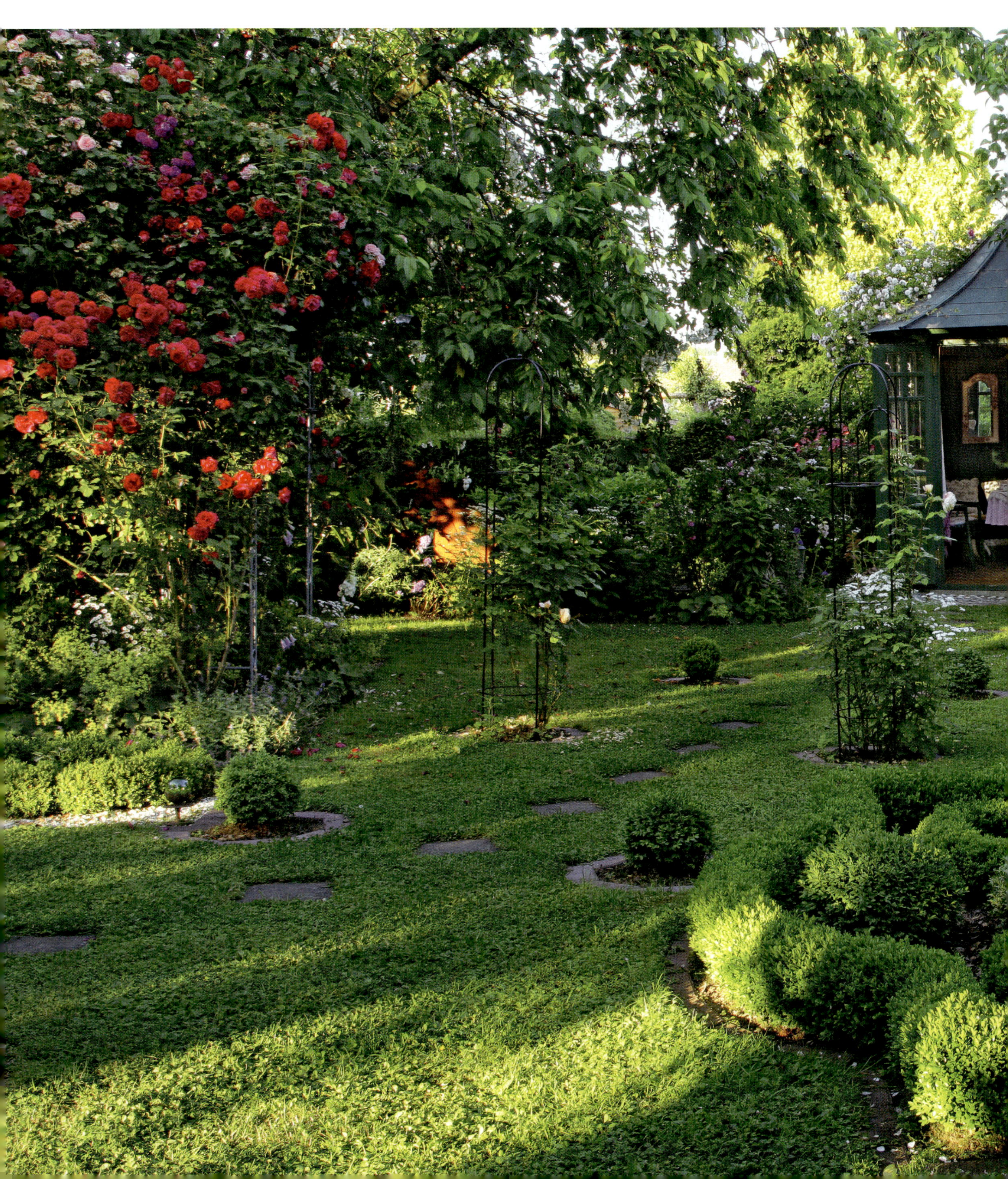

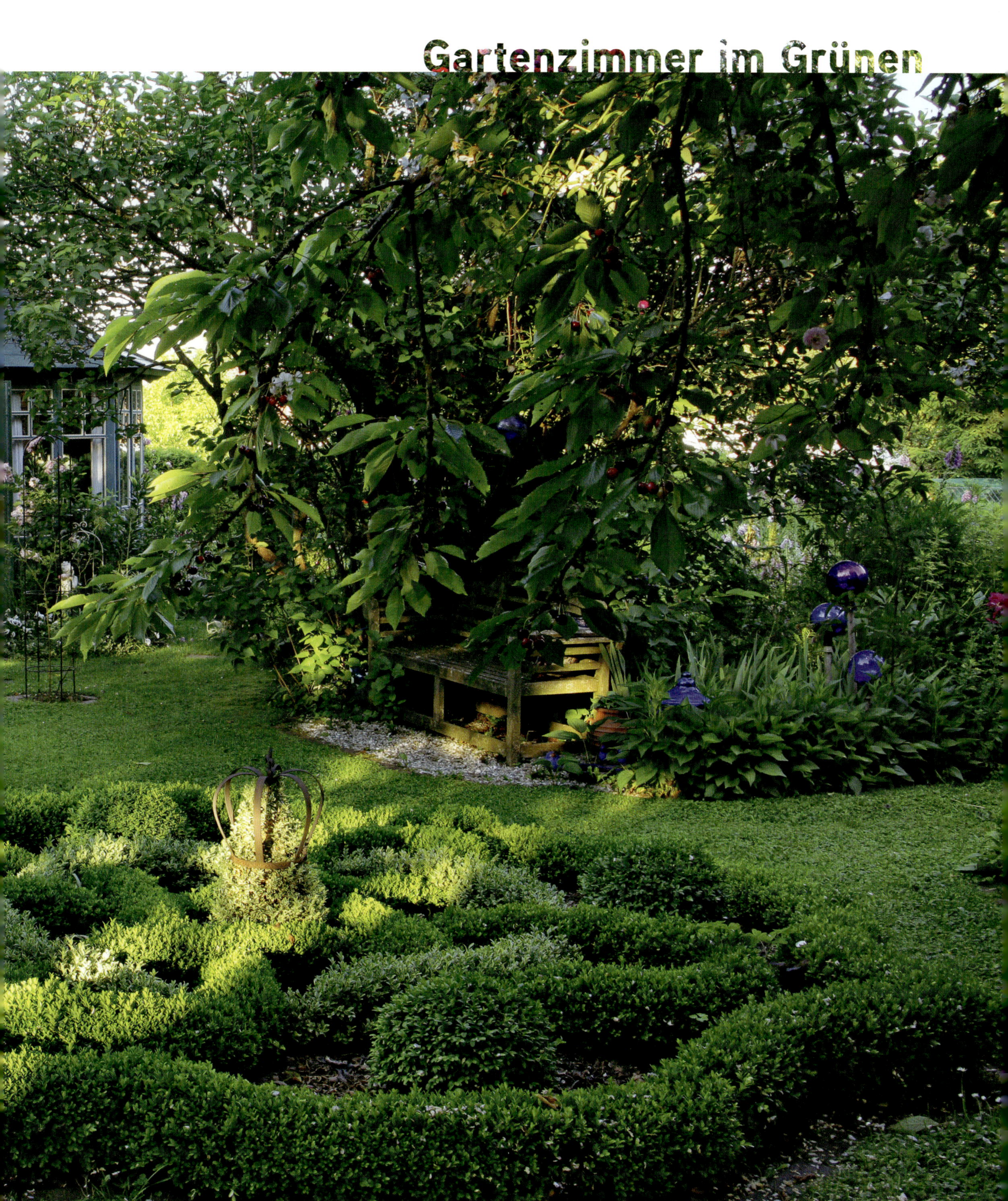

Rechte Seite oben Der Kräutergarten wurde zu Ehren Hildegards von Bingen angelegt. Ihre Statue ist das Zentrum der halbkreisförmig angelegten Kräuterbeete und erinnert an den Besuch gärtnerisch ambitionierter Ordensfrauen: „Wer gesund sein will, muss in einer Harmonie mit Gott und der Natur leben.“

Der erste Eindruck dieses Gartens lässt an ein Freilichtmuseum denken. Gleich einer Wohnung reihen sich die verschiedenen Gartenzimmer aneinander und stellen vor die Qual der Wahl. Alles mit einem Blick zu erfassen, ist schier unmöglich, und so entdeckt man hier Schritt für Schritt zahlreiche Details. Anna Rebhan aus Gaspoltshofen in Oberösterreich führt stolz durch ihren Garten, wir folgen der Lady im Rosenkleid mit englischem Hut und kommen aus dem Staunen nicht heraus.

Die Besitzerin ist leidenschaftliche Sammlerin – aber gefehlt, nicht Pflanzen sammelt sie. Alte Möbel, ausgediente Gegenstände aus Großmutters Zeiten haben es ihr angetan. An Flohmärkten und Wertstoff-Zentren kommt sie nicht vorbei, ohne neue Fundstücke mitzubringen. Eines Tages kam ihr dabei die Idee, alles in den Garten zu integrieren und vieles davon auch gleich zu bepflanzen. Was daraus wurde? Ein sehr ungewöhnlicher Garten, ein Schaugarten im wahrsten Sinne des Wortes!

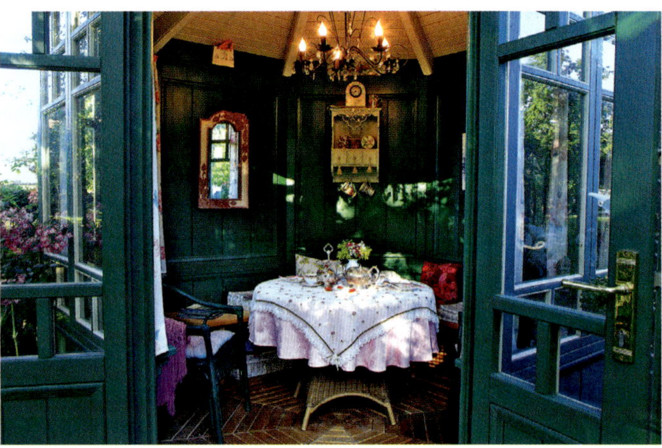

Das englische Teehaus (oben) war schon lange ein Traum von Anna Rebahn. Das Schlafzimmer mitten in der Streuobstwiese (rechte Seite unten) ist skurril und attraktiv zugleich, vor allem dann, wenn zahlreiche Hornveilchen im Bett erblühen.

Vor über zwei Jahrzehnten hat Anna Rebhan in diesen Garten „eingeheiratet“ und fortan aus dem 2000 Quadratmeter großen Nutzgarten ihr kleines Reich gestaltet. Angefangen hat alles mit dem Kräuterbeet im Küchengarten. In der Erde zu wühlen und zu sehen, wie die Saat aufging, weckten bei ihr ungemeine Glücksgefühle. Die Folge: Das Schmökern in Gartenbüchern und -heften füllte halbe Nächte. Auf die Frage, ob ihr selbst nicht manchmal alles zu viel würde – die vielen Gegenstände und die auch sehr pflegeintensive Gestaltung –, meint sie überzeugt: „Der Garten soll wie eine üppige Frau sein, die aus einem zu engen Korsett quillt.“

Im Zentrum von Anna Rebhans Reich liegt der Knotengarten, aus Buchs geschnitten. In der Renaissance waren Beete mit einem Flechtmuster aus Blattpflanzen sehr beliebt. Inspiration für ihre Gartengestaltung findet sie auf ihren zahlreichen Reisen auf die Britischen Inseln. Unübersehbar ist die Liebe zu Rosen aller Art, vor allem Historische Rosen mit intensivem Duft prägen den Garten. „Ich führe über meine Rosen Buch, mittlerweile habe ich über 200 verschiedene Exemplare“, meint sie mit strahlendem Lächeln. Mit Rosen hat auch alles begonnen, damals, als sie in Ihrem Beruf als Krankenschwester aus weggeworfenen Blumensträußen der Patienten Stecklinge schnitt.

Weiter geht es durch die Gartenzimmer: Das Schlafzimmer mit Bett, Nachtkästchen und Spiegel in der blühenden Wiese unter Obstbäumen verlockt zum Ausruhen, würden da nicht zahlreiche Hornveilchen die Liegestatt zieren. Später wechselt der Flor über Fleißige Lieschen im Sommer zu Heidekraut im Herbst. In der Wiese schlummern etwa 3000 Frühlingszwiebeln, die jedes Jahr zu einem Meer aus Tulpen und Narzissen erblühen. Danach geben sich Margerite, Wiesenschaumkraut, Kuckucksnelken und Glockenblumen ein Stelldichein.

Gleich nebenan erspäht man das Bügelzimmer mit Bügeltisch und Wäscheleine, an der Urgroßmutters Kleidung im Wind flattert, sowie das Badezimmer mit gefüllter Wanne samt Frosch.

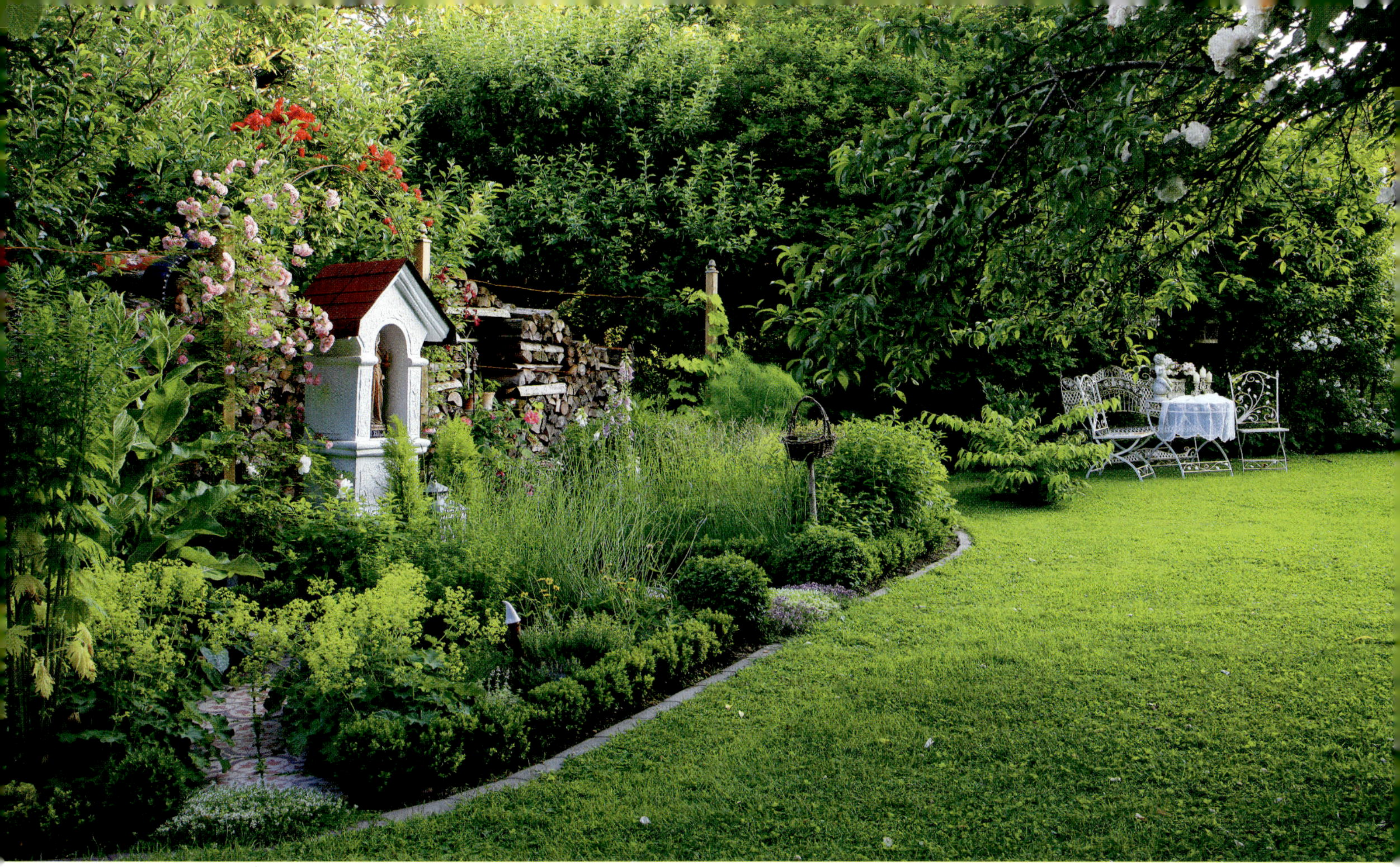

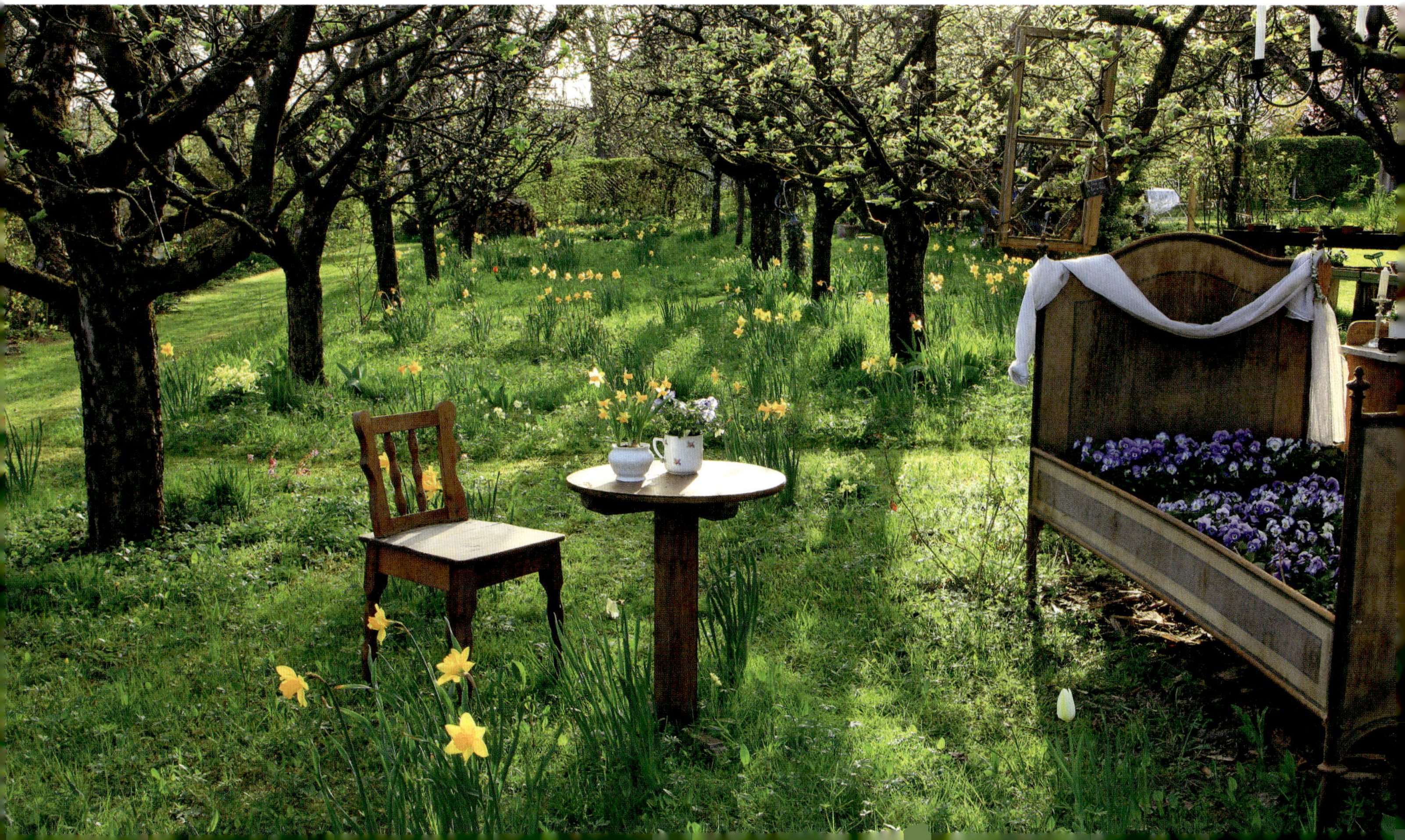

Im Gemüsegarten wachsen bunt in Mischkultur Zucchini neben Zinnien, Ringelblumen, Rudbeckien, Mutterkraut und Schmuckkörbchen. Ein schöner Garten soll auch reiche Ernte bringen: Obst, Kräuter und Gemüse für den kulinarischen Genuss.

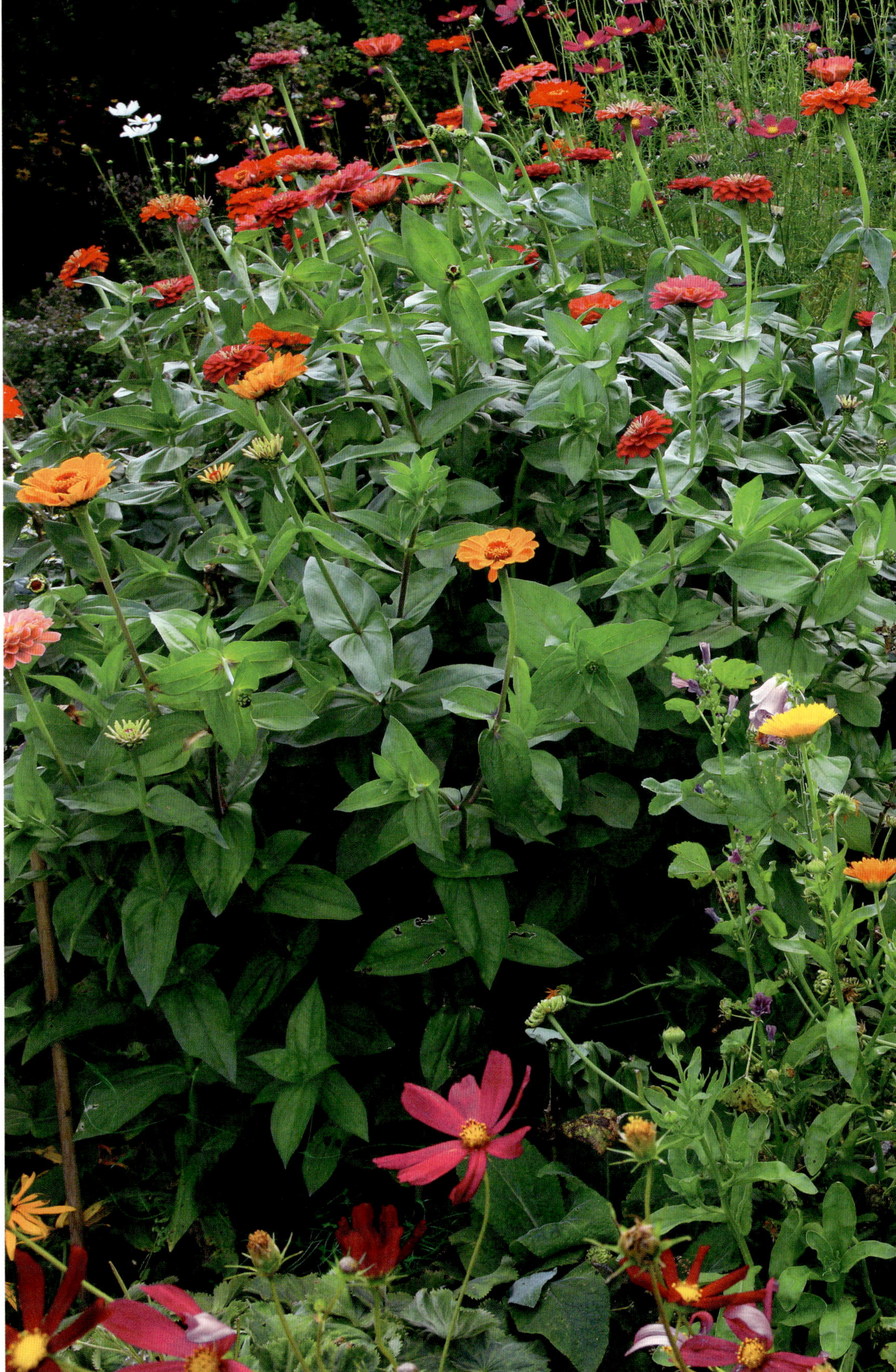

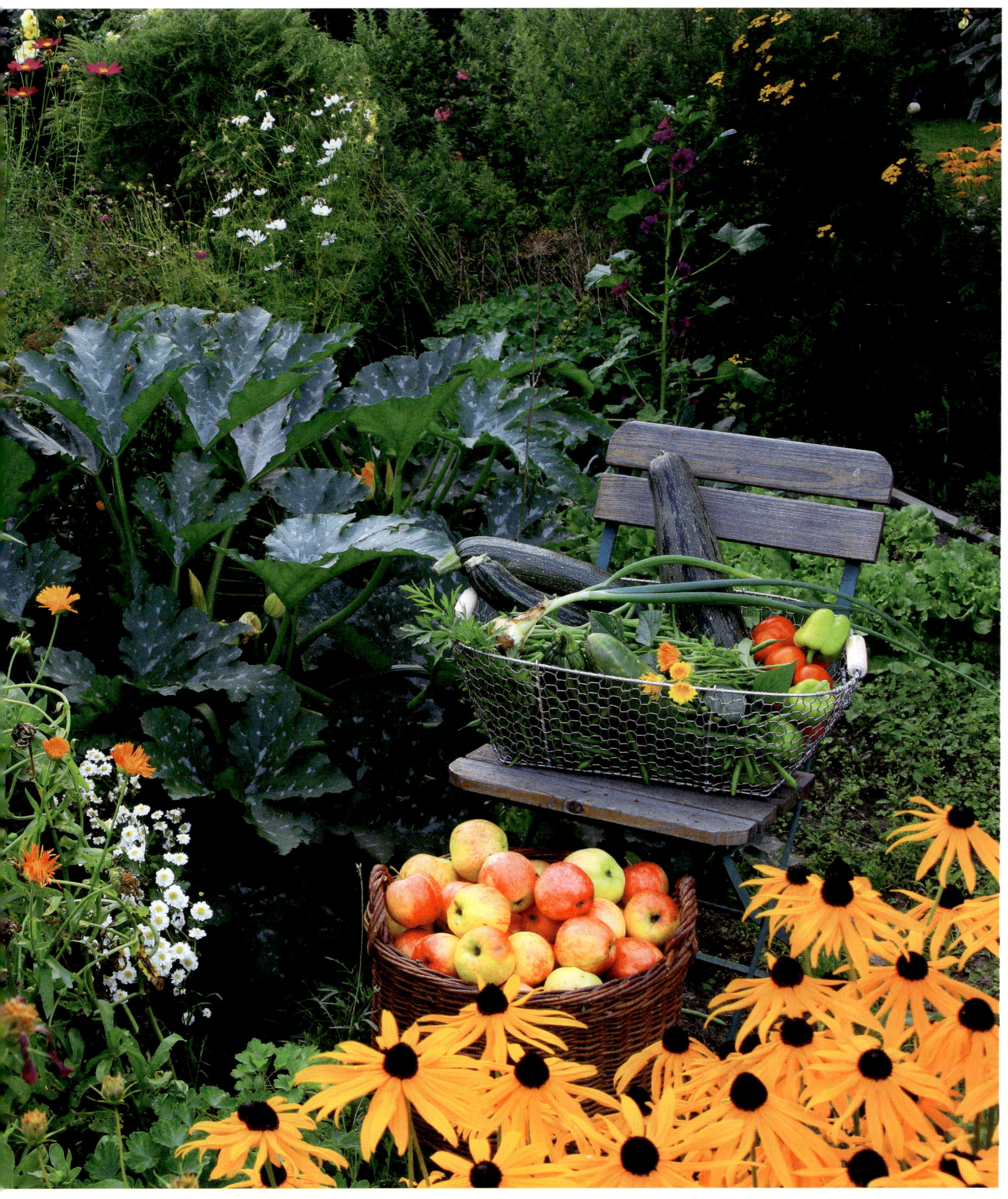

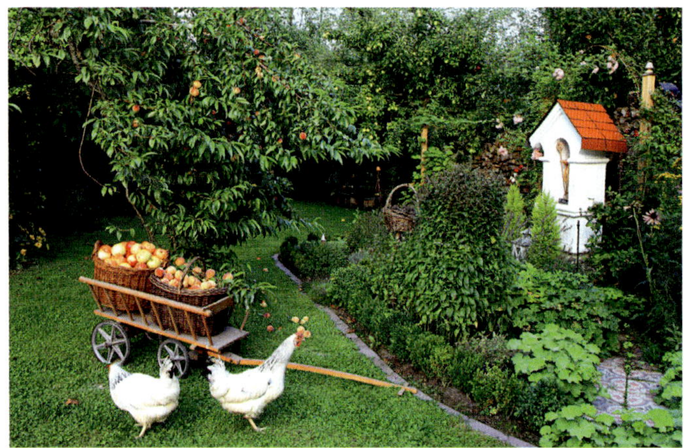

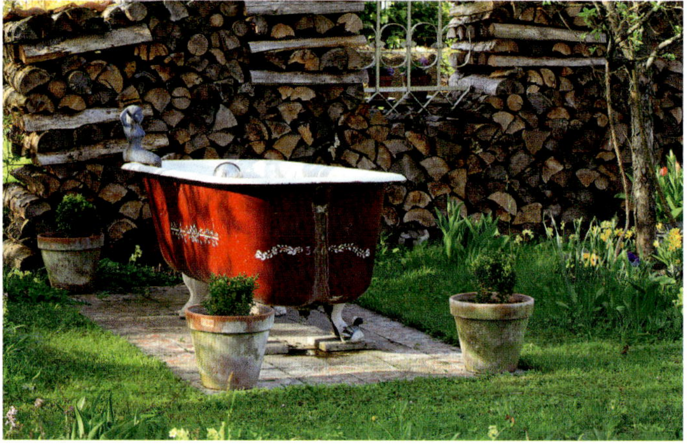

Auch die Geschichte des Kräutergartens rund um eine kleine Kapelle mit einer Holzstatue der heiligen Hildegard von Bingen ist typisch für die ungewöhnliche Gärtnerin: Zur Rosenblüte kam ein Bus voller Ordensfrauen zu Besuch. Die Nonnen waren vom Garten so begeistert, dass sich die Schwester Oberin einige Tage später zum Dank mit einer kleinen Holzstatue einstellte. Prompt entstand noch im selben Jahr der Hildegard-von-Bingen-Kräutergarten (siehe Abbildung oben).

Garten bedeutet für Anna Rebhan Dynamik und ständige Veränderung. Er wird den Jahreszeiten genauso angepasst wie den Bedürfnissen der Familie. Das Baumhaus des Sohnes wurde, nachdem es ausgedient hatte, in einen Hühnerstall umfunktioniert, und das alte Fahrrad der Großtante steht heute efeuberankt im Vorgarten.

„Einen lang ersehnten Wunsch habe ich mir mit dem Bau eines originalen englischen Teehauses erfüllt. Obwohl die Zeit dazu sehr begrenzt ist, genieße ich nach einem anstrengenden Arbeitstag die letzten Sonnenstrahlen bei einer Tasse Tee im romantischen Rosenpavillon“, erzählt Anna Rebhan. Für sie ist der Garten Fitnessstudio, Psychotherapeut, Gourmettempel, Energiequelle und Ruheoase zugleich.

Es ist ein Zeitvertreib, sagt mein Kopf.
Es ist mein Ruhepol, sagt meine Seele.
Es ist Leidenschaft, sagt mein Herz.
Anna Rebhan

Oben rechts *Die alte Badewanne hat längst nicht ausgedient, sie ist gefüllt mit Wasser und beherbergt Teichpflanzen. Die kleine Meerjungfrau räkelt sich am Rand und Spiegel stehen bereit – für wen auch immer.*

Unten *Nichts wird weggeworfen, die alte Türe steht angelehnt am urigen Holzstoß inmitten der blühenden Obstbäume. Leuchtende Tulpen bringen Farbkleckse in die Wiese und heben sich vom dunkelgrünen Anstrich ab.*

Rechte Seite oben *Prächtige Rosen wie die violette 'Blue Magenta' und die rote 'Paul's Scarlet' (links) verströmen im Frühsommer ihren Duft, umgeben von einem Meer aus Frauenmantel* (Alchemilla). *Im Obstbaum (rechts) dazu das passende Schild.*

Rechte Seite unten *Sammeln ist bekanntlich eine Leidenschaft – die vielen Gießkannen sind Zeugnis dafür. Anna Rebhan hängt alte Wäschestücke auf, um nostalgisches Flair in ihren Garten zu bringen.*

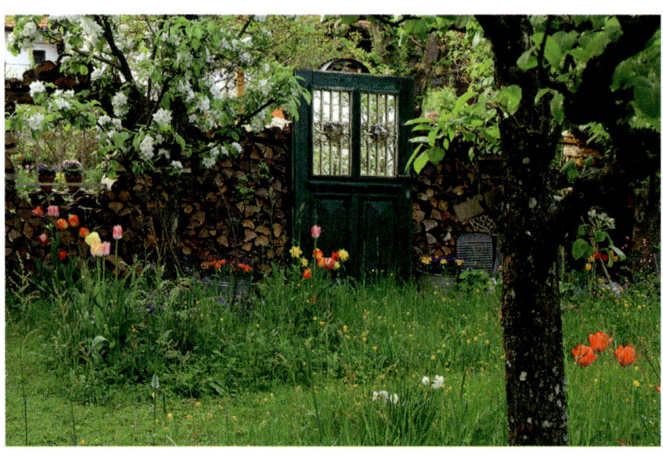

Adresse

Anna Rebhan
Hafnerstraße 8
4673 Gaspoltshofen
Tel.: +43/77 35/76 49
E-Mail: rebhan.anna@aon.at

Besuch nach Vereinbarung

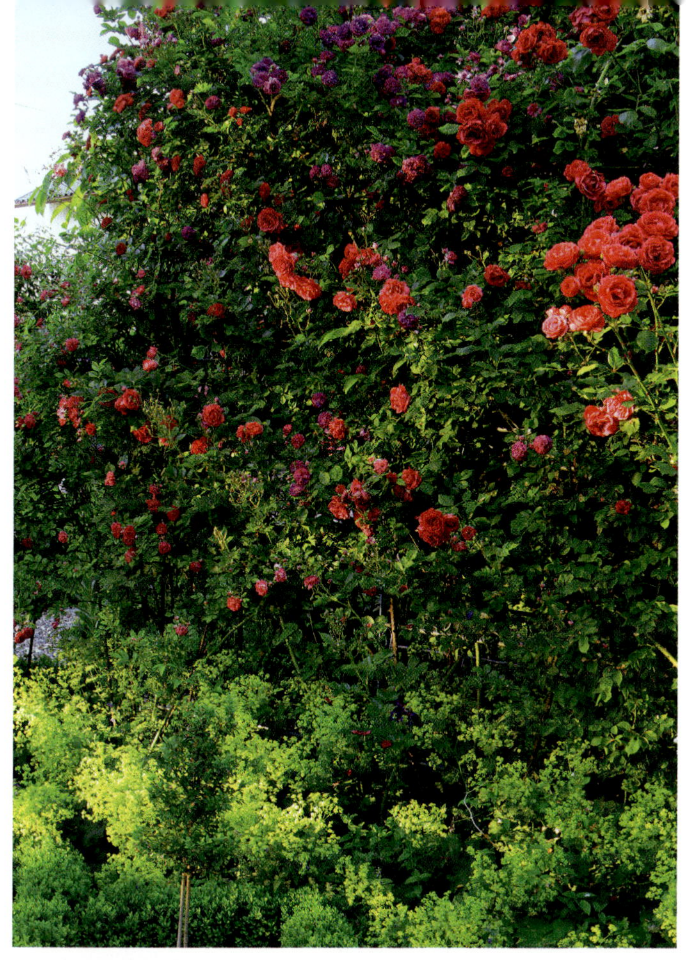

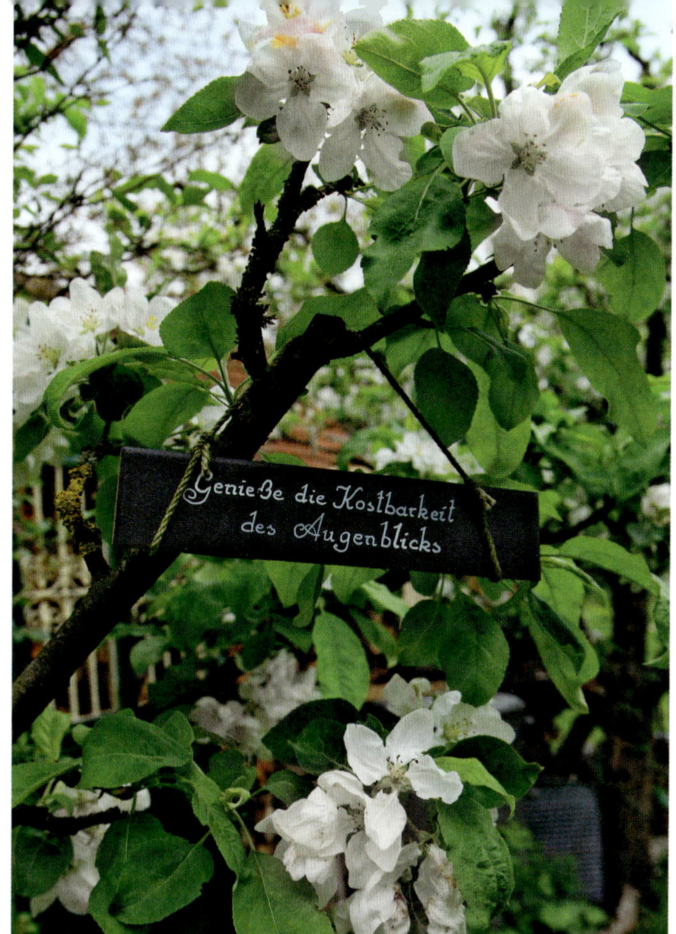
Genieße die Kostbarkeit
des Augenblicks

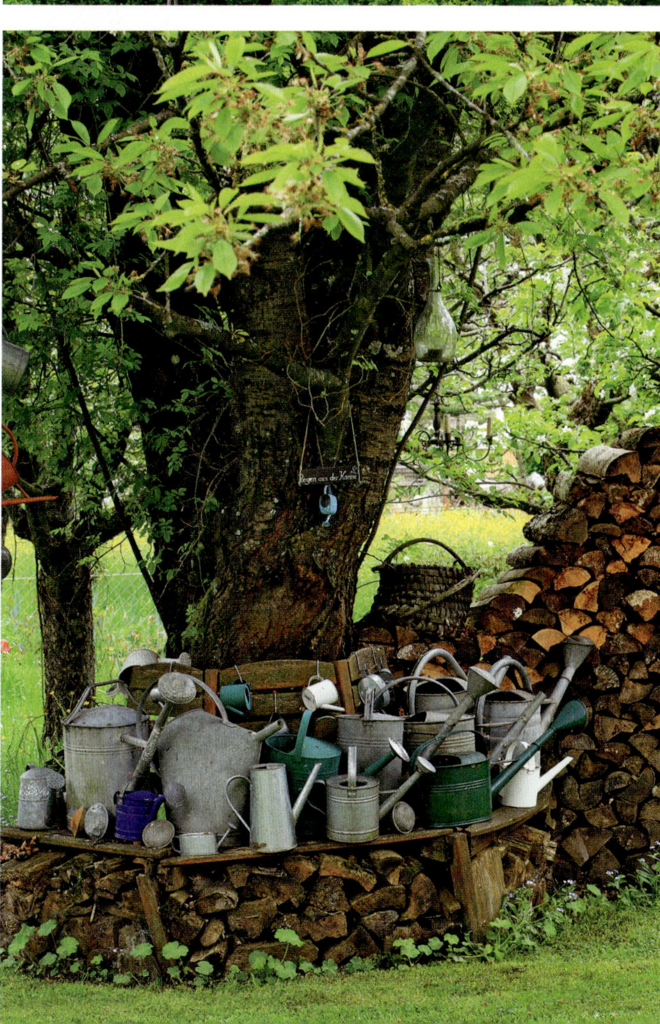

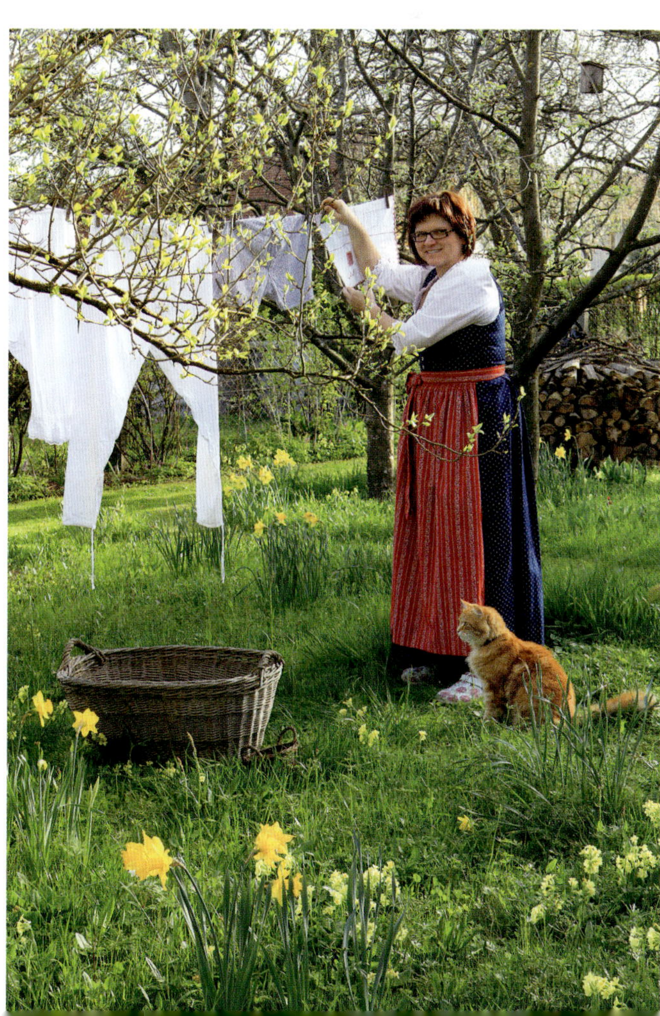

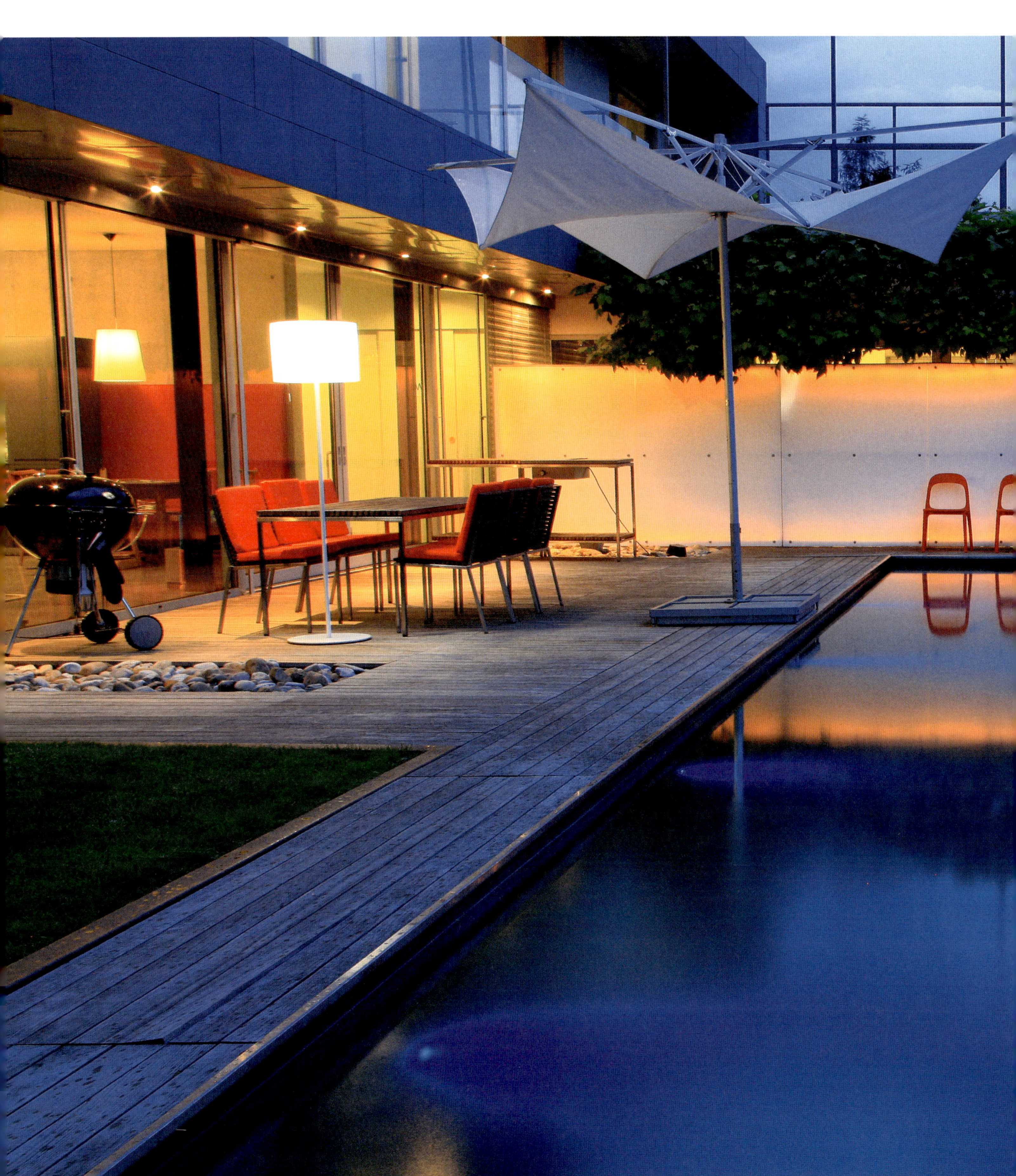

Ein bewohnbarer Farbraum

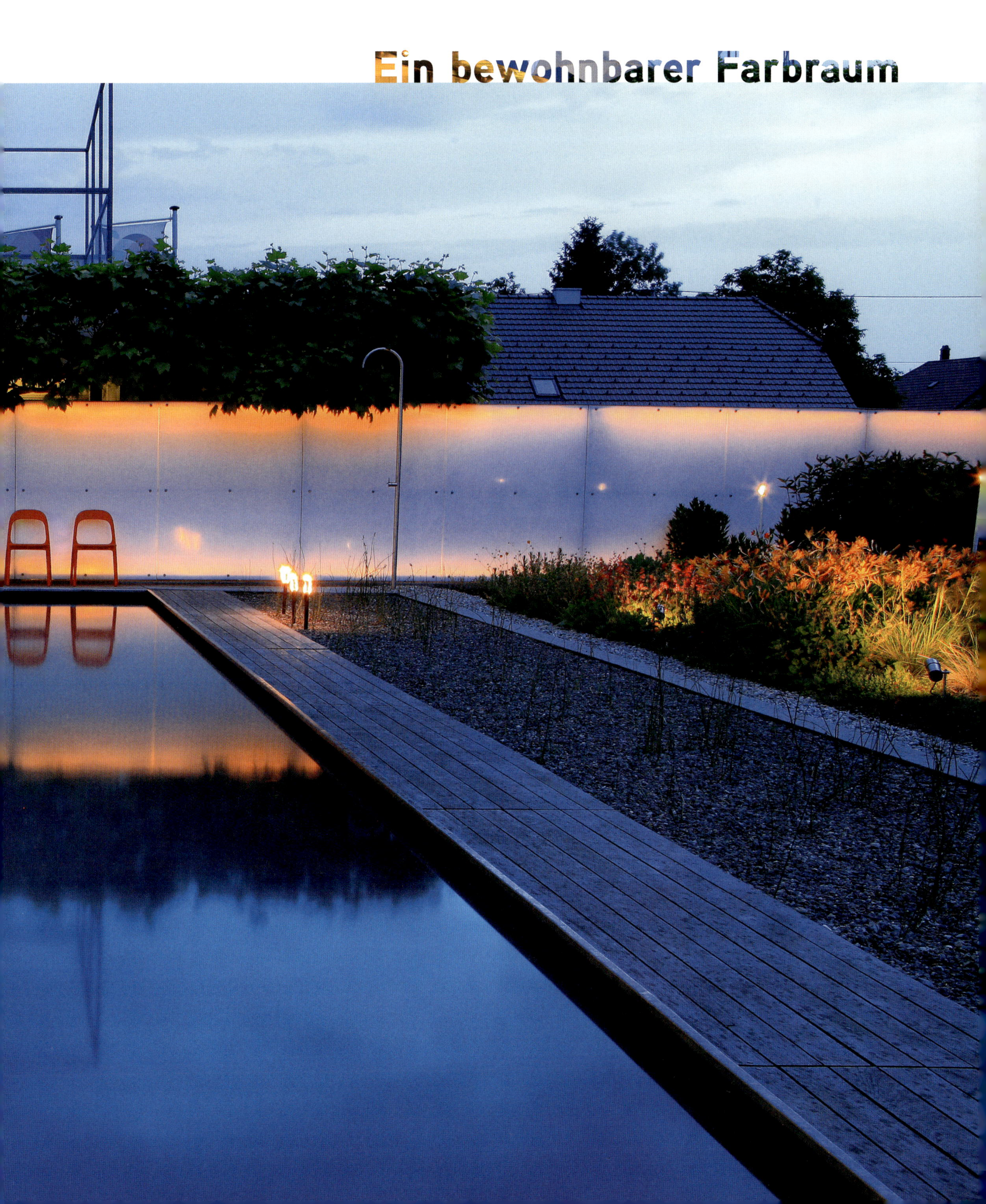

Rechte Seite *Das Zentrum des Gartens ist der selbst entwickelte Living Pool. Nachts bilden zwei leuchtende Würfel an der Schmalseite das Gegenspiel zur leuchtenden Wand vis-à-vis. Das Licht der Würfel lässt sich je nach Stimmung und Jahreszeit verändern.*

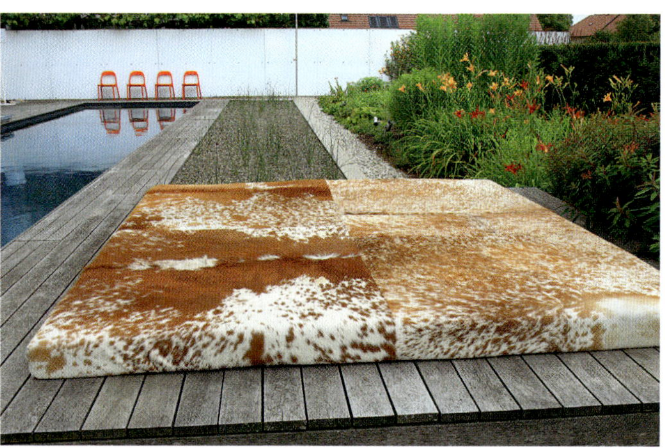

Im Sommer, wenn der Garten am schönsten ist, haben Alexandra Dallinger und Richard Zauner berufsbedingt nur wenig Zeit, ihn zu genießen. Den Living Pool mit Terrasse nutzen sie als erweiterten Wohnraum aber so oft es möglich ist.

Im Garten der Familie Dallinger-Zauner sorgen klare Linien und Formen für eine ruhige, harmonische Stimmung. Auf der etwa 1100 Quadratmeter großen Fläche mit unregelmäßiger Grundstücksform wurde ein formaler Gestaltungsplan umgesetzt. Die einzige optische Begrenzung – eine Hainbuchenhecke – befindet sich an der nordseitigen Grundstücksgrenze, nach den anderen Seiten hin öffnet sich der Blick in die umgebende Landschaft und gibt das Gefühl von Freiraum und Weite.

„freiraum" heißt auch das Gartenarchitektur-Büro, das Alexandra Dallinger und Richard Zauner seit 1999 gemeinsam betreiben. Im Jahre 2005 bauten sie ihr Haus in Alkoven, mitten in der bäuerlichen Kulturlandschaft des Eferdinger Beckens in Oberösterreich, das auch das Firmenbüro beherbergt.

„Ziel unserer Gestaltung war es, die klare, rechteckige Struktur des Gebäudes in den Garten zu übernehmen", erzählt die zierliche und gleichzeitig kraftvolle Alexandra Dallinger.

Man nutzt den Garten als erweiterten Wohnraum und bringt Freizeit, Familienleben und Beruf an einem Platz zusammen. Zentrum im Freien ist nicht nur der selbst entwickelte Naturpool, dessen Wasser über eine Kiesschicht gefiltert wird, sondern auch die „Outdoor-Küche", eine offene, flexible Kochstelle, die in der warmen Jahreszeit oft und gern genutzt wird – für einen schnellen Mittagsimbiss zwischendurch oder ein gemütliches Abendessen. „Mein Mann ist ein leidenschaftlicher Koch", erzählt Alexandra Dallinger, „und so gibt es auch in der Büropause immer wieder für alle frisch zubereitetes Essen. Gerade im Sommer, wenn der Garten am schönsten ist, haben wir in unserer Berufsbranche wenig Freizeit, aber Gartenküche und Naturpool nützen wir, so oft es geht."

Für die Gartengestalterin ist der Garten auch ein Platz zum Experimentieren, und Farben spielen dabei eine wichtige Rolle: In den beiden großen Staudenbeeten beobachtet sie, wie sich Farben und Formen der verschiedenen Pflanzenkombinationen entwickeln und im Laufe des Gartenjahrs verändern: „Das Beet

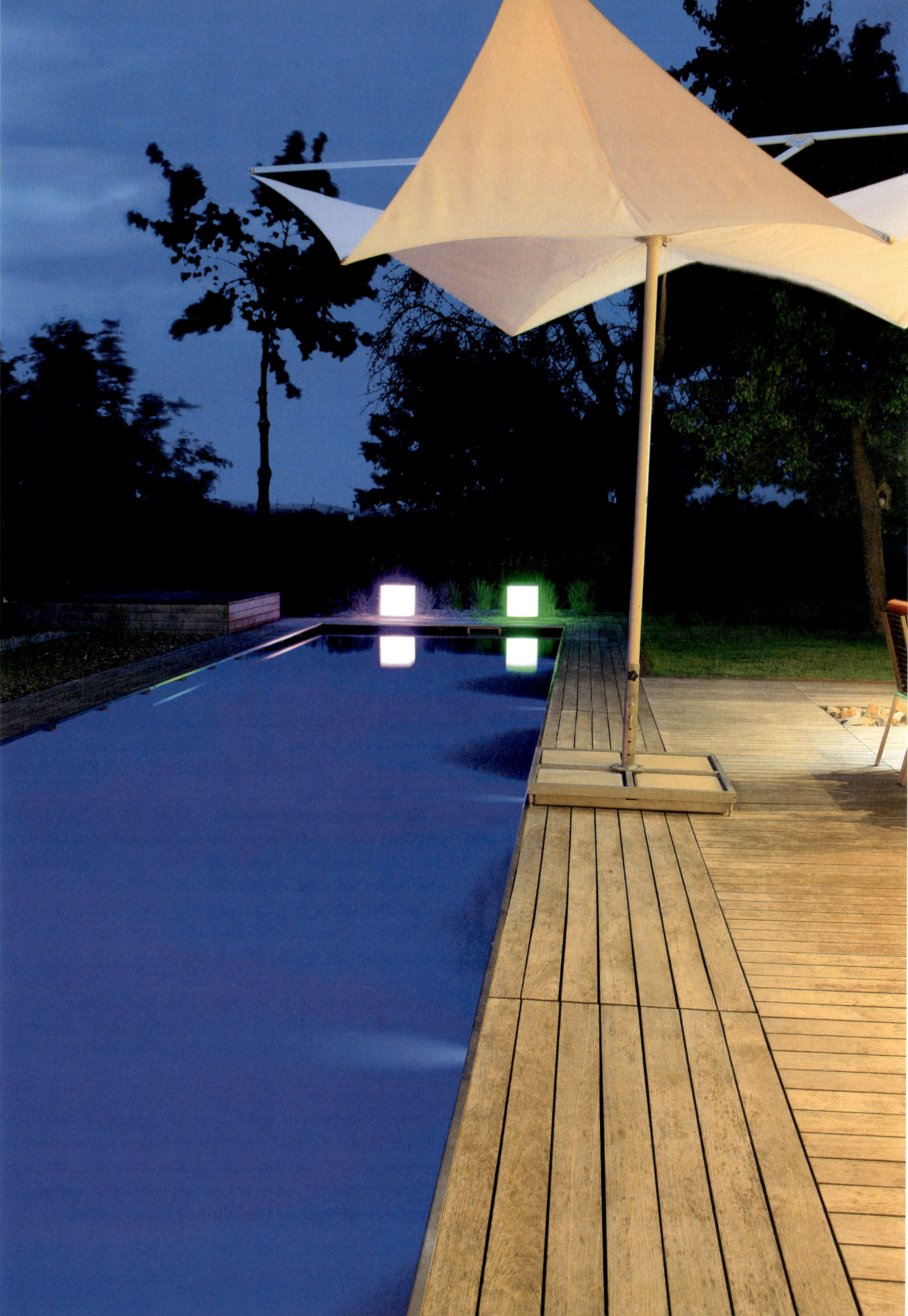

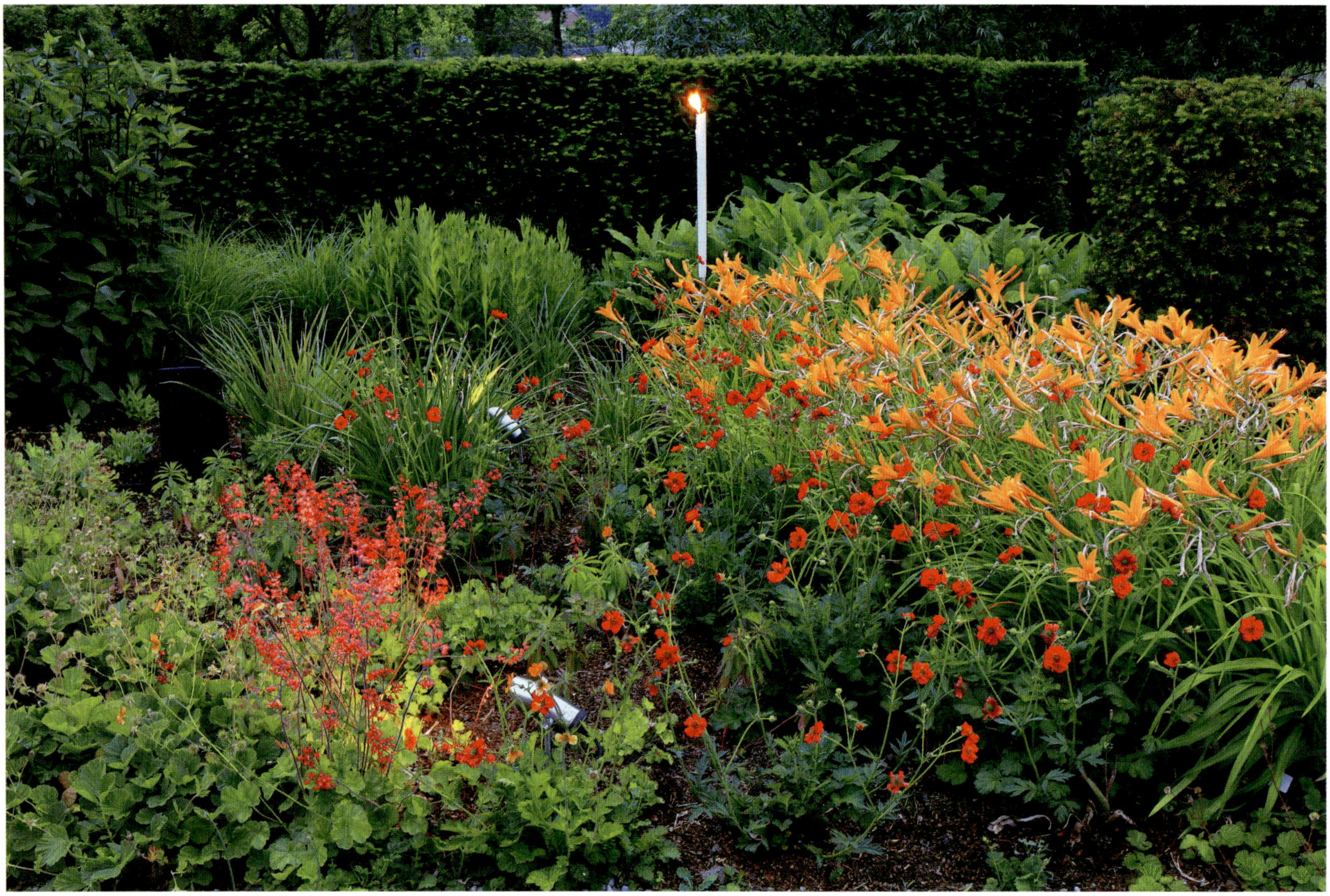

Für die Gartengestalterin Alexandra Dallinger spielt das Experimentieren mit Farben eine wichtige Rolle, und die Blumenbeete im eigenen Garten werden dafür genutzt. Im Beet 'Firecracker' wechseln Farbtöne von Gelb über Orange bis Rot in allen Nuancen.

'Firecracker' strahlt im Frühling in den verschiedenen Rottönen der Tulpen, im Laufe des Sommers gibt es dann eine Farbexplosion von Gelb, Orange und Rot, und im Herbst bringen die späten Blüten, etwa der Fetthenne, das Beet zum Glühen", erklärt sie die Bepflanzungsidee.

Als Kontrast dazu dominieren im Beet „Deep Blue" die Farben Blau, Violett und Weiß und das in linearen Pflanzabschnitten, also „streifenweise", während die Staffelung der Wuchshöhen einen wellenförmigen Eindruck vermittelt.

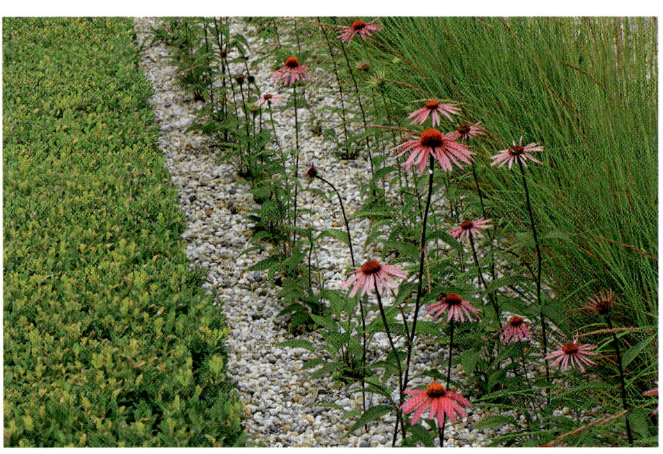

Das besondere Farbkonzept wirkt auch nachts: leuchtende Würfel an der Schmalseite des Living Pools stehen als Gegenspieler zur leuchtenden Wand, die es vis-à-vis begrenzt. „Abends zieht sie sich wie ein helles Band in die Landschaft und ist weithin sichtbar", erzählt Alexandra Dallinger. Während die Wand ausschließlich in einem warmen Weißgelb leuchtet, lässt sich das Licht der Würfel je nach Stimmung und Jahreszeit verändern.

Während des Studium der Landschaftsplanung an der Universität für Bodenkultur in Wien zog es Alexandra Dallinger und Richard Zauner hinaus in die Welt, es folgten Auslandspraktika in Barcelona und Lissabon, Sohn Sebastian war selbstverständlich immer dabei. Mit seinem Schuleintritt fiel die Entscheidung, Wurzeln zu schlagen und das Studium abzuschließen.

„Die Einschulung von Sebastian haben wir ‚erledigt', unseren Studienabschluss aber nicht", lacht Alexandra Dallinger, „wir wollten dann doch lieber gleich mit dem Beruf loslegen und gründeten unsere Garten- und Landschaftsgestaltung." Jeder Garten wird seither gemeinsam mit den Kunden entwickelt, eine wichtige Frage an sie lautet: „Was möchten Sie in Ihrem Garten riechen, sehen, fühlen, schmecken?"

Heute ist Sohn Sebastian ein erwachsener Mann mit einem jüngeren Bruder – Elias war von Anfang an im Büroalltag mit dabei. Auch das Reisen ist den Dallingers immer noch wichtig, dazu muss trotz florierendem Betrieb Zeit sein.

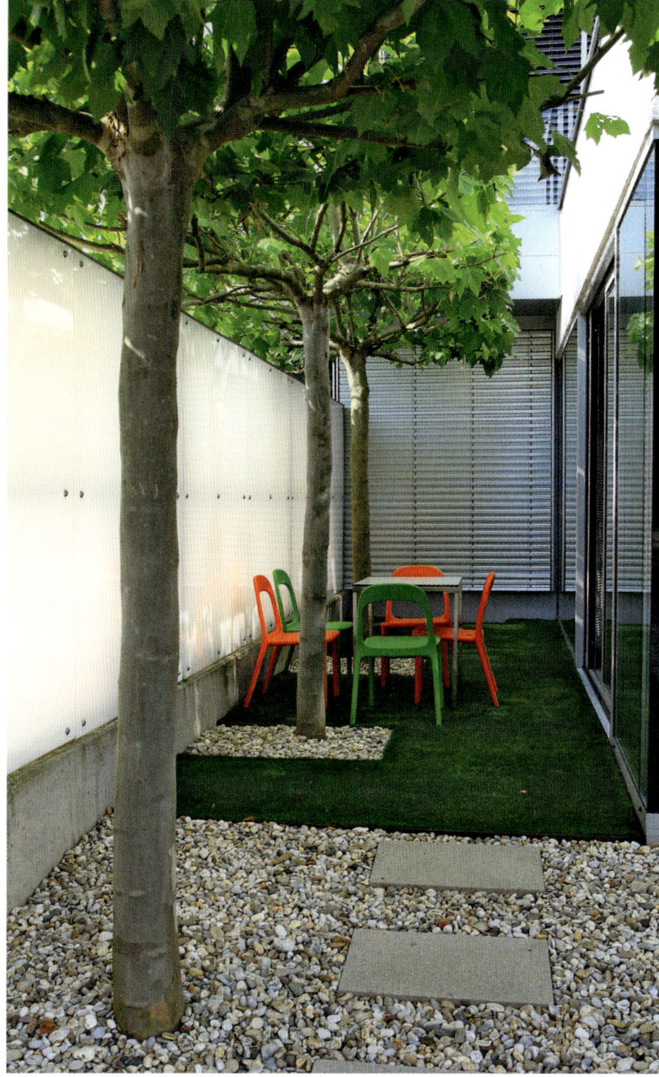

Freizeit, Familienleben und Beruf bringt das Gestalterpaar erfolgreich unter einen Hut. Der Büroinnenhof wird von den MitarbeiterInnen gern genutzt. Schirmplatanen (Platanus x acerifolia) *sorgen für Schatten und ein Kunstrasen für ein angenehmes Barfußgefühl.*

Adresse

FREIRAUM Gartenarchitektur GmbH
Emling 29
4072 Alkoven
Tel.: +43/72 74/613 44
E-Mail: office@freiraum.cc
www.freiraum.cc

Besuch nach Vereinbarung im Rahmen der „Tage des Living Pools" (6-mal im Jahr)

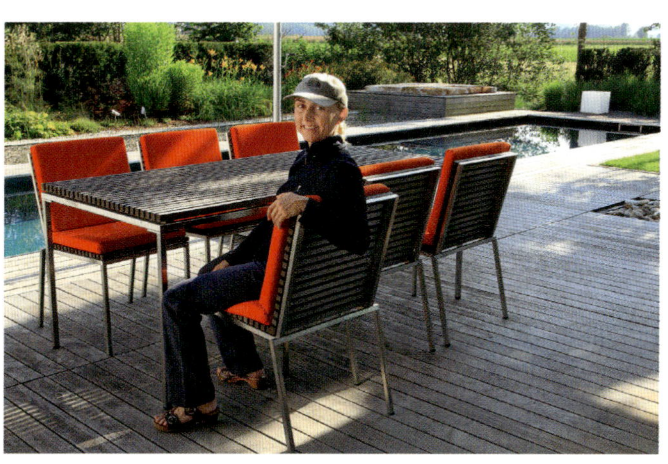

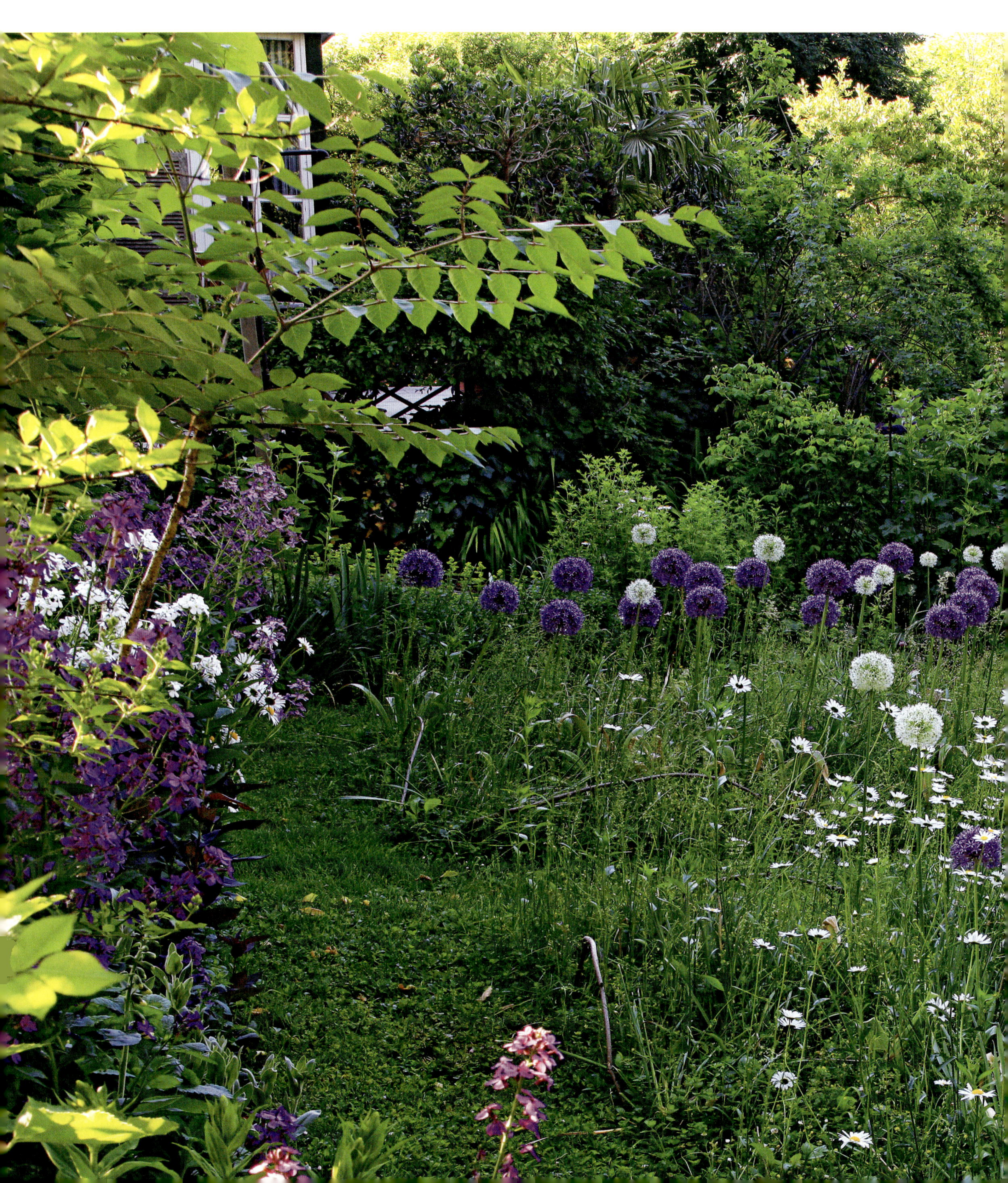

Der Garten des intelligenten Faulen

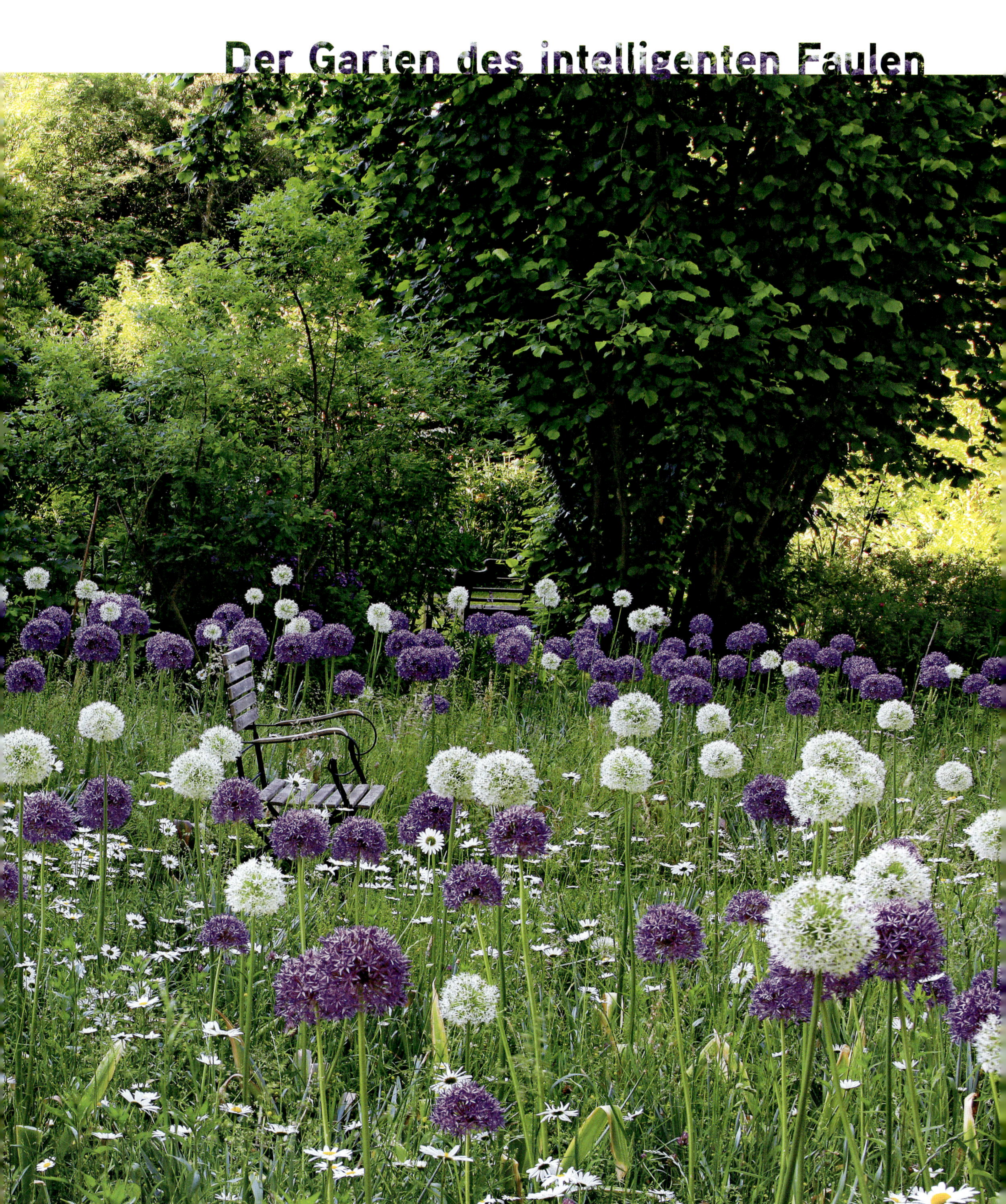

Gartenräume, Bögen, Staudenbeete – jedes Jahr entsteht im Garten von Karl Ploberger Neues. Der beliebteste Gärtner Österreichs hat nämlich nicht nur die Gabe, andere Menschen für das „Garteln" zu begeistern, er lässt sich auch auf Reisen und Ausstellungen oder durch Bücher und Zeitschriften selbst inspirieren, ganz nach dem Motto: „Studieren ist gut, Probieren besser!", legt er stets seine eigenen Versuche an. So gedeihen hier besondere und alte Kartoffelsorten in Töpfen – und die Ernte kann sich sehen lassen.

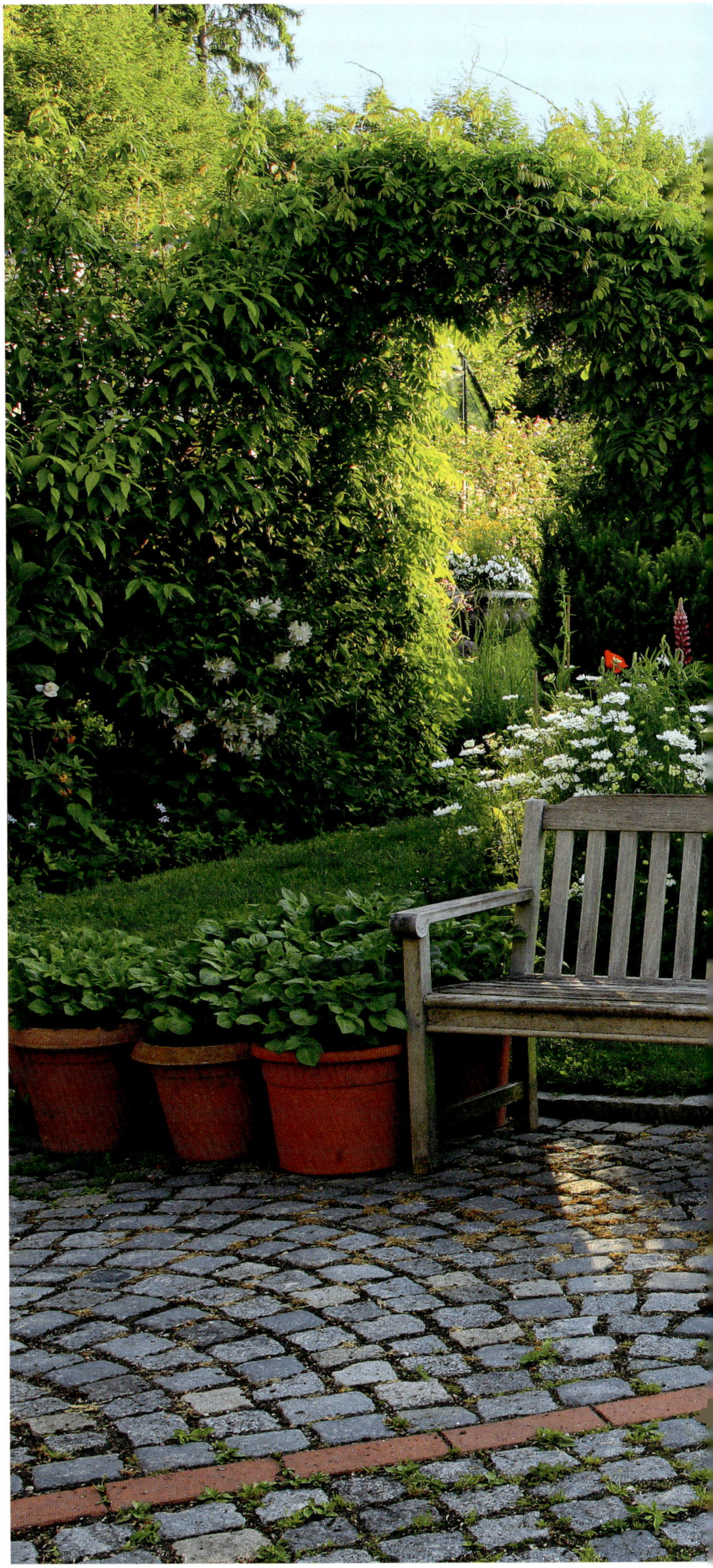

Was diesen Garten einzigartig macht, ist sein Besitzer: Stargärtner Karl Ploberger, seinen vielen Fans bekannt aus Fernsehen, Radio und zahlreichen Vorträgen, wurde zum „grünen Liebling" der Nation, und es beruht auf des Menschen Neugier, unbedingt wissen zu wollen, wie der Garten des Promigärtners in natura aussieht.

Immer seltener jedoch führt Karl Ploberger durch sein grünes Reich. Den Tag der offenen Gartentüre musste er abschaffen, als zuletzt Tausende Menschen nicht nur Wiesenpfade platt traten. In organisierten Gruppen und angemeldet ist der Blick über den Zaun aber immer noch möglich.

Schon als kleiner Bub erwarb er erste gärtnerische Erfahrungen im selbst gebauten Gewächshaus und später am Balkon der Studentenwohnung in Wien. Im Garten am Waldrand in Seewalchen konnte er seine gärtnerischen Vorstellungen dann endlich verwirklichen. Der Plan dafür war entsprechend früher fertig als jener für das Wohnhaus und wurde zügig Schritt für Schritt umgesetzt. Das Besondere an diesem Garten ist die Verknüpfung des biologischen Gärtnerns nach Lehrmeisterin Marie-Luise Kreuter mit einer Gestaltung nach englischem Vorbild.

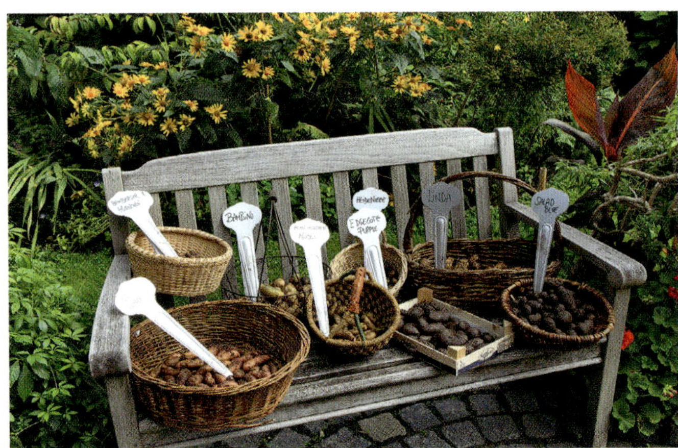

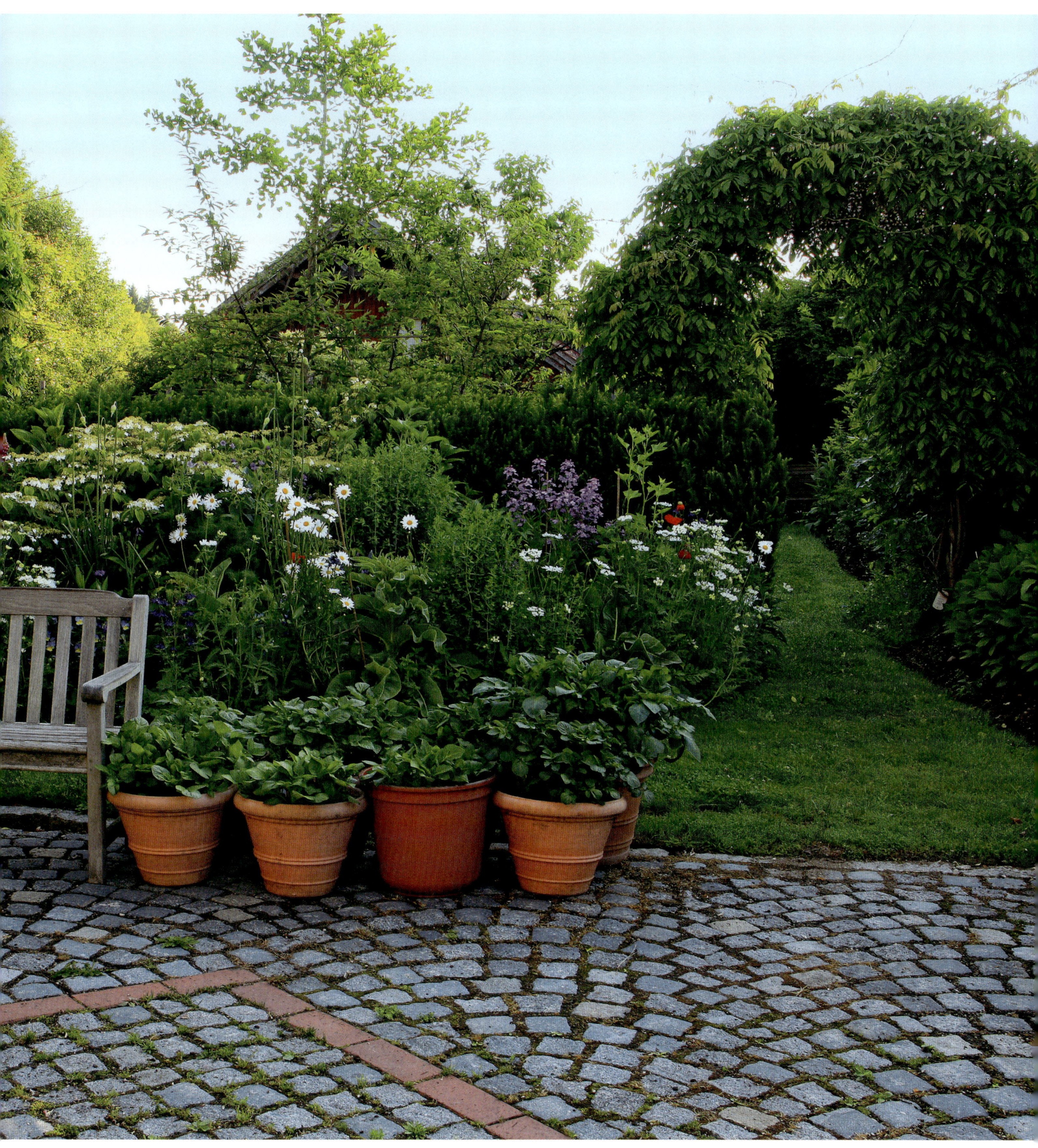

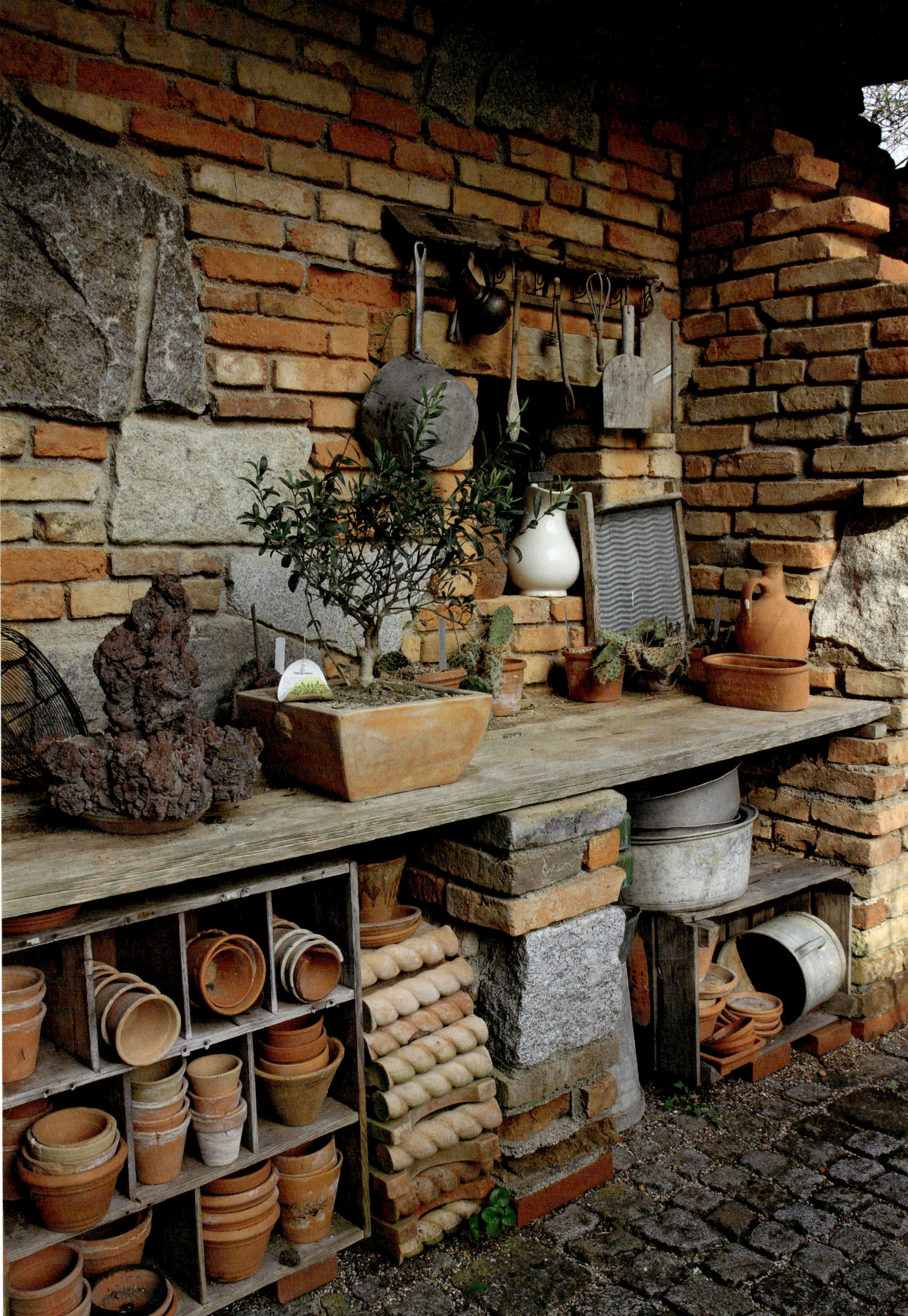

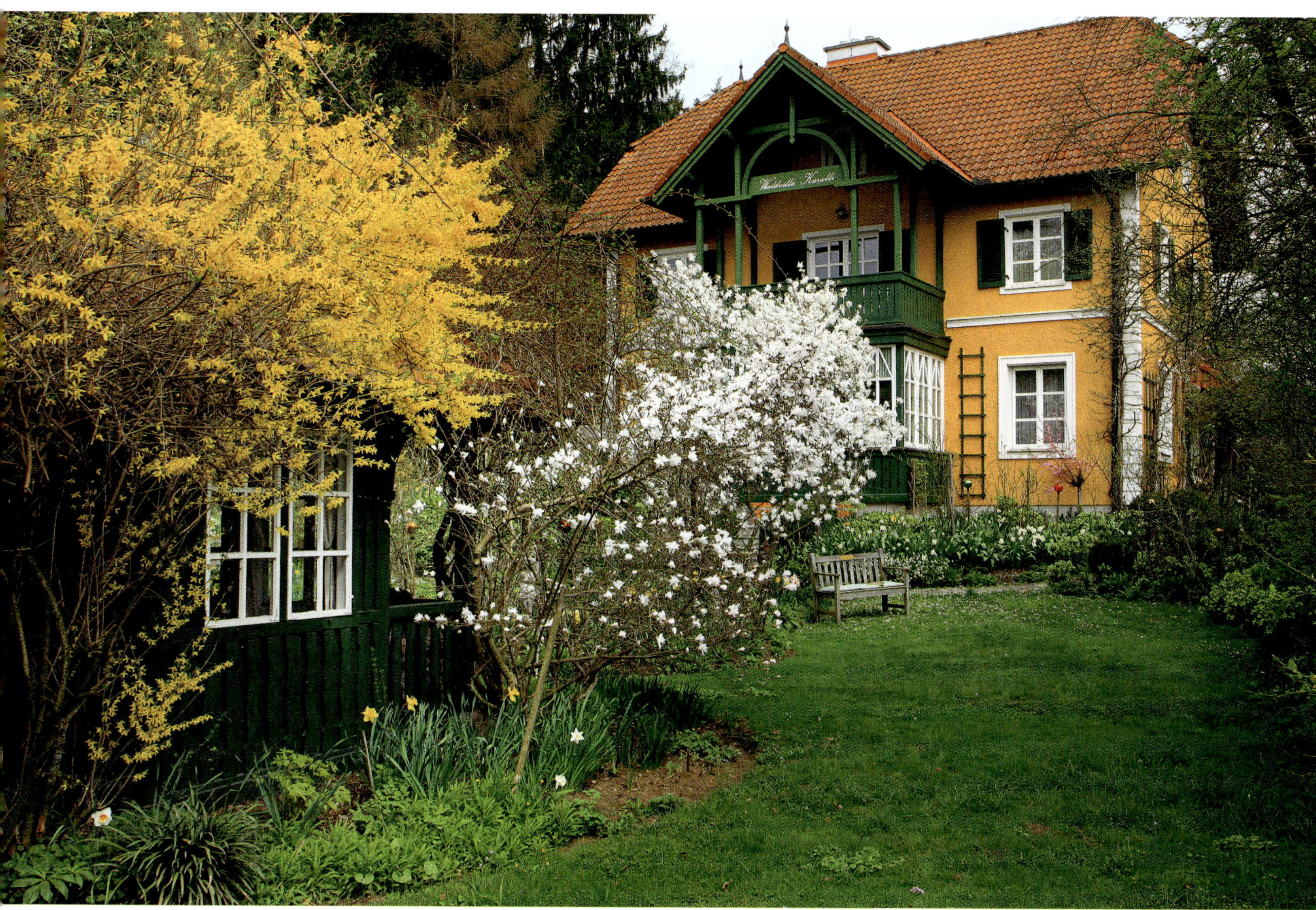

Linke Seite *Die Idee zum Ruinengarten stammt aus England. Noch heute führen die perfekt nachgebauten Mauern Gäste in die Irre: Welches Gebäude stand einst auf diesem Grund? Alte Töpfe, Kannen und Werkzeug verleihen diesem Platz eine besondere Atmosphäre, wo im Sommer gerne gegrillt wird.*

Kein Garten ohne Wasser, so das Credo. „Wasser im Garten bringt größte Nähe zur Natur", schwärmt Karl Ploberger. „Ich bin Bühnenbildner für Pflanzen und Tiere, um sie als Zuschauer zu beobachten!" Ringelnattern, Kaulquappen, Libellen und andere geben sich zwischen zahlreichen Seerosen, Sumpfdotterblumen und Binsen ein Stelldichein. Die Haselnuss am Bachrand spendet Schatten und bietet Schlüsselblumen ein Dach. Das eigene Moor mit seiner exklusiven Pflanzengesellschaft aus Venusfliegenfalle, Stern-Hundszahn oder Knabenkraut ist eine kleine Sensation und bedurfte auch einer aufwendigen Anlage. Karl Ploberger hat es in seinen englischen Naturgarten harmonisch integriert.

Vielfalt statt Einfalt – das gilt für jeden Biogärtner umso mehr, wenn er ein passionierter Pflanzensammler ist. Von zahlreichen Reisen bringt der Fernsehgärtner immer wieder neue Arten und Sorten mit – wohl wissend, dass freie Plätze in seinem Garten rar geworden sind.

Während die Schneeglöckchensammlung nur dann Blüten

Das Haus im Stil des Salzkammerguts fügt sich harmonisch in den Naturgarten. Im Frühling blühen die gelbe Forsythie mit der eleganten Stern-Magnolie (Magnolia x stellata) *um die Wette. Auch zahlreiche Zwiebelblumen, allen voran Narzissen, die von den Wühlmäusen verschont bleiben, erblühen nach und nach.*

Unten und rechte Seite *Die Schachbrettblume* (Fritillaria meleagris) *zählt zu den Lieblingsblumen Karl Plobergers. Liebevoll pflanzte er sie in die Wiese neben dem Teich. Einst hing der Haussegen schief, als Gattin Ulli genau jenes Stück mähte, kurz bevor die zarte Blume ihre Knospen öffnen konnte. Zwiebelblumen werden im gesamten Garten verteilt, unter Bäumen und Sträuchern, aber auch in Büscheln in den Rasen. Die Narzissenwiese hinter dem Glashaus ist im Frühling ein lang ersehnter Blütentraum.*

zeigt, wenn man gewagt unter die Röckchen blickt, bieten Kamelien barocke Fülle und faszinieren Erdorchideen mit ihren direkt aus dem Erdreich wachsenden Blüten. Viele Exemplare stehen im Winter in Reih und Glied im Glashaus, um die kalten Monate nahe des Attersees zu überdauern.

Im Frühling präsentiert sich der Garten im üppigsten Blütenrausch, Tausende Narzissen, Tulpen, Krokusse strahlen dann um die Wette. Längst pflanzt Karl Ploberger die Zwiebeln nicht mehr einzeln, sondern streut sie großflächig unter Gehölze. Auf Pflanzengesellschaften mit verschiedenen Ansprüchen an den Boden nimmt er gern Rücksicht. „Am richtigen Standort bleiben Pflanzen gesund", weiß der Biogärtner, der auch ein Liebhaber der Mixed Borders, der Staudenbeete im englischen Stil ist. „Sie sind im Gegensatz zu Saisonpflanzungen Beete für intelligente Faule!" Dieser Begriff des „intelligenten faulen Gärtners" aus einem Zitat Karl Foersters inspirierte ihn zum Titel seines ersten Buches.

Heute ist Karl Ploberger selbst für viele Österreicher „der intelligente faule Gärtner", obgleich er gar nicht faul gärtnert. „Ich suchte nach einem Schlüssel, biologisches Gärtnern salonfähig zu machen, damit es nicht nur eine grüne Minderheit anspricht." Ein Nutzgarten – der für den hauptberuflichen Marketingexperten nicht fehlen darf – muss trotzdem stetig gepflegt werden. Hier kann aber all das umgesetzt werden, was naturgemäßes Gärtnern ausmacht. Das Gemüse wird in Mischkultur angebaut,

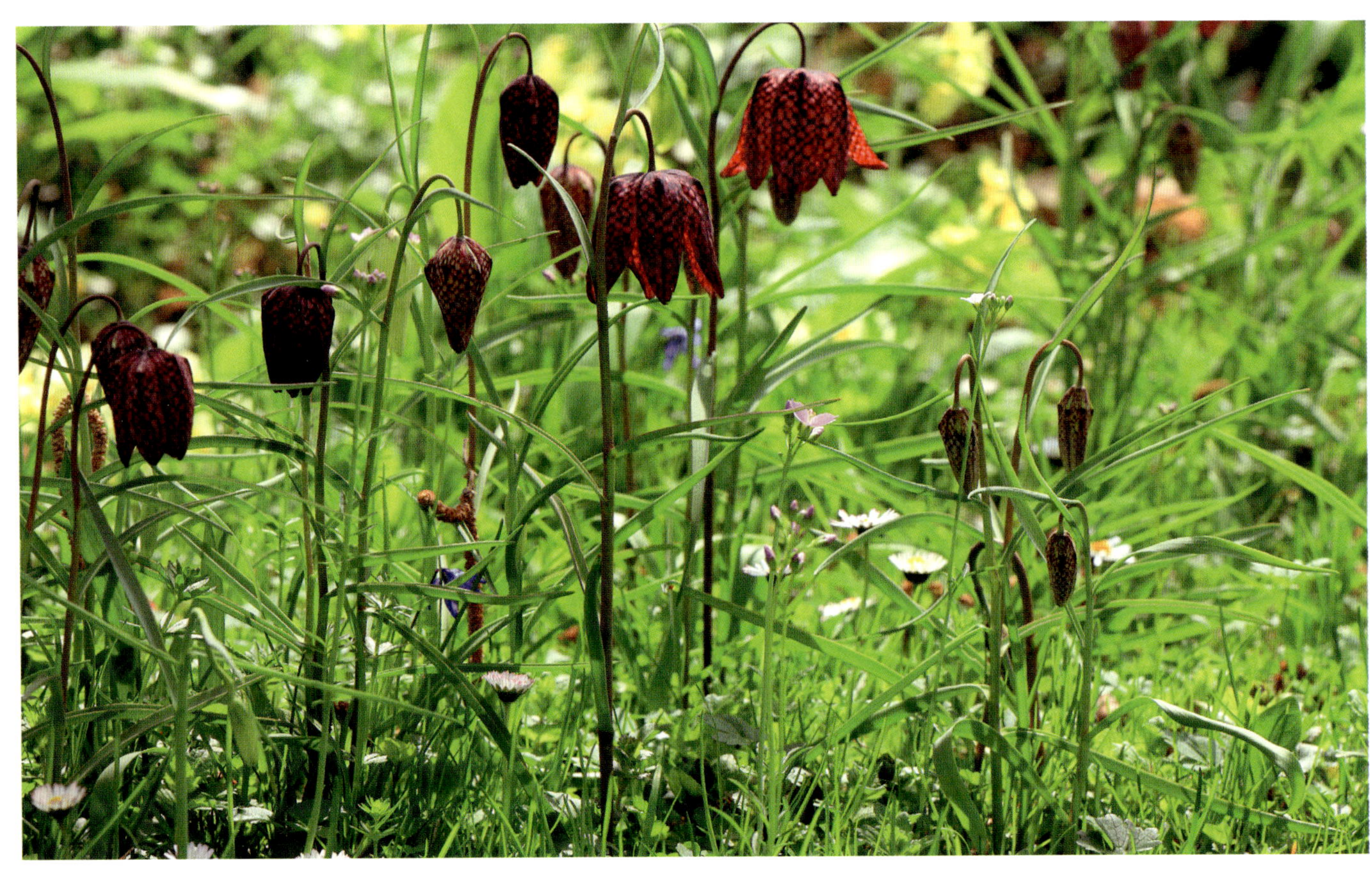

damit die Pflanzen einander begünstigen und Schädlinge und Krankheiten vertreiben. Karotten beispielsweise haben einen positiven Einfluss auf alle Laucharten, denn sie halten die Lauchmotte fern. Weiter gilt es, die Fruchtfolge zu beachten, denn auf hungrige Gemüse wie Kohl oder Zucchini folgen Salat und Zwiebel und darauf die genügsamen Erbsen und Bohnen. Wichtig ist es dabei, den eigenen Kompost herzustellen und hauptsächlich damit zu düngen. Der Kreislauf der Natur schließt sich.

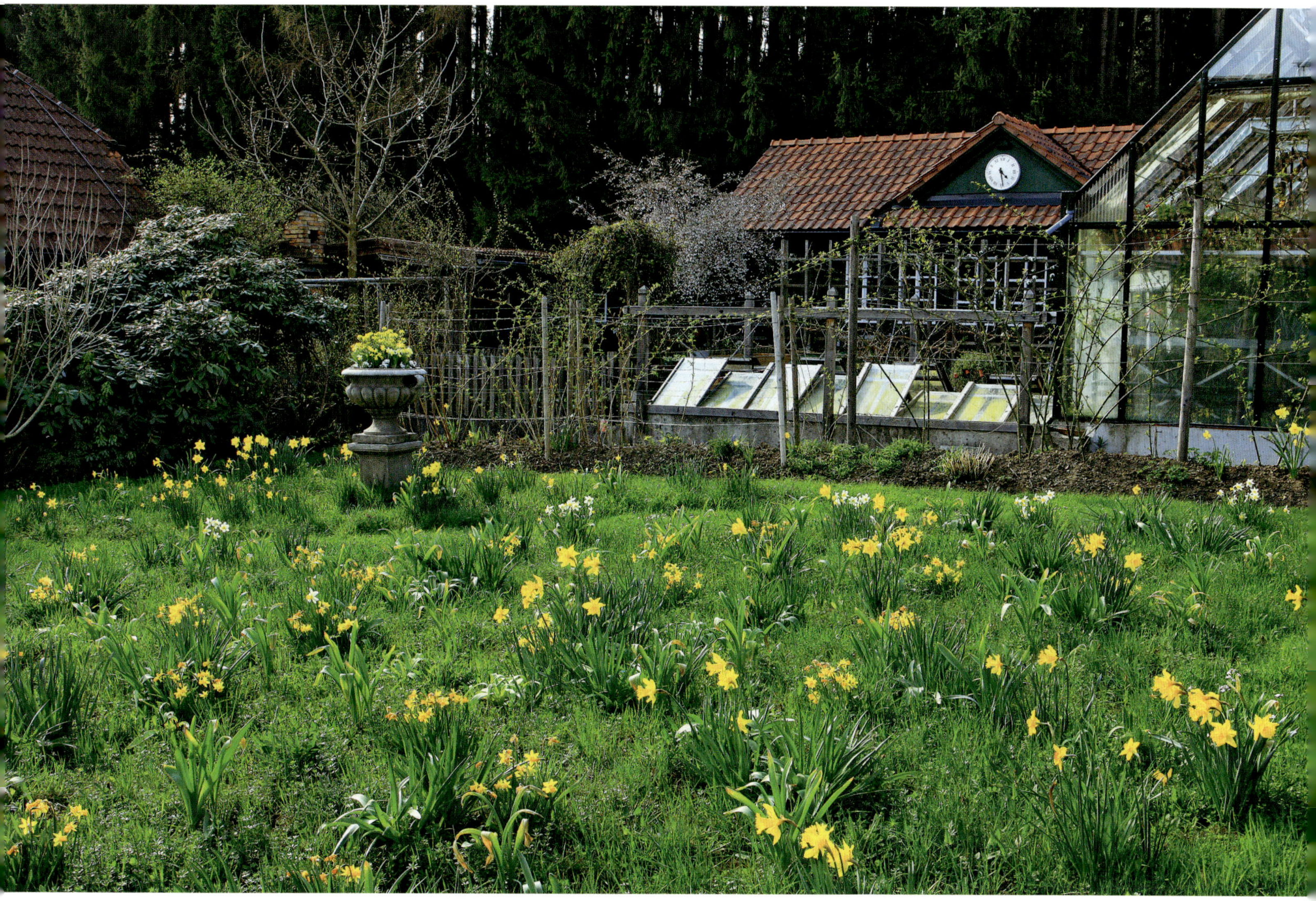

Die Beete werden mit einer Mulchschicht aus Rasenschnitt abgedeckt, denn ein geschützter Boden speichert besser Wasser und auch das Unkraut hat weniger Chancen.

Gemulcht wird bei Plobergers im ganzen Garten mit verschiedenen Materialien wie Rindenmulch oder Holzhäcksel. Das Laub darf unter Obst- und Wildsträuchern liegen bleiben. Himbeeren, Brombeeren oder Kirschtomaten pflückt man hier als Naschobst im Vorbeigehen, um die Früchte beim Anblick der verwunschenen, mit Kletterrosen umrankten, gekonnt nachgebauten Ruine zu genießen.

Das heimische Wald-Alpenveilchen (Cyclamen purpurascens) *wächst auch direkt im Wald hinter dem Haus und blüht ab Mitte August. Sorten davon werden im Glashaus kultiviert.*

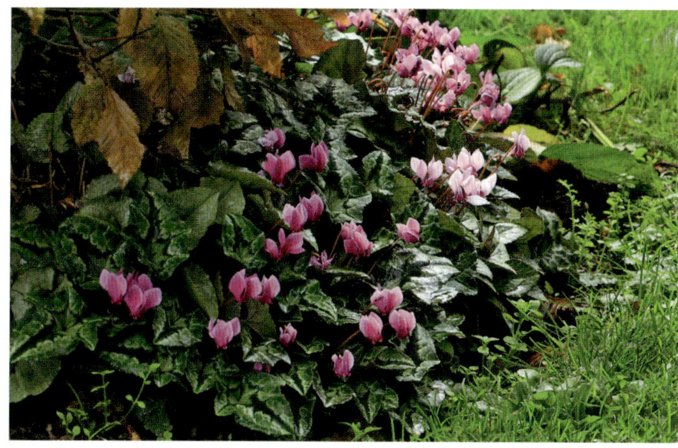

Leidenschaft steht dem ambitionierten Biogärtner zu jeder Zeit ins Gesicht geschrieben und seine Augen beginnen zu leuchten, sobald er über seinen Garten spricht. Schon viele Menschen über die Landesgrenze hinaus hat er mit dem Gartenbazillus angesteckt. Sein Garten spiegelt facettenreich, wofür der Besitzer lebt.

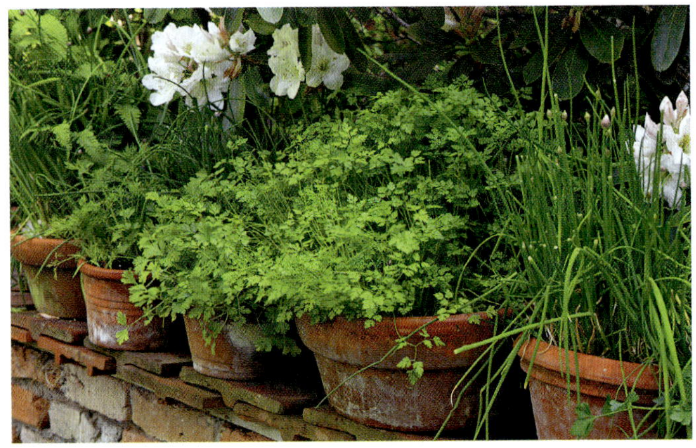

Küchenkräuter müssen immer frisch zur Verfügung stehen, ist doch die Hausfrau eine begnadete Köchin. Sie stehen in Töpfen entlang der Mauer, wachsen aber auch in Kräuterbeeten. Der verborgene Rindenweg entlang des Gehölzrands hinter dem Teich ist äußerst beliebt. Hier schreitet man weich und federnd wie auf echtem Waldboden und es riecht stark nach Rinde. Kein Vortrag vergeht, in dem Karl Ploberger nicht über seinen Waldweg ins Schwärmen gerät.

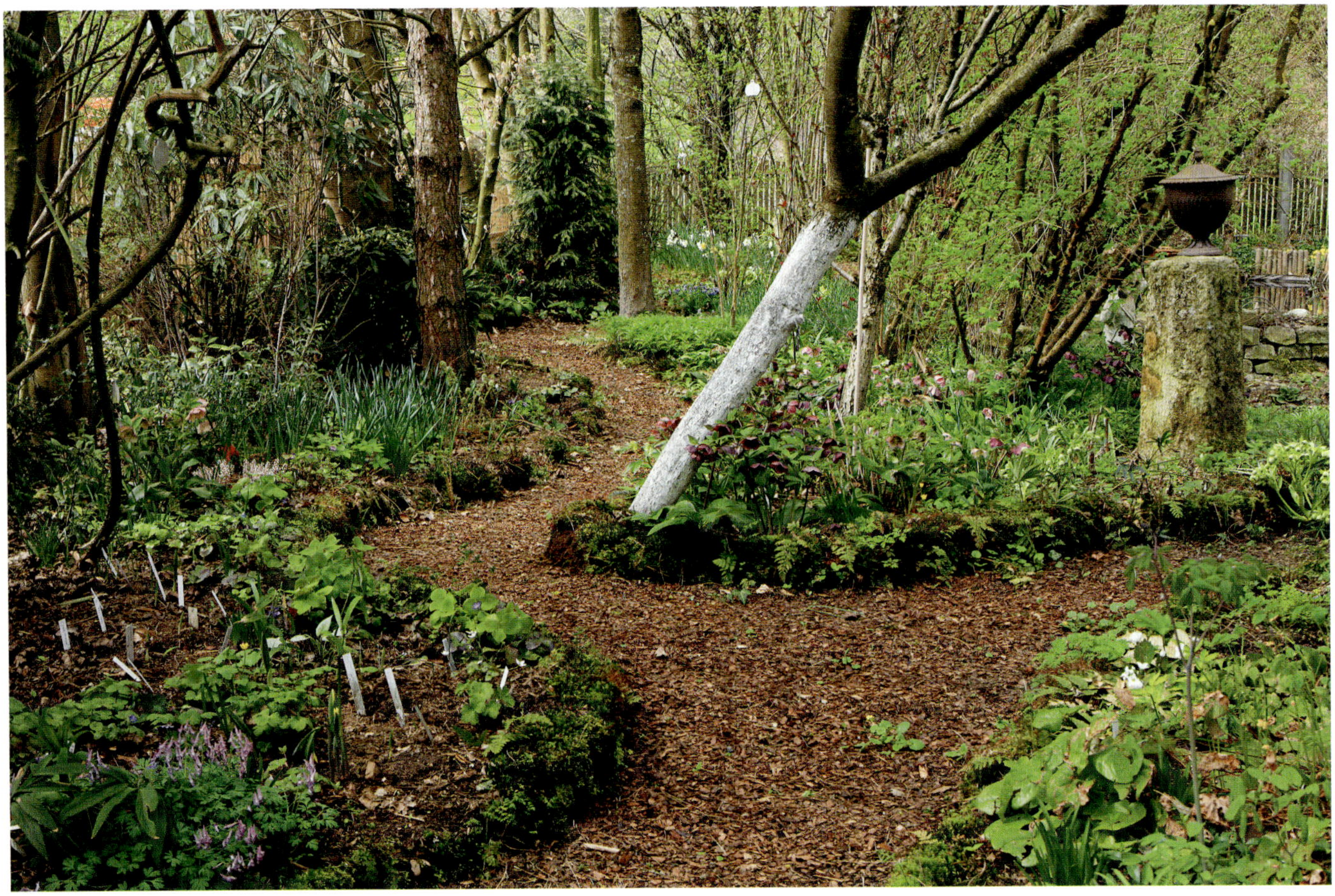

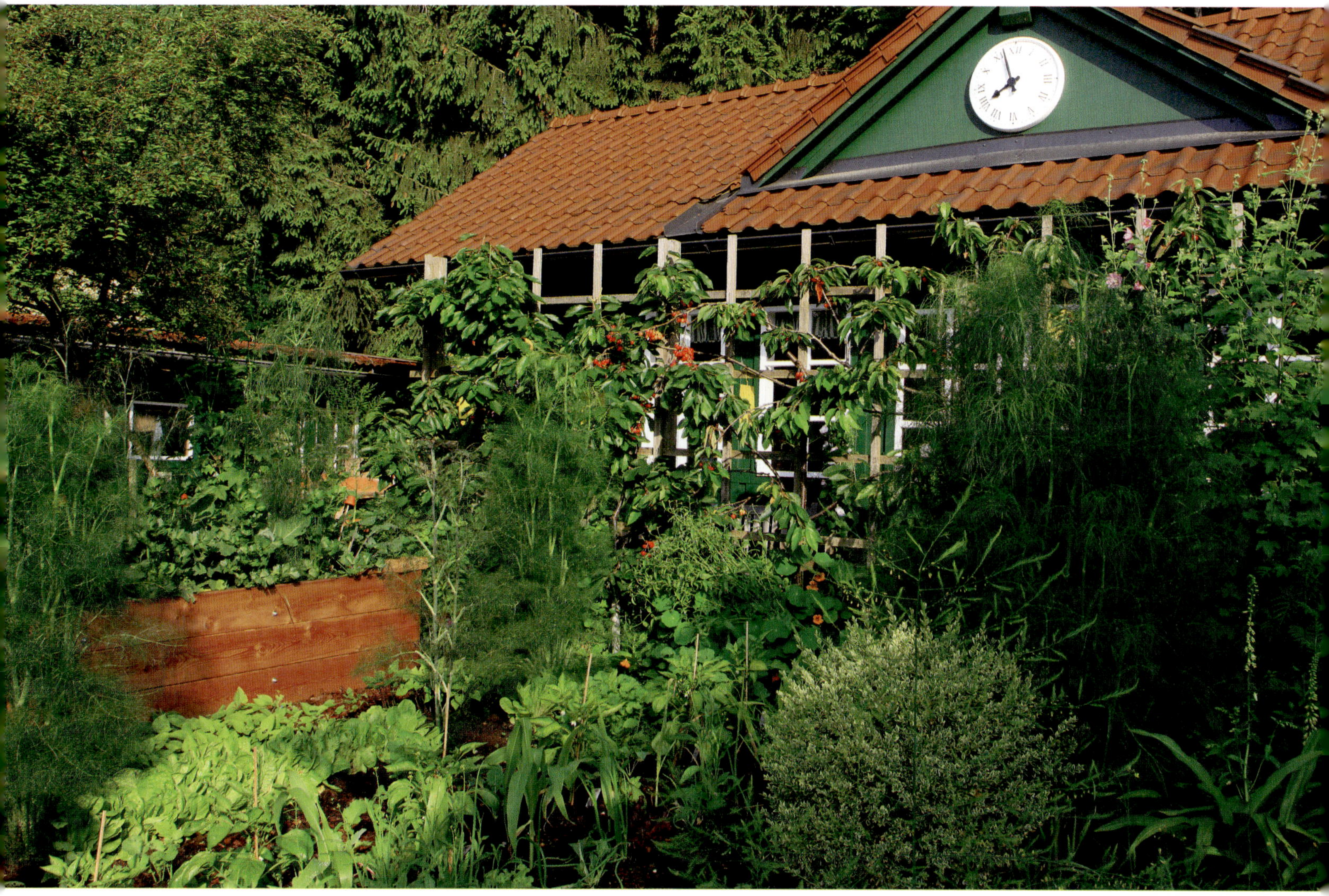

Der Gemüsegarten des Biogärtners ist selbstverständlich nach allen Regeln des naturgemäßen Gärtnerns angelegt. Hochbeet, Mischkultur, Fruchtfolge und Kompostwirtschaft sind Basis für prächtiges Gedeihen. Seine Blumenwiese mäht Karl Ploberger mit der Sense.

Adresse

Karl Ploberger
Dr.-Schuh-Straße 20
4863 Seewalchen
E-Mail: karl.ploberger@biogaertner.at
www.biogaertner.at

Besuch nach Vereinbarung, nur in Gruppen

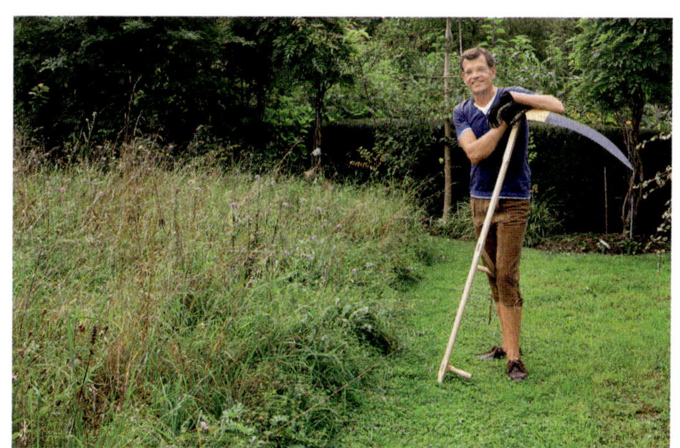

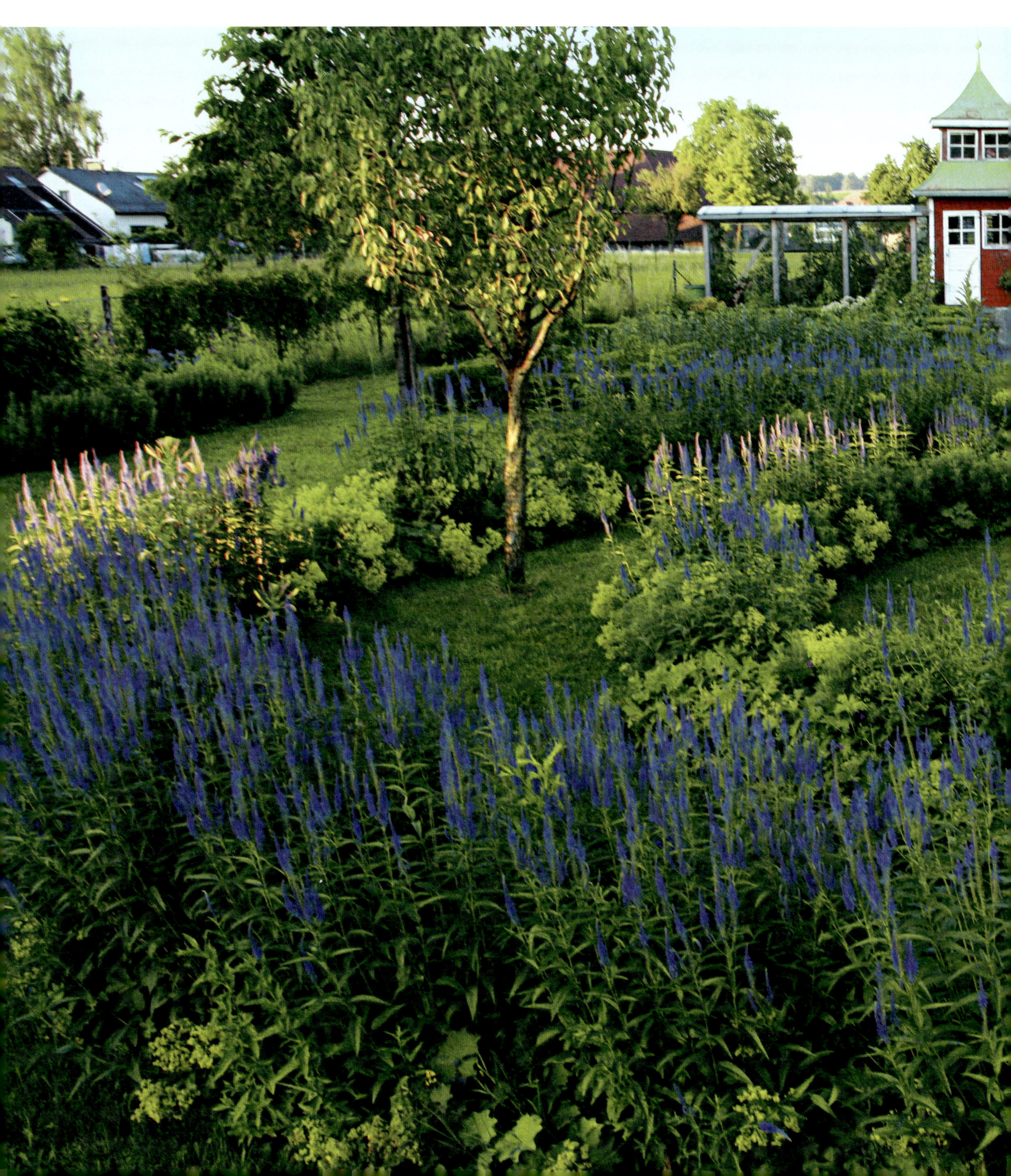

Fülle und Leben im Familiengarten

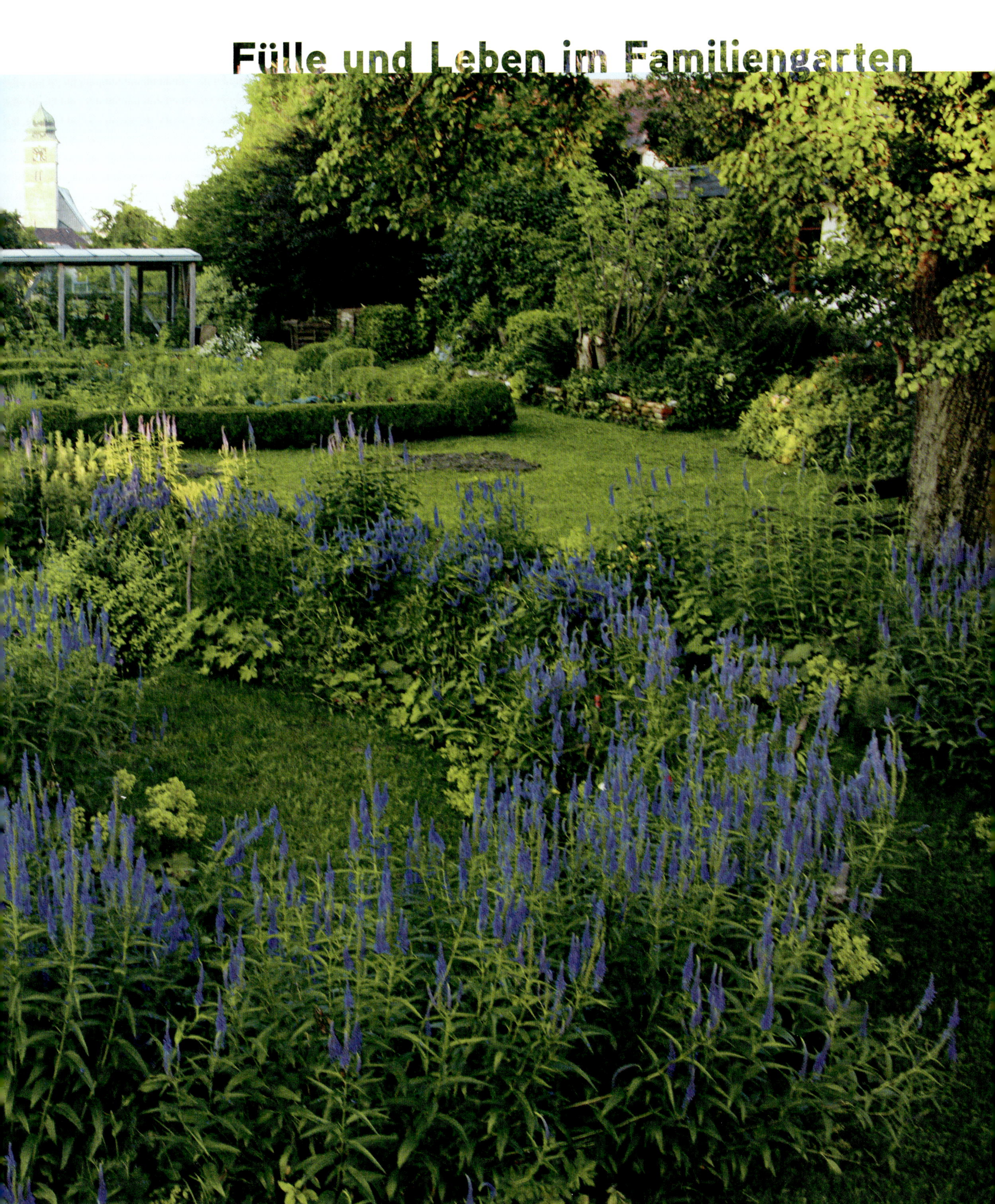

Seite 72–73 *Das als Glashaus genutzte alte Feuerwehrhaus zieht alle Blick auf sich. Davor liegt der Gemüsegarten mit vier quadratförmigen Beeten und die „Archimedische Spirale", erfüllt vom Blau des Ährigen Ehrenpreis* (Veronica spicata).

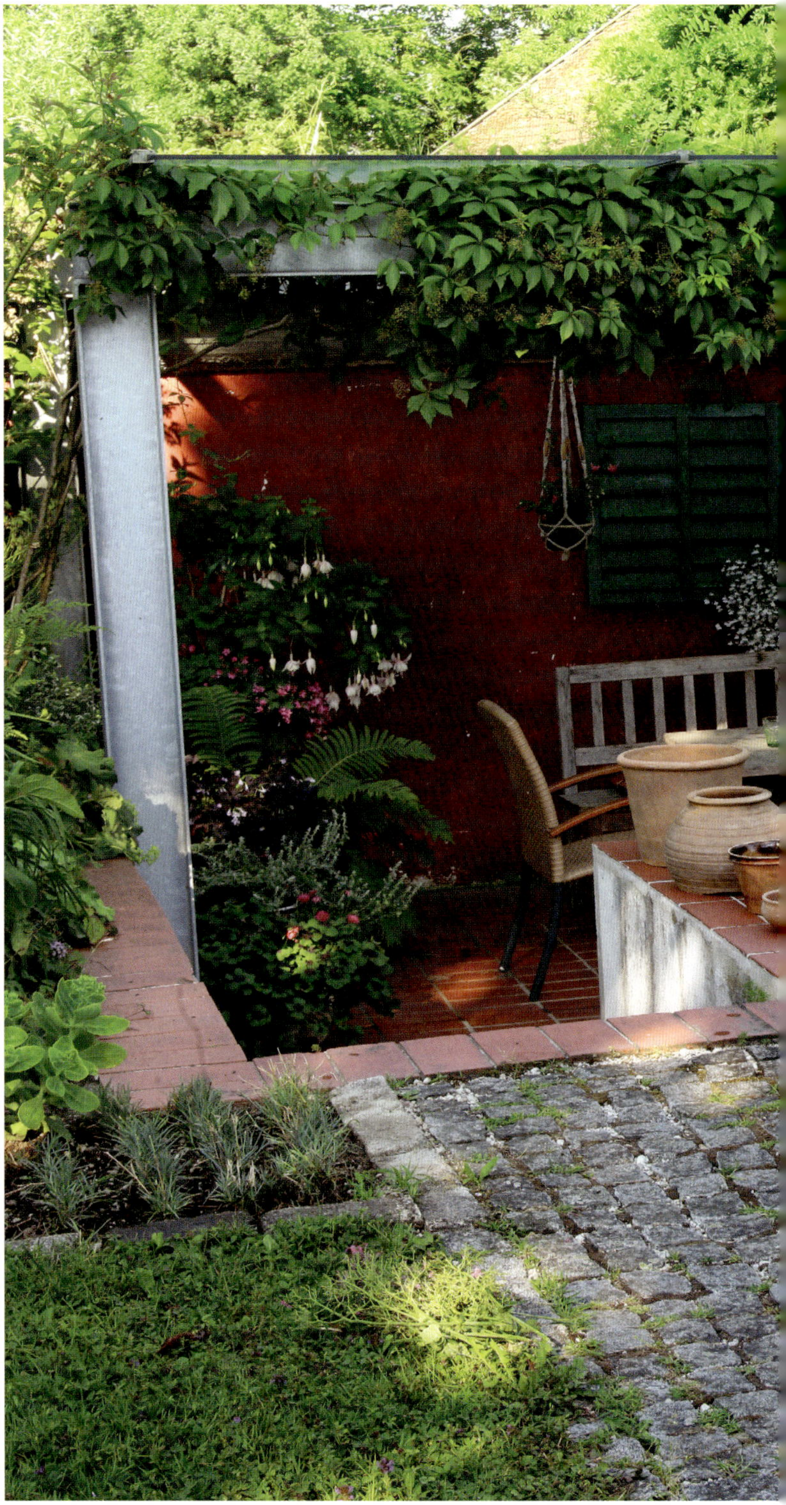

„Mein Garten soll so viele Sinne wie möglich ansprechen", erzählt Veronika Pitschmann, als wir durch den mit Strukturpflanzen, Formgehölzen und Schwertlilien gestalteten Eingangsbereich spazieren und uns wenig später im „Wohngarten" einfinden. Hier eröffnet sich tatsächlich ein Reich der Sinne: die große Linde, unter dem die Hausherrin ihren Lieblingssitzplatz gefunden hat, steht in voller Blüte. Hierher „verlegt" ihr Gatte des Sommers auch manchmal sein Architekturbüro – wenn es drinnen zu heiß wird. Buchshecken sorgen für die Struktur und dazwischen blühen duftende Rosen in allen Farben.

Ein paar Schritte weiter wachsen neben Marillen, Uhudler-Weinstock, Asperl, Kriecherl und Quitten Beerensträucher aller Art um die Wette. „In unserem Garten gibt es nahezu überall etwas zu essen", meint Veronika Pitschmann stolz. Enkelsohn Aaron hat als kleines Kind so wenig „wie ein Vogerl" gegessen, deshalb pflanzte die Großmutter überall im Garten Beerenobst. War Aaron dann bei der Oma zu Besuch, hat er quasi nebenbei von Beeren gelebt. Heute ist er erwachsen und Veronika Pitschmann bringt ihm die Früchte in Form köstlicher Marmeladen mit.

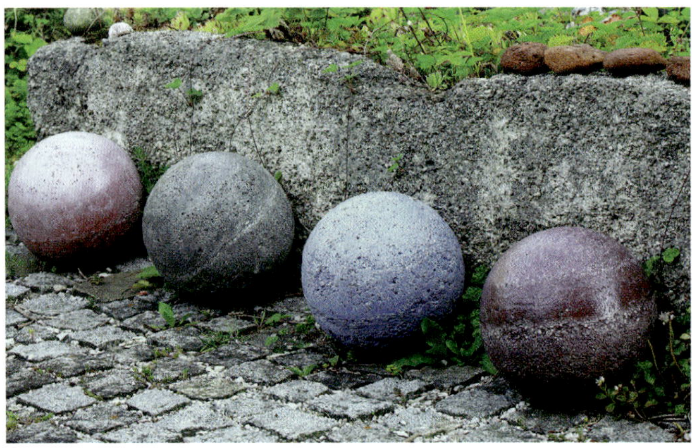

Sitzplätze finden sich zahlreich im Garten von Veronika Pitschmann. Dieser hier verdankt dem venezianischen Rot kombiniert mit Maigrün sein mediterranes Flair und wird vor allem abends oft benutzt.

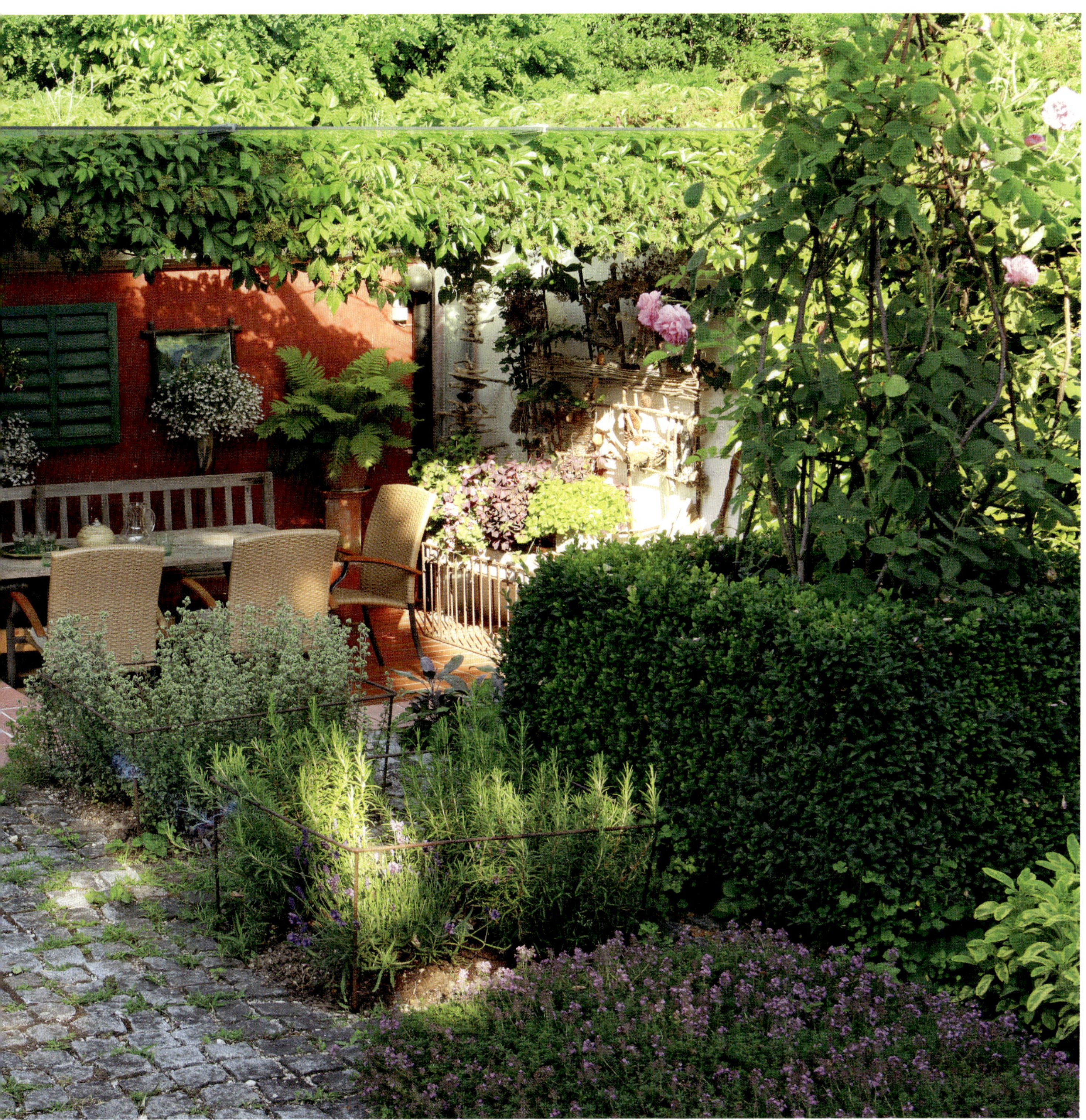

Unten *Im Garten wird gesessen, geplaudert, gelebt, ist er doch ein richtiger Wohngarten mit vielen Plätzen zum Wohlfühlen: Zeit zum Genießen findet Familie Pitschmann auch unter der großen Linde, dem Lieblingssitzplatz der Hausherrin.*

Rechte Seite *Schon als Kind ist Veronika Pitschmann auf dem Weg zur Großmutter oft an diesem Feuerwehrturm vorbeigegangen. Als ihm im Zuge eines Neubaus ein Schicksal als Brennholz drohte, war sie zur Stelle. Seither wachsen darin Tomaten und anderes Gemüse.*

In diesem Teil des etwa 1800 Quadratmeter großen Familiengartens erzählt die Hausherrin vom Hauptelement ihrer Gestaltung: dem Quadrat. Die Grundfläche des Hauses, der Frühstücksplatz und die Zierbeete bis zu den vier Beeten des Gemüsegartens, in denen von der Artischocke bis zur Zwiebel alles gedeiht, sind in ihrer Form quadratisch.

Gut sechs Monate im Jahr kann die Familie mit frischem Gemüse versorgt werden. „Langsam, aber sicher wurde auch der Hausherr angesichts der Fülle und Vielfalt zum Gemüseesser erzogen“, stellt Veronika Pitschmann lachend fest. Kein Wunder: Die Winterheckenzwiebel wächst, als hätte sie hier ihr Paradies auf Erden gefunden, ebenso die verschiedenen Kartoffelsorten und Salate. Nur die Tomaten sind vor Regen und Kälte geschützt „unter Dach“ untergebracht, und zwar unter einem ganz besonderen. Der Feuerwehrturm der Freiwilligen Feuerwehr des Nachbarorts aus dem Jahr 1924 sollte im Zuge eines Neubaus als Brennholz verkauft werden. Veronika Pitschmann kultiviert seither in ihrem zum Glashaus umfunktionierten Feuerwehrturm Tomaten und andere wärmeliebende Gemüse. Das Saatgut dafür bringt die Tochter, die Slawistik studiert hat, von ihren Reisen mit – und so gedeihen hier, im oberösterreichischen Voralpenklima, Sorten aus den baltischen Staaten, aus Sibirien und der Ukraine. Der Garten der Pitschmanns ist ein Ort der Kreativität, das zeigen auch der Hühnerturm mit großzügigem Freigehege und das Gartengerätehaus, beide von den Söhnen des Hauses geplant und gebaut.

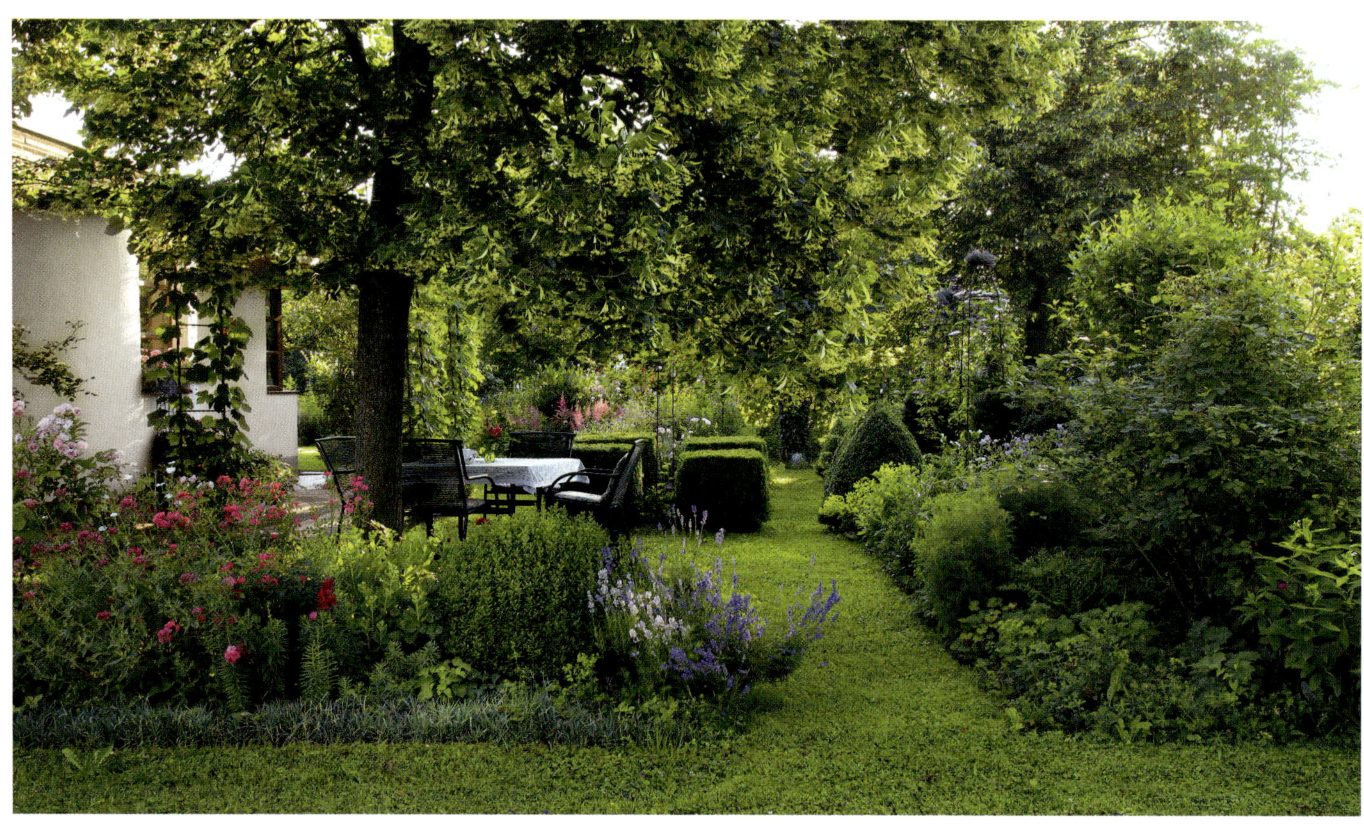

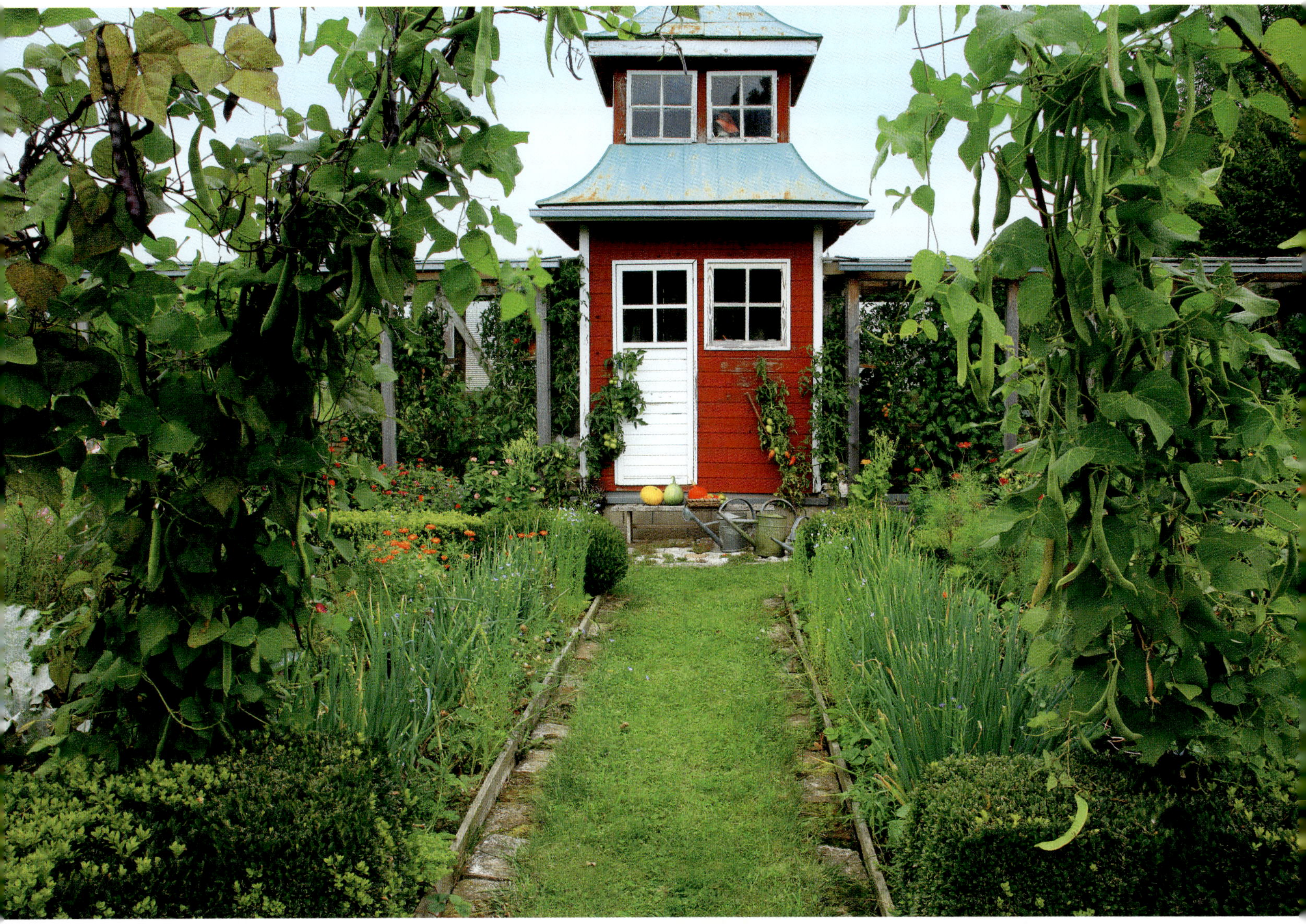

Wie die Liebe zu den Paradeisern, die schon die Großmutter als eine der ersten Bäuerinnen der Gegend in ihren Garten holte, scheint die ganze Leidenschaft fürs Gärtnern von ihr vererbt zu sein. „Die Tradeskantie war ihre Blume, deshalb wächst sie auch in meinem Garten", erzählt Veronika Pitschmann und erinnert sich dabei: „Meine Großmutter war Bäuerin, da war der Nutzgarten mit Gemüse und Obst natürlich das Wichtigste, aber Pfingstrosen, Hortensien und eben auch Tradeskantien mussten schon sein."

Zu Ehren der Großmutter werden die Tradeskantien hier auch mit Ausdauer gegen die Schnecken verteidigt, während alle anderen Pflanzen einfach robust und unkompliziert sein müssen. Was sich wohlfühlt, bleibt. „Ich habe in meinem Garten keine ‚Sensibelchen', keine Exoten, ebenso wie ich auf Manierismen und Firlefanz verzichte. Nützlich, praktisch und schön soll es sein, und deshalb stresst mich mein Garten auch nicht", bringt die vierfache Mutter ihren praktischen Ansatz auf den Punkt.

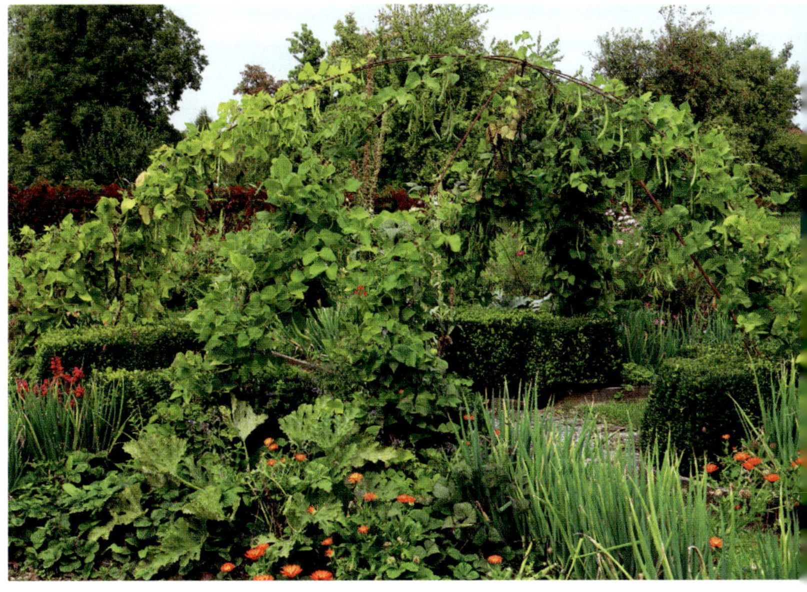

Unten rechts *Von Freunden geschenkte Tomatensorten werden nach diesen benannt: Da gibt es die Tomaten 'Walter', 'Heinz' und viele andere. Die Liebe dazu scheint von der Großmutter übernommen, eine der ersten Bäuerinnen der Gegend, die Tomaten und Paprika zog.*

Rechte Seite *Brandschutzziegel aus einem alten Bauernhaus bilden im Glashaus einen herrlichen Wärmespeicher und sorgen für reiche Tomatenernte. Das Saatgut dafür bringt die Tochter von ihren Reisen aus dem Baltikum mit.*

Ganz unten rechts *Hier wird unkompliziert, aber mit viel Kreativität gegärtnert. „Mein Garten stresst mich nicht, ich bin nicht pingelig", erzählt Veronika Pitschmann, und so kann sie ruhigen Gewissens auch ein paar Tage wegfahren, ohne dass es für den Garten eine Katastrophe wäre.*

„Ich kann auch ein paar Tage wegfahren, ohne dass es für den Garten eine Katastrophe wäre", erzählt sie, während sich eine kleine Tannenmeise auf den Rosen niederlässt und mit dem Verzehr der Blattläuse beginnt. Ein schönes Beispiel für entspanntes Gärtnern. „Und ich kann darauf warten, bis die Nützlinge den lästigen Insekten den Garaus machen, ganz ohne Einsatz von Chemie. Ein bisschen Geduld, dann sind die Blattläuse wieder weg."

So findet man in diesem wunderschönen und vielfältigen Garten auch Zeit, ihn zu genießen. Sitzplätze finden sich zahlreich – vom Frühstücksplatz bis zum abendlichen Sitzplatz, wo warmes venezianisches Rot und Maigrün für mediterranes Flair sorgen. Im Garten wird gesessen und geplaudert, kurz: gelebt. Für ein Gespräch und einen gemütlichen Plausch nimmt sich Veronika Pitschmann immer Zeit – das weiß man.

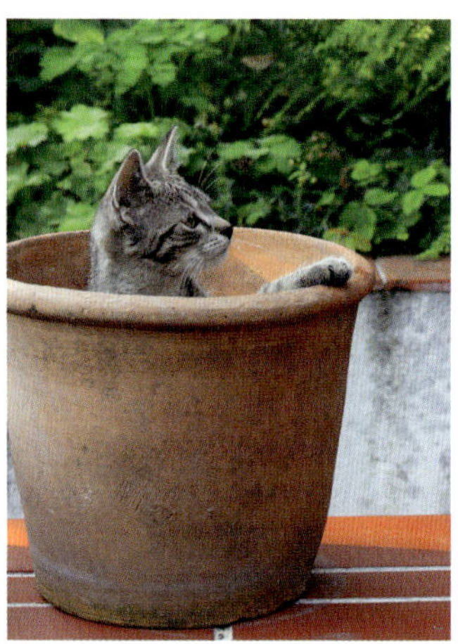

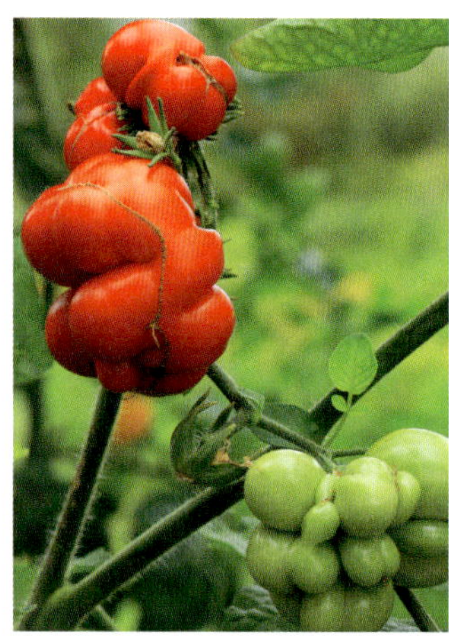

Adresse

Veronika Pitschmann
Museumstraße 13
4643 Pettenbach
Tel.: +43/699/10 29 80 97
E-Mail: veronika-pitschmann@gmx.at

Gartenbesuche nach Voranmeldung

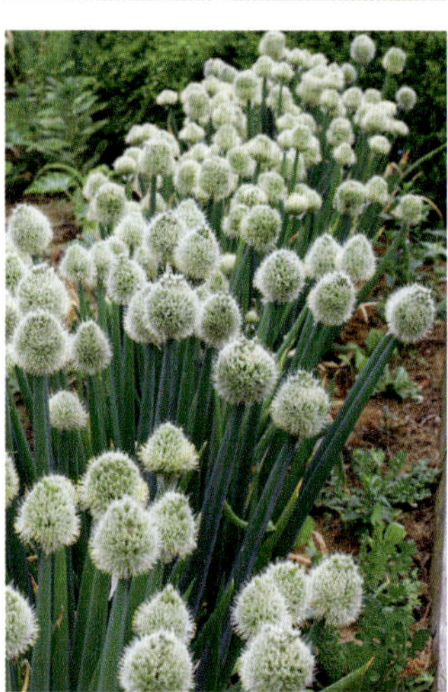

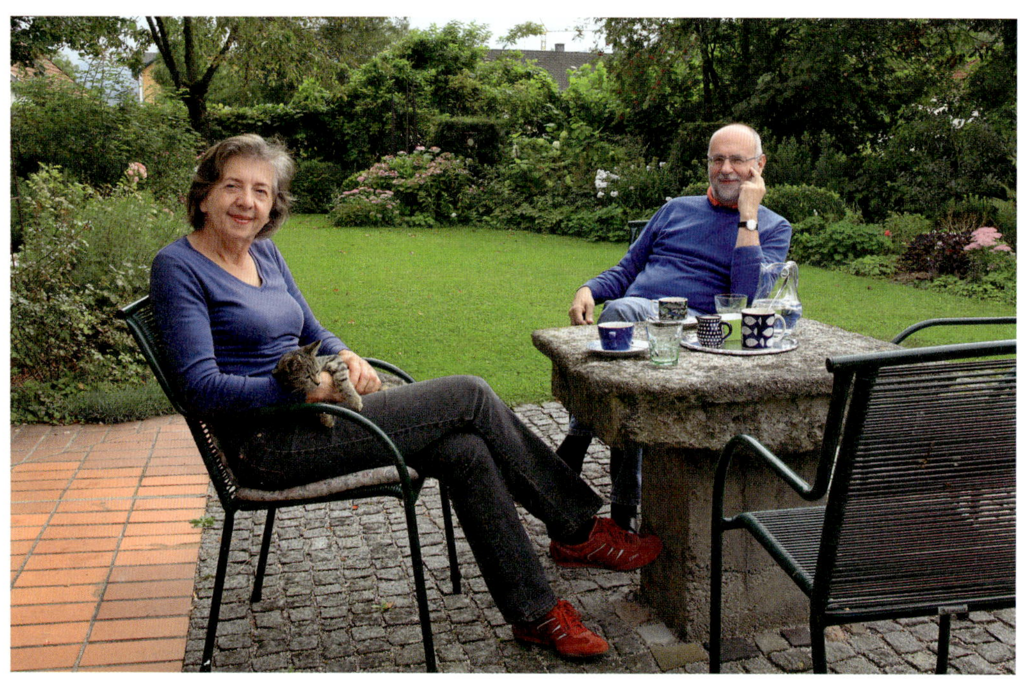

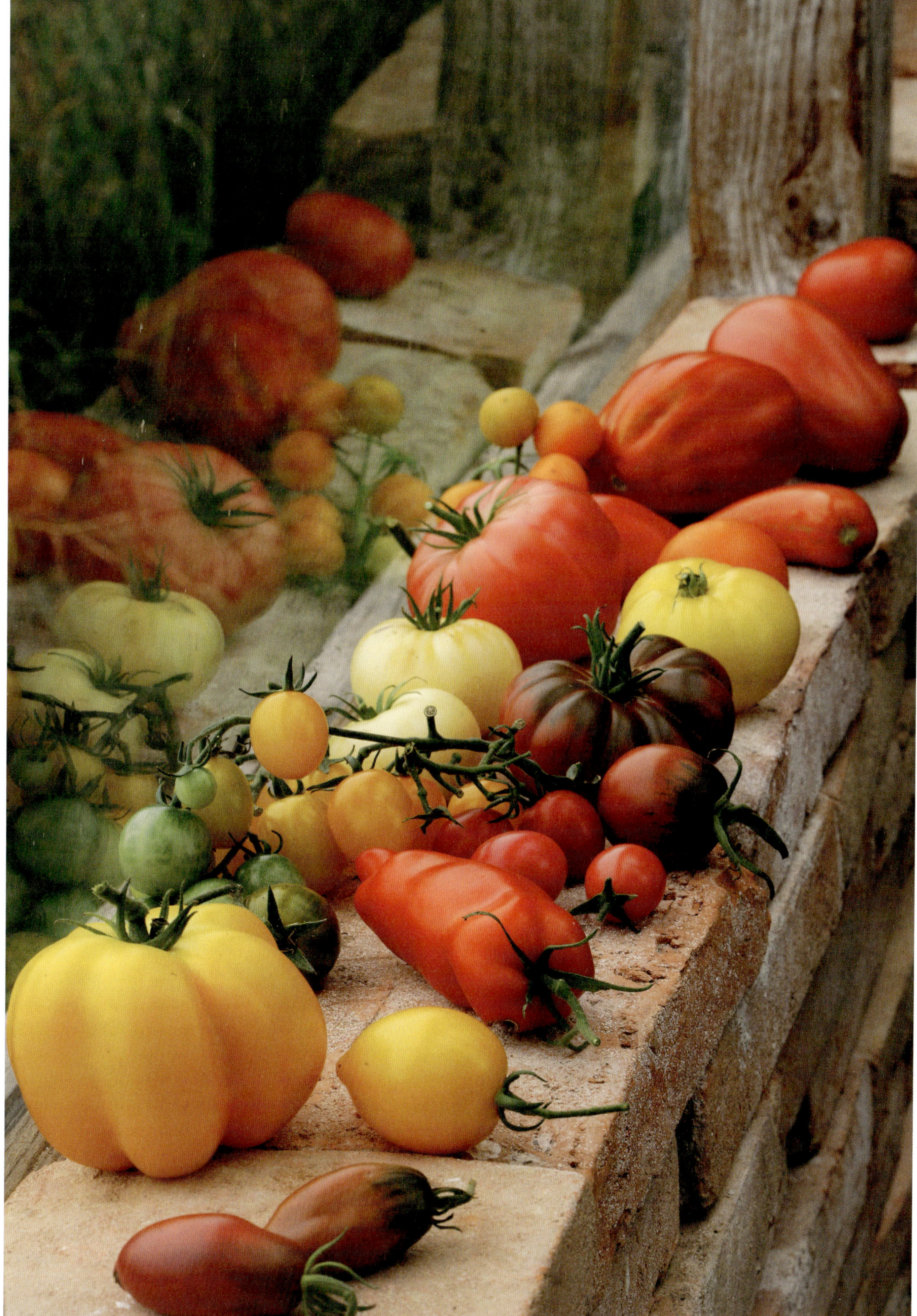

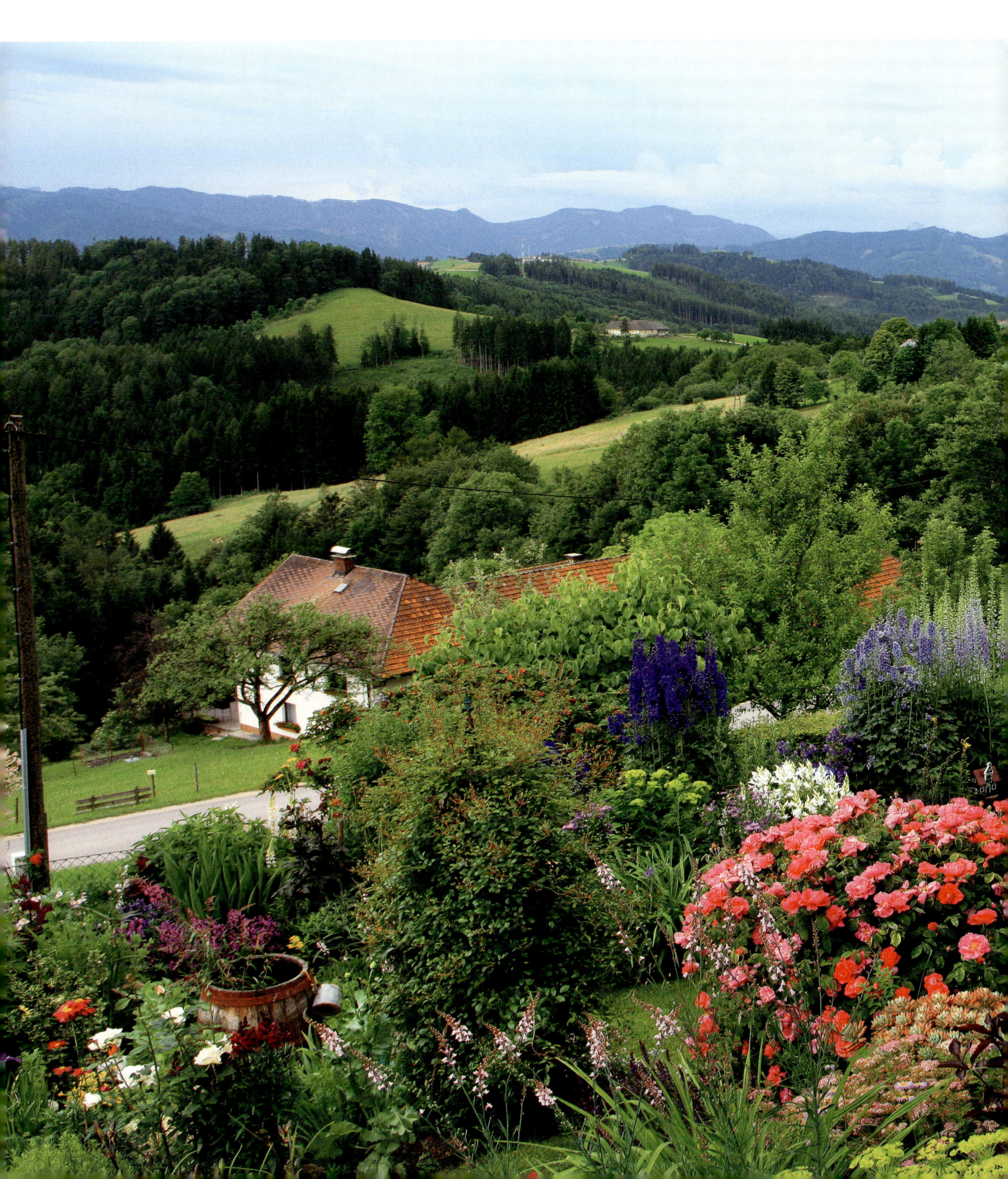

Paradies mit Ausblick

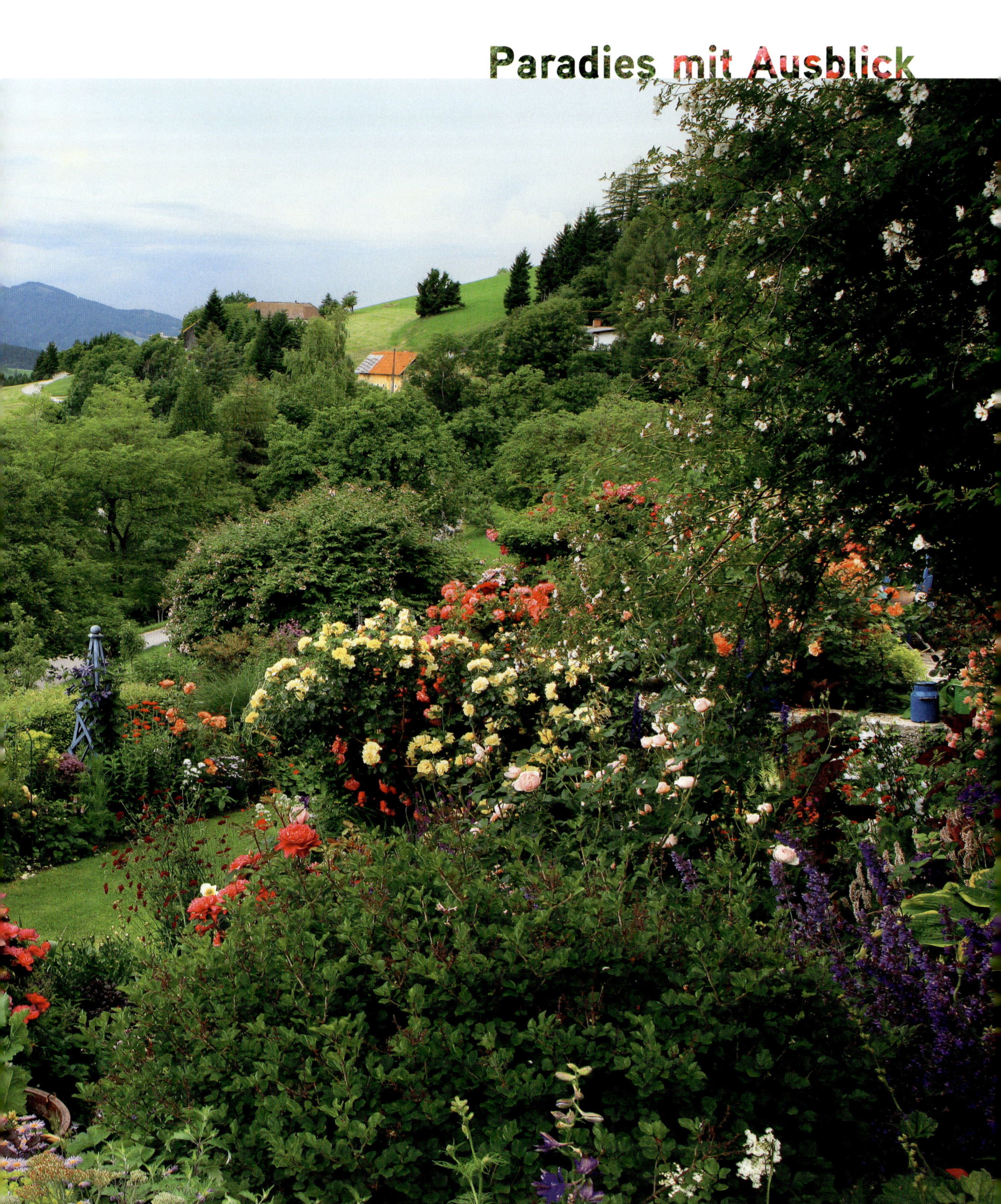

Rechte Seite oben *Als Cilli und Sepp Weiermair 1958 heirateten, gab es neben dem Bauernhaus einen Pfingstrosenstock und einen Fliederbaum, nicht mehr. Heute kann man die Gartenleidenschaft der beiden schon von Weitem sehen.*

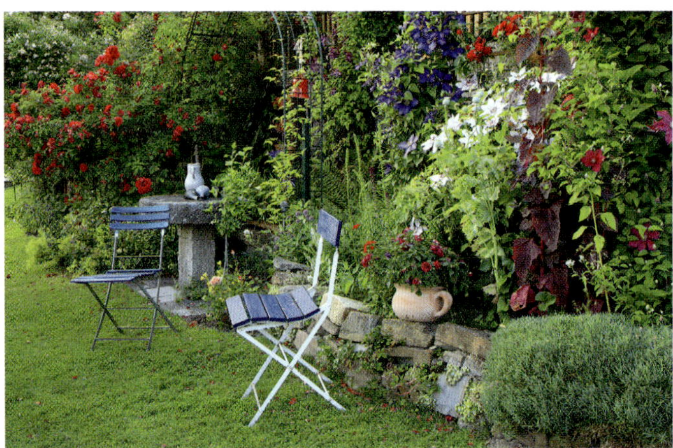

Nach und nach kam zu einem ersten Gemüsebeet auch die Blütenvielfalt dazu. Stützmauer um Stützmauer wurde in Handarbeit mit Steinen aus der Umgebung gestaltet, die entstehenden Flächen bepflanzt.

Rechte Seite unten links *Die Knäuel-Glockenblume* (Campanula glomerata) *bildet mit ihren dunkelvioletten büschelartigen Blüten einen schönen Kontrast zu den feinen Strahlenblüten des Berufkrauts* (Erigeron).

Rechte Seite unten rechts *Mehr als 16 verschiedene Rittersporn-Sorten* (Delphinium) *fühlen sich im Garten der Weiermairs wohl. Sie werden nach der Blüte zurückgeschnitten und blühen danach nochmals.*

Es ist zunächst einmal die Aussicht, die Besucherinnen und Besucher hier im oberösterreichischen Alpenvorland auf rund 800 Meter Meereshöhe in Atmen hält. „Auch wenn man ein ganzes Leben hier verbracht hat, ist das Bergpanorama immer wieder ein Erlebnis", erzählen Cilli und Sepp Weiermair stolz.

Rund 1000 Quadratmeter groß ist der Garten der Weiermairs und seine Lage hat es nicht nur hinsichtlich des Ausblicks in sich. Ein steiler Hang liegt uns zu Füßen, der in anstrengender, aber enthusiastischer Arbeit von einer Wiese in ein blühendes Paradies verwandelt wurde.

Geschafft hat dieses gärtnerische Kunststück die Dame des Hauses, Cilli Weiermair, eine fröhliche fünffache Mutter und sechsfache Großmutter, die ihr Leben nicht nur der Familie, sondern auch ihrem weiteren „Goldstück", dem Garten widmet.

„Geheiratet haben wir im Jahr 1958, damals gab es neben dem Bauernhaus einen Pfingstrosenstock und einen Fliederbaum – das war auch schon alles an ‚Garten'. Wir haben dann mit der Anlage eines Gemüsebeetes begonnen, um uns mit frischem Gemüse zu versorgen", erzählt Cilli Weiermair von den gärtnerischen Anfängen.

Nach und nach kamen die vielen weiteren Flächen dazu: Stützmauer um Stützmauer wurde mit Steinen aus der Umgebung gebaut, alle in Handarbeit angelegt und mit tatkräftiger Unterstützung des Gatten. So trotzten die beiden mit der Zeit dem Hang eine Anzahl von Terrassen ab, die Cilli Weiermair mit einer unglaublichen Vielfalt an Pflanzen gestaltet: Phlox, Pfingstrosen, Fingerhut, Ziermohn, Storchschnabel, Zierlauch, Taglilien, Pfingstrosen, mehr als 16 verschiedene Rittersporn-Sorten – wir kommen aus dem Staunen nicht heraus, erst recht über die vielen verschiedenen Rosen und Clematis. 60 Clematis-Sorten müssten es schon sein, oder gar noch mehr? Die Weiermairs haben sie nicht wirklich gezählt, denn darum geht es ihnen nicht. Es ist die Freude an den immer neuen Blüten und dem Farbreichtum der Natur, die zählt. „Ab März blüht in unserem

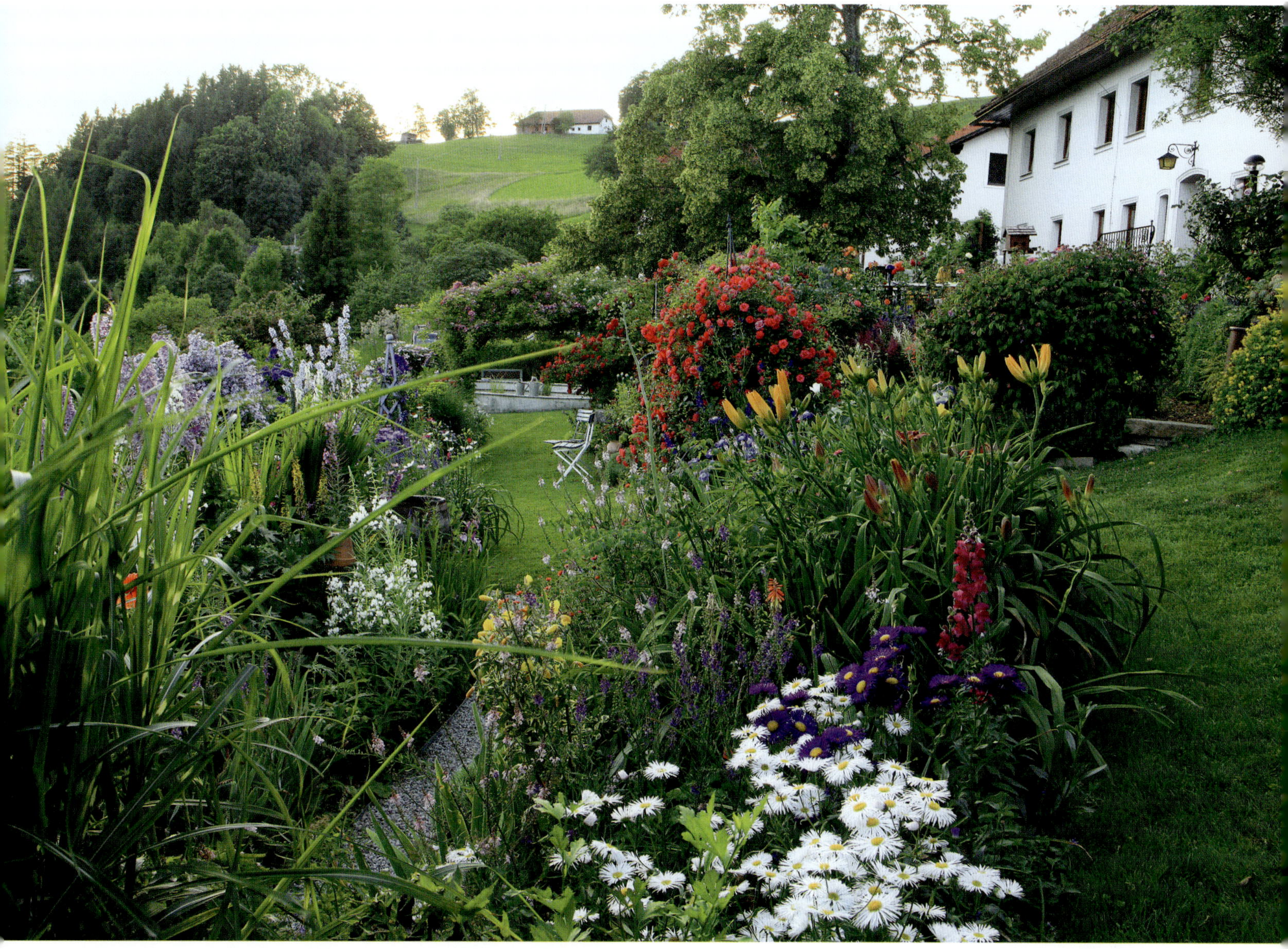

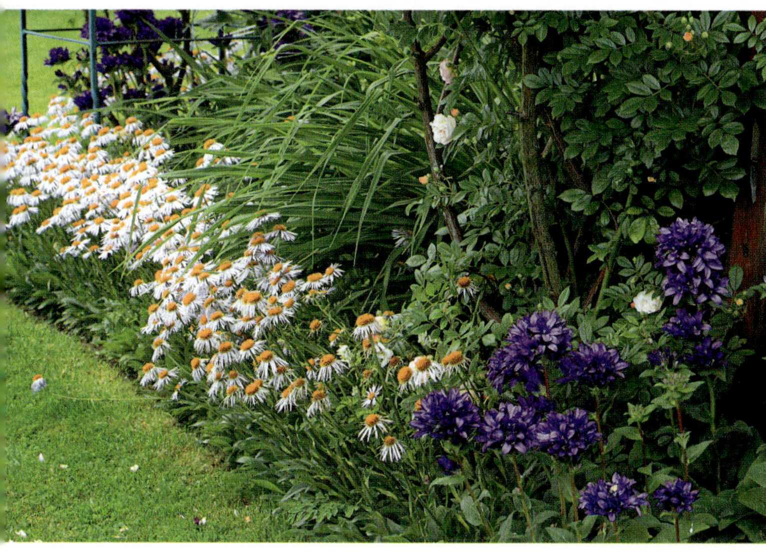

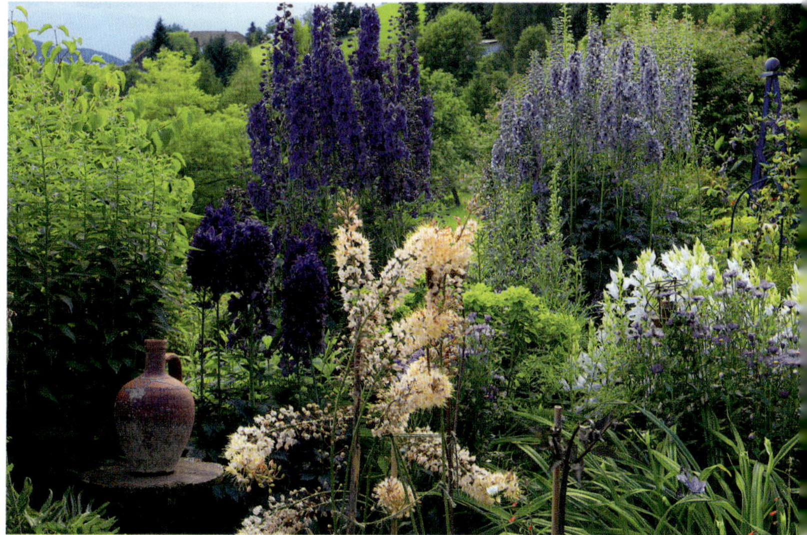

Unten *Mit viel geduldiger Arbeit hat das Ehepaar dem Hang eine Anzahl von Terrassen abgetrotzt, die Cilli Weiermair mit einer unglaublichen Vielfalt an Pflanzen gestaltet hat – von Phlox und Pfingstrosen bis zu Taglilien und Zierlauch.*

Ganz unten *Von Zeit zu Zeit genießen Cilli und Sepp Weiermair ihren Garten auch mit ein wenig Müßiggang. Beim gemeinsamen Essen auf der Terrasse und manchmal sogar im Liegestuhl, aber da hält es die beiden nicht lange.*

Rechts *Der Ausblick auf das oberösterreichische Alpenvorland ist atemberaubend. Bei schönem Wetter bietet sich ein herrliches Bergpanorama.*

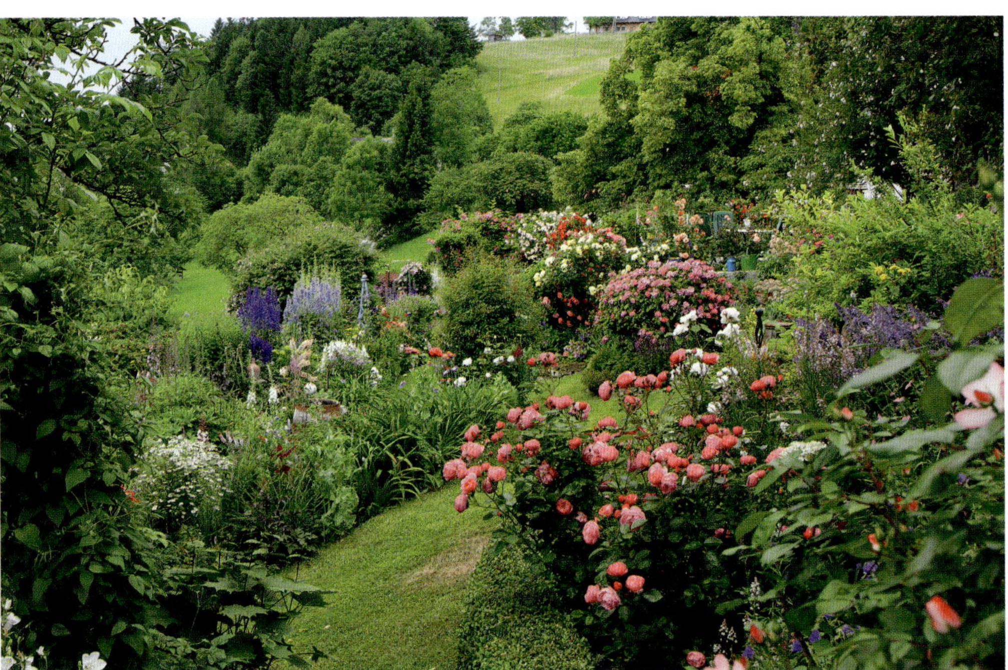

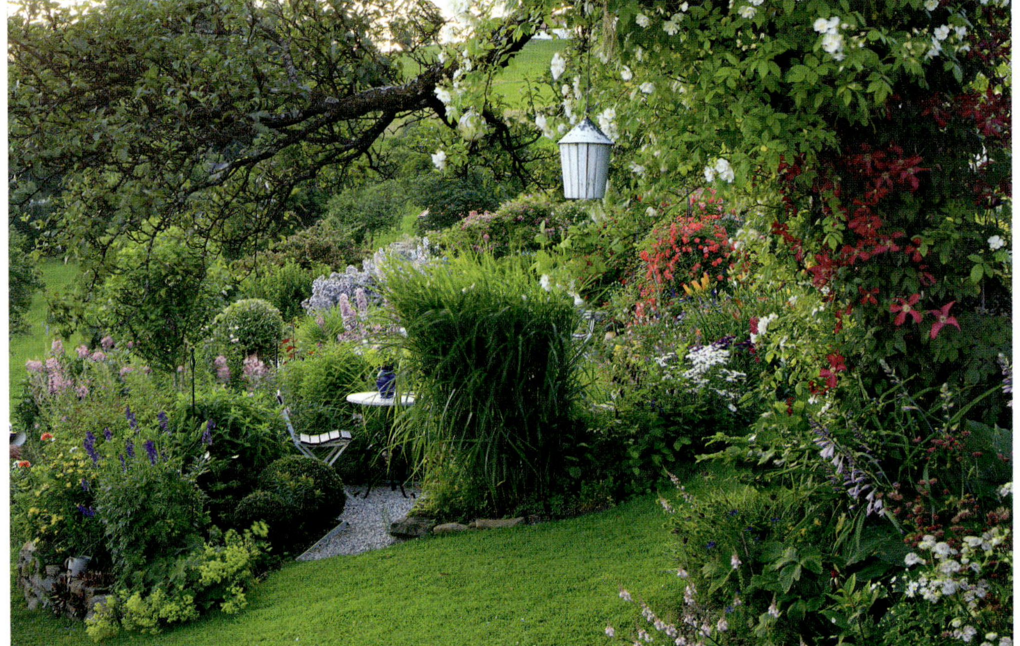

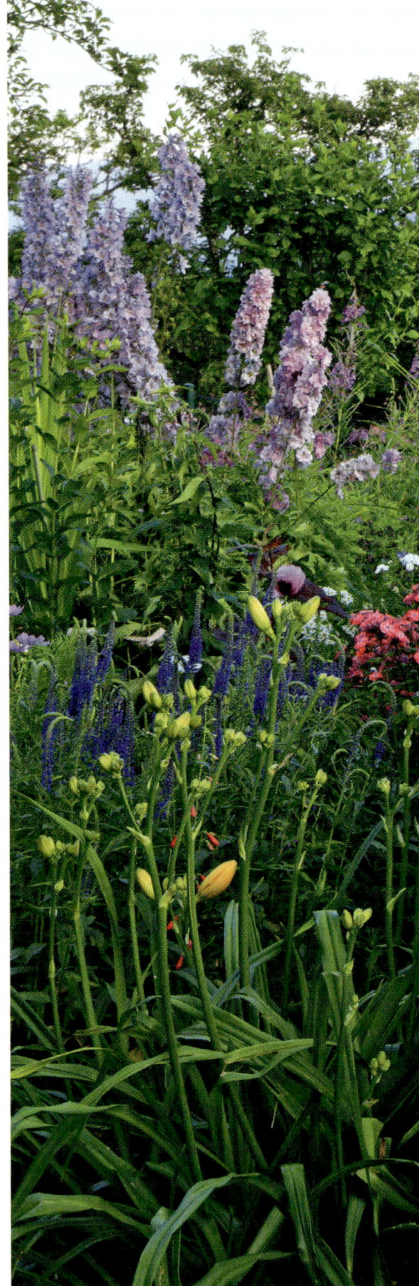

Rechte Seite unten *Die Scabiose ist eine hübsche Rabattenstaude für sonnige, trockene Standorte.*

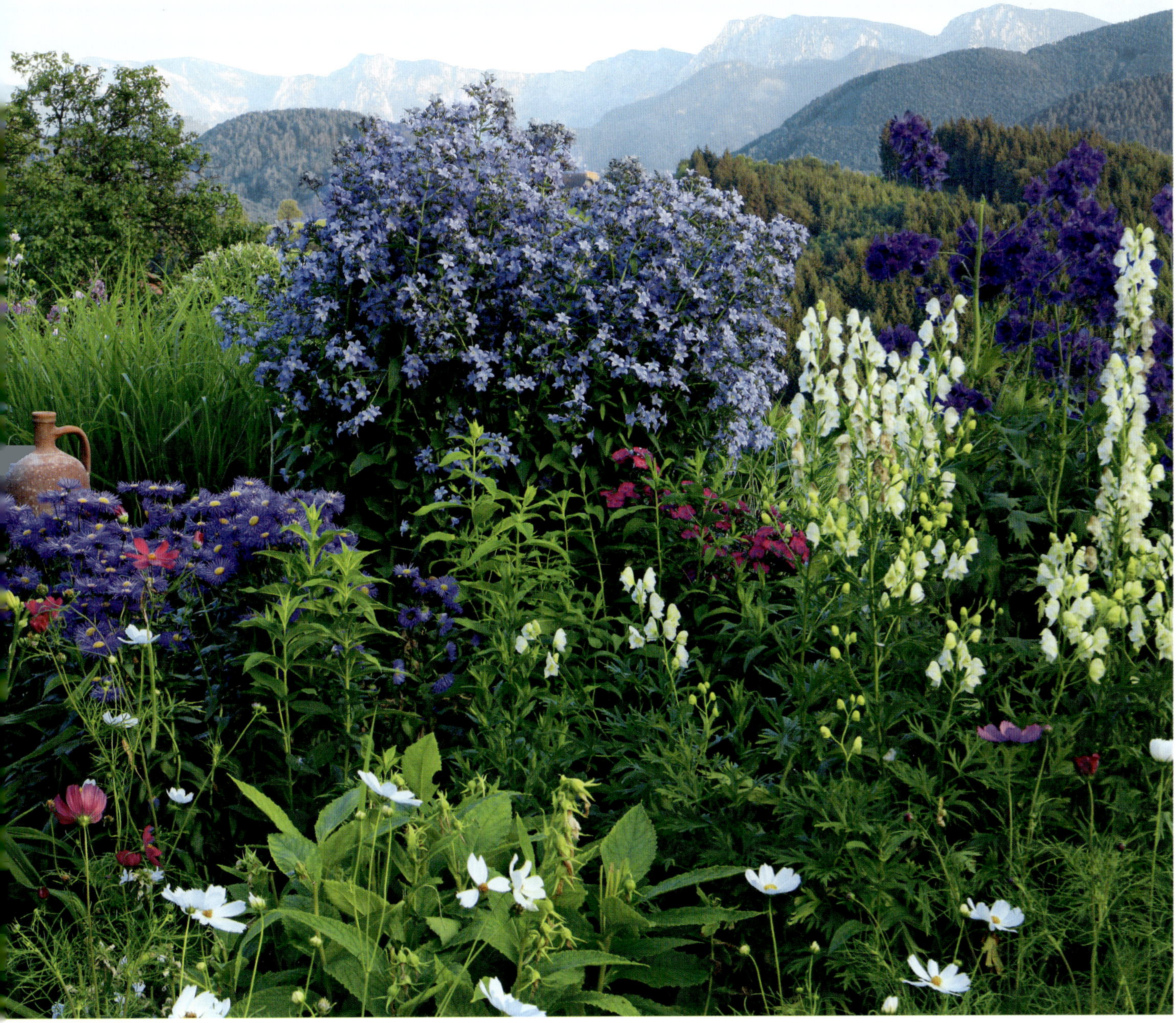

Garten immer etwas, und jeden Herbst verspreche ich meinem Mann: Jetzt brauche ich nichts mehr umsetzen, jetzt passt alles", lacht Cilli Weiermair, „es bleibt aber nie dabei. Außerdem gibt es noch den Beerengarten und den Waldgarten oberhalb des Hauses."

Während seine Frau ein-, ver- und umpflanzt, schweißt Sepp Weiermair die massiven Rankgerüste und Staudenstützen, an denen sich Klettergehölze und hohe Stauden wohlfühlen und die auch heftigem Regen und Sturm standhalten. Jeder Gärtner sollte auch schweißen können, zumindest schadet es nicht, stellen wir beeindruckt fest. Kein Wunder, dass Gartengäste immer wieder danach fragen und solche Stützen und Kletterhilfen

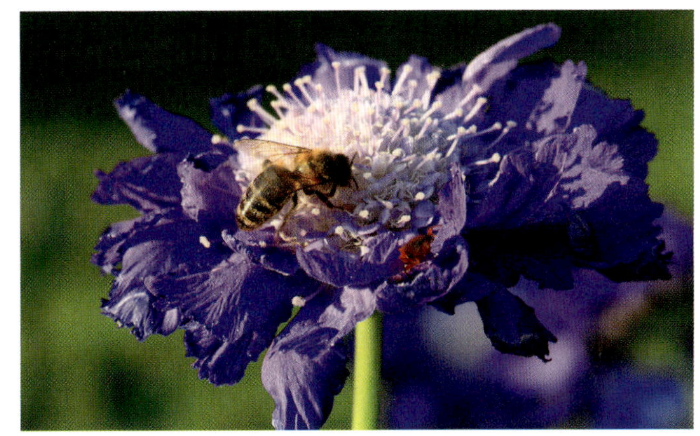

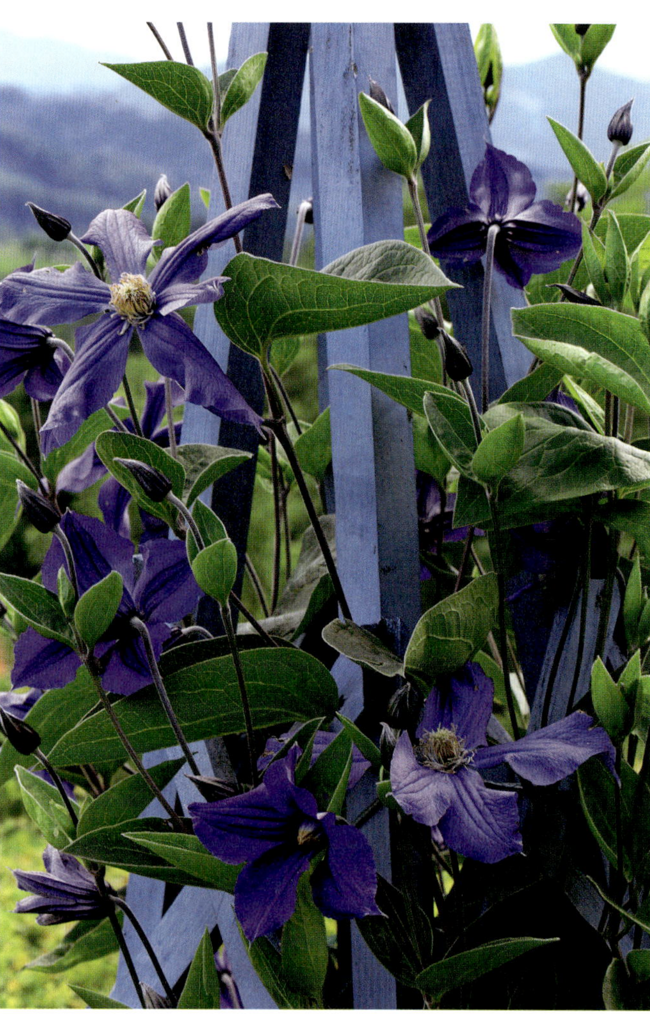

Links *60 Clematis-Sorten wachsen im Garten der Weiermairs. Oder sind es gar noch mehr? Die leidenschaftlichen Gärtner zählen sie nicht, denn es geht ihnen nicht um Rekorde, sondern um die Freude an der Blütenpracht, wie hier von* Clematis integrifolia.

Rechte Seite *Rosen dürfen in einem gelungenen Garten natürlich nicht fehlen. Das Schweißen der massiven Rankgerüste und Staudenstützen macht Sepp Weiermair Freude. Sie halten auch heftigem Regen und Sturm stand.*

auch für den eigenen Garten gut gebrauchen könnten – Sepp Weiermair könnte wohl damit „in Serie gehen“, für Nachfrage wäre gesorgt. Das macht er aber nicht, sondern baut nur so zum Spaß und für den Eigenbedarf weiter, nach einem arbeitsreichen Leben, in dem er gemeinsam mit seiner Frau ein Unternehmen für Autobusreisen aufgebaut hat.

Bedingt durch die vielen Reisen in die ganze Welt, findet sich im Garten der Weiermairs auch das eine oder andere pflanzliche Mitbringsel. Gartenreisen unternehmen die beiden Pflanzenbegeisterten immer wieder gern, wenn auch nur für wenige Tage. „Im Sommer, wenn die schönste Zeit in unserem Garten ist, möchte ich hier sein“, meint Cilli Weiermair. „Außerdem nehmen wir uns immer wieder vor, keine Pflanzen mehr mitzubringen – und halten uns nie daran!“

Heute ist dort, wo einst der Gemüsegarten war, die Terrasse, auf der die fleißigen Weiermairs auch einmal die Ruhe des Gartens genießen. „Wir essen gern heraußen, und manchmal lege ich mich sogar in den Liegestuhl, aber da hält es mich nicht lange, ich sehe sofort etwas, was ich noch schnell erledigen will“ – das kommt wohl allen Gärtnernden bekannt vor …

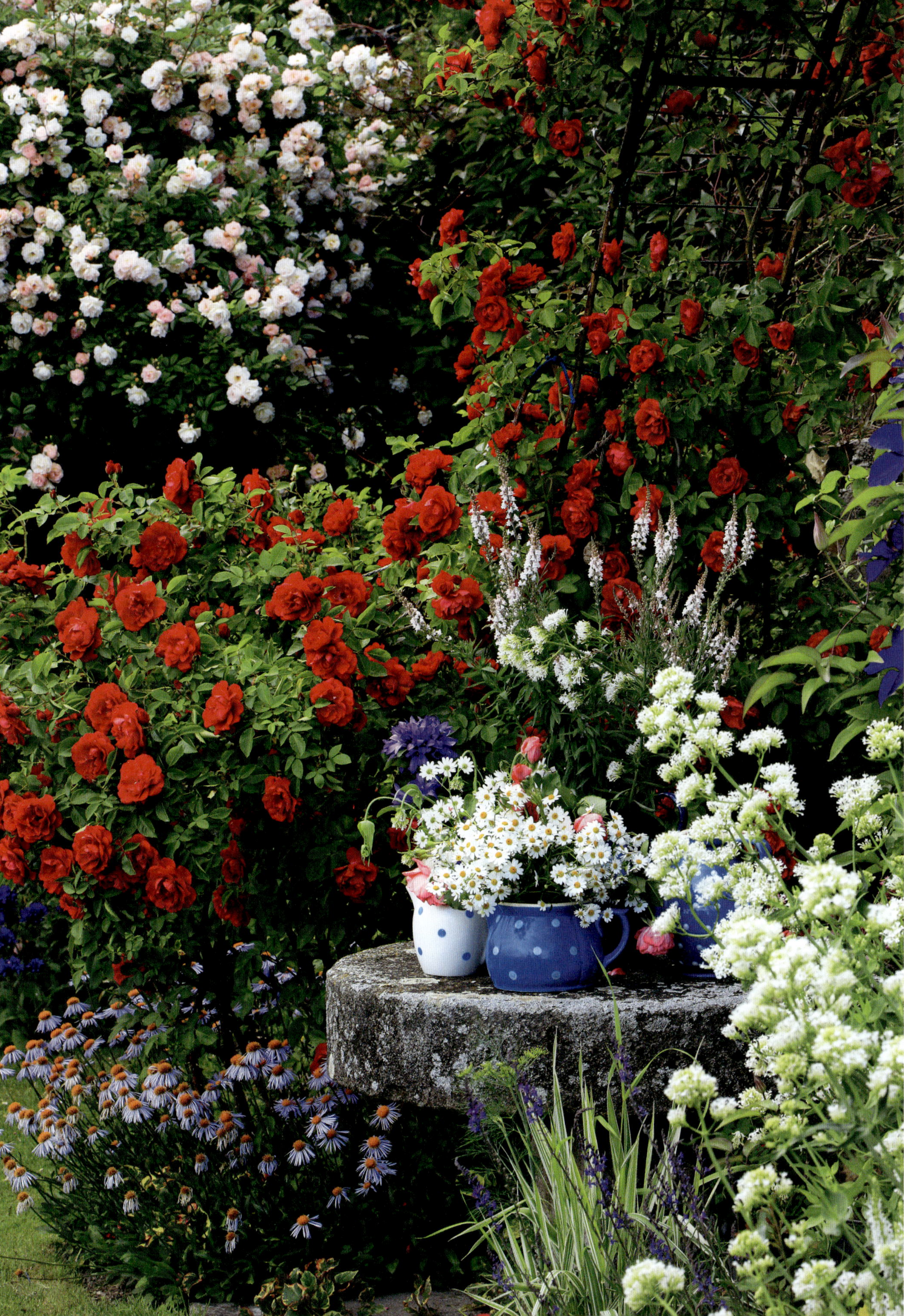

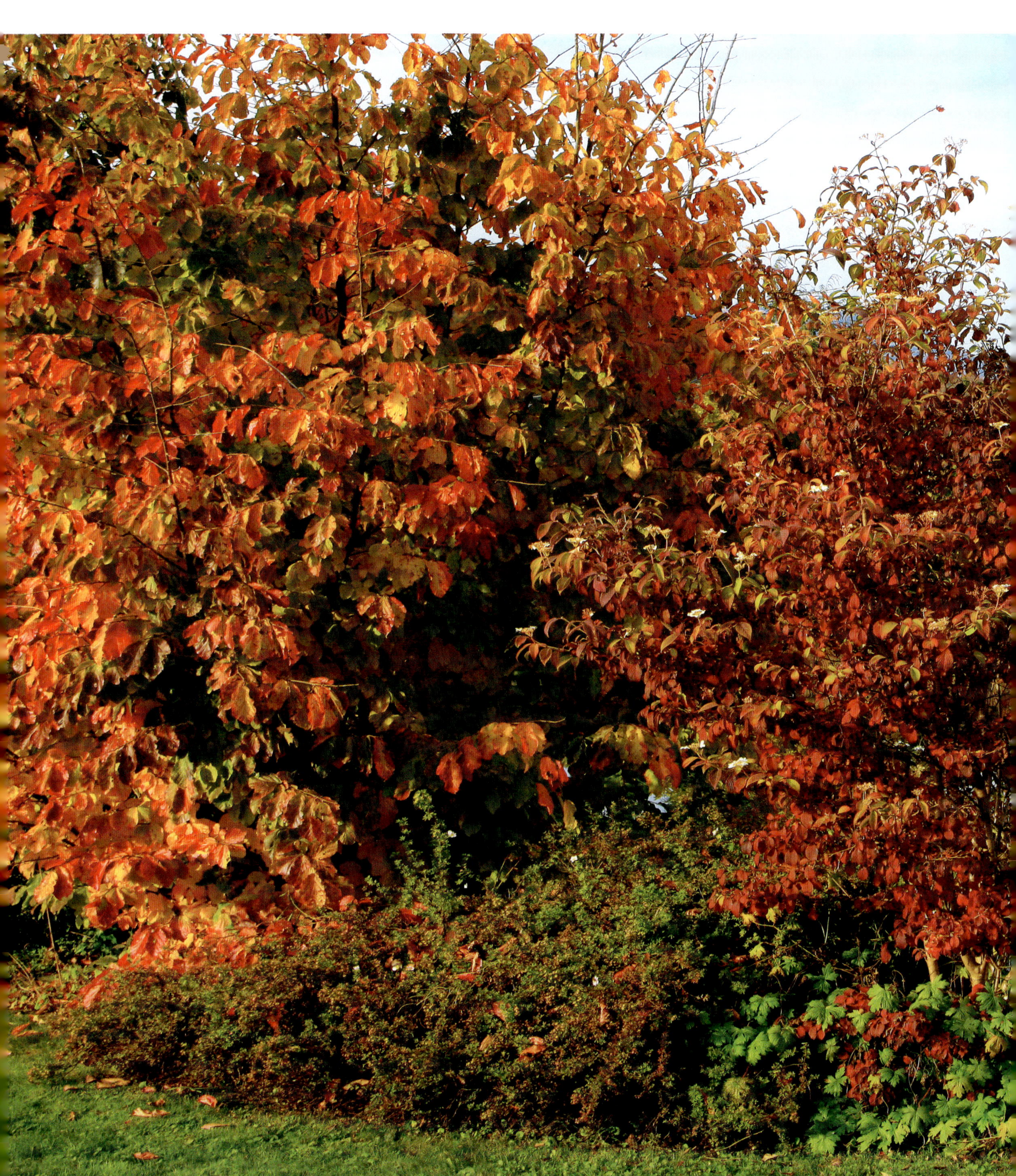

Und dann kam das Gartenglück

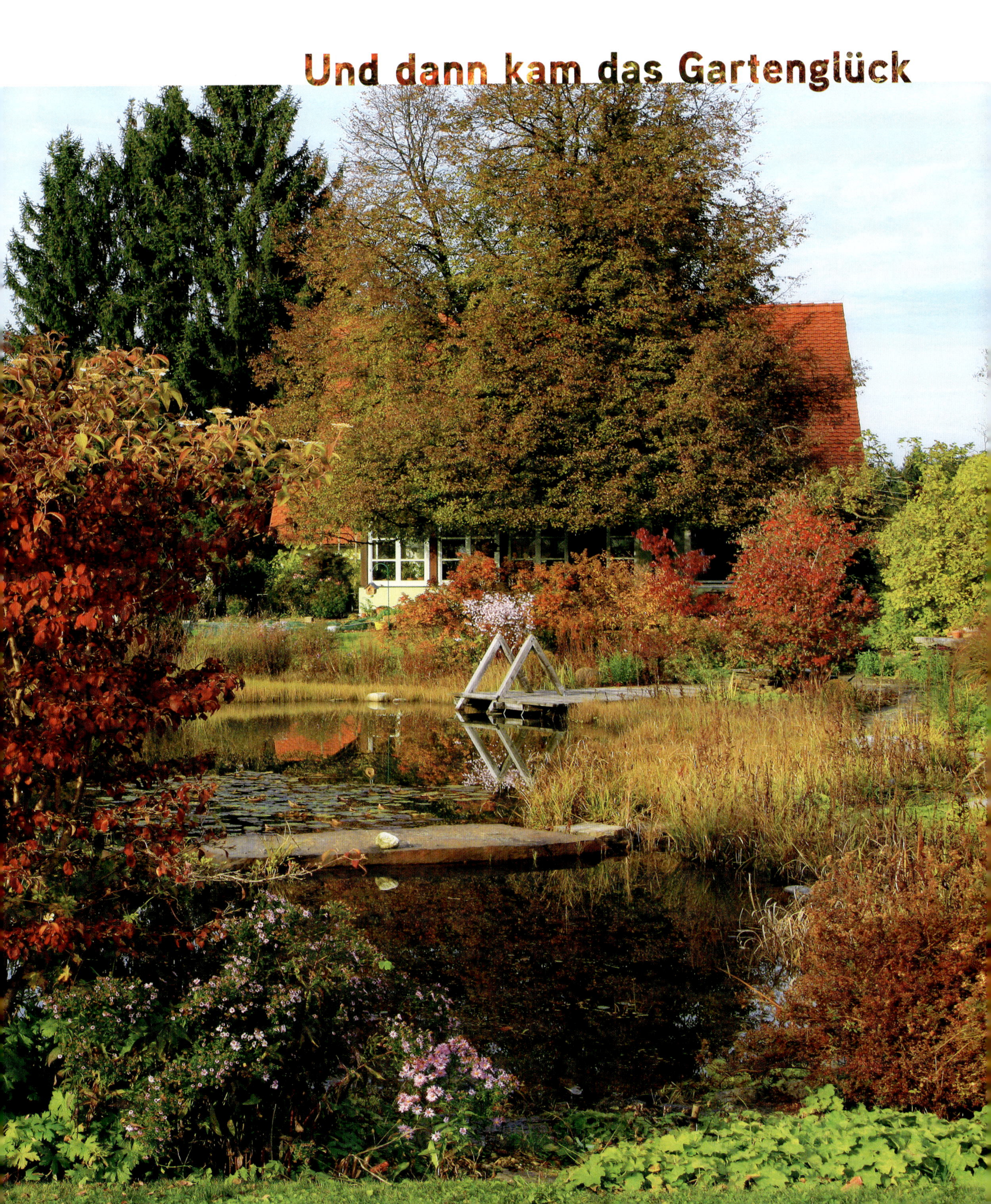

Rechte Seite *Gartenbücher, -zeitschriften und -reisen als Ideengeber und die gärtnerische Kreativität von Rosemarie Wintersteiger ließen ein besonderes Gartenparadies entstehen. Das großzügige Gartenhaus lädt zum Pausemachen ein.*

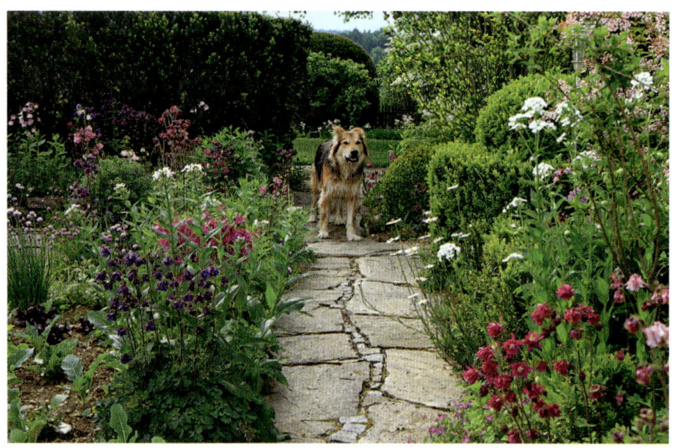

Beim Hauskauf in den 1970er Jahren waren einige Sträucher und Rosen bereits vorhanden und legten den Grundstein zur Gartenleidenschaft und Freude an Alten Rosen-Sorten, viele davon mit herrlich duftenden Blüten.

Obwohl Rosemarie Wintersteiger aus einer Gärtnerfamilie stammt, hatte sie mit dem Gärtnern zunächst nicht viel am Hut, zu sehr waren Erinnerungen an Anstrengungen und Wetterkapriolen in der elterlichen Gärtnerei in der Obersteiermark präsent. „Damals war das Sortiment einer Endverkaufsgärtnerei aber auch bei Weitem nicht so breit gefächert wie heute", erzählt sie. „Das Bewusstsein für vielfältige Pflanzenverwendung oder etwa die großartige Auswahl an Stauden war damals noch nicht vorhanden."

Gemeinsam mit ihrem Mann zog sie bald ins mildere Klima nahe der steirischen Hauptstadt. Hier wurde 1974 ein Haus mit 1000 Quadratmeter Grund gekauft. Eine schöne Linde, einige Sträucher und Rosen waren bereits vorhanden und weckten die Gärtnerin in Rosemarie Wintersteiger wach. Durch Zufall lernte sie einen Grazer Gärtner kennen, der Alte Rosen-Sorten sammelte – auch das war zu dieser Zeit noch eine Seltenheit. „Wir haben dann gemeinsam nach alten Sorten recherchiert und per Brief und Fax bestellt, denn auch von Computern und E-Mails war damals noch keine Rede. Ich habe von ihm auch viele Tipps zur Pflege bekommen und bin langsam zur Rosensammlerin geworden", so Rosemarie Wintersteiger. Heute blühen zahlreiche Alte Rosen-Sorten in ihrem Garten, viele davon mit herrlich duftenden Blüten. „Wenn Vorbeispazierende beim Gartentor stehen bleiben oder über den Zaun schauen und angesichts der Rosenpracht in Entzücken ausbrechen, lade ich sie manchmal zu einem Gartenrundgang ein – ich bin sehr glücklich mit meinem Garten und freue mich, wenn er anderen auch gefällt."

Auch Gartenzeitschriften, -bücher und -reisen waren Ideengeber, und so entstand Stück für Stück das grüne Reich der Familie Wintersteiger in seiner heutigen Pracht. Der formal gegliederte Gemüsegarten mit einer Steinsäule im Zentrum zeugt vom gestalterischen Geschick der Hausherrin. Gleich daneben lädt das komfortable Gartenhaus zur Pause ein. Hier lässt sich der Blick über die Hügellandschaft besonders gut genießen.

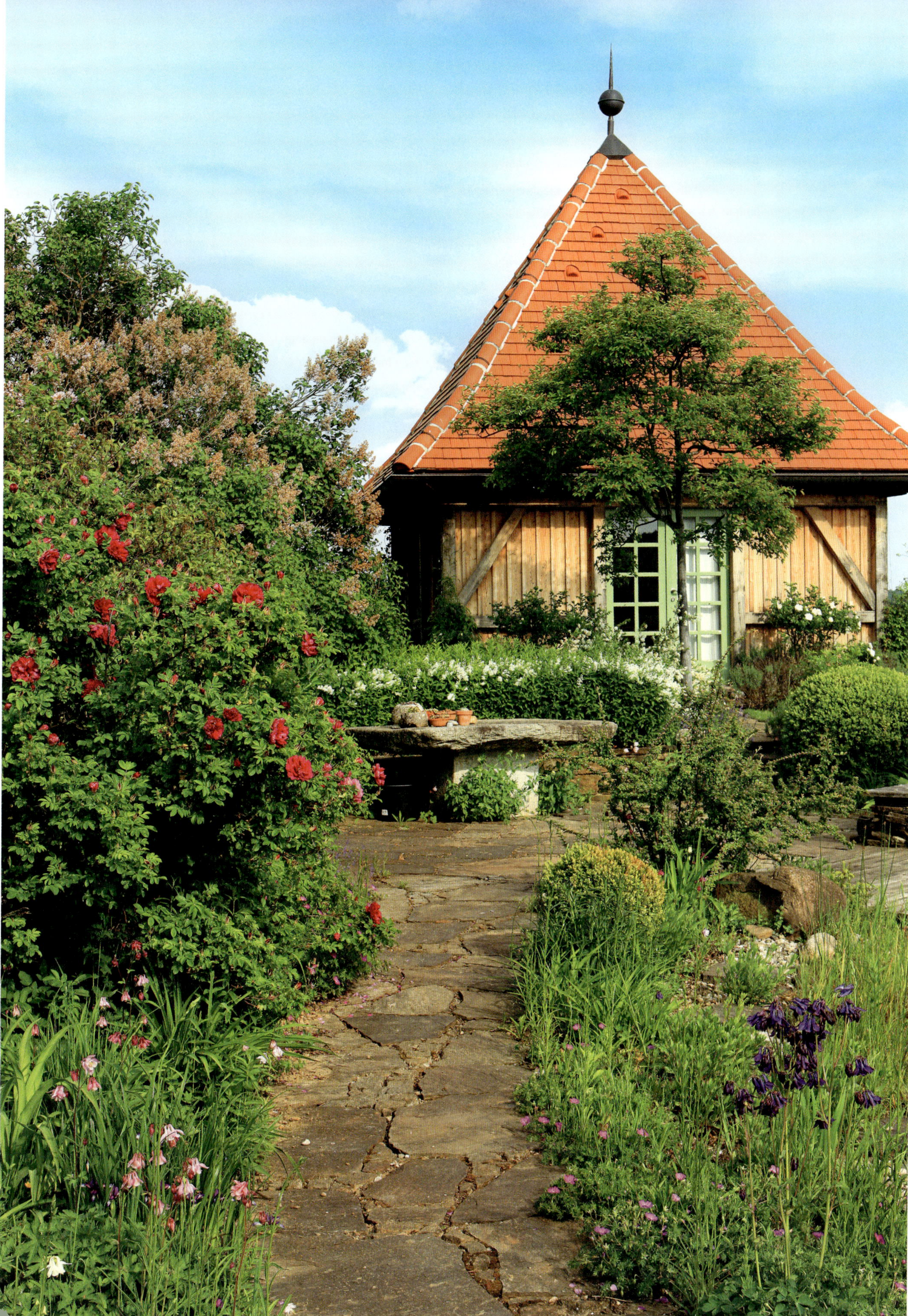

Einmal der Gartenleidenschaft verfallen, wurde der Platz bald zu klein und im Jahr 1994 kauften die Wintersteigers etwa 2000 Quadratmeter „Wiese" dazu, um den Garten zu erweitern. Hier entstand wenige Jahre später der große Schwimmteich, an dem man Sommertage „urlaubsreif" verbringen kann – ein Paradies nicht nur für die Badenden, sondern auch für Libellen und Co.

Zwei kreisrunde „geniale Wieseninseln", um eine Besucherin zu zitieren, bieten Lebensraum und Nahrung für Schmetterlinge, Insekten und andere Tiere. Das dritte kreisrunde Beet gleicher Größe beherbergt jeden Sommer die Kürbispflanzen der Wintersteigers, die hier in voller Sonne prächtig gedeihen. Im Frühling wird es mit Schnittmaterial aus dem Garten bedeckt, die kleinen Kürbispflanzen werden in mit Kompost gefüllte Pflanzlöcher gesetzt und fühlen sich hier wohl versorgt.

„Mir gefällt es, wenn sich Pflanzen selbständig machen, so wie das Kaukasus-Vergissmeinnicht *(Brunnera macrophylla)*, das sich plötzlich vor dem Gartenzaun angesiedelt hatte", erzählt Rosemarie Wintersteiger. „Ich habe noch weitere in den schmalen Streifen zwischen Zaun und Straße gepflanzt. Akeleien haben ihren Weg dann allein gefunden und sich dazwischen gesetzt." So wurde dieser blühende Streifen, der eigentlich durch eine Laune der Natur entstand, ein wunderbarer Anblick.

Akeleien haben sich auch in allen erdenklichen Farbnuancen über den Garten verbreitet. Schon die berühmte englische Gartengestalterin Vita Sackville-West schrieb: „Akeleien führen ein loses Leben", zitiert die Gärtnerin lächelnd. „Manchmal denke ich, sie breiten sich genau dort aus , wo sie farblich am besten dazupassen, zum Beispiel, wenn neben einer weißen Rose zartweiße Akeleien aufgehen. BesucherInnen sind dann entzückt

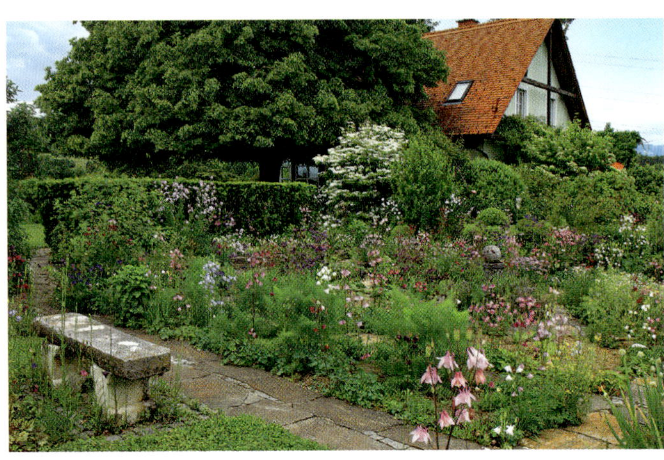

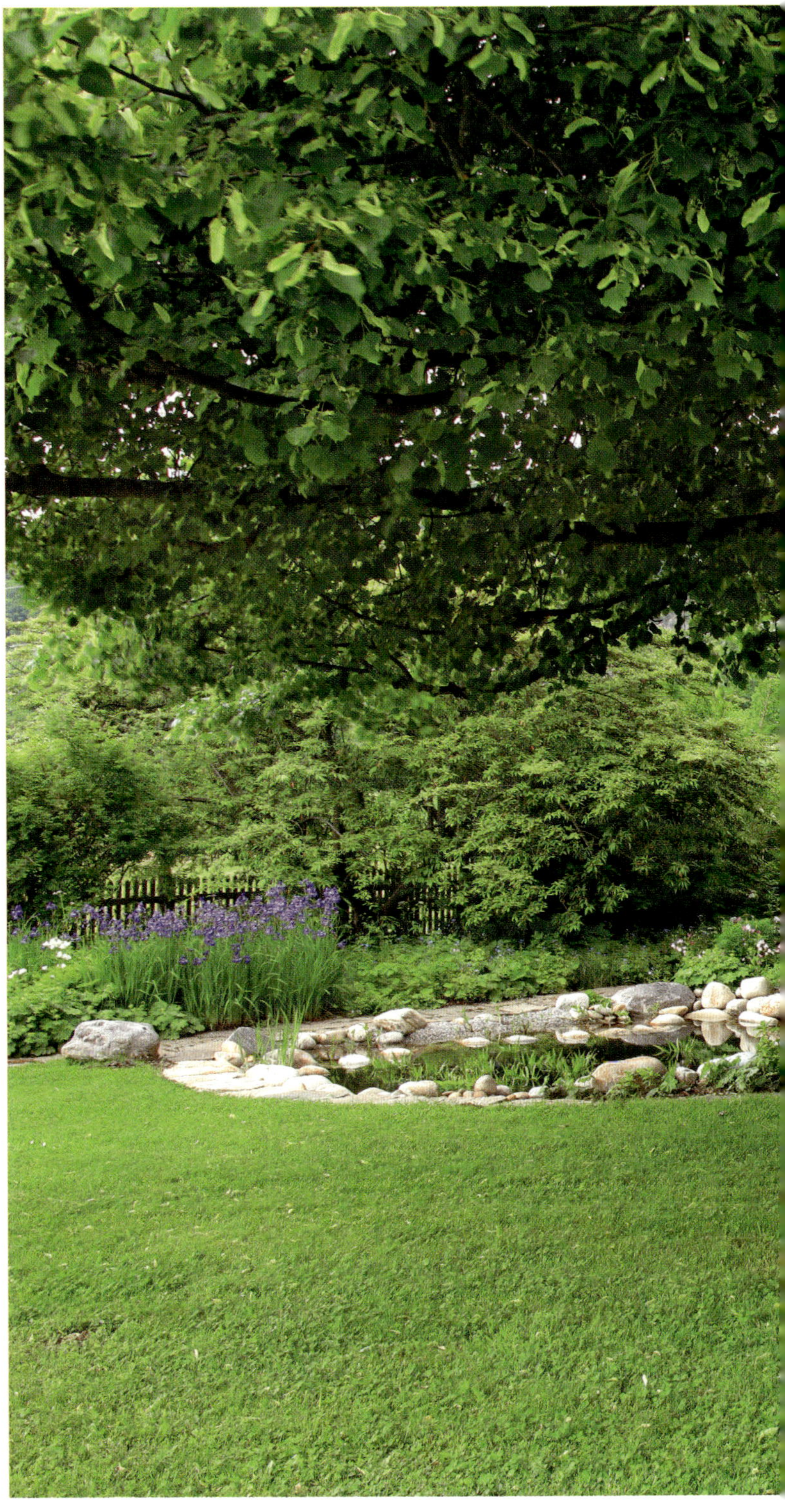

Unten *Der formal gegliederte Gemüsegarten mit einer Steinsäule im Zentrum zeugt vom gestalterischen Geschick der Hausherrin, hier gedeihen Gemüse und Kräuter prächtig unter der warmen steirischen Sonne.*

Auch die Linde war bereits da, als die Wintersteigers hierher zogen. Heute ist sie zu einem prächtigen Hausbaum herangewachsen und beschattet den Sitzplatz am Haus. Zur Blütezeit verströmt sie einen betörenden Duft.

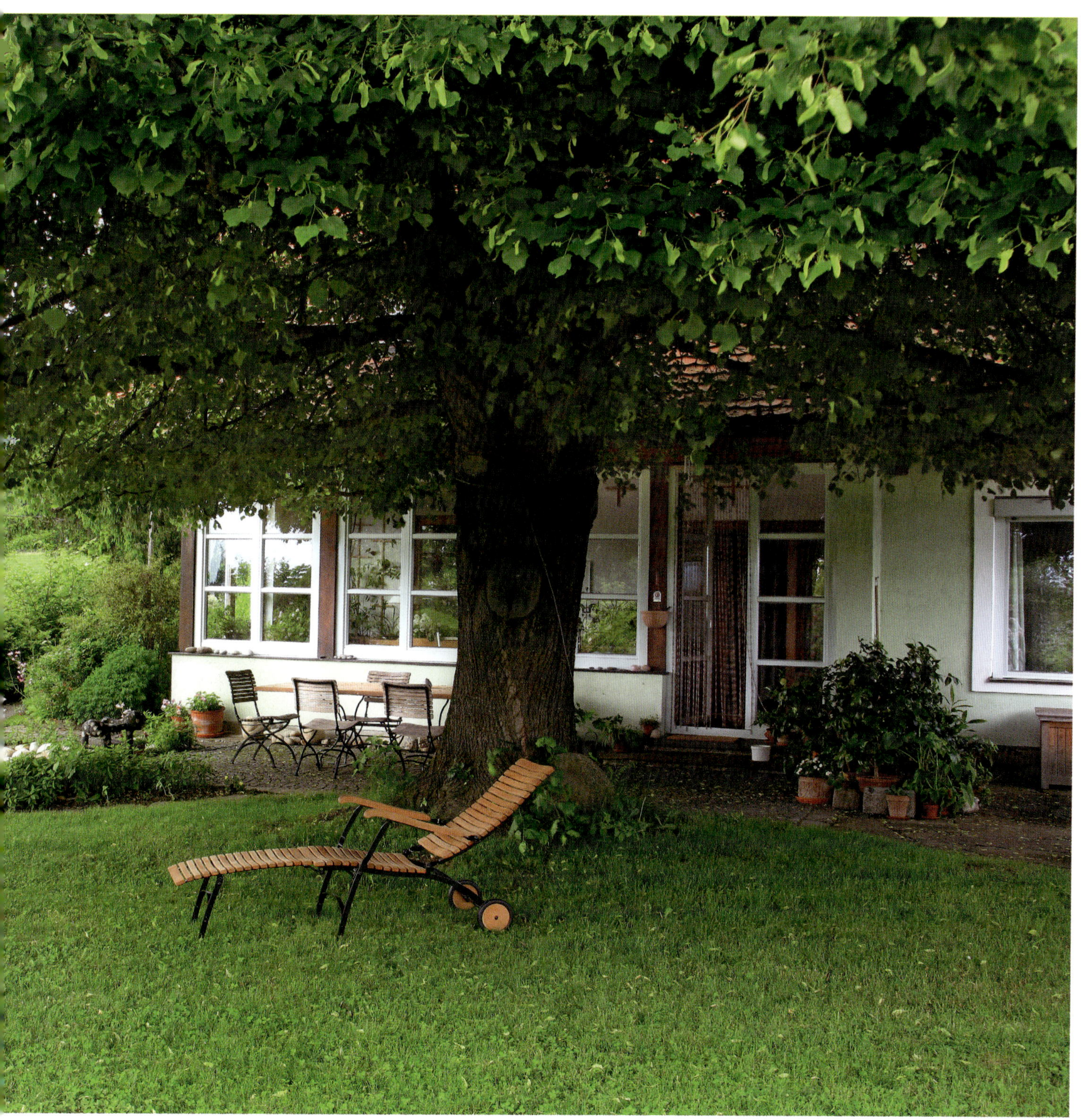

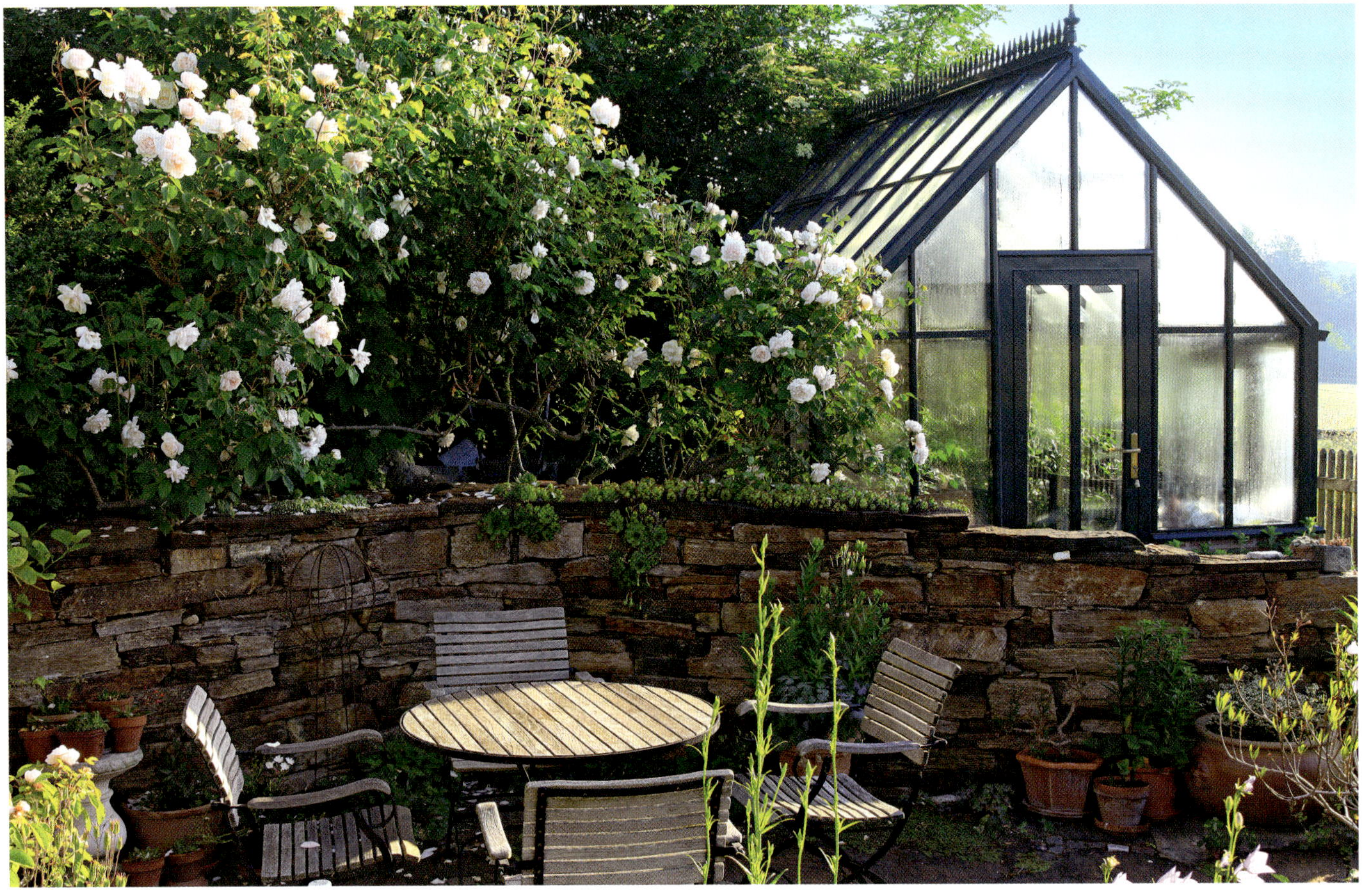

über die gelungenen Farbkombinationen, dabei war es Zufall, oder eben der Wille der Akeleien."

„Wer mich ganz kennenlernen will, muss meinen Garten kennen, denn mein Garten ist mein Herz." Dieses Zitat von Fürst Pückler-Muskau bekommen wir später als Abschiedsgruß auf den Weg mit, und besser könnte man die Beziehung von Rosemarie Wintersteiger zu ihrem Garten wohl nicht beschreiben.

Rosemarie Wintersteiger verstarb unerwartet im Mai 2019, der Garten kann daher nicht mehr besucht werden.

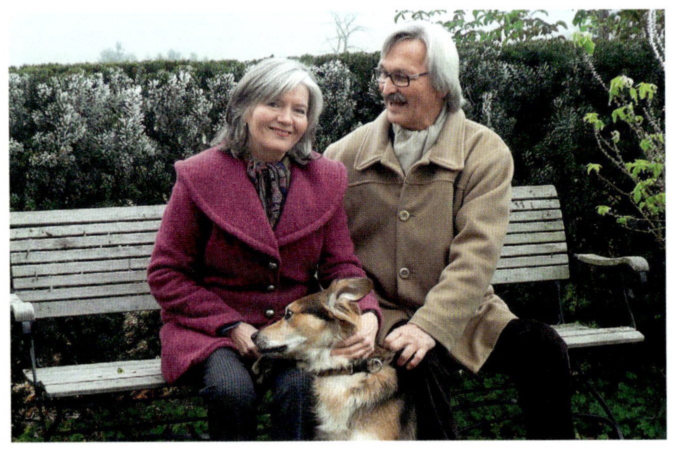

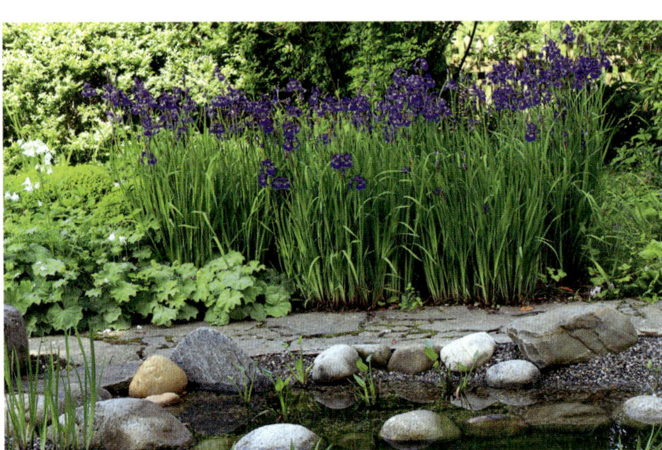

Linke Seite *Durch die Bekanntschaft mit einem Grazer Gärtner, der Alte Rosen-Sorten sammelte, wurde auch Rosemarie Wintersteiger zum Rosenfan. Gemeinsam recherchierte man nach alten Sorten mit passenden Blütenfarben und Duft.*

Unten links *Nicht nur Rosen werden gesammelt, sondern auch besondere Dekorationsstücke für den Garten, wie hier dieses mit einer Hauswurz bepflanzte Steingefäß. Die Liebe zum Garten wird auch in kleinen Details sichtbar.*

Unten rechts *Akeleien zählen zu den Lieblingen von Rosemarie Wintersteiger. Die zarten Blüten in Weiß, Rosa, Violett und Blau kommen so verlässlich und zahlreich, dass sich daraus hübsche Blütendekorationen für Haus und Garten machen lassen.*

Ganz unten *Den filigranen Akeleiblüten erlaubt die Gärtnerin, ihren Weg alleine zu finden. Trotz ihrer zarten Wirkung sind sie erstaunlich robuste Gartenbewohner. Akeleien siedeln sich an, wo es gerade passt, und setzen sich stets durch.*

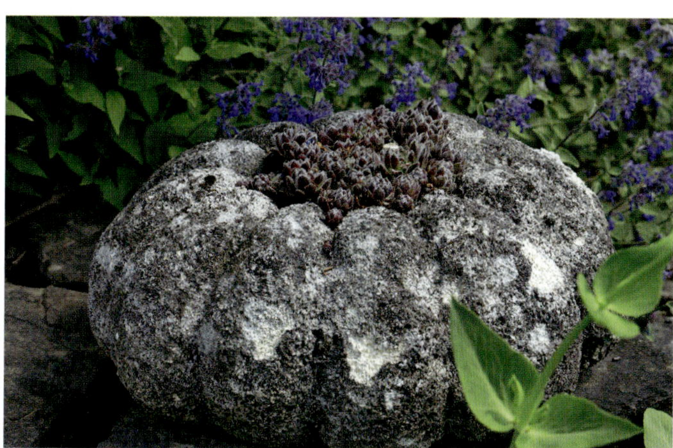

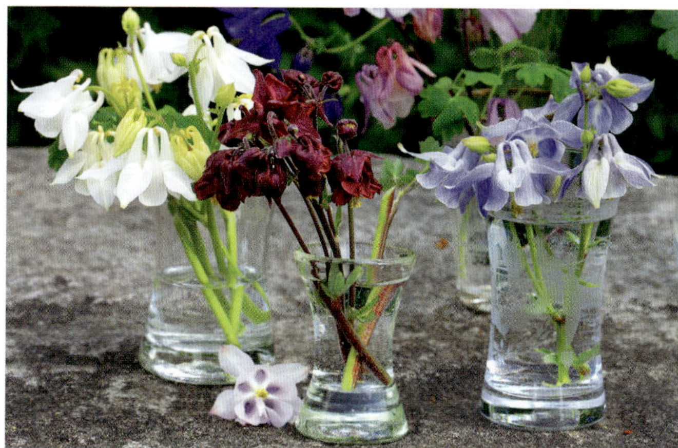

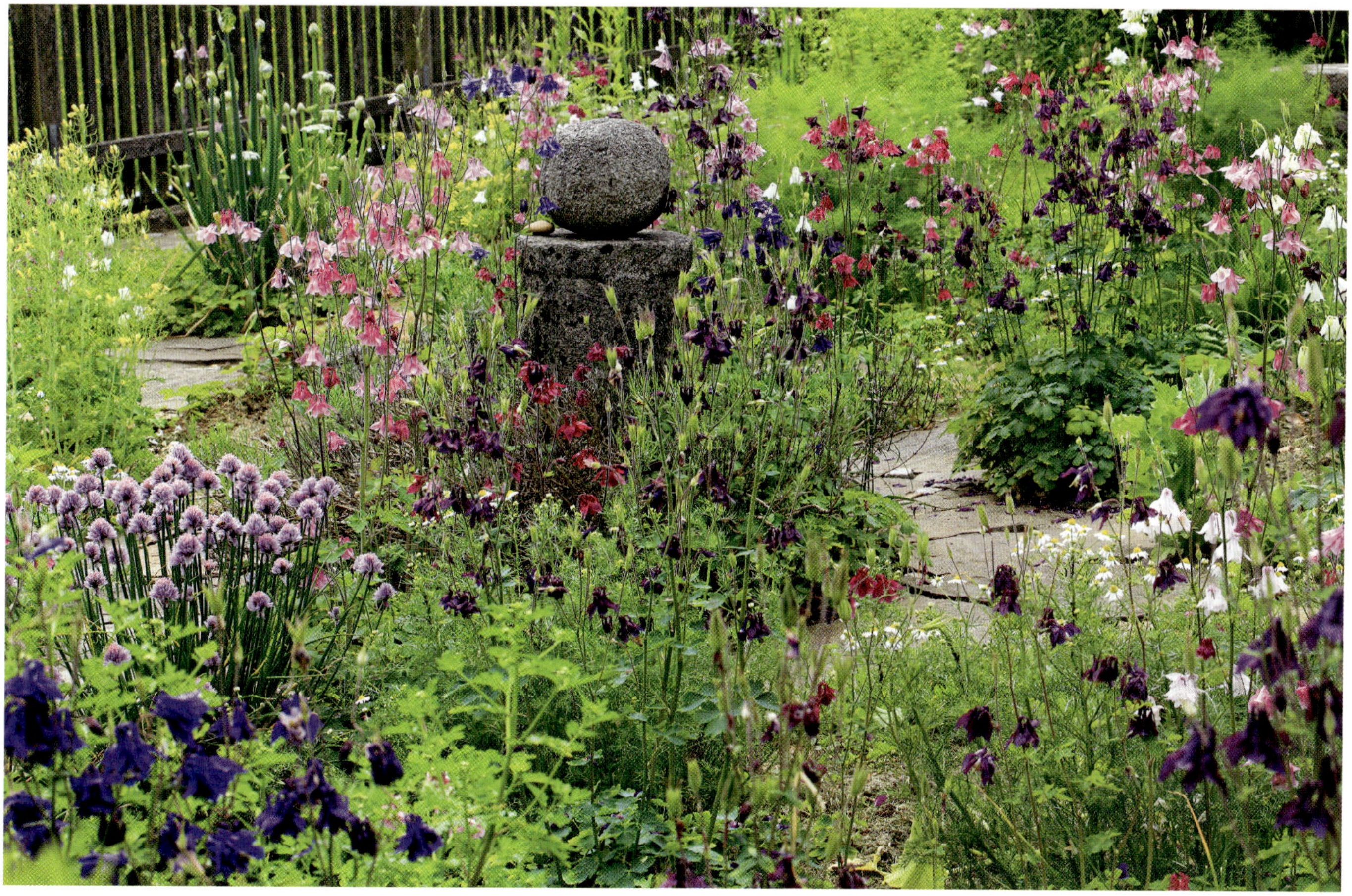

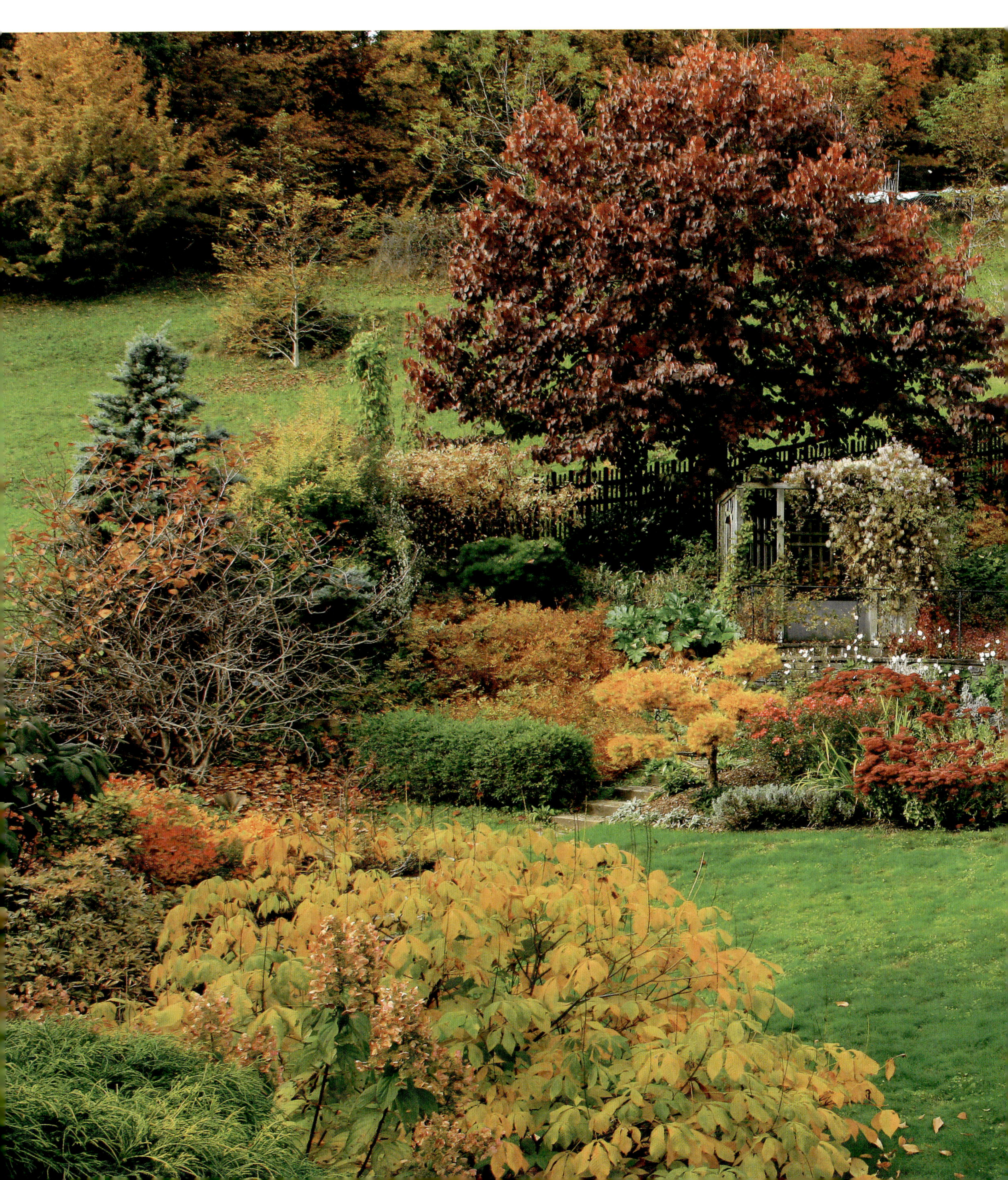

Spaziergang durch ein besonderes Gartenreich

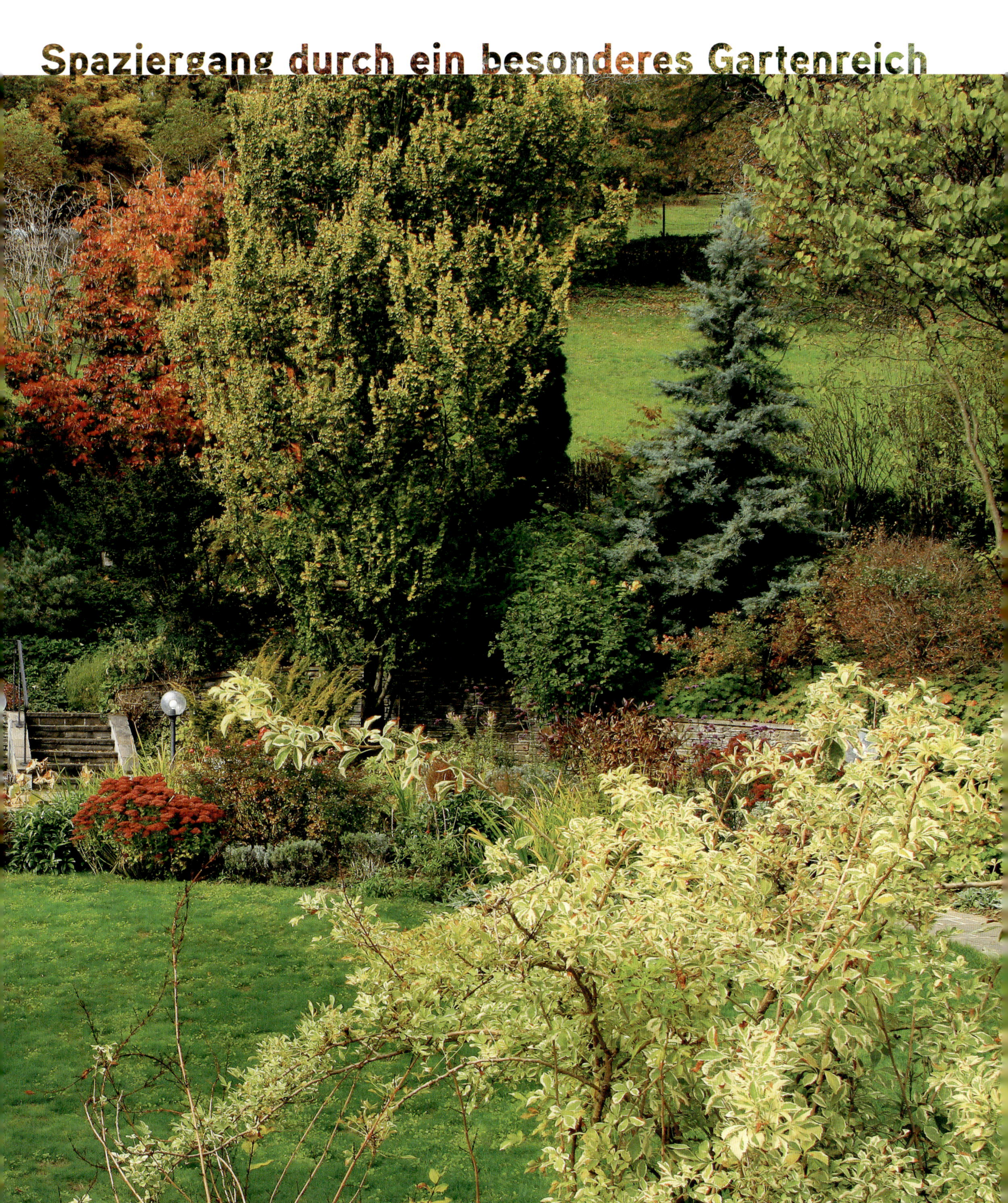

Unten *Viele der bodendeckenden Gehölze im Garten von Familie Hiti werden durch regelmäßigen Schnitt geformt. Wie sanfte Wellen schmiegen sich hier beeindruckend große Kriechmispel-Sträucher* (Cotoneaster) *an den Hang.*

Rechts *Ein Sitzplatz zwischen bunten Blättern: Vom Gelb der Hängebuche* (Fagus sylvatica *'Aurea Pendula') über das Rot der Blutbuche* (Fagus sylvatica *'Atropurpurea') bis zum Blaugrün der Colorado-Tanne* (Abies concolor *'Compacta').*

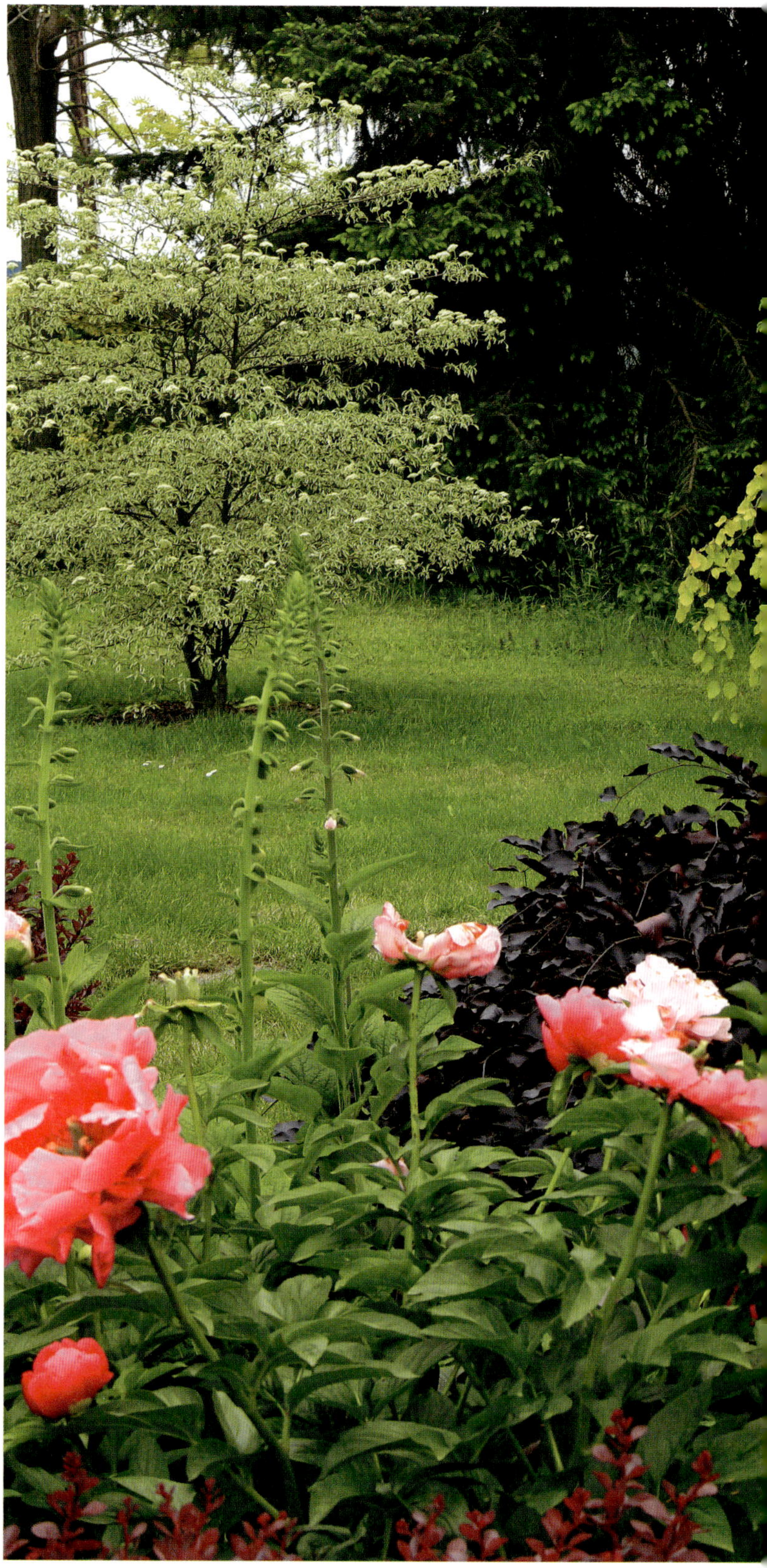

Brigitte Hiti hatte schon als Kind eine enge Beziehung zur Natur und zum Garten. Nach einem Studium der Kunstgeschichte wurde sie Lehrerin, die Liebe zum Garten blieb aber ein fester Bestandteil ihres Lebens. „Wenn man mit einem Garten aufgewachsen ist, möchte man wahrscheinlich nie mehr ohne sein", meint sie und blickt über ihr grünes Paradies. Ein Rundgang durch den Garten der Hitis kann viele Stunden dauern, denn auf Schritt und Tritt gibt es wenig bekannte Pflanzen oder besonders gelungene Kombinationen zu bestaunen.

Brigitte und Hartmann Hiti leben nun schon seit etwa 50 Jahren in ihrem Haus, der Garten war zunächst vor allem Wiese, Spielfläche und Gemüsegarten. Als die Kinder später aus dem Nest geflogen waren, bekam Brigitte Hiti dann Lust, sich „ins Garteln zu stürzen". „Extremgärtnern" – so bezeichnet sie ihre Leidenschaft heute lachend, die eigentlich durch einen Zufall so richtig in Schwung kam. Bei einer Vorlesung in Wien lernte sie den damals bereits 95-jährigen Landschafts- und Gartenarchitekten Professor Josef Oskar Wladar kennen und sprach mit ihm über den Garten. Er erklärte sich spontan bereit, nach Graz zu kommen und sich die Sache anzusehen. So nahm die architektonische Umgestaltung des Gartens ihren Gang und es entstand die Gesamtstruktur des hausnahen Gartenteils mit Steinmauern,

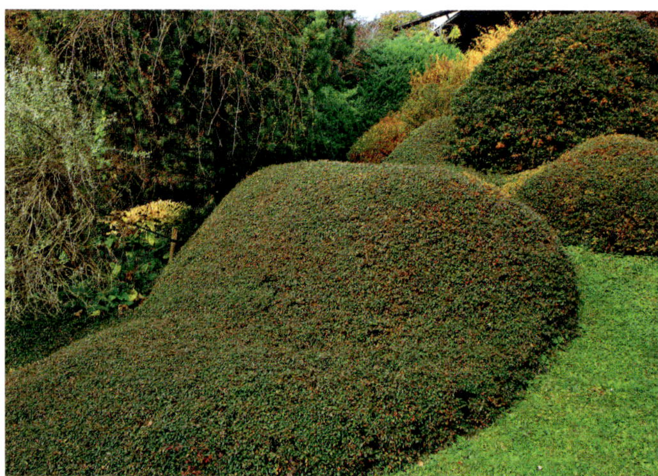

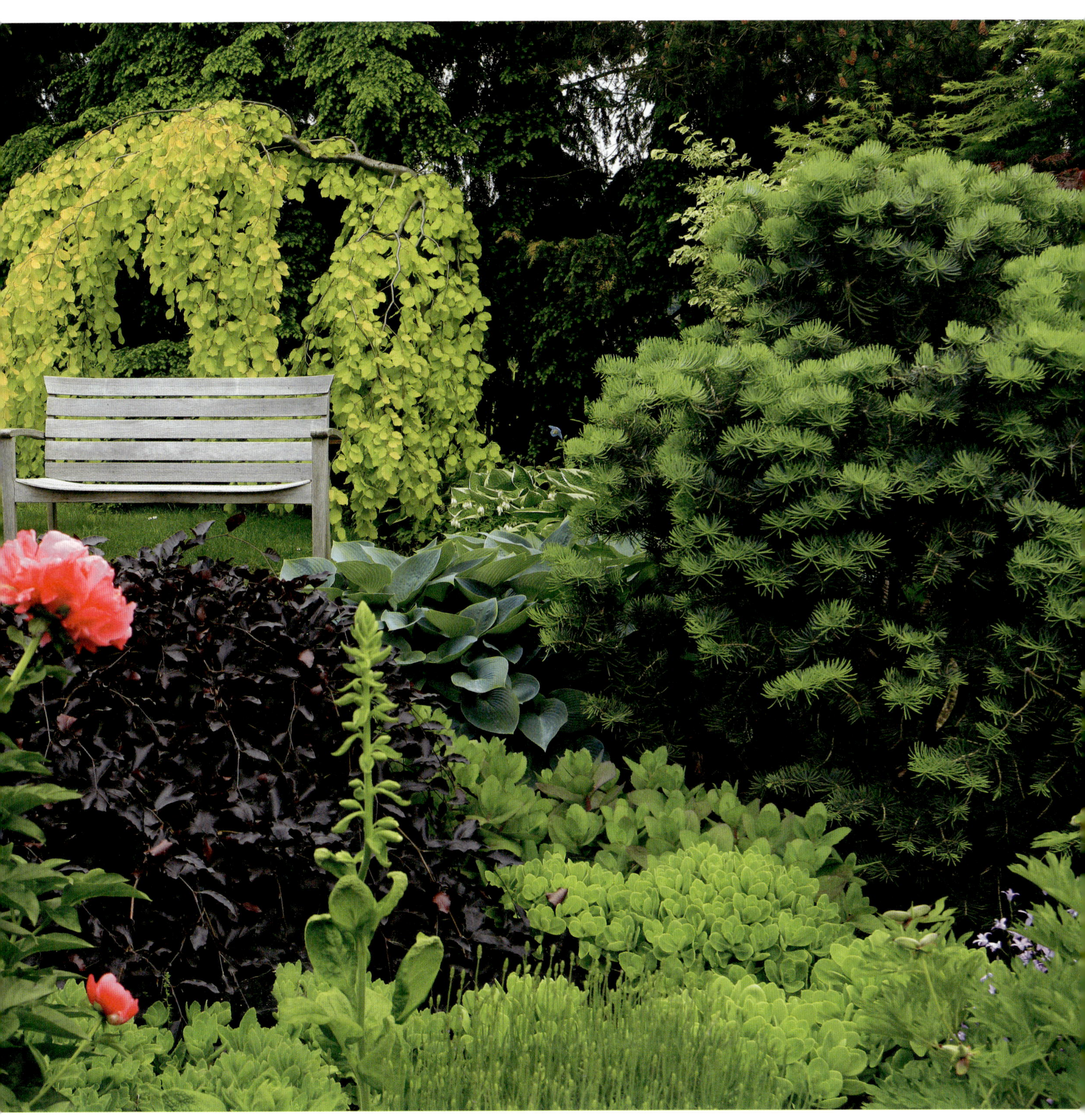

Unten *Die Kaukasus-Fichte* (Picea orientalis) *in schönste Form gebracht. Wie grüne Wächter säumen die immergrünen Nadelgehölze hier den Weg. In ihrer Heimat, dem Kaukasus bildet sie große Wälder. Wir verwenden sie als Park- und Gartenbaum.*

Rechte Seite oben *Der Garten von Brigitte und Hartmann Hiti lädt zum Rundgang ein – mit zahlreichen Sitz- und Aussichtsplätzen und mit besonderen Pflanzen auf Schritt und Tritt. Gemeinsam mit begeisterten GartenbesucherInnen können Stunden vergehen!*

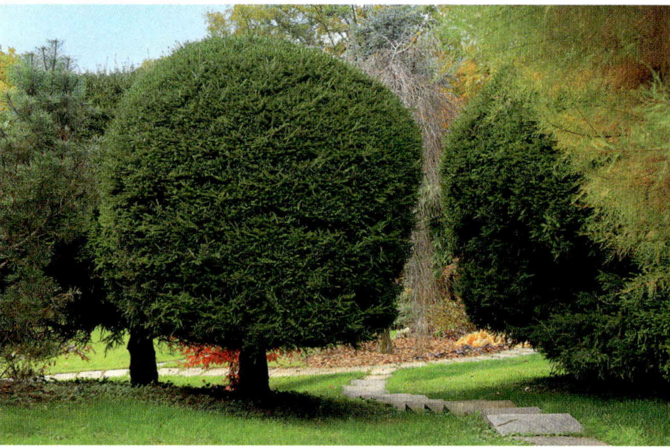

Rechte Seite unten links *Der Taschentuchbaum oder Taubenbaum* (Davidia involucrata) *verdankt den beiden weißen Hochblättern, die eine kugelige Blüte umschließen, sein exotisches Aussehen. Er lässt allerdings etwa 15 Jahre auf erste Blüten warten.*

Rechte Seite unten rechts *Der Hang ist ein prägendes Thema des Sammlergartens. Hier blüht der Storchschnabel* (Geranium macrorrhizum *'Freundorf'*), *gesäumt von Walderdbeeren, unter der weißen Blütenkaskade der Deutzie* (Deutzia x kalmiiflora).

Aussichtsplatz und Gartenwegen. Die Bepflanzung der neu gestalteten Flächen übernahmen die Hitis selbst und somit hatte es auch den Hausherrn in den Bann des Gärtnerns gezogen. Nach etwa 5 Jahren war der Garten in seiner heutigen Struktur entstanden und mit seinen 4000 Quadratmeter sanft geneigter Fläche Heimat für eine Vielzahl an Pflanzenarten geworden.

Der „Gartenrundgang" ist ein zentrales Thema: Die Gartenwege sind im Wesentlichen so angelegt, dass man größere oder kleinere Rundgänge machen kann, entlang an Staudenbeeten und Gehölzen, darunter zahlreiche Besonderheiten wie die Seidenakazie *(Albizia julibrissin* 'Rosea'), der Storaxbaum *(Styrax japonicum)*, der Taschentuchbaum *(Davidia involucrata)* und die Scheinkamelie *(Stewartia pseudocamellia)*. Und es gibt Pflanzengruppen, deren Vertreter man im Garten der Hitis öfter begegnet. Die Clematis sind zum Beispiel so eine Gruppe, denn „für eine ist immer noch Platz". Ob die großen Sterne der Gartenhybriden oder die kleinen Glöckchen der Wildformen – sie begleiten durch den Garten, ebenso wie die verschiedenen Vertreter der Hartriegel, von den weißen Blüten des Chinesischen Blumenhartriegels *(Cornus kousa* var. *chinensis)* bis zu den weißgrünen Blättern des Pagodenhartriegels *(Cornus alternifolia* 'Argentea'), die sich im Herbst zusätzlich rosarot färben.

Auf so manche künftige neue Pflanze stößt Brigitte Hiti beim Schmökern in Gartenbüchern. „Ich möchte immer Neues ausprobieren", erzählt sie, „und mit dem Älterwerden wendet man sich dabei den Gehölzen zu, die machen weniger Arbeit als ein Staudenbeet, das geht wohl nicht nur mir so."

Ja, ja die Gartenarbeit – es gibt halt immer etwas zu tun. Die Hitis unterscheiden dabei zwischen „Muße-Gartenrunden", die man gleich am Morgen oder spät abends geht, ohne Gartenwerkzeug und vor allem ohne Gartenschere in der Tasche. Und es gibt die ungleich anstrengenderen „Arbeits-Gartenrunden", zumeist mit der Gartenschere in der Hand. Dabei vergisst man die Zeit und alles sonst so Wichtige, wird mit Leib und Seele vom Garten in Besitz genommen und hat auch so manche neue Gartenidee. „Gärtnern ist immer spannend", erzählt Brigitte Hiti, „es ist ein Wechselspiel aus Wachsenlassen und Ordnen, Hinzufügen und Reduzieren – und alles im richtigen Maß."

Und wenn Brigitte Hiti einmal zur Pause gezwungen wird, so wie damals, als sie nach einer Operation ein bisschen „Ruhe geben musste", entsteht trotzdem etwas Gärtnerisches. „Es war Frühling, und ich konnte nichts tun, außer den Garten anzuschauen: Das war mir dann aber nach kurzer Zeit doch zu wenig, und so habe ich eben über unseren Garten zu schreiben begonnen", erzählt sie uns lachend. Entstanden ist das großformatige, höchst ansprechende Buch „Gartenrunden", mit wunderschönen Fotos, die die Hitis natürlich selbst gemacht haben, ebenso wie die grafische Gestaltung und die Bearbeitung der Bilder. Auf den grünen Daumen von Brigitte und Hartmann Hiti ist also auch am Schreibtisch Verlass!

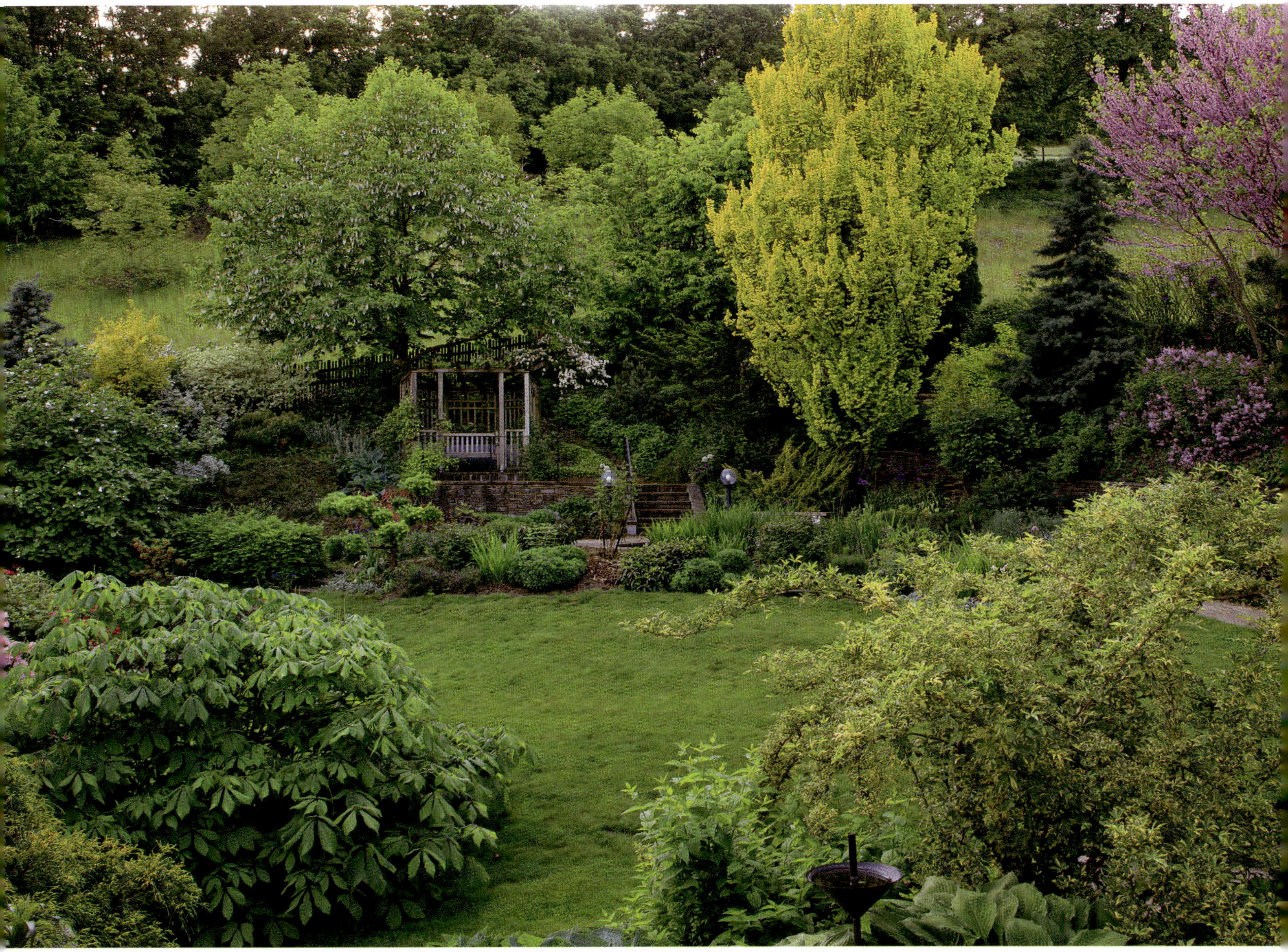

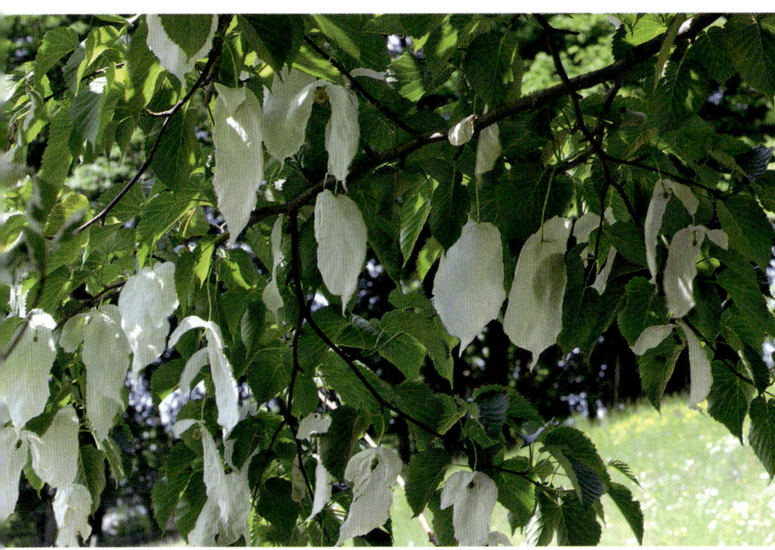

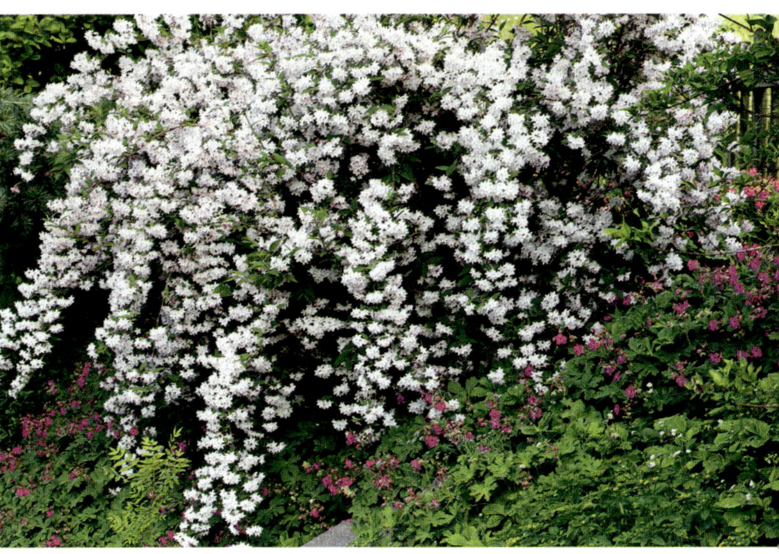

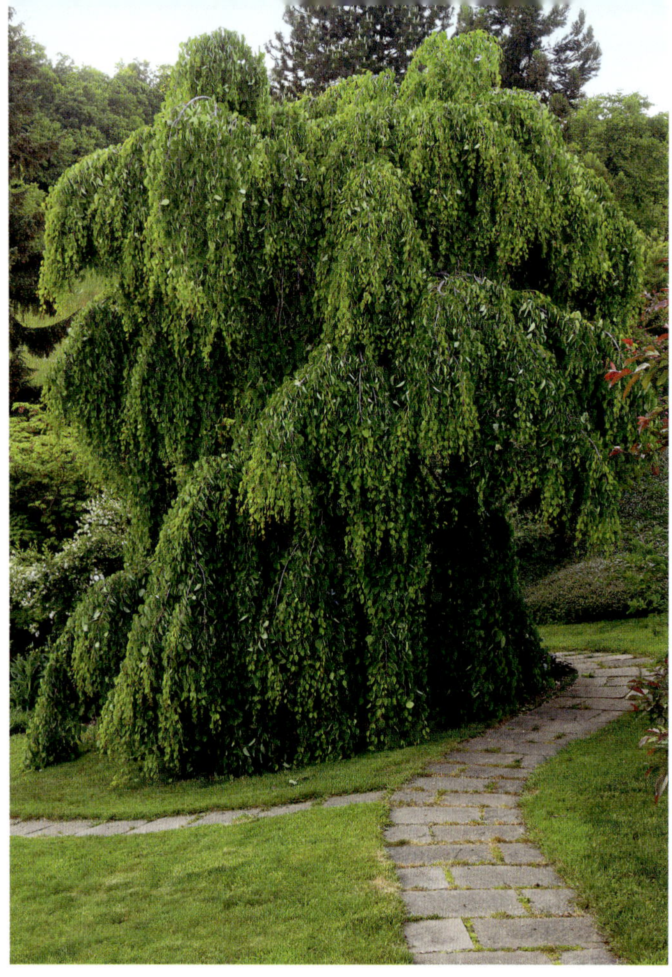

Links *Der Hänge-Judasblattbaum* (Cercidiphyllum japonicum *'Pendulum') hat rasch seinen Platz im Garten erobert. Im Frühling trägt er quastenartige Blüten, im Herbst färben sich seine Blätter goldgelb-rötlich und verströmen einen süßlichen Duft.*

Rechte Seite oben *Der Herbst taucht das Gartenparadies von Brigitte und Hartmann Hiti in eine spektakuläre Farbenpracht. Im Vordergrund leuchtet der Hänge-Schlitzahorn* (Acer palmatum dissectum *'Orangeola') in orangeroter Herbstfärbung.*

Unten *Durch besondere Pflanzenauswahl bleibt ein Garten das ganze Jahr hindurch interessant. Selbst wenn alles Laub zu Boden gefallen ist, bietet der Hänge-Judasblattbaum* (Cercidiphyllum japonicum *'Pendulum') einen malerischen Anblick.*

Rechte Seite unten *Im Herbst leuchten die rot gefärbten Triebe der Fetthenne* (Sedum spectabile *'Herbstfreude') im Staudenbeet, etwas höher noch strahlen die frischen weißen Blüten der Herbstanemone* (Anemone japonica *'Honorine Jobert').*

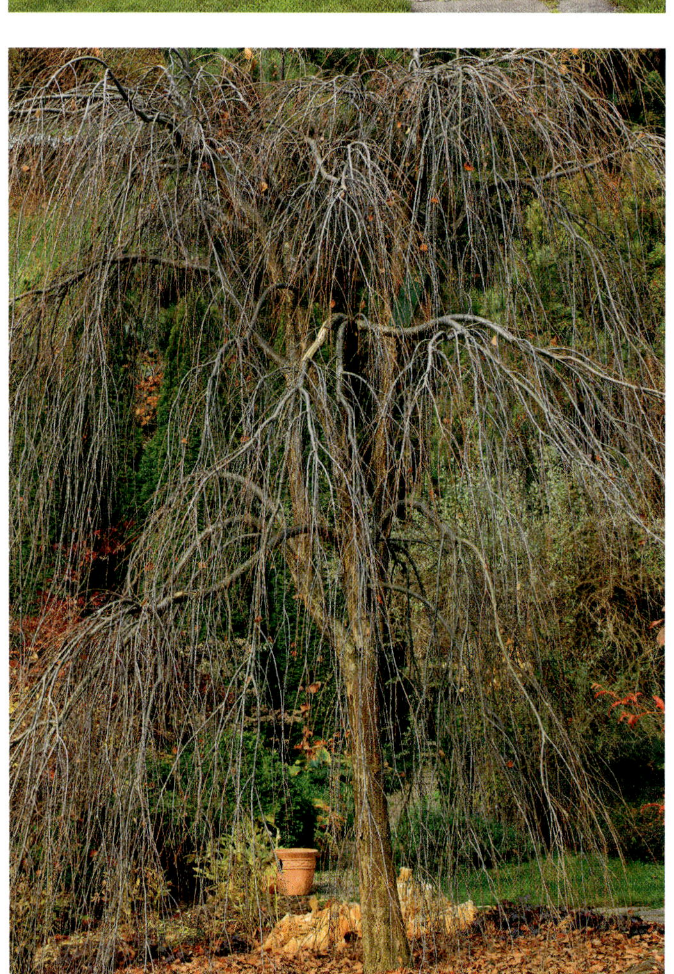

Adresse

Brigitte und Hartmann Hiti
Janischhofweg 75
8043 Graz Mariatrost
Tel.: +43/316/39 13 78;
+43/664/525 27 23
E-Mail: hiti.hb@aon.at

Besuch nach Vereinbarung

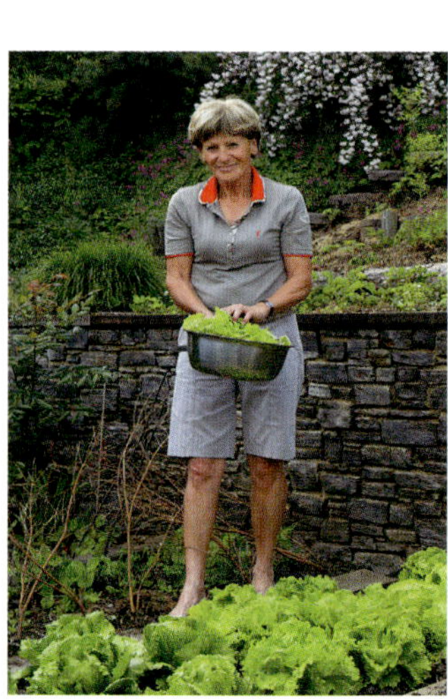

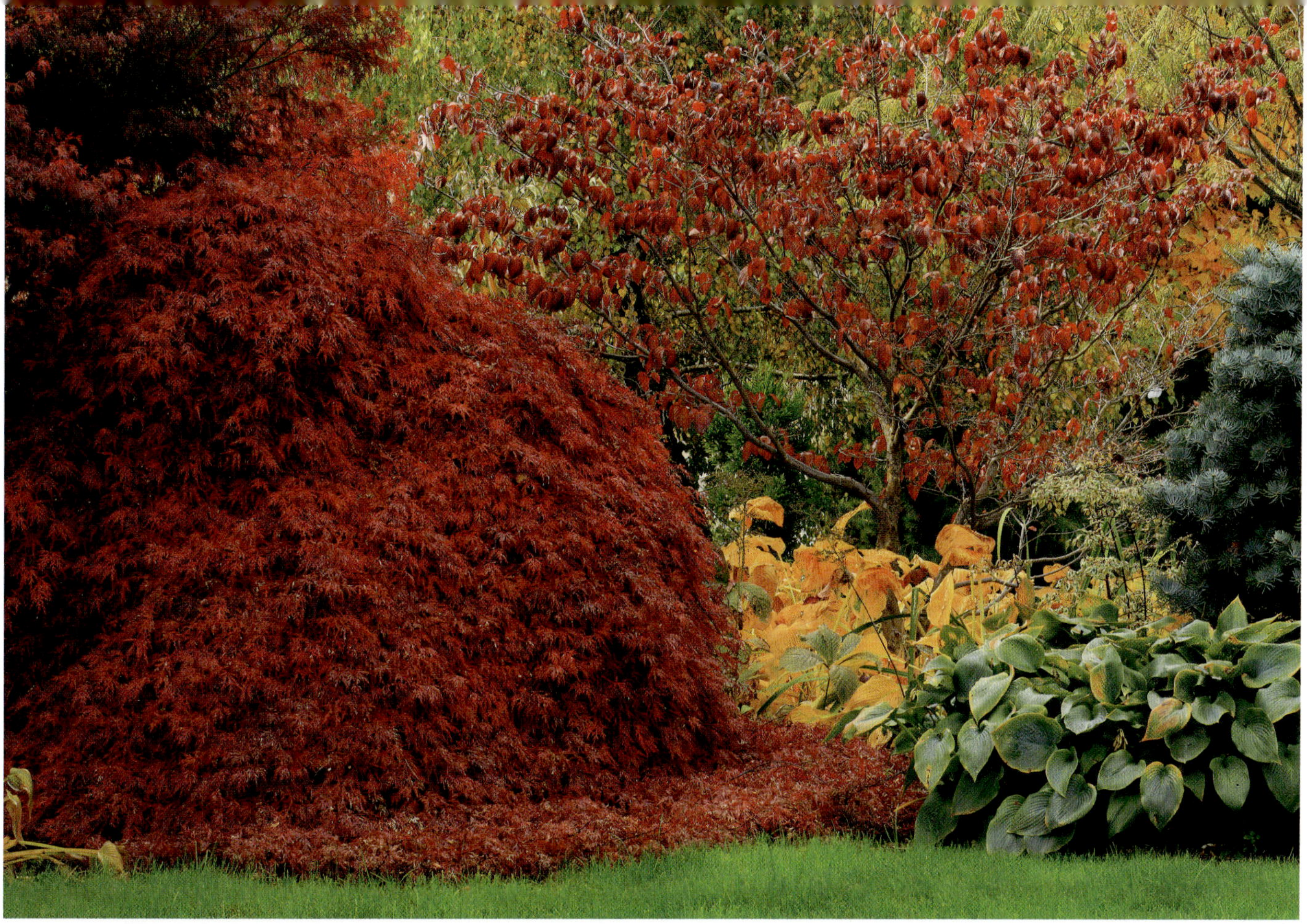

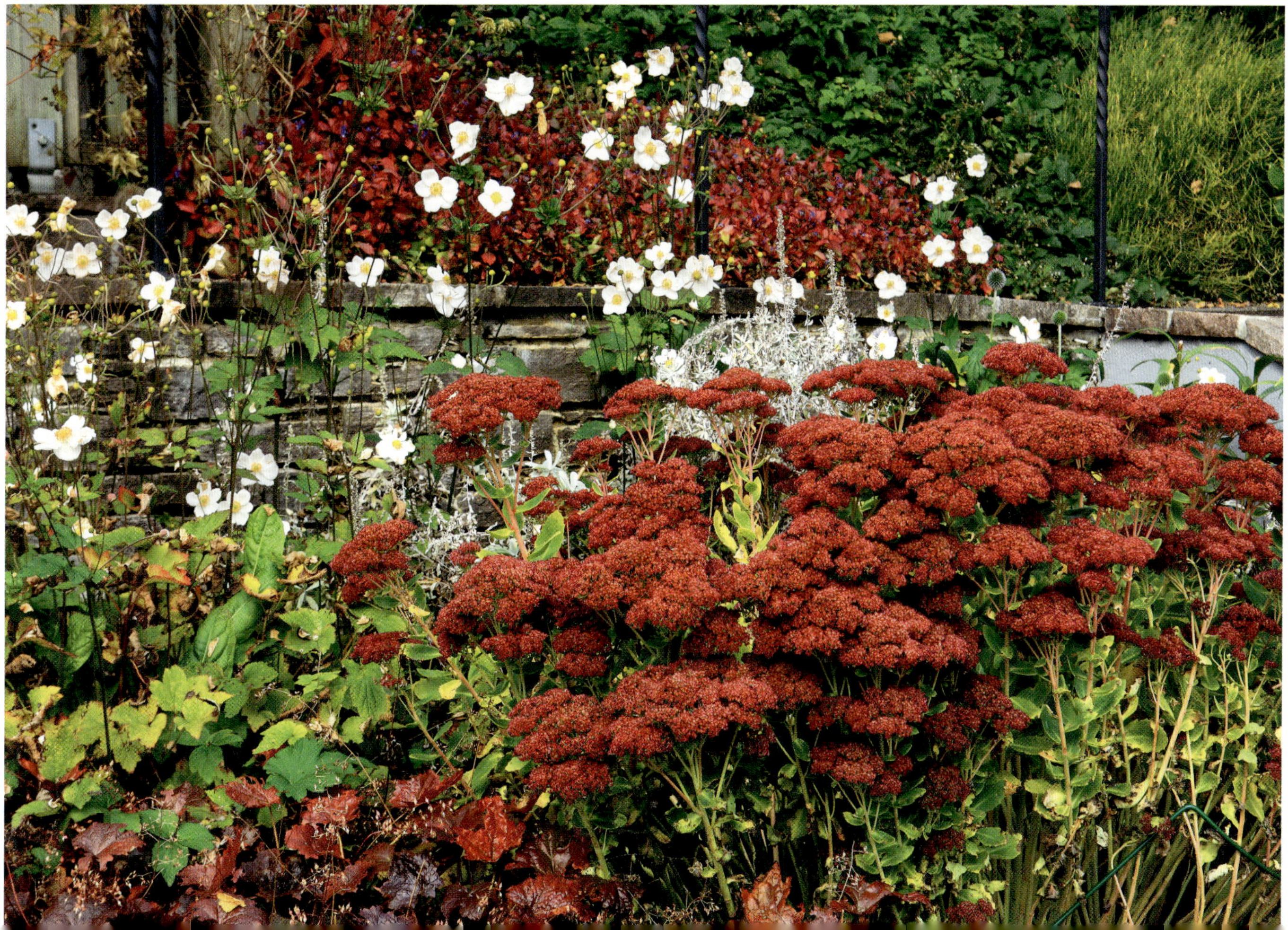

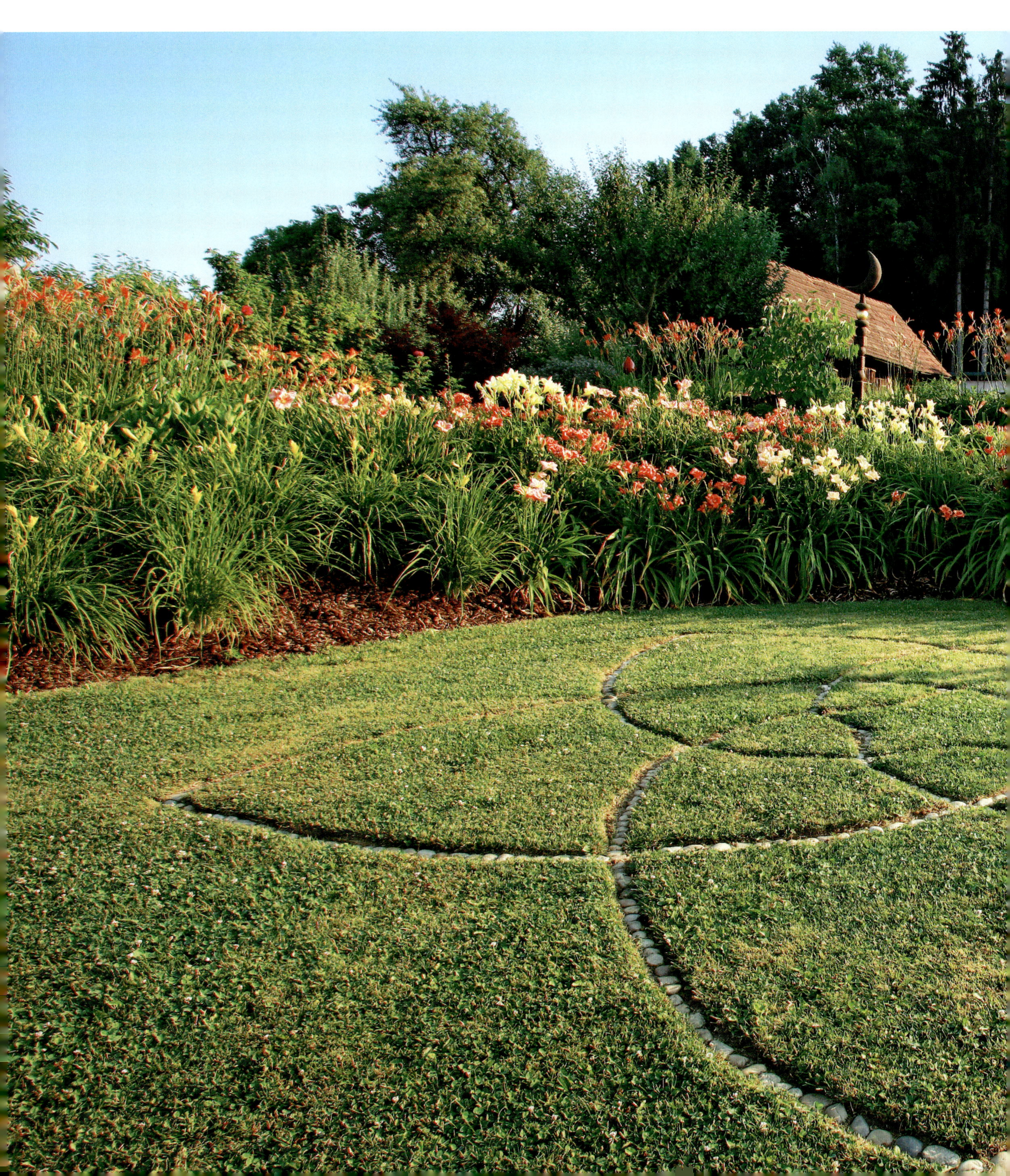

Harmonie im Kraftgarten

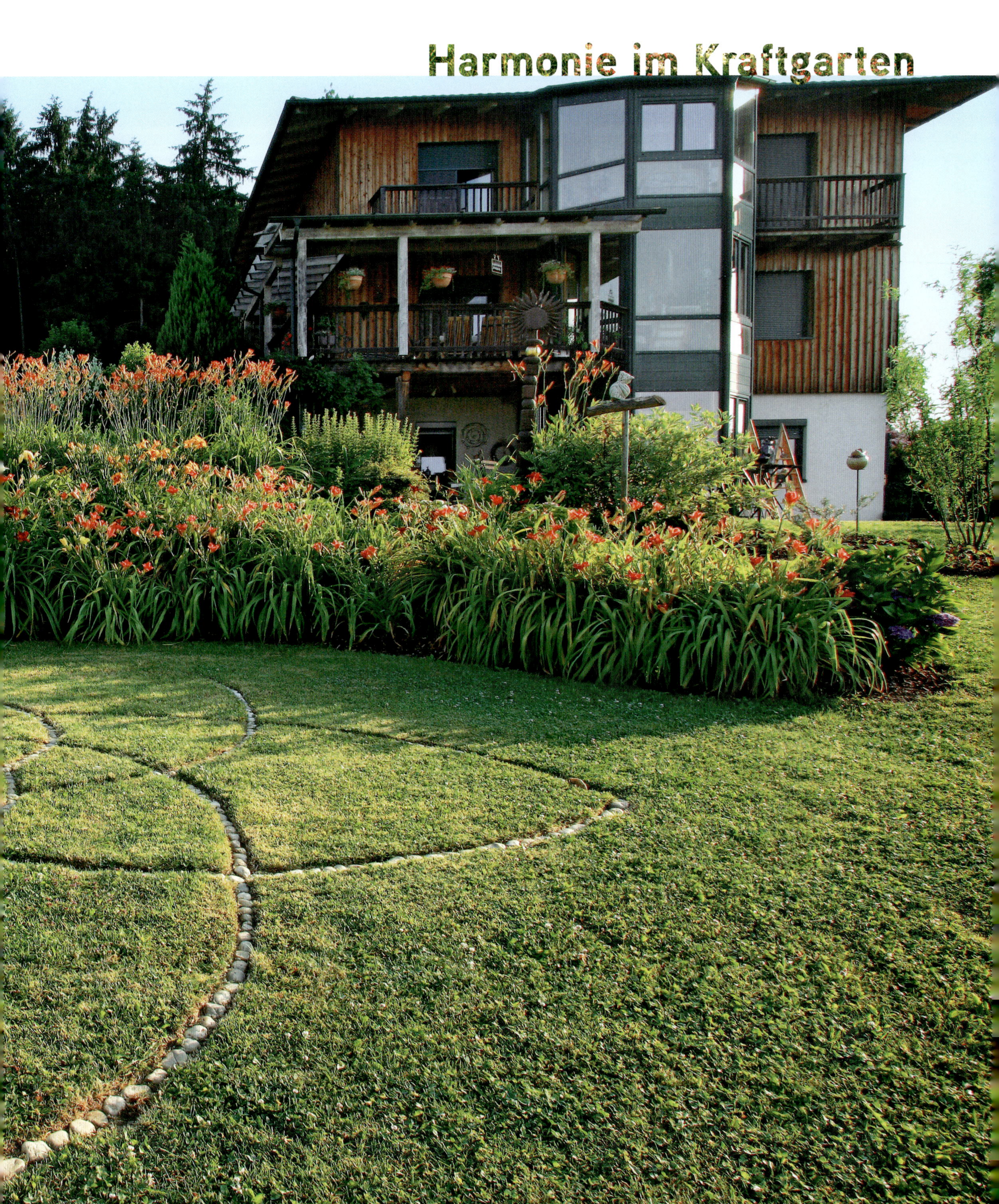

Unten *Taglilien* (Hemerocallis) *zählen zu den Lieblingspflanzen von Roswitha Riedl. Über 700 Sorten hat sie im „Tagliliengarten" zusammengetragen. Zur Zeit der Blüte breitet sich hier ein Farbenmeer in allen Nuancen von Orange, Gelb und Rot aus.*

Ganz unten *Die verschiedenen Grüntöne der Funkien* (Hosta) *sorgen für ein harmonisches Bepflanzungsbild und strahlen eine ruhige Kraft aus. Sie tauchen an den schattigeren Stellen von Roswitha Riedls Garten immer wieder auf.*

Rechte Seite oben *Obwohl der etwa 5000 Quadratmeter große Garten erst seit 2001 nach und nach angelegt wurde, wirkt er heute wie aus einem Guss. Man erkennt die gestaltende Handschrift der Kraftgärtnerin im Ganzen und in den Details.*

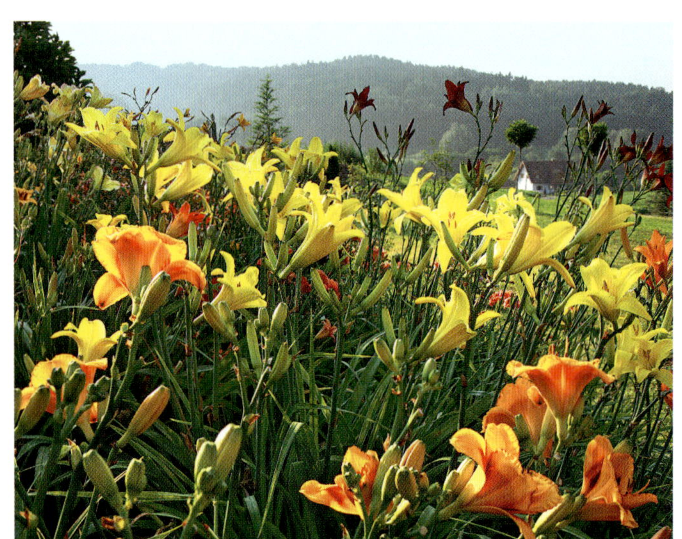

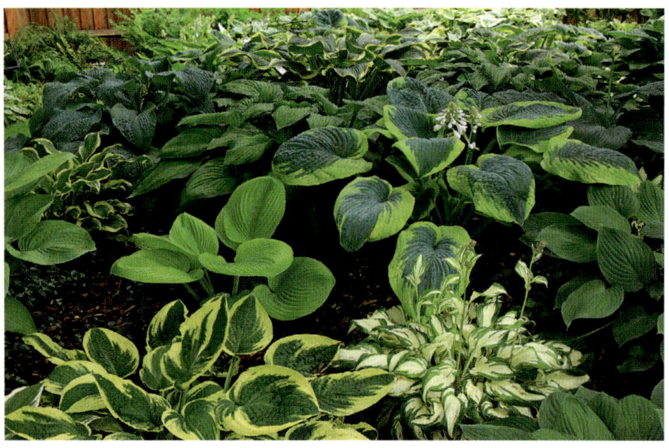

Roswitha Riedl begrüßt uns an einem ihrer Kraftplätze – der Steinspirale, die in eine Vielfalt von Pflanzen eingebettet ist. Wie alle anderen Bereiche des Gartens wurde auch dieser mit der Handrute ausgesucht. Er ist mit Pflanzen gestaltet, die ihr Freunde und Verwandte zum Abschluss des Studiums geschenkt haben: „Von hier aus hat sich der Garten entwickelt und diese Pflanzen unterstützen mich auch weiterhin", erzählt sie und wirkt trotz hochsommerlicher Hitze ganz im Lot mit sich selbst.

Seit über 30 Jahren beschäftigt sich die Pädagogin mit Selbsterfahrung und dem Zugang zu komplementären Heilmethoden, mit Ernährung und Gesundheit, Persönlichkeitsbildung und Bewusstseinsentwicklung. Gemeinsam mit ihrem Mann hat sie sich eine Oase zum Leben und Arbeiten geschaffen.

Als die Riedls im Jahr 2000 ihr neues Domizil bezogen, war, ausgenommen einen alten Mostbirnen- und einen Nussbaum, kein alter Baumbestand vorhanden. Erst nach und nach fanden Bäume auf dem rund 5000 Quadratmeter großen Areal ihren Platz. Heute ist die Steinbank unter dem alten Birnbaum, inmitten des ruhigen Grüns von über 50 verschiedenen Funkien-Arten, seltenen Hortensien und speziellen Farnen, einer von Roswitha Riedls liebsten Plätzen geworden.

Wir gehen am selbst geplanten Haus vorbei, auf den sanft abfallenden Südhang zu, der die weiteren Gartenräume beherbergt. „In unserem Garten gibt es kein vor, hinter oder neben dem Haus, sondern nur ein rundherum, der ganze Garten wird als Lebensraum genutzt." Zahlreiche Sitzplätze sind in die verschiedenen Themenbereiche eingebettet. Jeder davon befindet sich an einem besonderen Punkt, so auch das runde „Grüne Besprechungszimmer", ein hinter einer Ligusterhecke versteckter und abgeschlossener Senkgarten, der über einen Kiesweg erreicht wird. Wann immer die Witterung es erlaubt, wird dieser Ort für Besprechungen und andere Termine genutzt.

„Der Garten hat sich zu meinem Beruf und meiner Berufung gefügt", erzählt Roswitha Riedl. Kräuter, Kochen, Ernährung,

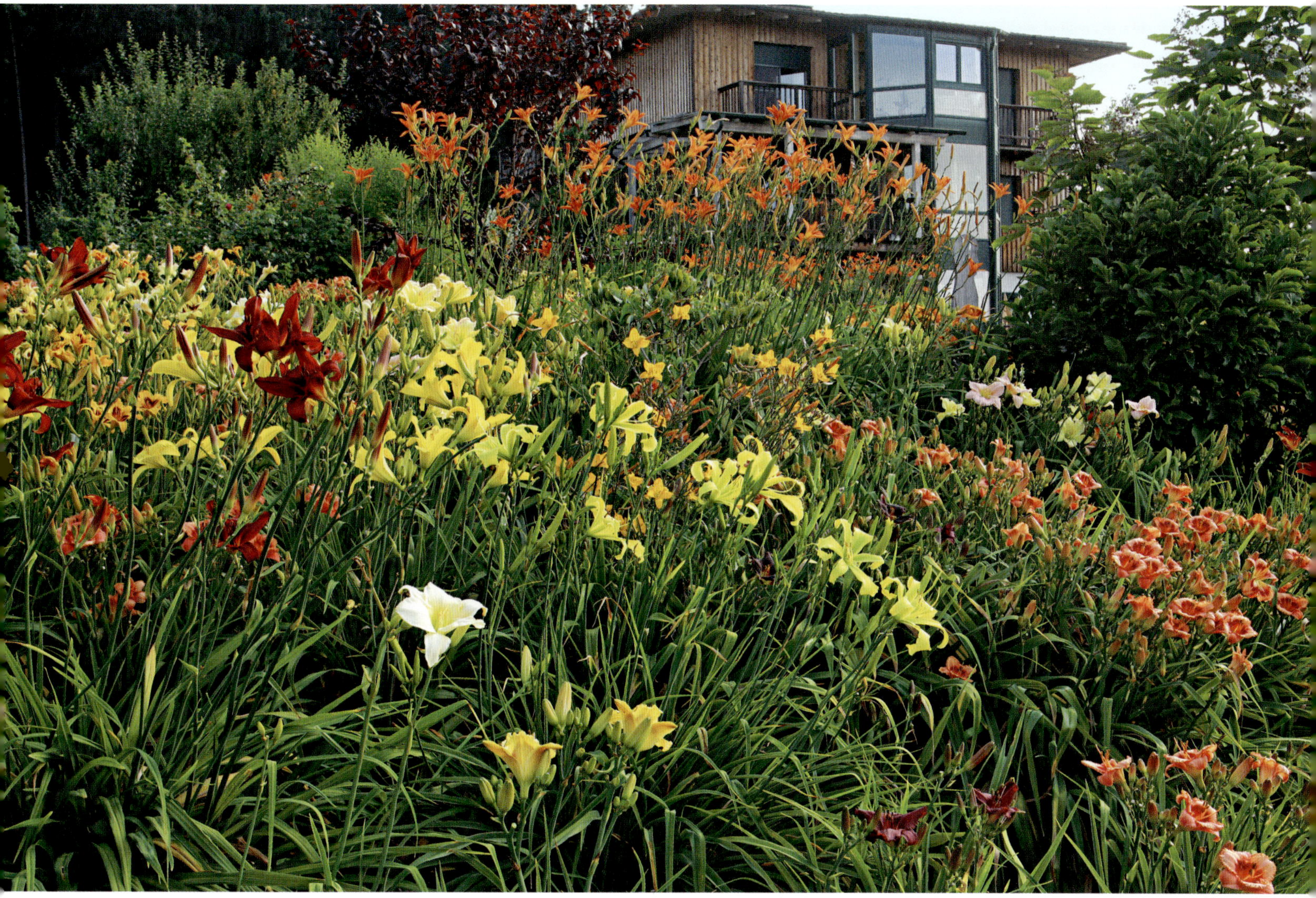

Rechts beide *Ihr Wissen um ganzheitliche Ernährung, Gesundheit und Persönlichkeitsbildung gibt Roswitha Riedl in einem vielfältigen Seminarangebot weiter. Dazu zählt auch die Herstellung von Produkten aus dem Garten, vom Tee bis zum Tagliliengelee.*

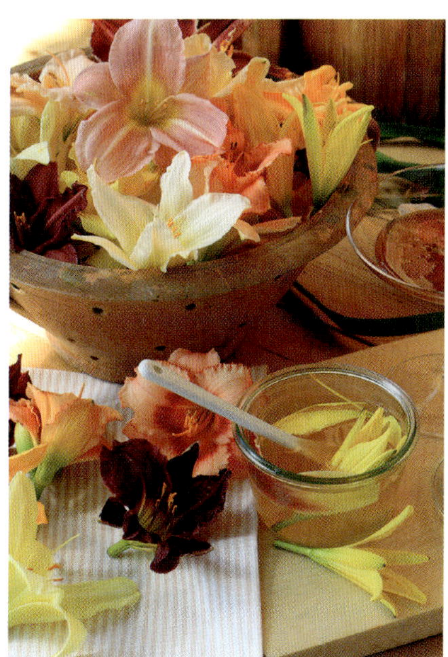

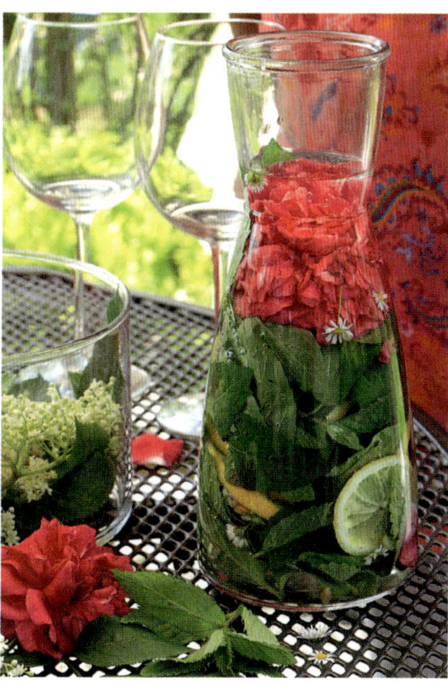

Das Blau von Kaukasus-Vergissmeinnicht und Akeleien leuchtet aus dem ruhigen Grün der Blätter. Der „Schattengarten" unter den Bäumen, ist einer von Roswitha Riedls Lieblingsplätzen. Hier kommt sie zur Ruhe und sammelt neue Kräfte.

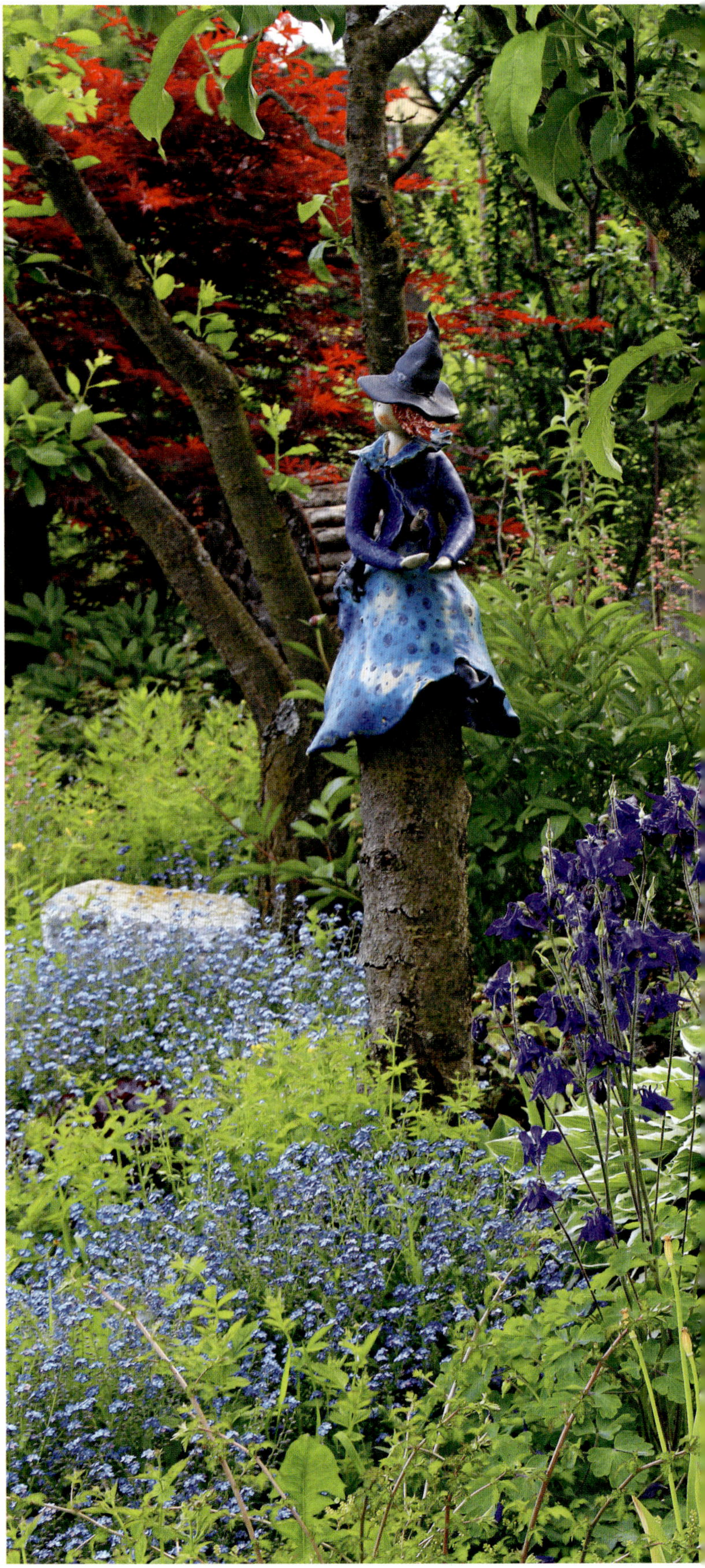

Aromatherapie, Kinesiologie, Geomantie, Klang und Farbe und vieles mehr – die Vielinteressierte ist ihrem Weg immer treu geblieben und weitergegangen, und der Garten wuchs und wächst dabei mit. Dass jede Pflanze eine besondere Wirkung auf den Menschen hat und zu jedem von uns eine bestimmte Pflanze passt, vermittelt sie auch an ihre KursteilnehmerInnen. „Ich bin überzeugt davon, dass es unentwegt einen Dialog zwischen Natur und Mensch gibt, dass dieser zur persönlichen Entwicklung beiträgt und diese unterstützt", meint sie.

Die „Naturarena", ein kleines Amphitheater, ist von Gehölzen schützend umrahmt. Hier ist der kraftvollste Ort des Gartens. Bei der Gestaltung wurden die Proportionen des „Goldenen Schnitts", ein Maßverhältnis, das Menschen seit jeher als harmonisch und angenehm empfinden, berücksichtigt.

Im „Liebeszimmer" finden sich Pflanzen mit aphrodisierender Wirkung wie Maiglöckchen, Rosen, Akeleien und Iris. Im „Zauberreich" gedeihen rund um ein Pentagramm zahlreiche überlieferte Schutzpflanzen wie Holunder, Weide und Eberesche.

Dass auch ein Nutzgarten ein wahrer Kraftplatz sein kann, sehen wir im „Hausgarten". Vor dessen Anlage hat sich

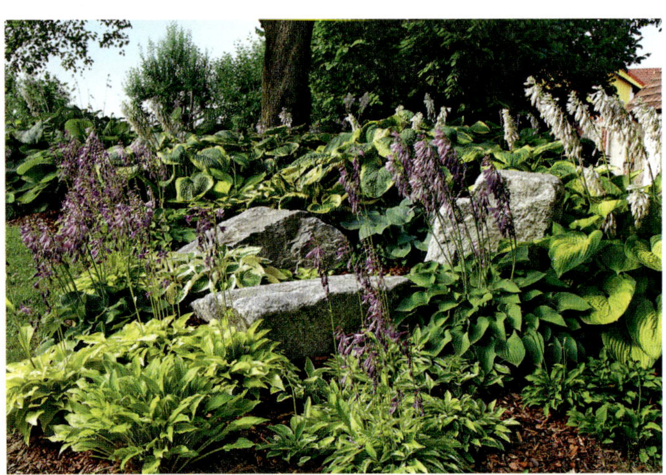

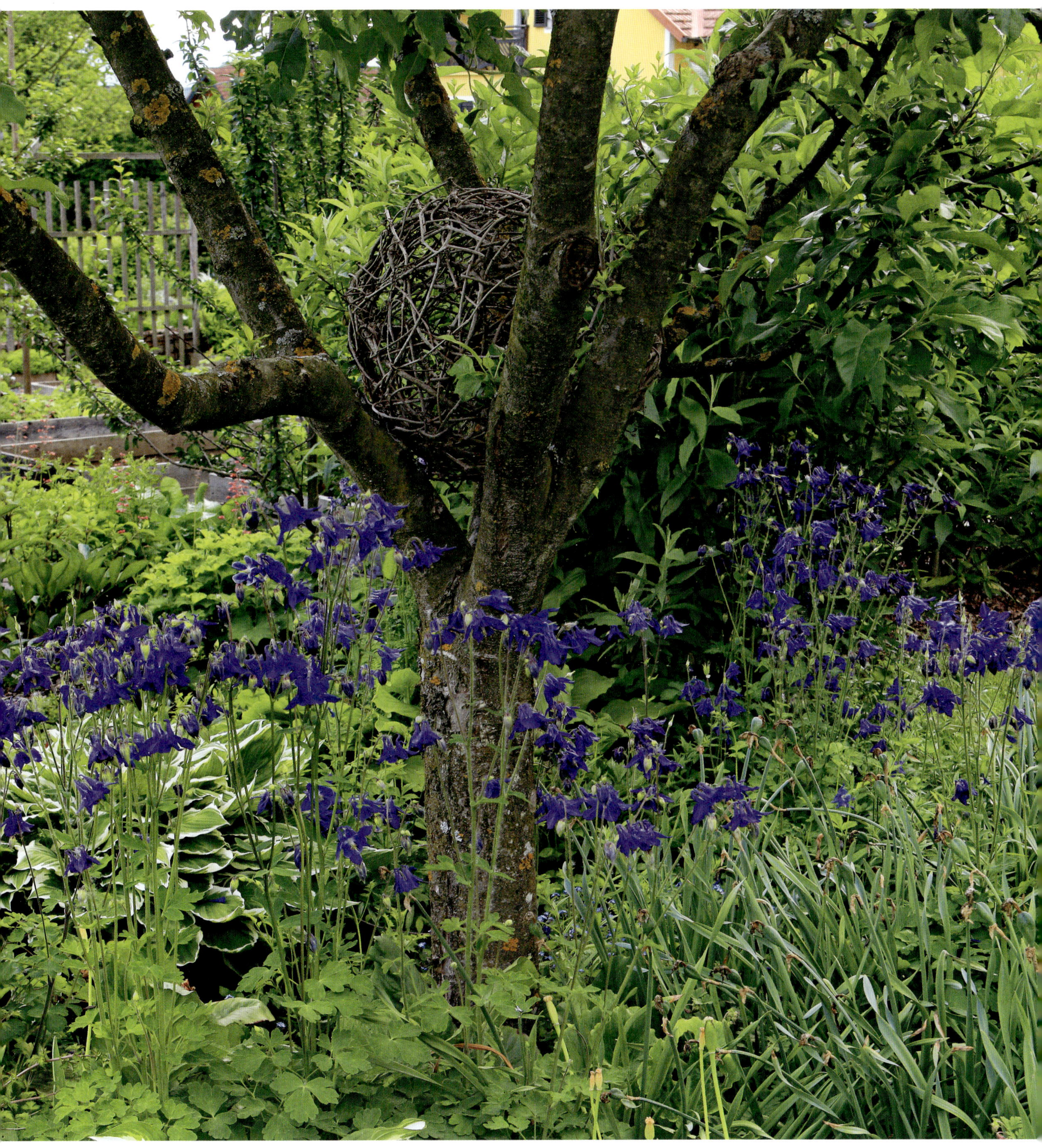

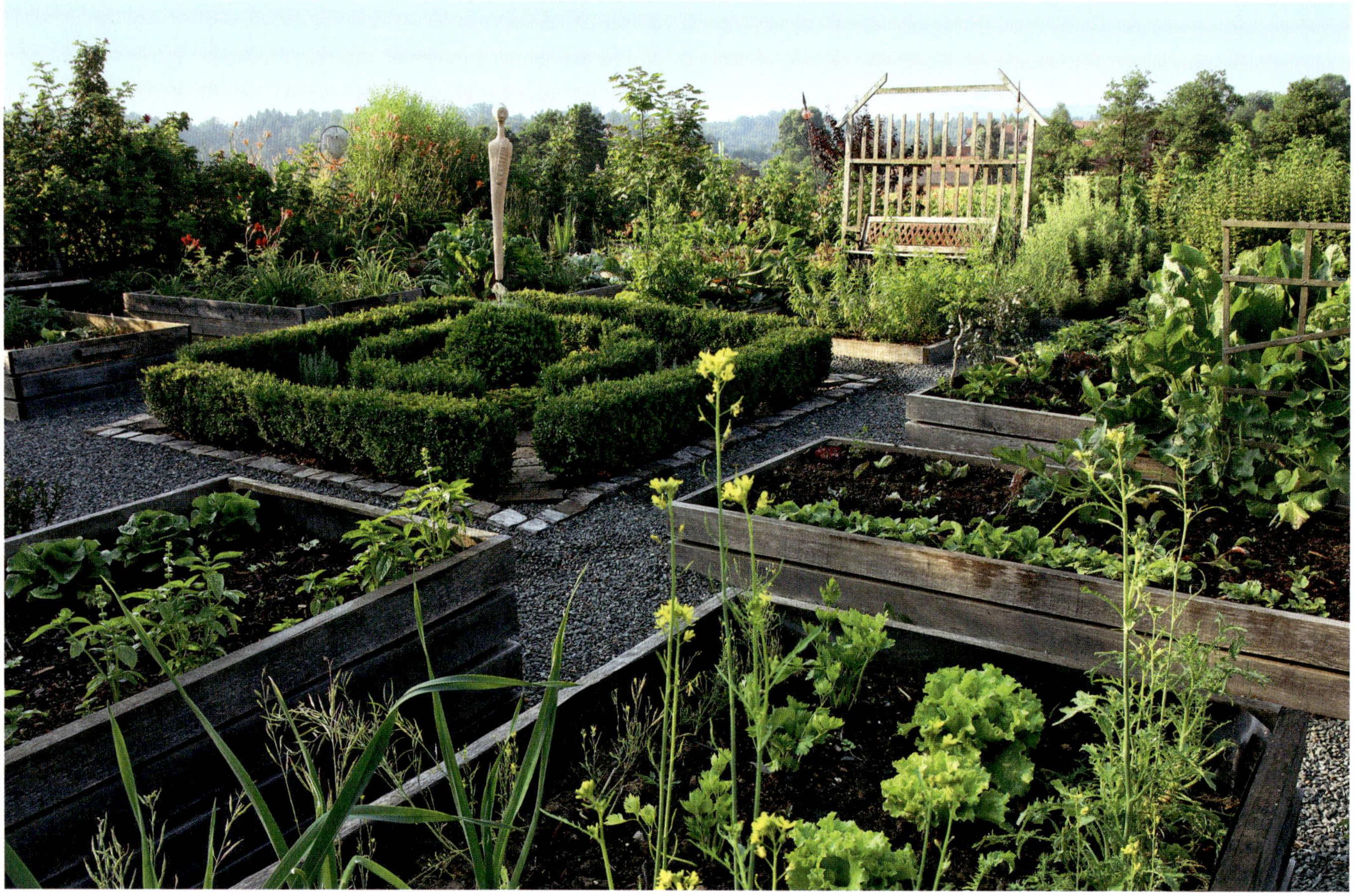

Oben *Der Gemüsegarten ist der einzige Bereich im Garten der Riedls, der regelmäßig gegossen wird. Die Pflanzen der anderen Gartenräume haben sich gut an die trockenen Bedingungen am sanft abfallenden Südhang angepasst.*

Unten beide *Vor der Anlage des Nutzgartens hat sich Roswitha Riedl intensiv mit den Hausgärten früherer Zeiten beschäftigt. Die erhöhten Beete verlieren nach vorn hin an Höhe, um dem Betrachter ein Gefühl der Weite zu vermitteln.*

Roswitha Riedl einen Winter lang intensiv mit historischen Hausgärten beschäftigt. Entstanden ist eine Gestaltung mit erhöhten Gemüsebeeten, die nach vorn hin an Höhe verlieren, um ein Gefühl der Weite zu geben. Und natürlich laden auch hier Sitzplätze zum Innehalten ein. Alles, was der Garten hergibt, wird zu Tee, Kräuter- und Räuchermischungen, speziellen und außergewöhnlichen süßen Gelees, wahren Gaumenfreuden, verarbeitet.

Trotz der Größe des Gartens kommt Familie Riedl mit der

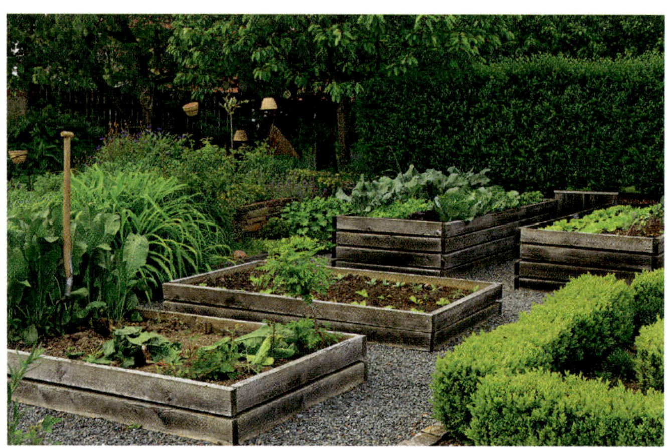

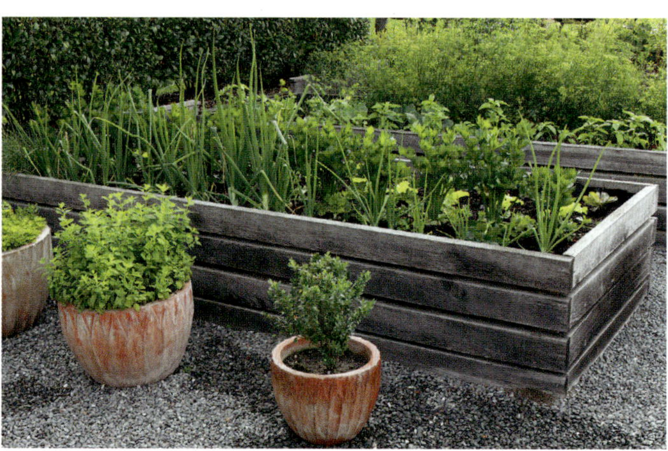

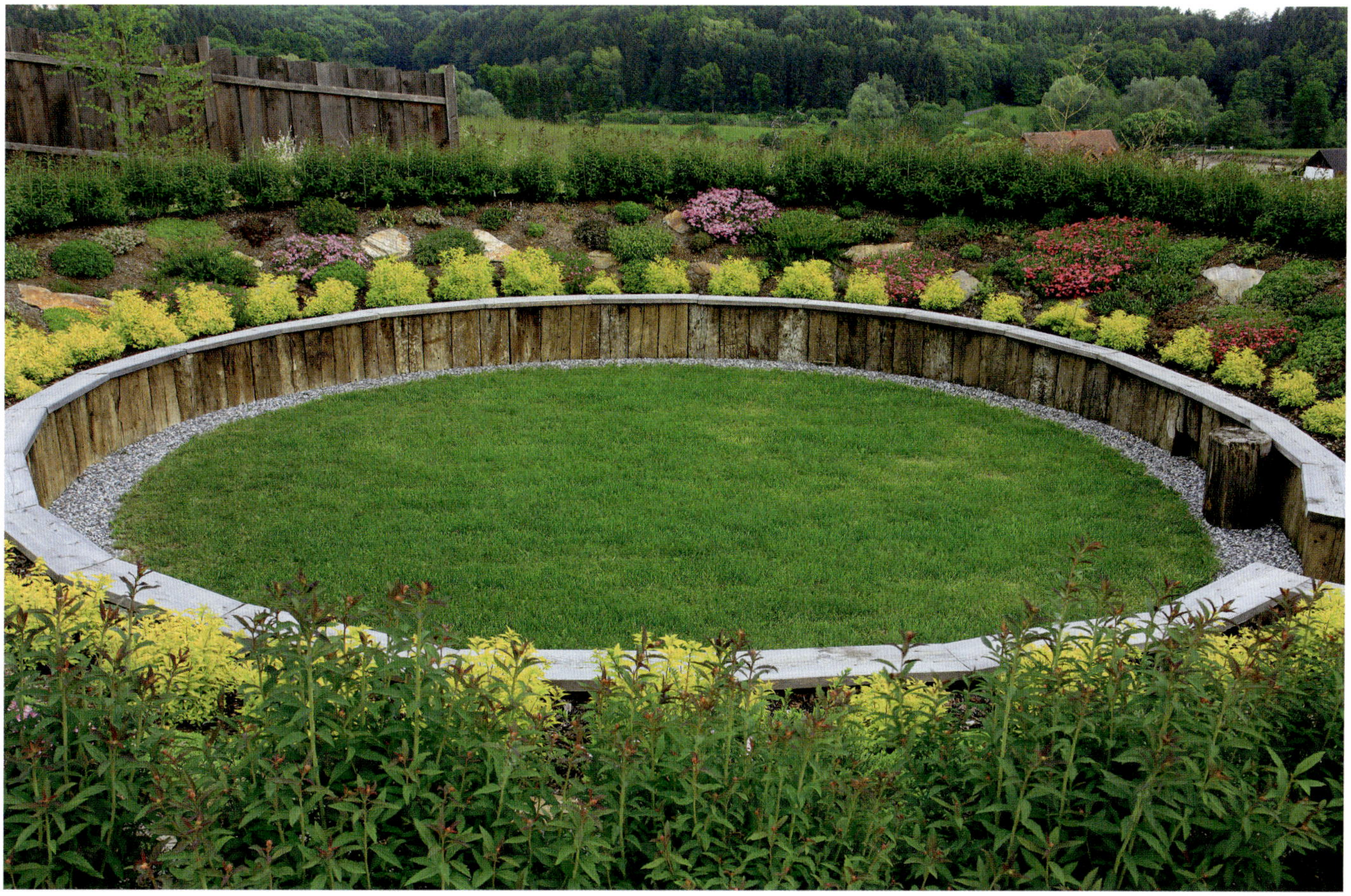

Gartenarbeit gut zurecht. „Ich war früher eine Perfektionistin", erzählt Roswitha Riedl schmunzelnd, „der Garten hat mich Großzügigkeit gelehrt und die Natur die Erkenntnis, dass nicht immer alles so geht, wie ich es plane." Deshalb sitzt die leidenschaftliche Gärtnerin heute oft auch selbst auf einem der vielen Sitzplätze und lässt den Blick über das steirische Hügelland schweifen – denn: „Zeit muss man sich nehmen", meint sie, „es kommt dabei nicht auf die Dauer, sondern auf die Qualität an."

Die „Naturarena", einen abgesenkten und schützend umrahmten Platz, bezeichnet die Kraftgärtnerin als den „kraftvollsten" Ort des Gartens. Hier finden Lesungen und Workshops für kleine und große Menschen statt.

Adresse

Roswitha und Franz Riedl
Tobisbergstraße 10
8504 Preding
Tel.: +43/676/736 25 54
E-Mail: info@harmonypoint.at
www.harmonypoint@at

Gartenbesuche nach Voranmeldung

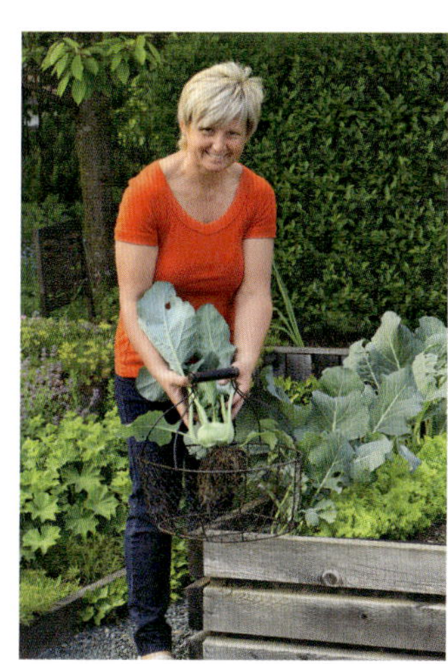

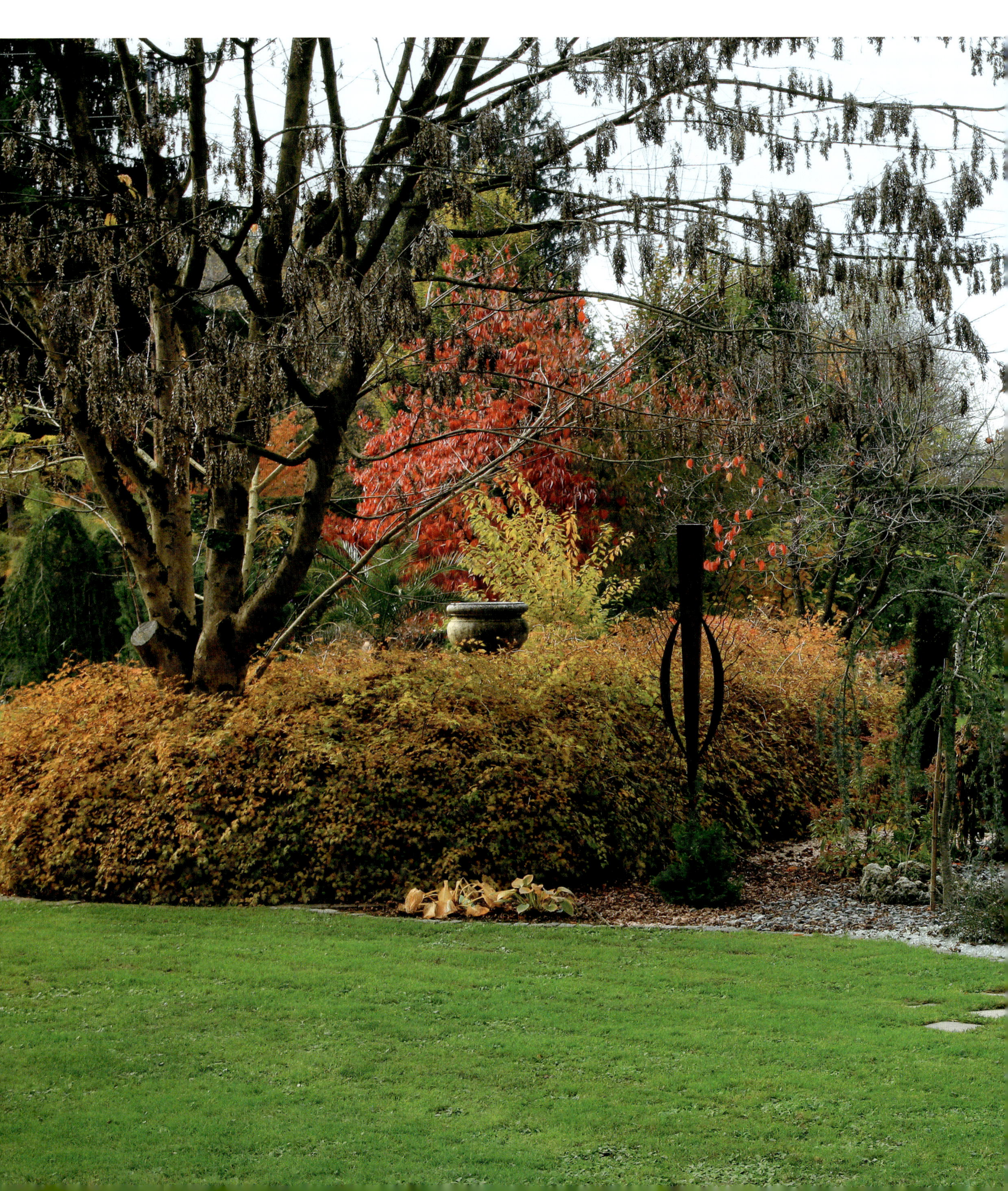

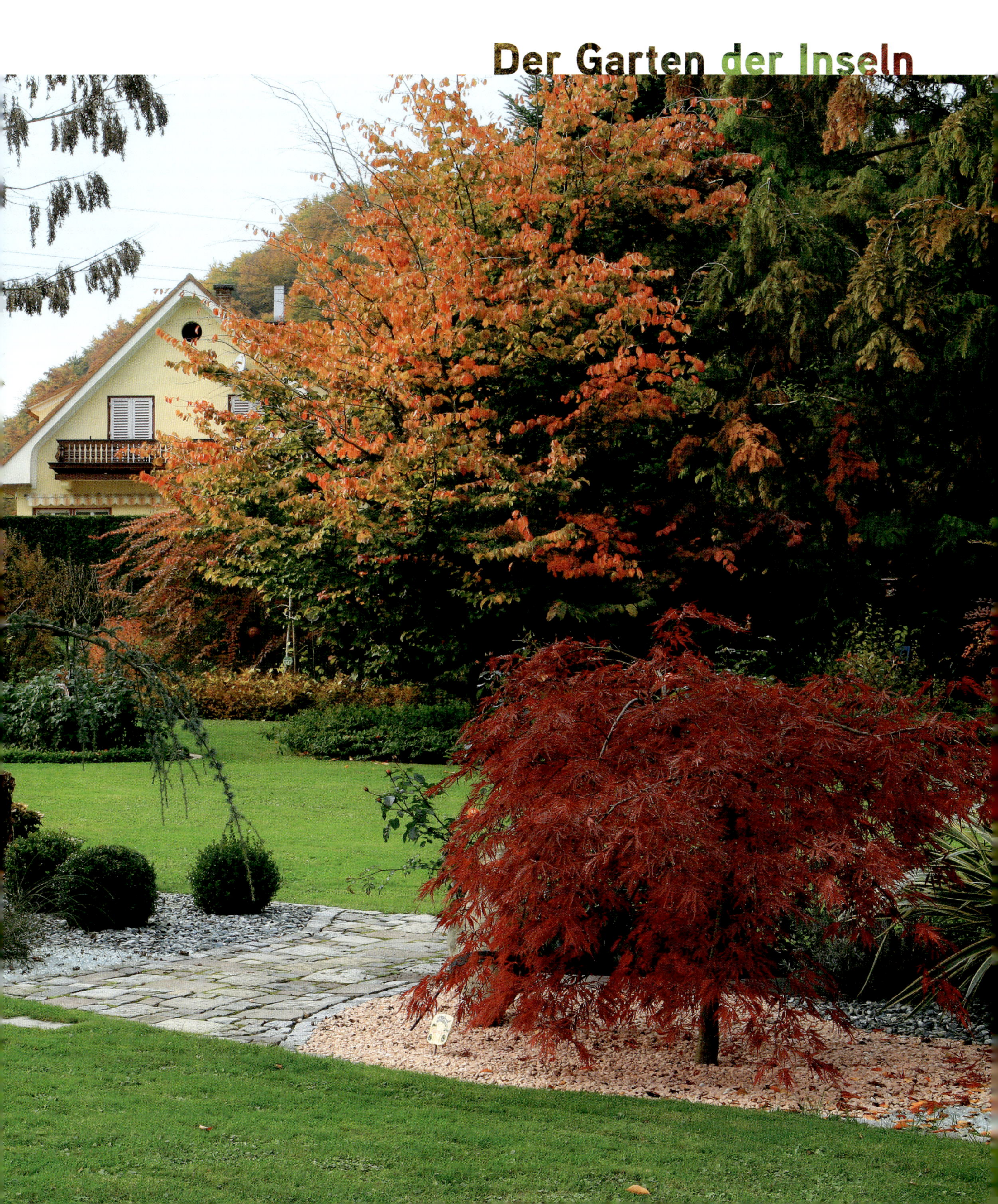

Unten *Die stark bedornte Bitterorange* (Poncirus trifoliata), *auch Dreiblättrige Orange genannt, verträgt Minustemperaturen gut und kann das ganze Jahr über im Freien bleiben. Die Früchte duften intensiv, sind aber ungenießbar.*

Rechts *Der Herbst zeigt sich im Garten von Familie Hoier von seiner schönsten Seite und verwandelt die Garteninseln in ein Meer aus Rot-, Gelb- und Brauntönen. Die sieben Sitzplätze laden ein, die warmen Sonnenstrahlen noch auszukosten.*

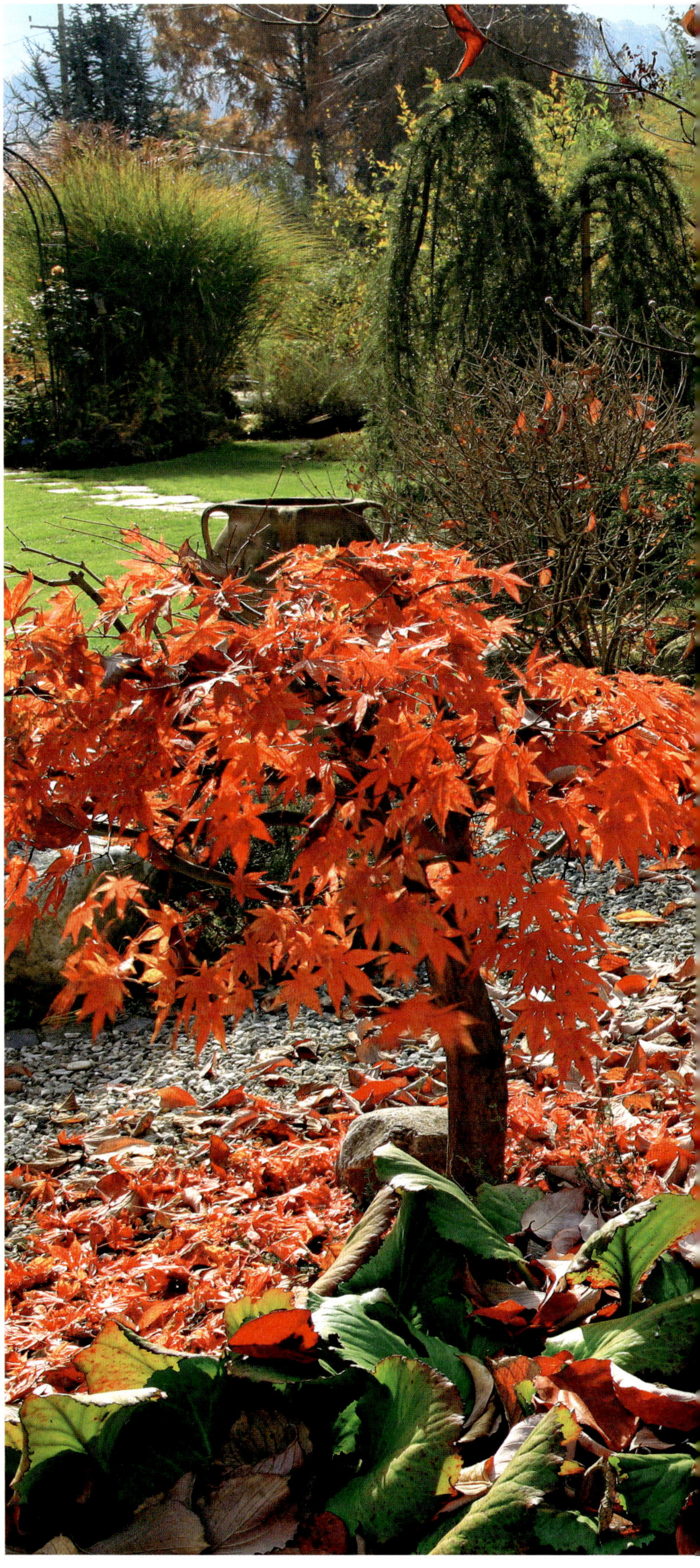

„Willst du ein Leben lang glücklich sein, so lege dir einen Garten an." Diesen Spruch haben sich Roswitha und Horst Hoier zu Herzen genommen, als sie begannen, ihr etwa 2500 Quadratmeter großes Gartenparadies im steirischen Wildon zu gestalten.

Doch zunächst einmal gilt es, das alte Bauernhaus zu bewundern, das die Hoiers im vorderen Bereich ihres Gartens bewohnen. Es stammt aus dem Jahr 1769 und war für sie so etwas wie „Liebe auf den ersten Blick". Etwa 30 Jahre ist es her, dass sie das Haus nahe Stainz in der Weststeiermark abtragen und auf ihrem Grund in Wildon wieder aufbauen ließen.

Der Garten war zu dieser Zeit ein reiner Obstgarten. „An die 90 Obstbäume standen einmal hier", erzählt Horst Hoier, „zunächst haben wir nur das halbe Grundstück gestaltet, und hatten Schafe, die eigentlich den Rasen ´mähen´ sollten. Als sie aber begannen, die Obstbäume anzuknabbern, entschlossen wir uns, auch aus dem Obstbereich einen Zier- und Wohngarten zu machen."

Gesagt, getan – ein Gartenarchitekt wurde zu Rate gezogen und schlug die Gestaltung von „Inselbeeten" vor. Vier solcher Beete entstanden dabei, jedes beherbergte zwei Zierbäume und eine entsprechende Unterpflanzung. Und damit begann auch die

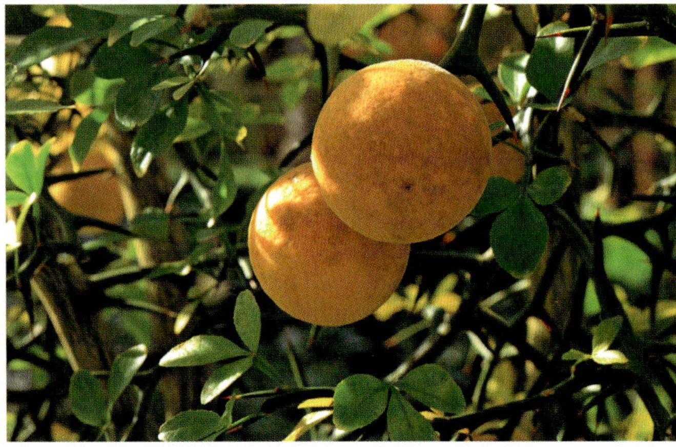

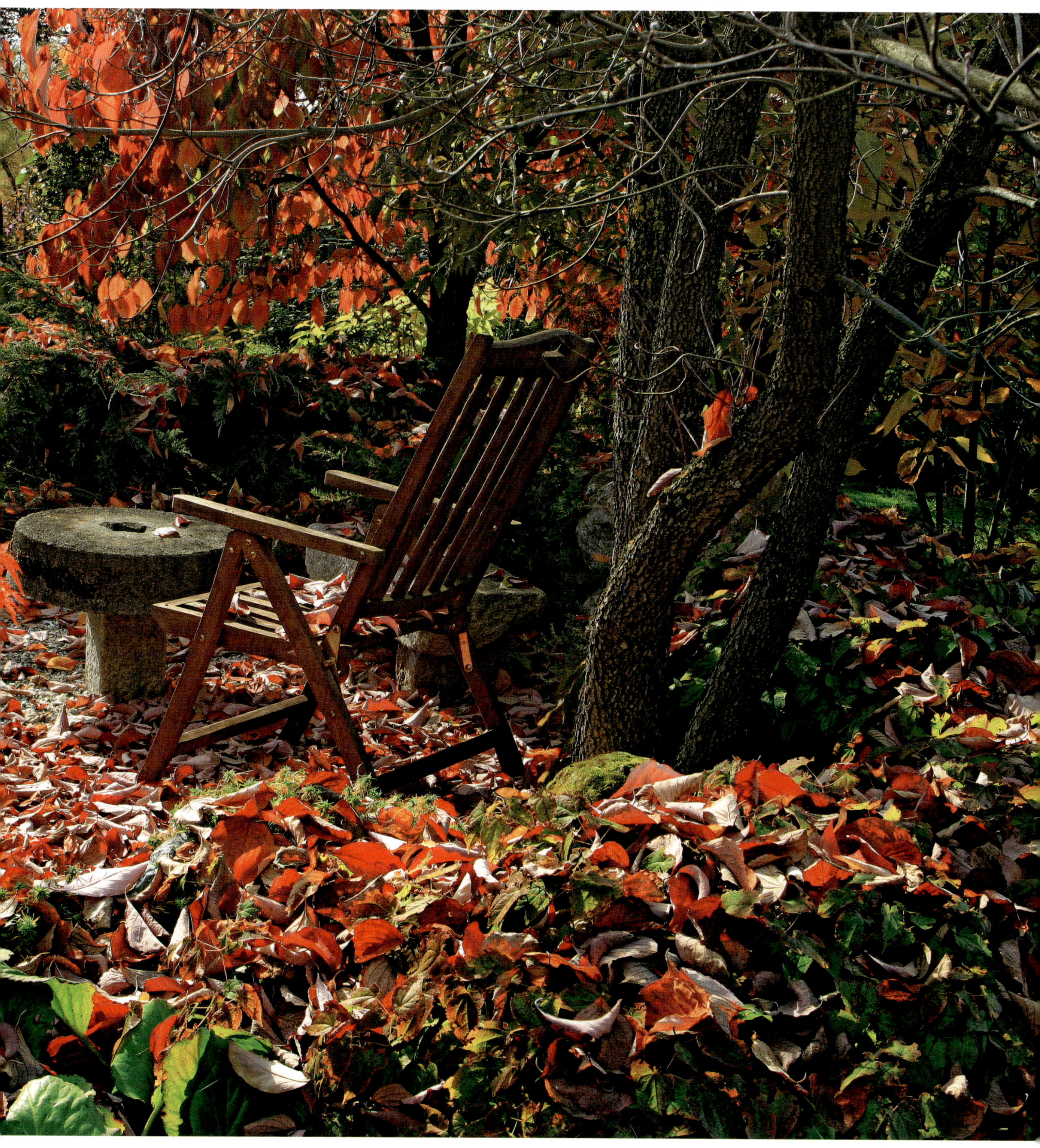

Unten *Jeder Tram des alten Bauernhauses wurde beim Abbau nummeriert und fotografiert, um es hier in Wildon wieder neu erstehen zu lassen. Die Früchte der Mispel* (Mespilus germanica)*, im Bild unten, sind erst nach Frosteinwirkung genießbar.*

Rechte Seite *Die bepflanzten „Inselbeete" fügen sich mit den sieben verschiedenen Sitzplätzen im Garten zu einem Ganzen zusammen. Mit der Idee dieser Inselbeete begann auch die Gartenleidenschaft der Hoiers zu wachsen.*

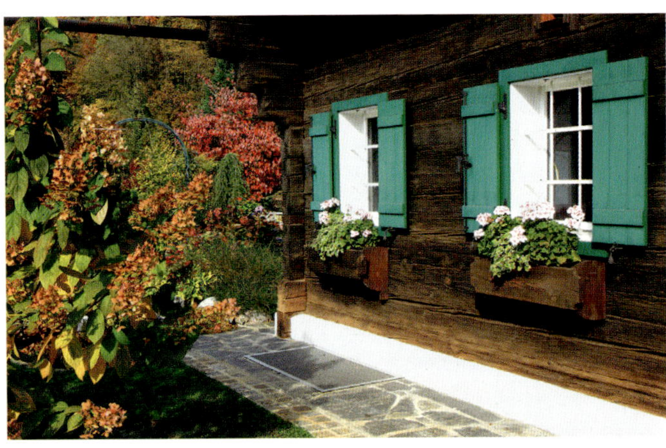

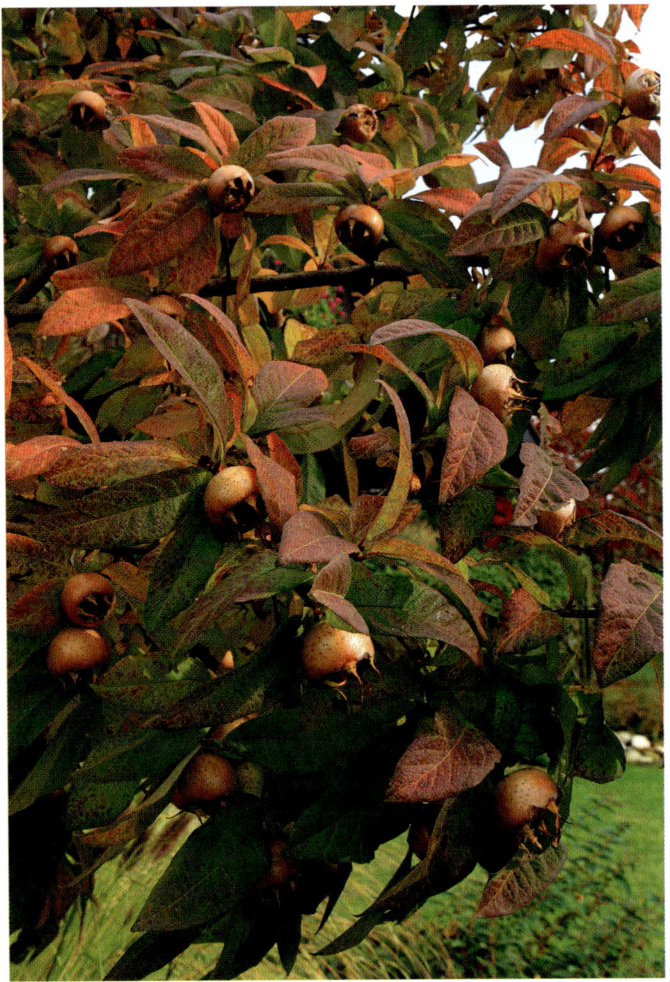

Gartenleidenschaft der Hoiers zu gedeihen. „Zu Beginn pflanzten wir, was wir sahen und was uns gefiel", erzählen die beiden. Im Winter studierte man Gartenmagazine und schmökerte in Gartenbüchern, die eine und andere Gartenreise tat ein Übriges, und langsam wurden die einstigen „Obstplantagen-Besitzer" zu wahren Gartenexperten.

Mit der Zeit entwickelten sich Themenbereiche im Garten – Inselbeete und zahlreiche Sitzplätze fügen sich heute zu einem harmonischen Ganzen zusammen. Auch im Herbst zeigt sich der Garten von einer prächtigen Seite: Eisenholzbaum *(Parrotia persica)*, Lebkuchenbaum *(Cercidiphyllum japonicum)* und Roter Blumen-Hartriegel *(Cornus florida* 'Rubra') tauchen den Garten dann in ein rot, gelb und braun leuchtendes Blättermeer. Seit der Pensionierung von Horst Hoier ist der Garten auch für ihn zur Hauptbeschäftigung geworden. „Von den Erdarbeiten und vom Pflastern bis zur Pflanzenauswahl und dem Setzen machen wir alles selbst", zeigen sich die beiden stolz. Im Winter stellt der Hausherr dann schmiedeeiserne Rankhilfen her, denkt über neue Beeteinfassungen nach oder fertigt Pflanzenschilder – zuletzt waren es 80 Stück aus Ton, die in einem Winter entstanden sind.

Ganz besonders stolz ist er auf seine Kompostiermethode: „Ich kompostiere mit Urgesteinsmehl und Effektiven Mikroorganismen, es funktioniert großartig, binnen sechs Wochen ist der Kompost fertig."

Mittlerweile sind Roswitha und Horst Hoier auch begeisterte Flohmarktgänger geworden, denn immer wieder findet man dabei Nützliches und Schönes für den Garten. Oft wissen sie sofort, wo das neu erworbene Stück hinkommt. Wenn nicht, wird es zwischengelagert, bis sich der richtige Platz findet. Bei den vier Orgelpfeifen aus der Leibnitzer Kirche war die Sache sofort klar: Um Geld für die neue Orgel zu sammeln, wurden die Pfeifen der alten verkauft. „Natürlich haben wir da zugeschlagen", erzählt Horst Hoier lachend. Heute stehen die drei großen und die eine kleine Orgelpfeife in der „Blauen Grotte" des Hoierschen Gartens, einem überwiegend blau gehaltenen Schattenplatz mit Sitzbank. Jedem der vier Enkelkinder ist eine gewidmet.

Ein weiterer Lieblingsplatz im Garten nennt sich „Isola Bella", ein mediterran gestalteter Gartenbereich mit Amerikanischem Blumen-Hartriegel *(Cornus florida)*, Bitterorange *(Poncirus trifoliata)* und Zwergflieder. Hier sitzt der Hausherr beim Italie-

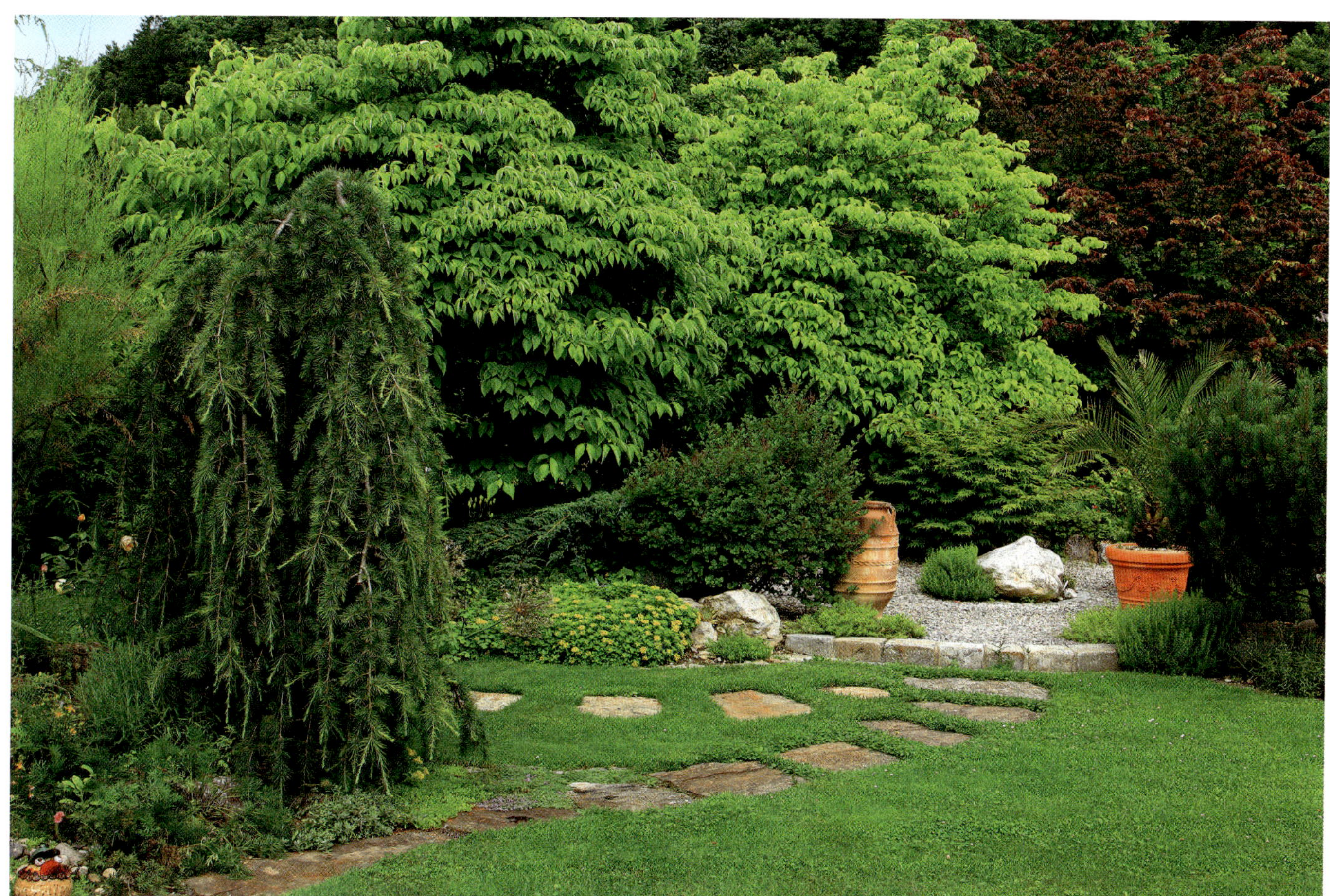

nischlernen und lässt dabei auch die Gedanken in den Süden schweifen. Das Frühstück und den Nachmittagskaffee genießen die stolzen Gewinner des Steirischen Landesblumenschmuckwettbewerbs 2005, 2010, 2014 und 2020 auch gerne am hausnahen Gartenteich oder im Rosen-Pavillon. Wenn sie Zeit dazu haben. Denn über kurz oder lang springt sicher einer von ihnen auf, „um nur schnell was wegzuschneiden oder abzuzupfen". Aber das sehen die beiden nicht so eng: „Auch wenn uns dieses Hobby manchmal körperlich viel abverlangt, denn von nichts kommt nichts, nennen wir es Beschäftigung und nicht Arbeit."

Haus und Garten hat das Ehepaar aus gesundheitlichen Gründen 2022 verkauft. Ein Besuch des Gartens ist daher nicht mehr möglich.

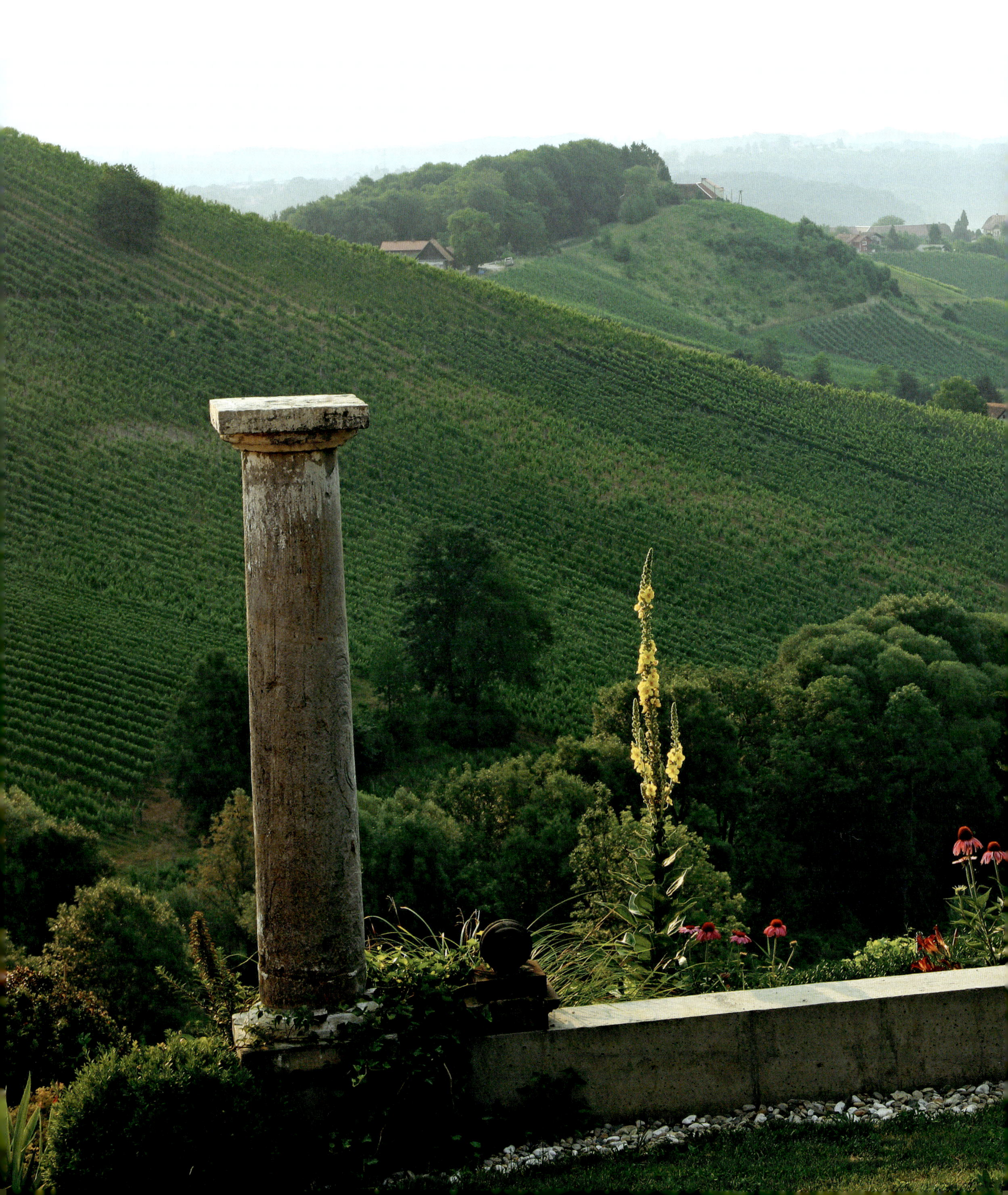

Der Duft des Südens

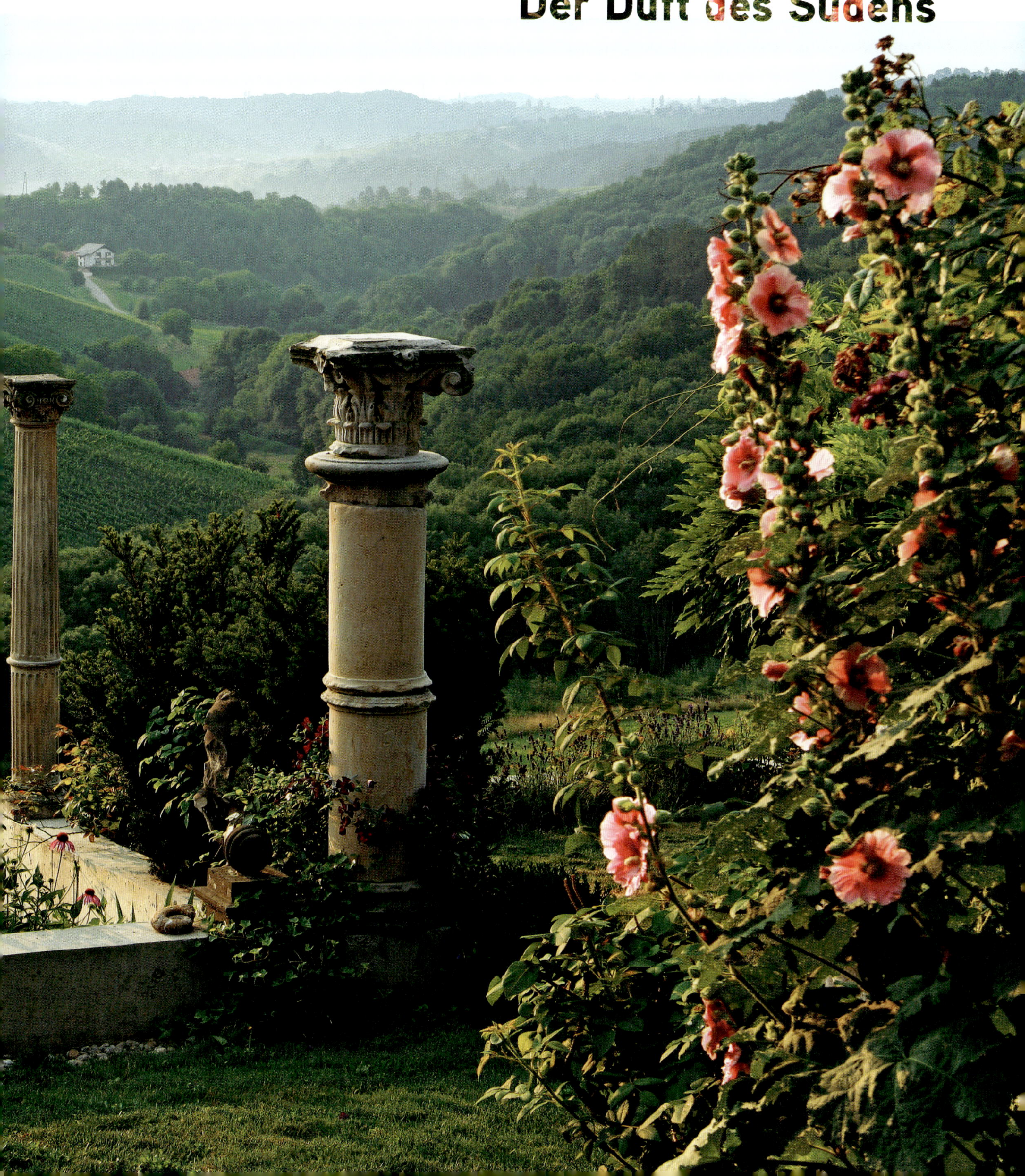

Unten *In den Mixed Borders wachsen Stauden und Kräuter in Mischkultur und guter Nachbarschaft um die Wette. Die Pflanzen unterstützen sich gegenseitig und halten einander gesund. Ein Paradies auch für Bienen, Schmetterlinge und andere Insekten.*

Rechts *Mit Liebe und Geduld hat die leidenschaftliche Gärtnerin ihren Garten zu seinem heutigen Aussehen gebracht – ein blühendes Paradies mit mediterranem Charakter, das zu ihrer persönliche Kraftquelle geworden ist.*

Mit der Geburt ihres zweiten Sohnes Lukas pflanzte Renate Polz eine Linde vor dem Haus. „Mehr Garten gab es damals nicht", erzählt sie, „das Grundstück war nur eine einfache Wiese, zum Gärtnern bin ich erst später gekommen." Ein schwerer Schicksalsschlag ließ sie zur Gärtnerin werden – hier in ihrem Garten in der Südsteiermark, inmitten der Weinberge begann sie mit dem Auf- und Verarbeiten. Das Pflanzen, das Wachsen und Gedeihen gab Hoffnung und half über die schwere Zeit, und der Garten ist ihr heute der schönste und liebste Platz auf der Welt.

„Die Natur birgt Geheimnisse, die wir noch nicht entschlüsselt haben", meint die Winzerin, die selbst aus einer Weinbauernfamilie stammt. „Monokulturen funktionieren nicht, das zeigt uns die Natur – und deshalb herrscht in meinem Garten ein buntes Miteinander." Wie zum Beweis flitzen Smaragdeidechsen in der Mittagssonne über die warmen Steinmauern und das Summen der Bienen liegt in der Luft. „Wildtauben, Ringelnattern und sogar Wildhasen – in unserem Garten geben sich die Tiere ein Stelldichein, sie spüren, dass sie hier willkommen sind", erzählt Renate Polz und setzt sich auf die Steinbank mit Blick über die Rieden. Auf ihnen gedeiht der Hauswein der Familie Polz, der

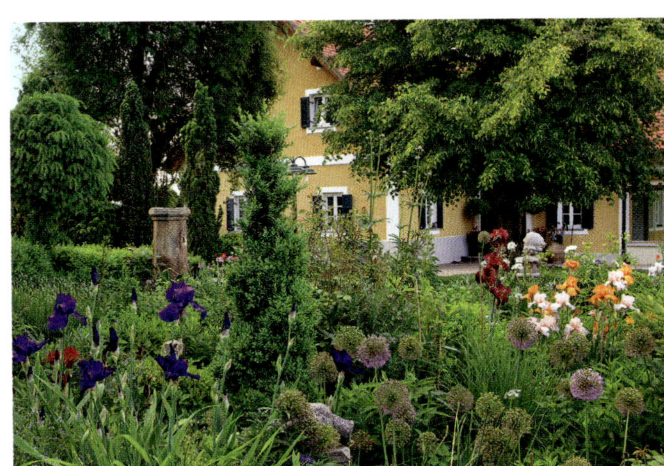

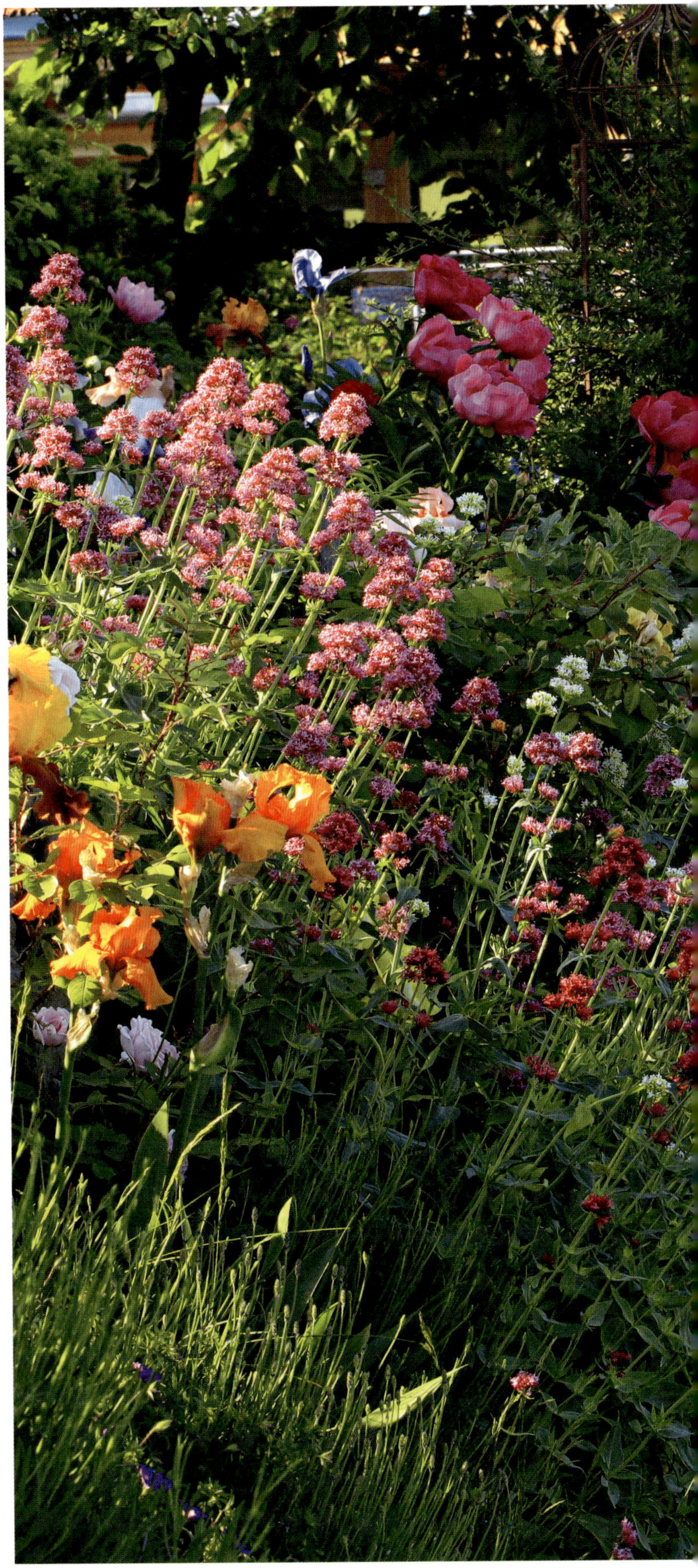

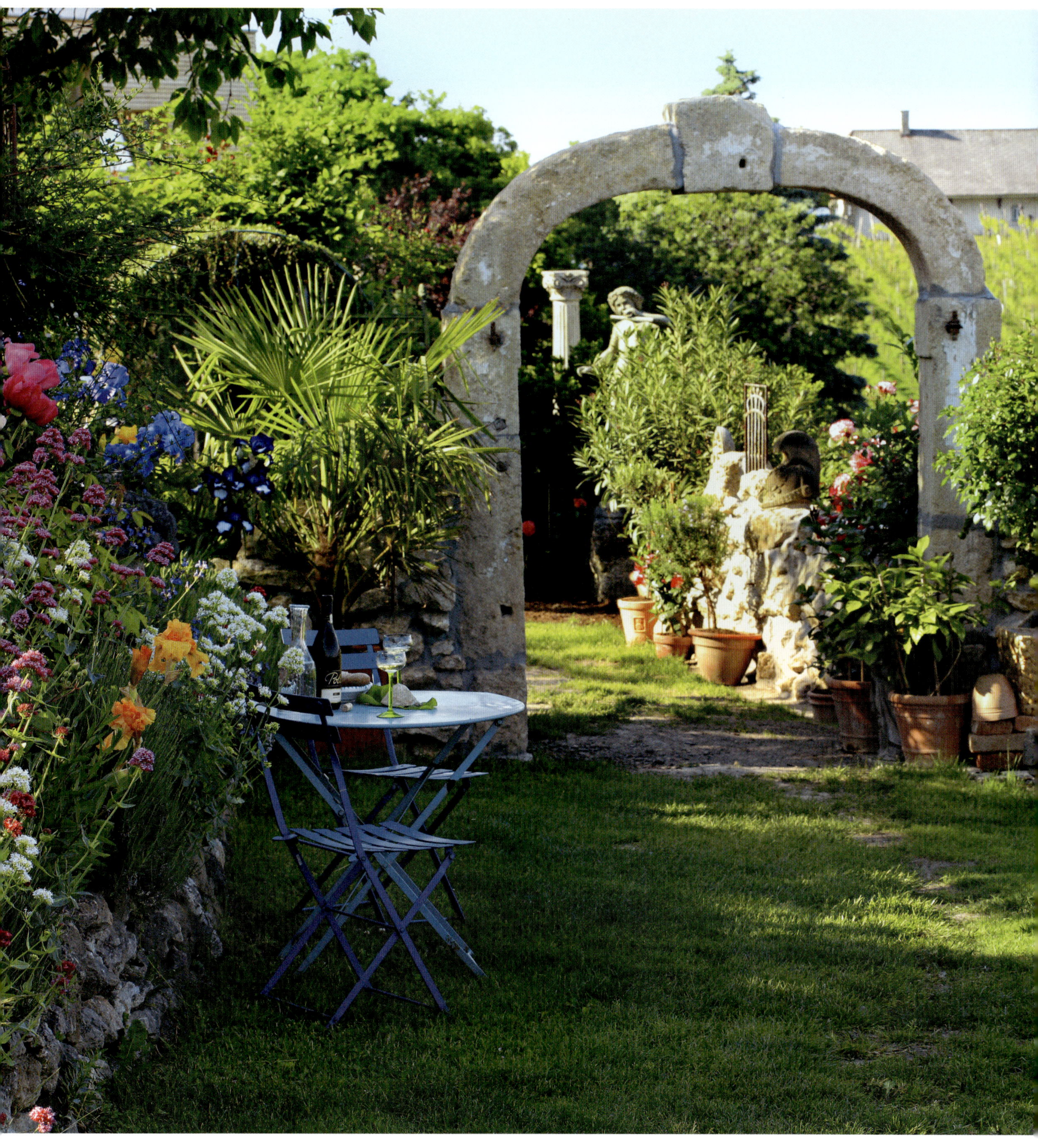

Unten beide *Die Brunnen, Säulen und Steinobjekte hat Renate Polz über die Jahre mit großem Engagement zusammengetragen. Natursteinmauern terrassieren den Hang und schaffen Platz für die Vielfalt an Pflanzen.*

Rechte Seite oben *Gartenreisen nach Frankreich haben Renate Polz besonders inspiriert. Bei einem Besuch von Claude Monets Garten in Giverny verliebte sie sich in die Vielfalt der Iris, und heute sind deren bezaubernde Blüten auch in ihrem Garten ein Fixpunkt.*

Rechte Seite unten *Das mediterrane Flair mit Säulenzypressen, Oleander und Steinobjekten, der Blick auf die Weinberge, dazu der Duft von Lavendel und Rosen – hier werden Erinnerungen an den Süden, an die Gärten der Provence wach.*

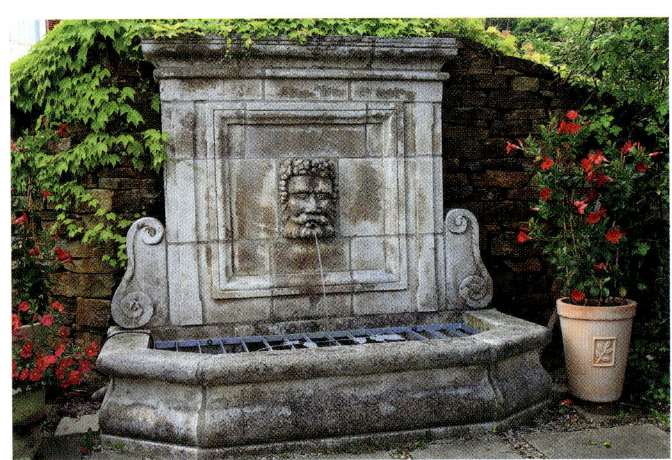

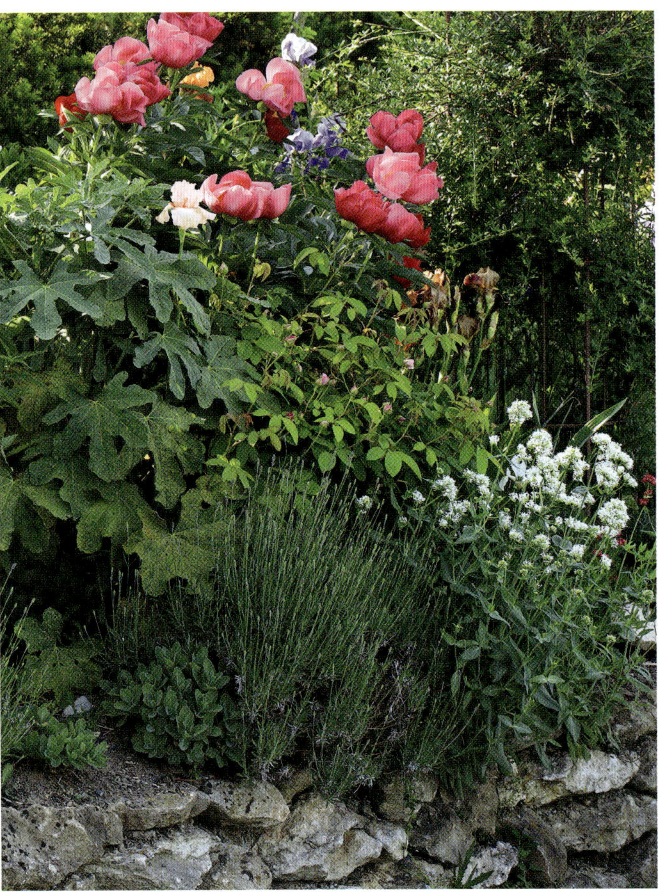

vielfach prämierte Sauvignon. Jet-Jaguar, der feinfühlige und prächtige weiße Schäfer, ist sofort an ihrer Seite und scheint die Aussicht ebenfalls zu genießen. „Das sind die schönsten Momente im Garten – der Duft des Lavendels, die Wärme der Steine – hier wird man ganz ruhig", berichtet die Vielbeschäftigte über ihre Erfahrungen. Der florierende Weinbaubetrieb ihres Ehemanns Walter Polz, drei Kinder und der große Garten machen persönliche Zeit zum kostbaren Gut. „Zwischen fünf und halb sechs Uhr früh beginne ich den Tag im Garten", erzählt Renate Polz, „ich gehe barfuß durch das taunasse Gras, spüre die Ruhe und sammle Energie für den Tag. Hier draußen hole ich die Welt in mein Herz."

In rund 27 Jahren hat die leidenschaftliche Gärtnerin mit Liebe und Geduld ihren Garten zu seinem heutigen Aussehen gebracht – ein blühendes Paradies, dem schlanke Säulenzypressen, Lavendel, Zitruspflanzen und zahlreiche Steinsäulen seinen mediterranen Charakter verleihen. „Zu Beginn war oft nicht das Geld für Gartenausgaben da", erzählt sie. „Der Betrieb stand natürlich an erster Stelle. Aber ich habe auf besondere Kleidung, Schuhe und anderes verzichtet und stattdessen Pflanzen gekauft."

Heute blühen in den Mixed Borders, den bunten Blumenbeeten, Stauden, Rosen und Kräuter in Mischkultur und guter Nachbarschaft um die Wette. „Die Pflanzen unterstützen sich gegenseitig und halten einander gesund", meint Renate Polz über ihre „gepflegte Wildnis". Jeder Monat zeigt in ihrem Garten einen anderen Farbaspekt: von den Rottönen der Tulpen über die weißrosa Farbpalette der Pfingstrosen bis zu den Gelb-Orangetönen der Taglilien. Im Mai gehört der Garten aber dem Blau, Lila und Weiß der Iris und des Zierlauchs. Bei einem Besuch von Claude Monets berühmtem Garten in Giverny verliebte sich Renate Polz in den blühenden Irisgarten. „Es war unglaublich schön. Die Blautöne strahlten eine harmonische Ruhe aus – ein Bild, das ich im Herzen mit in die Südsteiermark nahm. Hier werden jedes Jahr Iris in neuen Blautönen dazu gesetzt. Von zartblau, azurblau und mittelmeerblau bis zu dunkelblau und fast tiefblauschwarz. „‚Die Natur steht niemals still' – das berühmte Zitat des großen Malers ist auch mein Zugang zum Garten und zum Gärtnern."

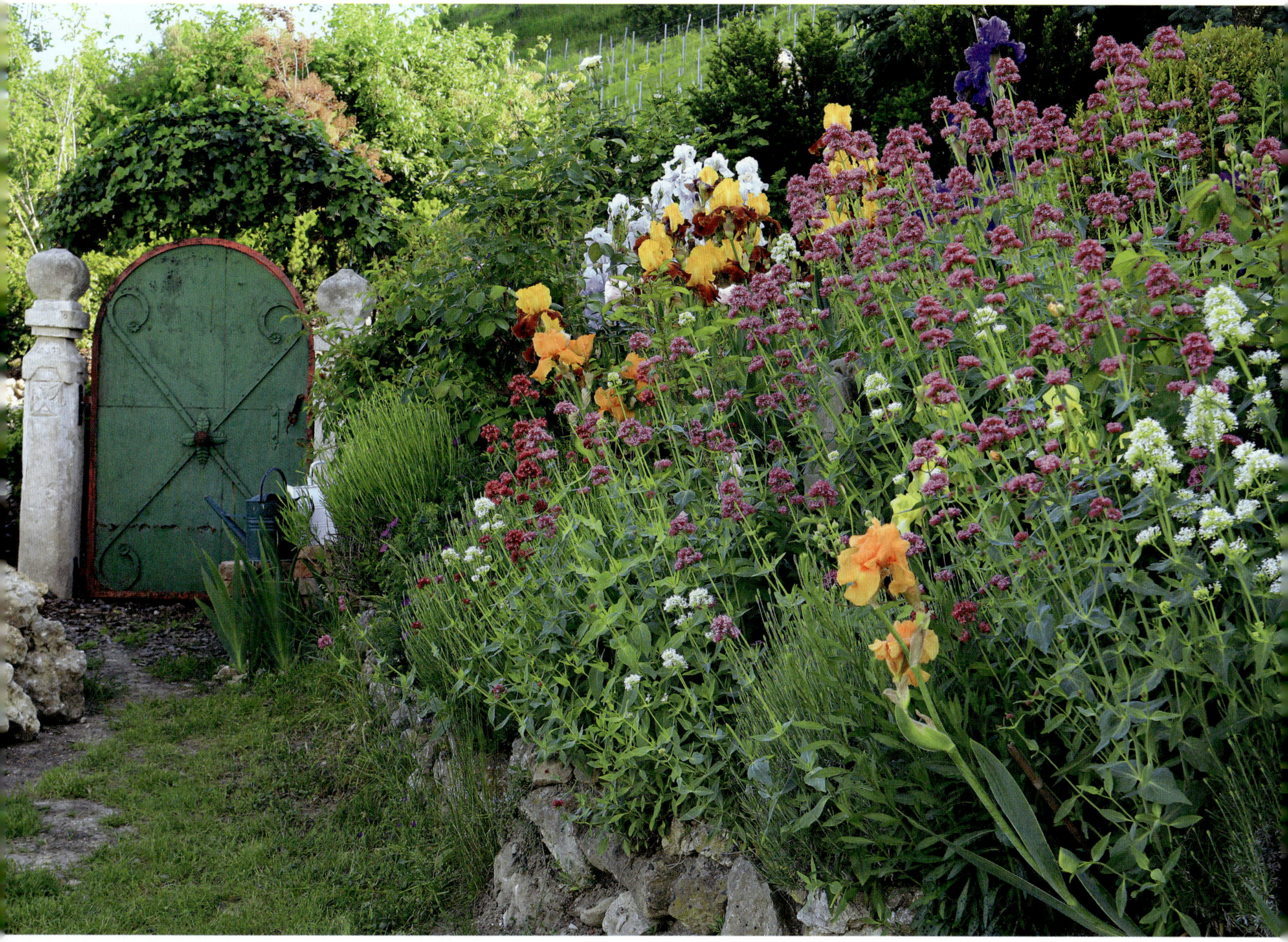

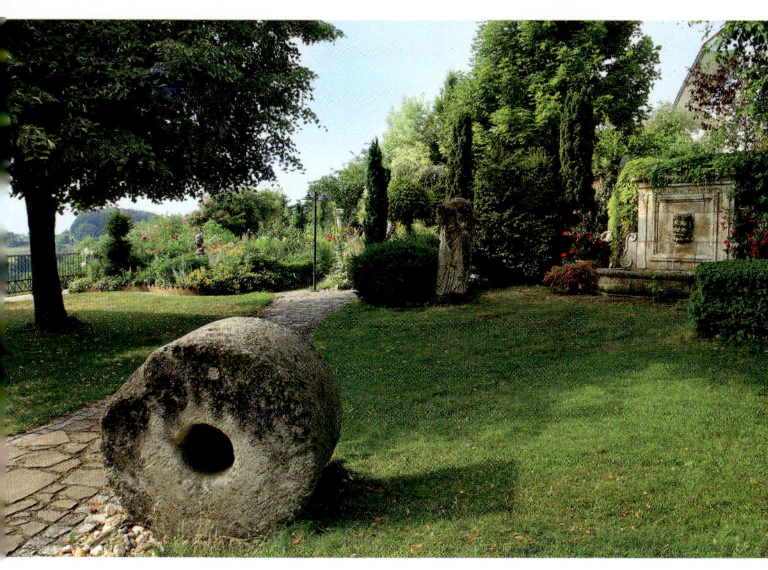

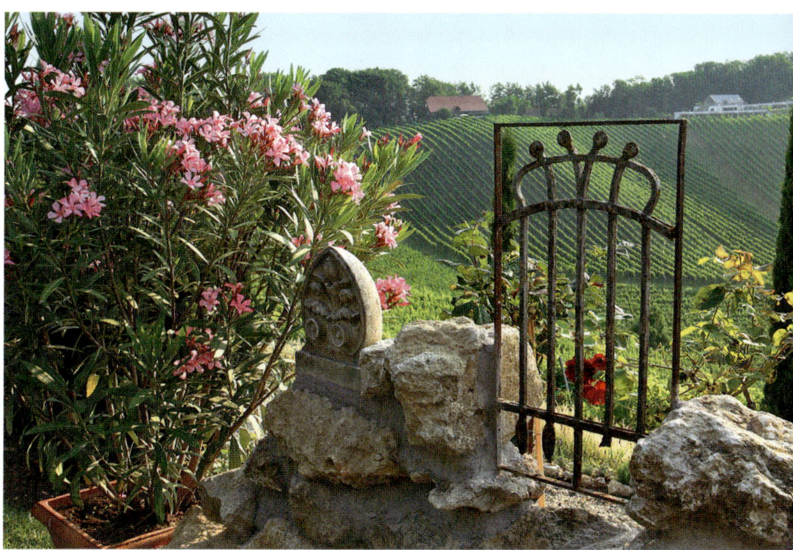

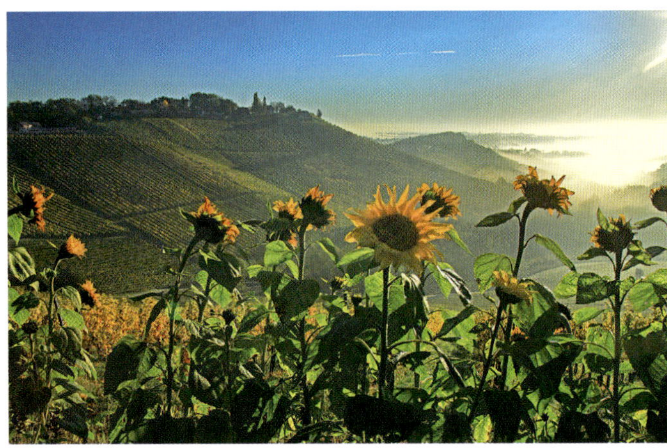

Im Frühsommer sind natürlich die Rosen Hauptakteure des Gartens: Über 700 Sorten werden es schon sein", meint Renate Polz lächelnd, und sie kann jede davon benennen und beschreiben. „Bei Rosen gibt es nichts Kitschiges und nichts Unharmonisches", meint sie, „mir gefallen alle Rosen." Und den Rosen gefällt es im Garten der Familie Polz, das kann man sofort sehen. Die warme, hügelige Lage ist ideal für sie, denn nach Regenfällen trocknet der sanfte Wind die Blätter rasch ab und beugt damit Krankheiten vor.

„Für mich zählt primär schon lange nicht mehr die Äußerlichkeit einer Sorte, sondern vor allem der Duft." Rosen, die nicht duften, fehlt etwas, ist die erfahrene Gärtnerin überzeugt. „Meine geliebten Historischen Rosen blühen zwar nur einmal, aber dann unglaublich üppig, und der Duft ist himmlisch. Er bewirkt etwas mit uns Menschen – mich macht er einfach nur glücklich!"

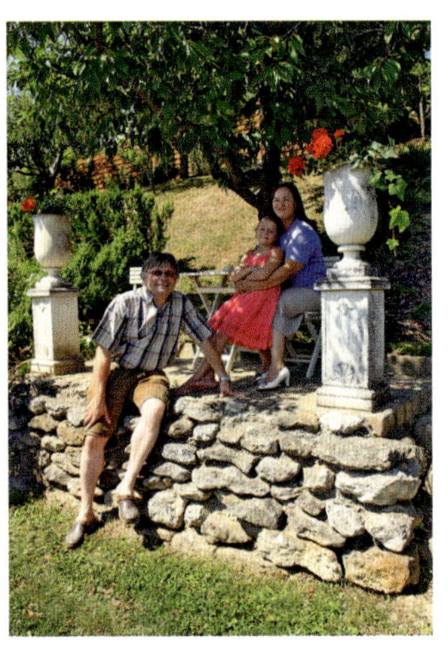

Die Südsteiermark gehört zu den wärmsten und klimatisch am günstigsten gelegenen Gegenden Österreichs – Spätsommer und Herbst sind besonders mild, und das Licht der Sonne sorgt für eine ganz besondere Stimmung.

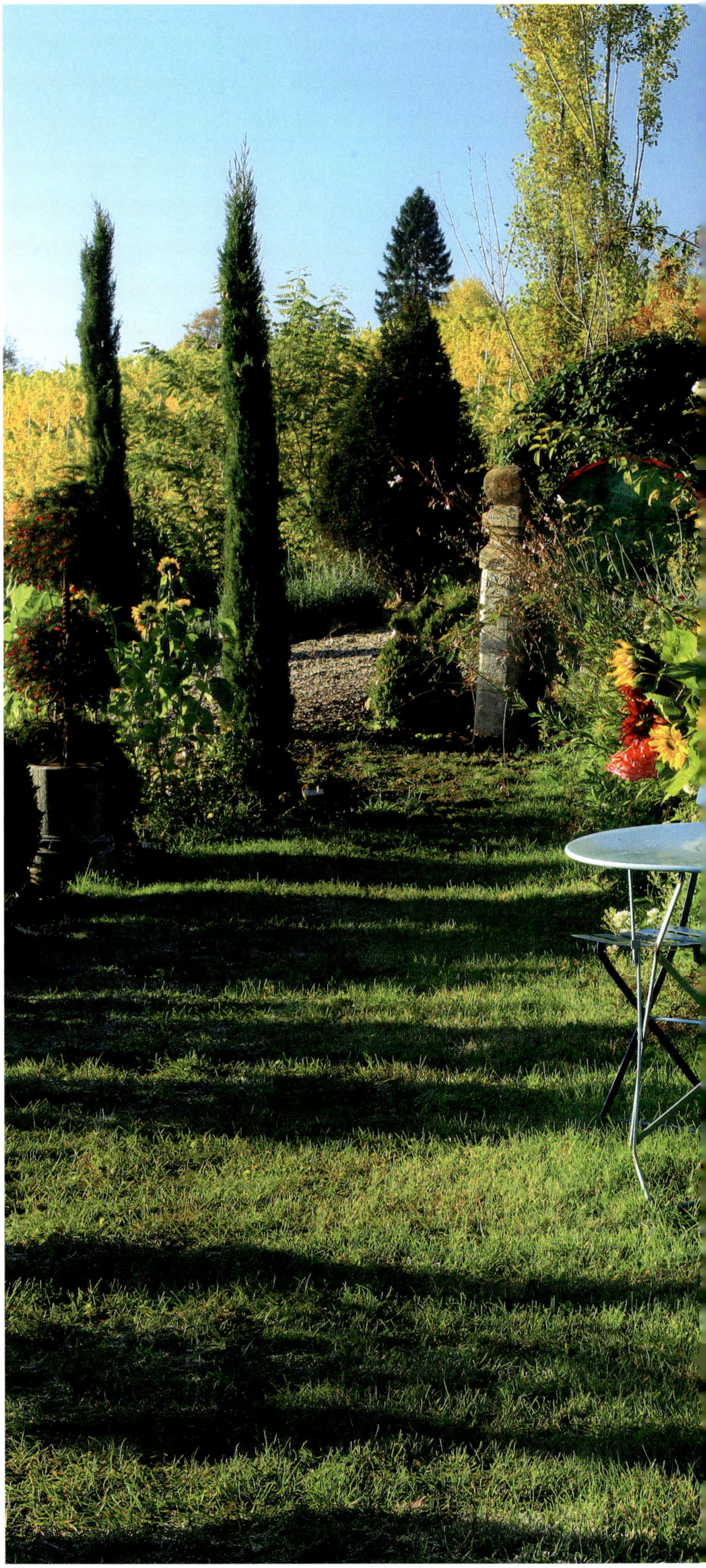

Adresse

Renate Polz
8472 Hochgrassnitzberg 8, Südsteiermark
E-Mail: renate@polz-garten.at
www.polz-garten.at

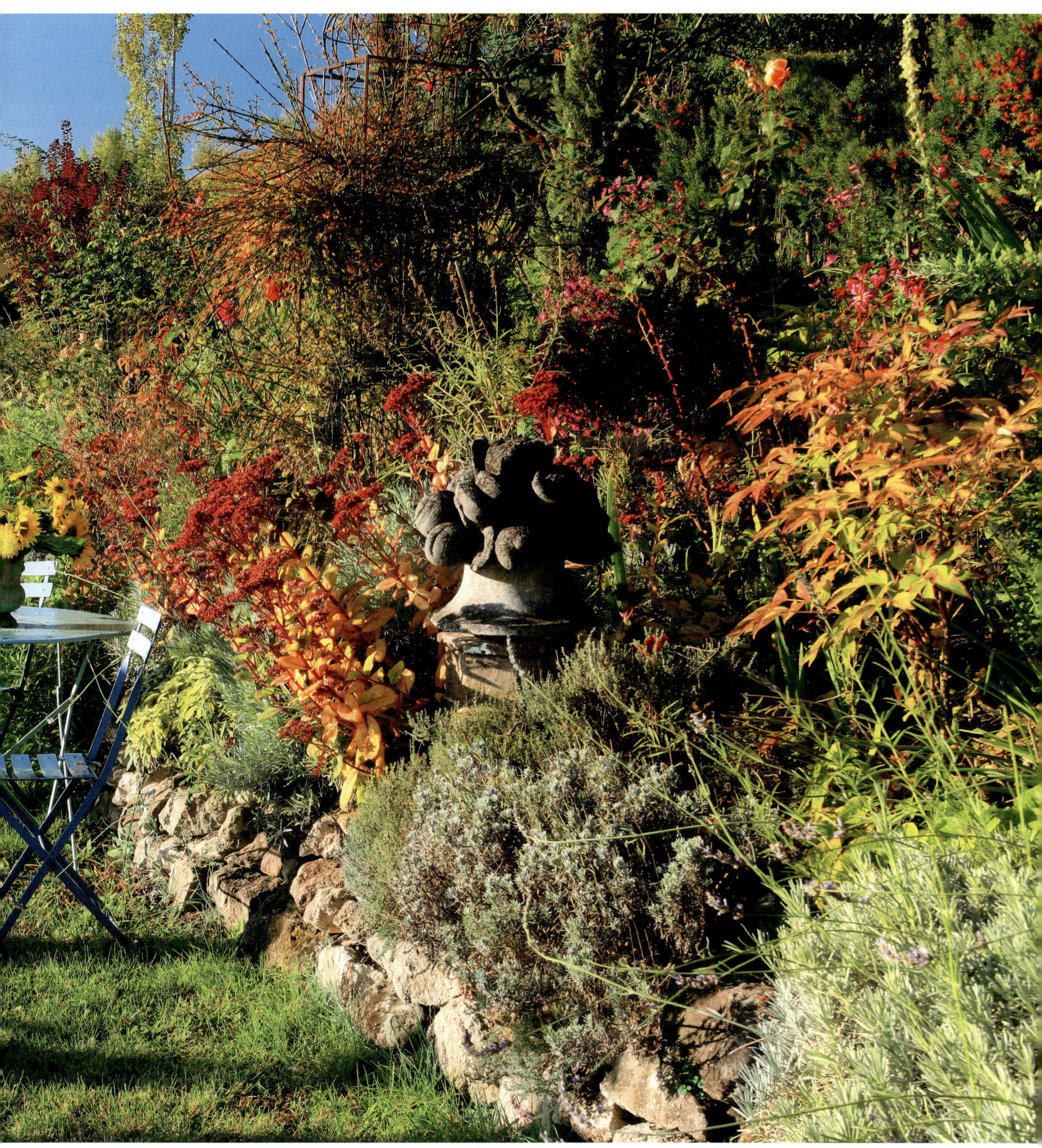

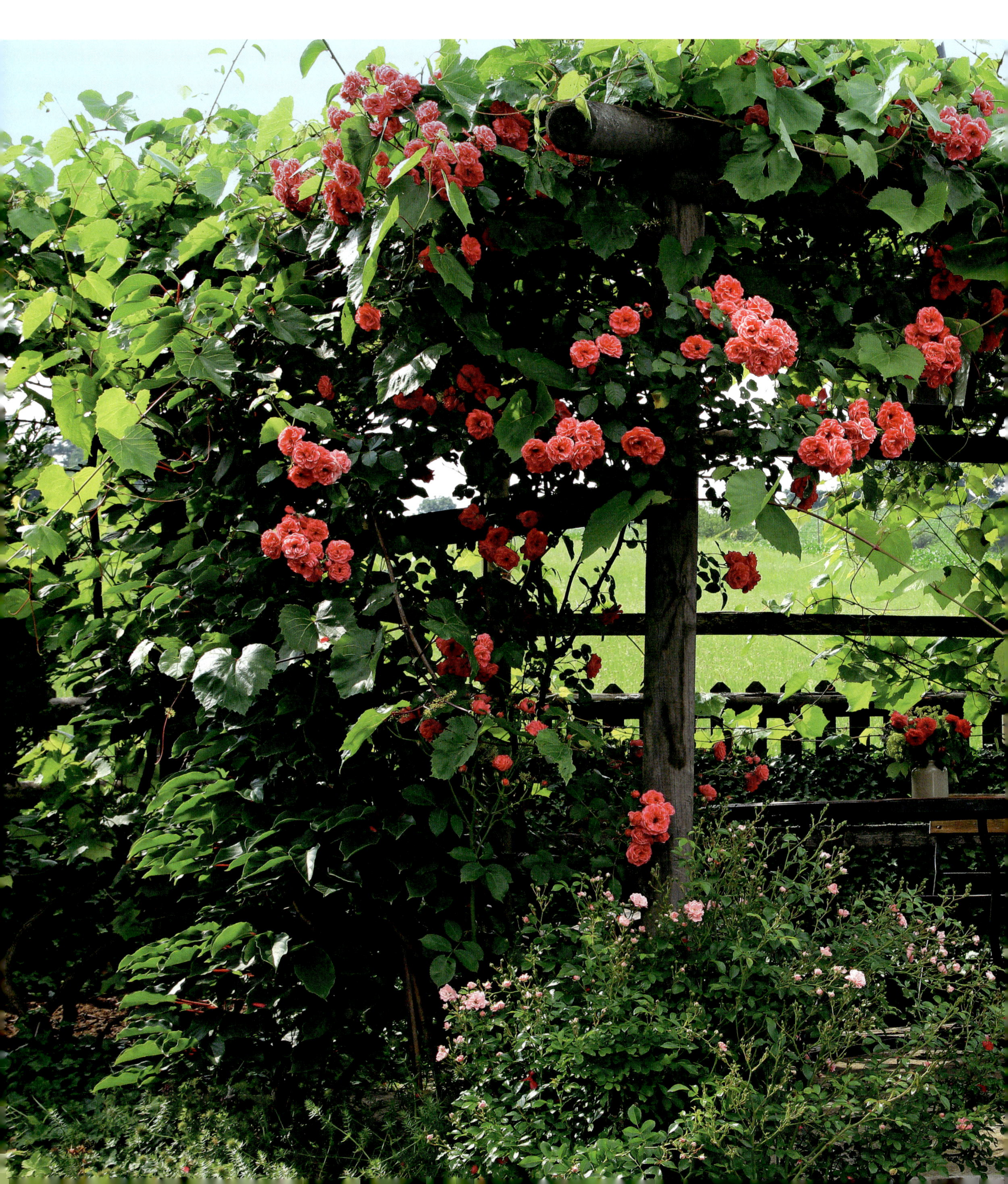

Geborgte Landschaft

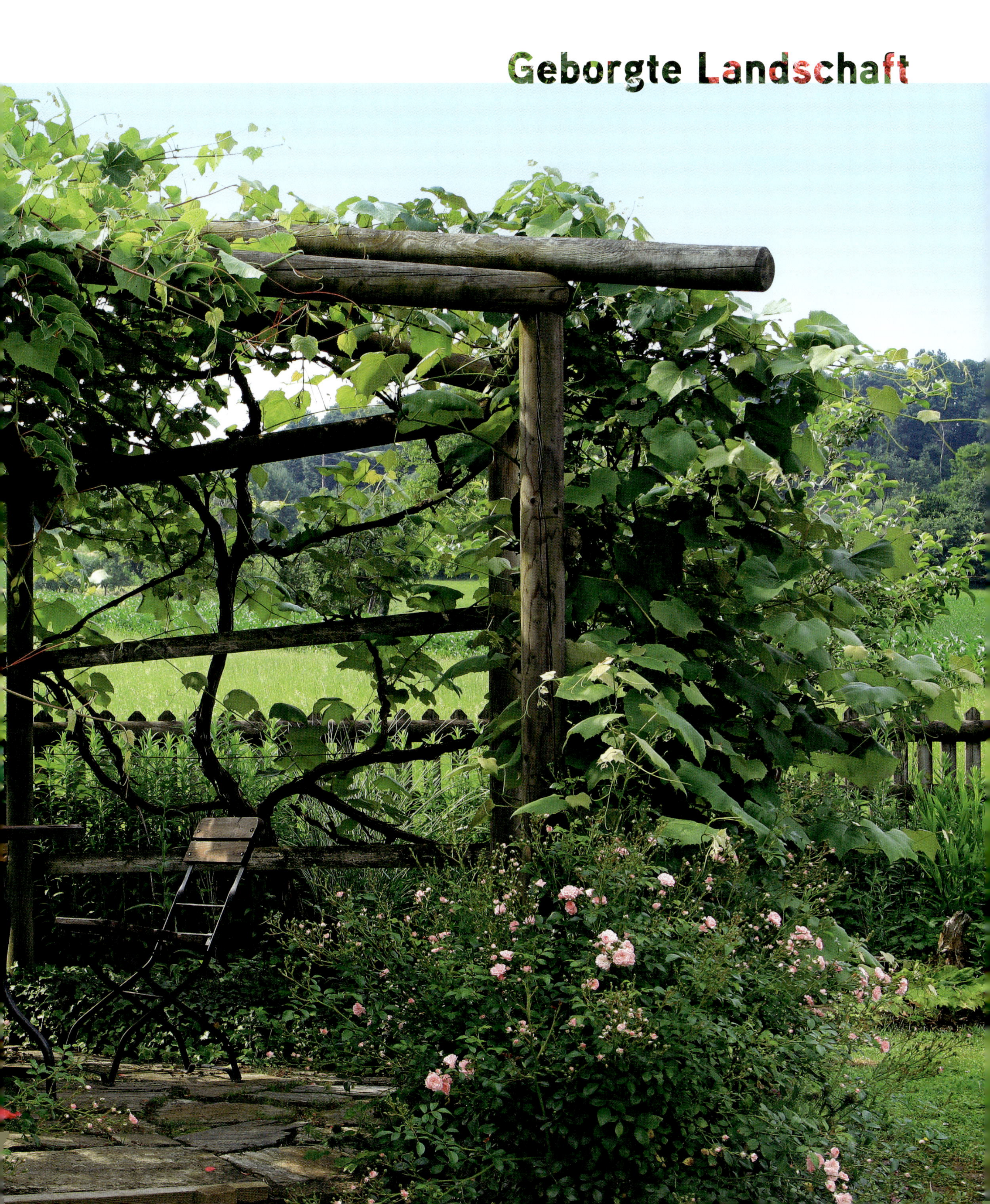

Unten *Wer die umgebende Landschaft in die Gestaltung einbeziehen kann, sollte das auch tun, meint Rosi Hofer. Ihr Garten gibt den Blick in das südoststeirische Hügelland deshalb an vielen Stellen frei.*

Rechte Seite *Die Gärtnerin bevorzugt alte, robuste Rosensorten, die oft herrlich duften. Über 150 Rosenstöcke hat sie in ihrem Garten, darunter die Kletterrose 'Flammentanz', die hier in die Tamariske klettert, und die rosa blühende Strauchrose 'Elmshorn'.*

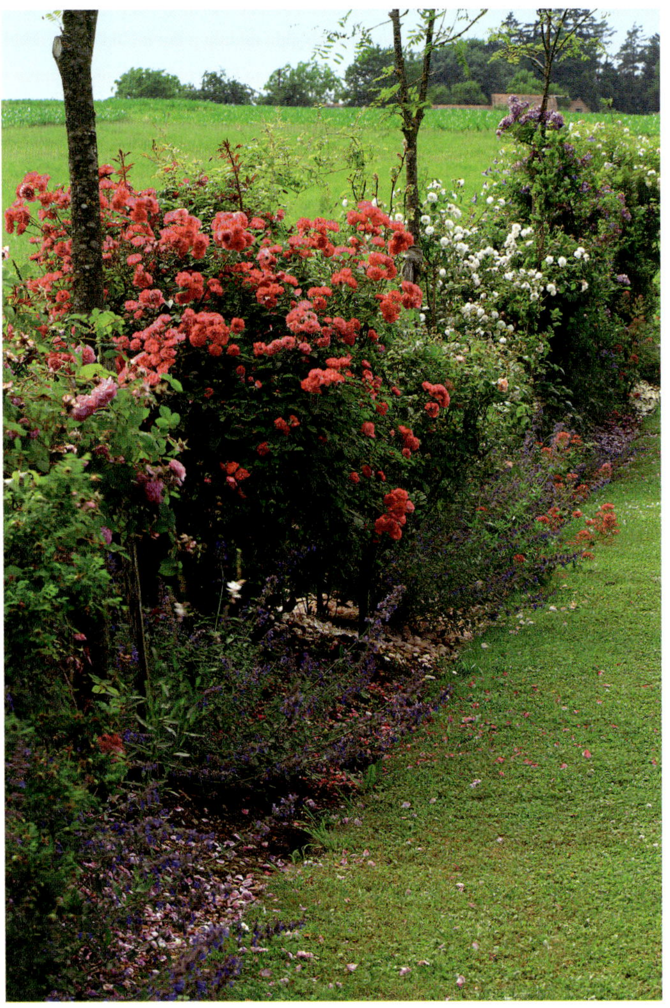

„Als wir 1987 hier mit dem Hausbau begonnen haben, die Kinder waren damals noch klein, war das nur eine Wiese, aber noch bevor der Keller ausgehoben war, hatte ich schon meine ersten Gemüsebeete angelegt", erzählt Rosi Hofer vom Beginn ihres Gartens. Nachdem der Rohbau stand, konnten die Hofers bereits die erste Gemüseernte mit nach Hause nehmen. „Wir haben damals ein paar Obstbäume gepflanzt und eine lebende Hecke, um etwas Sichtschutz zu haben. Ein großer Teil des Gartens aber blieb den Kindern als Spielfläche, mit Schaukel, Sandkasten und Volleyballplatz."

Später, als die Kinder Teenager waren und den Garten weniger in Beschlag nahmen, begann sich Rosi Hofer so richtig für die Welt der Zierpflanzen zu interessieren – der Beginn einer großen Gartenleidenschaft. „Das Geld war knapp und ich habe kaum etwas in der Gärtnerei gekauft, die allermeisten Pflanzen habe ich selbst gezogen, aus Samen, aus Stecklingen oder Ablegern", erzählt sie. Tauschen mit den Nachbarn, Sammeln unterwegs – die Pflanzengesellschaft im Garten der Hofers wuchs, und die leidenschaftliche Gärtnerin bewies mit Geduld, Ausdauer und Kreativität, dass man auch mit wenig Geld zu einem Gartenparadies kommen kann. Dazu kann man sich auch sicher sein: Was sich in den Gärten der Nachbarschaft wohl fühlt, wächst auch ein paar Meter weiter gut, denn Boden und Klima sind identisch. „Ich weiß dadurch zu fast jeder meiner Pflanzen eine Geschichte", lacht Rosi Hofer, „woher sie kommt, bei wem sie zuvor stand, ob es sich um die Lieblingspflanze einer guten Freundin handelt oder das kränkliche Sorgenkind ..."

Rund um das Haus entstanden auf 1800 Quadratmetern Gartenfläche nach und nach zahlreiche „Gartenzimmer". Im Vorgarten sorgt ein kleiner, von Gehölzen umrahmter Teich für ein stimmungsvolles Bild – natürlich mit Gartenbank, denn man muss den Garten auch genießen können. Gegenüber dem Teich ranken sich stattliche Kletterrosen um einen Eisenpavillon. Der Garten beherbergt inzwischen über 150 Rosenstöcke, Rosi Ho-

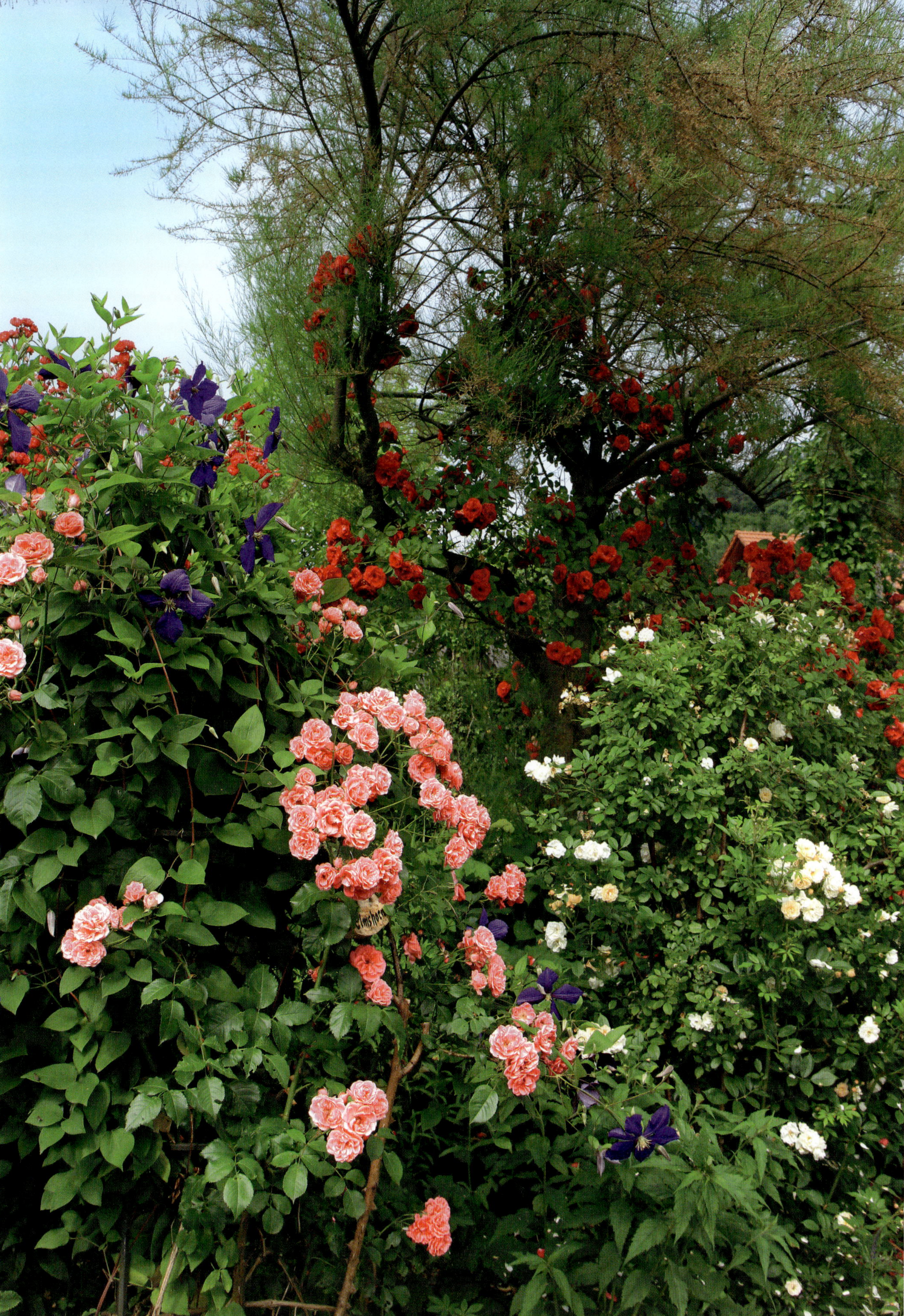

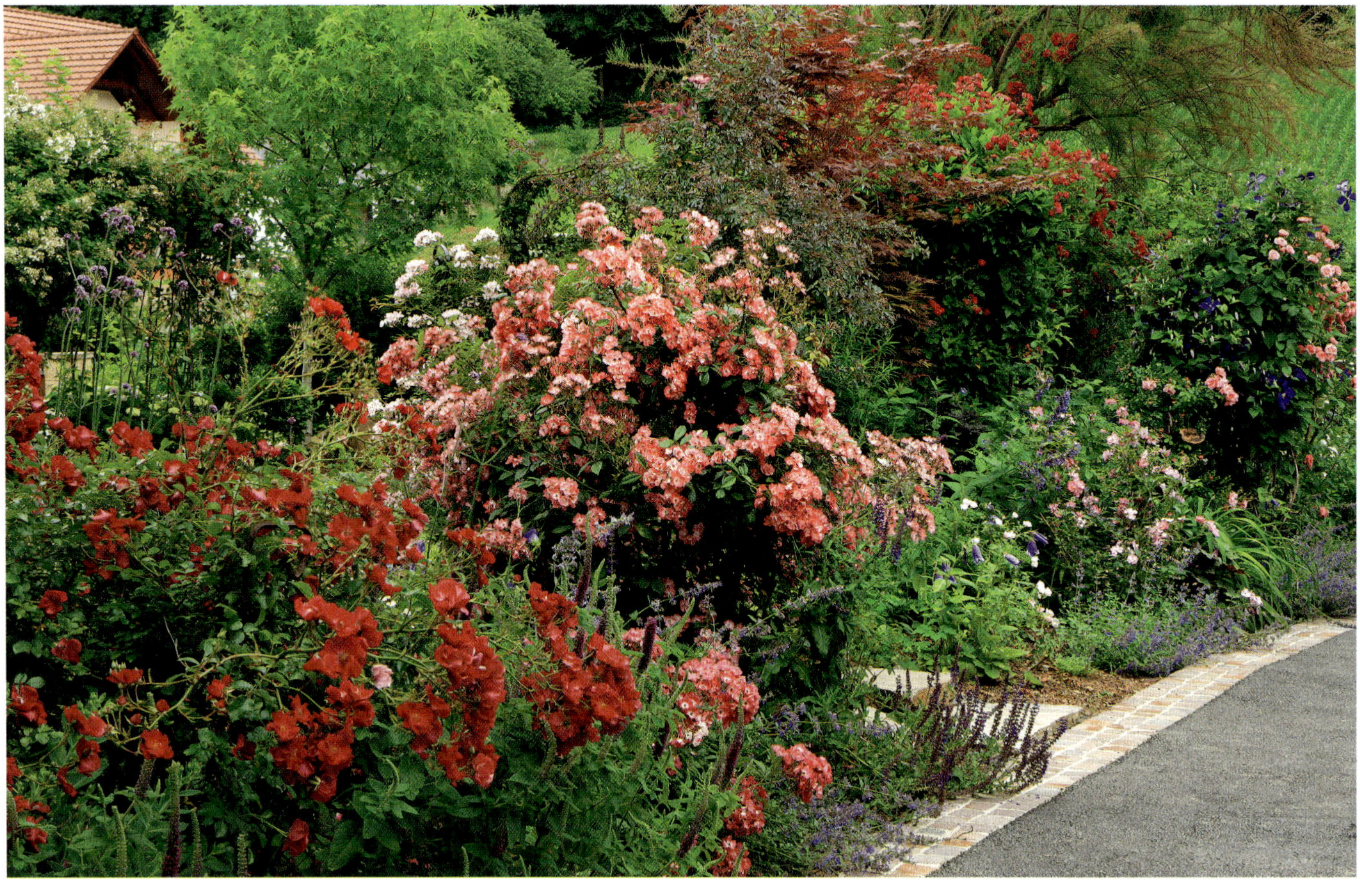

Oben *Auch zur Straße hin zeigt der Garten seine ganze Pracht. Das Mixed Border beherbergt Ehrenpreis* (Veronica), *Katzenminzen* (Nepeta), *Glockenblumen* (Campanula), *Waldreben* (Clematis) *und natürlich Rosen.*

Rechte Seite und unten *Die Gemüsepflänzchen zieht die Gärtnerin zunächst im Gewächshaus heran, ehe sie in die Beete übersiedeln. Dass hier biologisch gewirtschaftet wird, ist selbstverständlich. Im Bild unten: Akanthus* (Acanthus mollis).

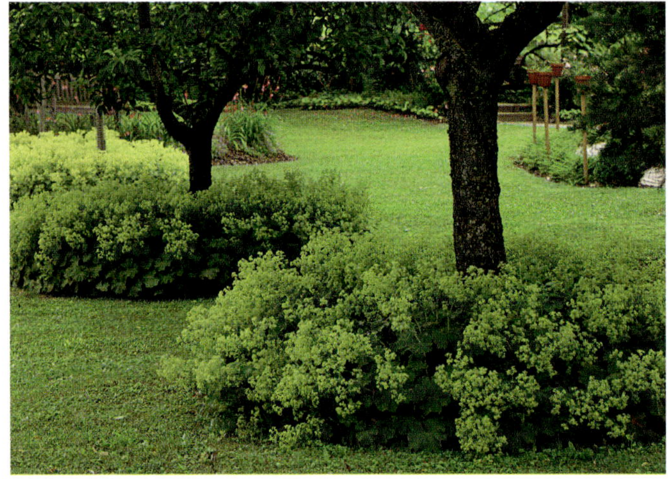

fer bevorzugt Alte Rosen-Sorten, die zum großen Teil herrlich duften und wenig anfällig für Krankheiten sind.

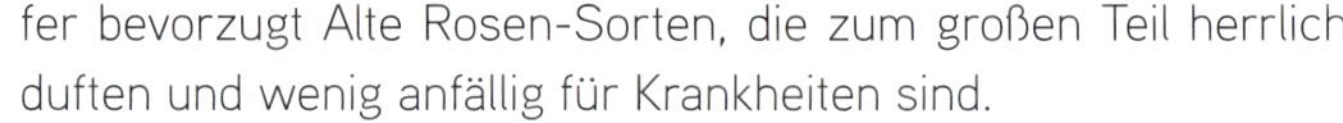

In den Blumenrabatten blühen Stauden und Sommerblumen um die Wette.

Der Pavillon aus Holz ist eines der Herzstücke des Gartens, er wird vom Asterngarten und zahlreichen Staudenbeeten umrahmt. An der Nordwestseite des Hauses entstand ein Schattengarten. Hier gedeihen Funkien, Hortensien und andere Schatten liebende Pflanzen.

„Der Garten entwickelt sich ständig weiter", erzählt Rosi Hofer, „gepflanzte Gehölze werden groß, und ein ehemals sonniges Platzerl mutiert zum Schattengarten. Oder die selbst gebauten Birkensessel werden langsam morsch, dann machen sie einer neuen Laube Platz und das Gartenleben bleibt im Fluss."

Natürlich wird im biologisch bewirtschafteten Garten der Hofers gemulcht und kompostiert, wie es im naturnahen Garten selbstverständlich ist. Eine Vielzahl an Obst- und Gemüsearten bereichert den Speiseplan. Dabei werden auch gleich die mittlerweile erwachsenen Kinder mitbeliefert. Im selbst gebauten Gewächshaus mit 10 Quadratmeter Grundfläche zieht Rosi Hofer nicht nur Gemüse, sondern auch Zierpflanzen heran, und dank der warmen Stube gibt es selbst geernteten Salat fast das ganze Jahr über. Gleich daneben wartet ein lauschiger Arbeitsplatz, ein Gartentisch mit Aussicht auf die benachbarten Felder, zum Umtopfen, Pflegen, aber auch zum Heranziehen von Jungpflanzen, die dann in der „Pflanzenkinderstube“ von Rosi Hofer Aufnahme finden. Auch an anderen Stellen gibt der Garten immer wieder den Blick auf die Felder und Äcker des südoststeirischen Hügellands frei, die „geborgte“ Landschaft, wie Rosi Hofer den weiten Blick nennt. „Das ist unser Vorteil am Land“, meint sie, „wir können hier die Umgebung in die Gestaltung unserer Gärten einbeziehen.“

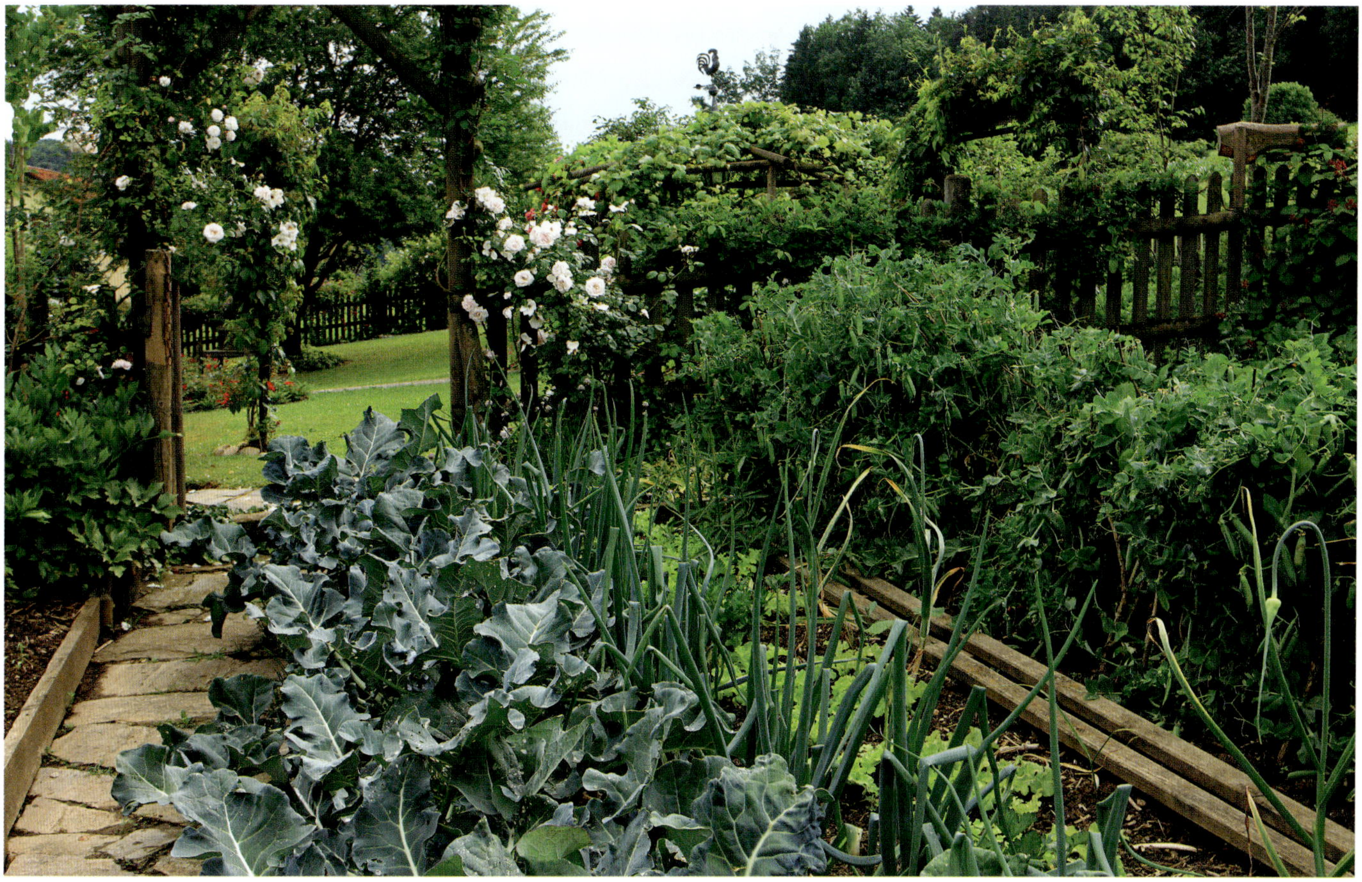

Auch Rosi Hofers Garten gehört zur Gruppe der „Lebensgärten“ im „Vulkanland“ und hat sich mittlerweile zum gut besuchten Schaugarten entwickelt. Etwa 400 Besucher kommen jedes Jahr und holen sich Tipps und Ideen. Der Gesprächsstoff geht dabei nie aus, und so manches Pflänzchen aus Rosi Hofers Pflanzenkinderstube gedeiht danach an anderer Stelle weiter.

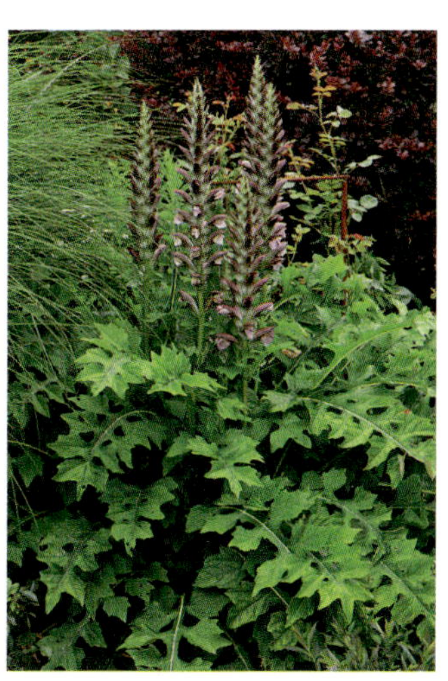

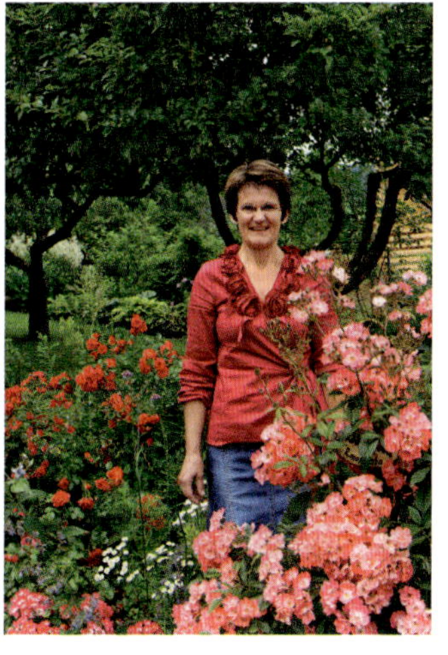

Adresse

Rosi Hofer
Lugitsch 23
8091 Jagerberg
Tel.: +43/680/320 49 33
E-Mail: joshofer23@gmail.com
www.rosisgarten.at

Besuch nach Vereinbarung

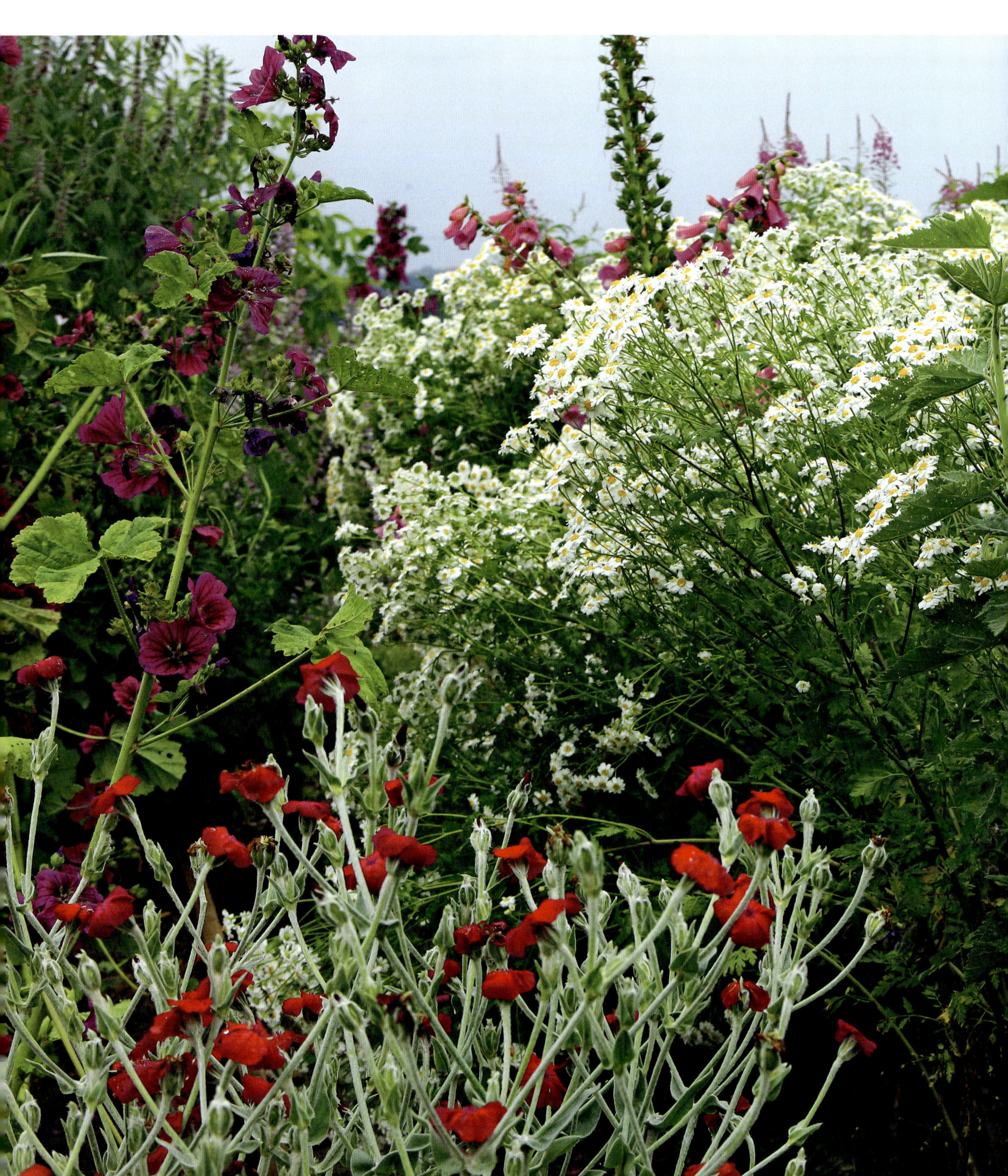

Ein Besuch am „Kräuterhügel“

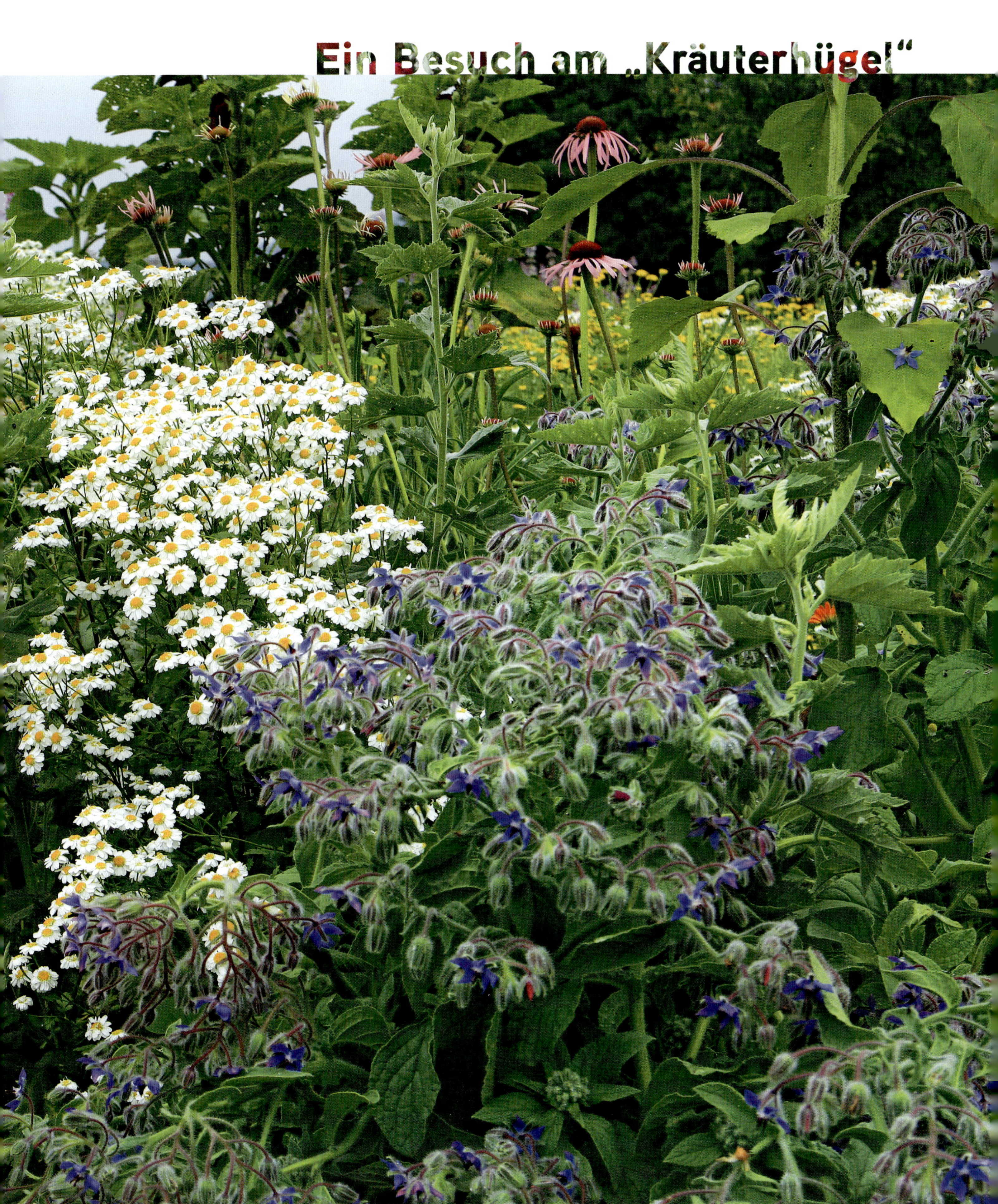

Auf den wärmespeichernden Natursteinen fühlen sich Kräuter wie Muskateller-Salbei (Salvia sclarea), *Mutterkraut* (Tanacetum), *Färberkamille* (Anthemis tinctoria) *und viele andere wohl. Beim Haus sind auch Prachtstauden zu finden.*

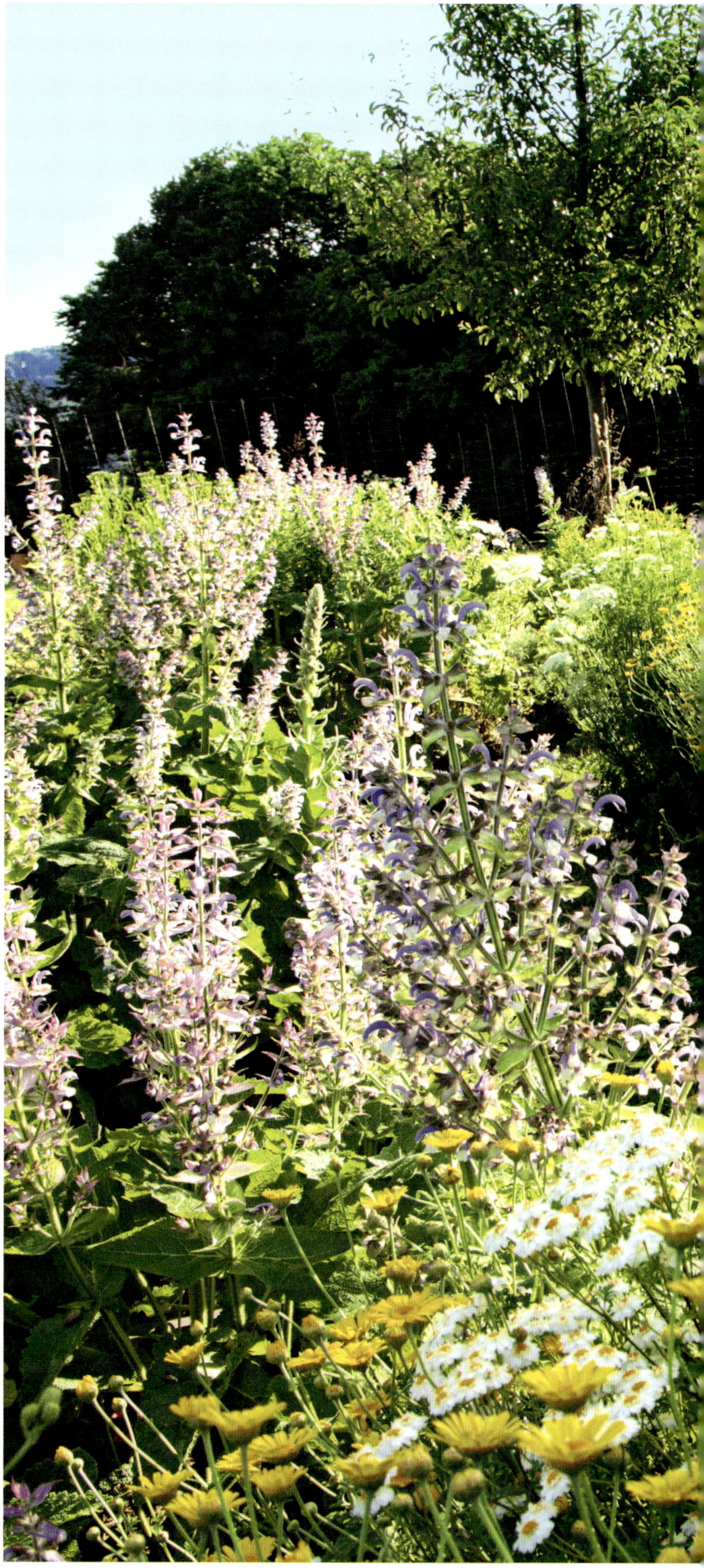

Wer den Weg zum liebevoll renovierten Bauernhaus der Bregars im steirischen Vulkanland nahe Feldbach findet, entdeckt dabei gleichzeitig einen verzauberten Ort. Am Waldrand, auf einem sanften Hügel gelegen und von Wiesen umringt, hat sich Andrea Bregar hier mit ihrer Familie ein kleines Paradies geschaffen.

Schon als Kind liebte die heutige Kräuterpädagogin die Düfte und Blumen im Garten der Großmutter, erzählt sie auf dem Weg durch das in der Sonne duftende Pflanzenmeer. „Von daheim habe ich auch schon einiges Wissen rund um die Kraft und Verwendung von Kräutern mitgenommen." Manche von Andrea Bregars Lieblingspflanzen wie Eberraute *(Artemisia abrotanum)*, Mutterkraut *(Tanacetum parthenium)* und alte Pelargonien mit rosa Blüten und weiß umrahmten Blättern stammen noch aus dem Garten der Großmutter.

Die kleine Landwirtschaft um den Bauernhof der Bregars umfasst etwa 1,5 Hektar. Der Kräutergarten erstreckt sich auf dem sonnigen Südosthang. Die Pflanzen darin hat Andrea Bregar nach Themen zusammengefasst – mediterrane Kräuter, Gewürz-, Heil-, Teekräuter und andere. Dabei regiert aber keine strenge Trennung, sondern ein harmonisches Miteinander, und

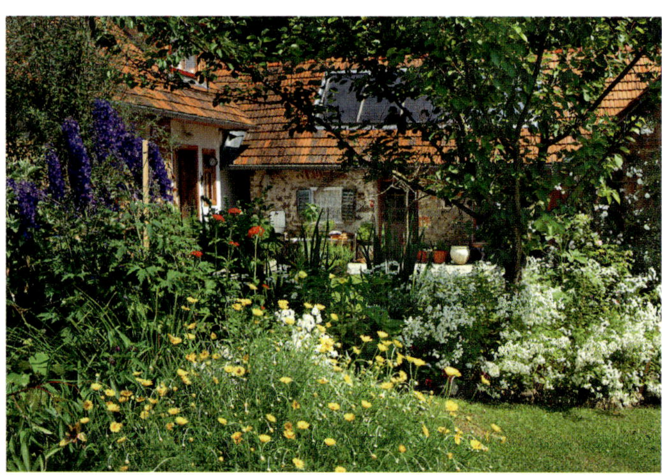

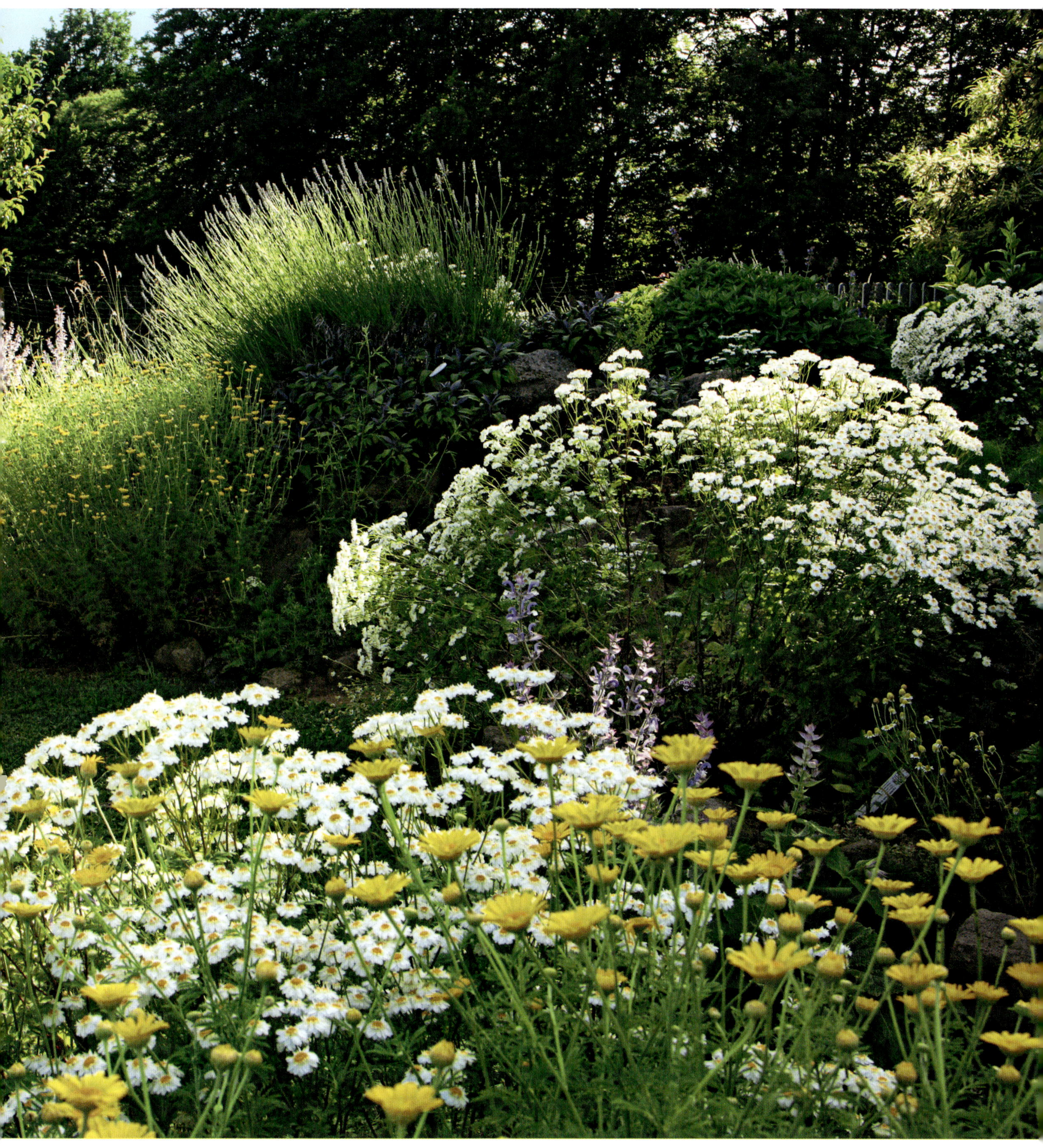

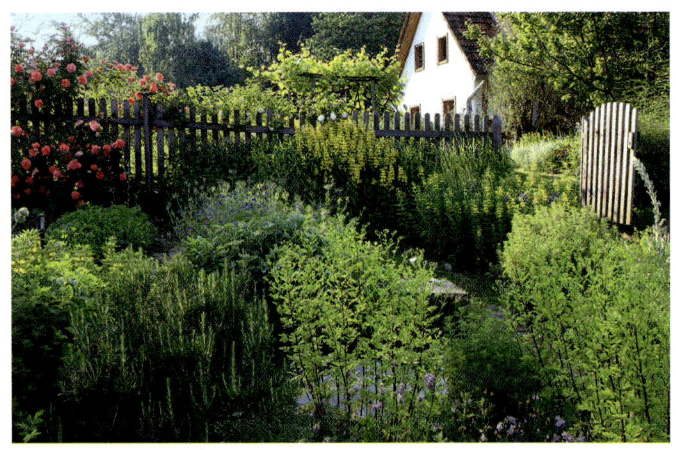

Auf einem sanften Hügel gelegen und von Wiesen umringt, hat sich Andrea Bregar im steirischen Vulkanland nahe Feldbach mit ihrer Familie ein kleines, feines und duftendes Paradies geschaffen.

Rechte Seite *Rosen dürfen auch hier nicht fehlen. In den bunt gemischten Beeten drängen sich Mutterkraut* (Tanacetum), *Bartnelke* (Dianthus barbatus) *und die Rote Melde* (Atriplex hortensis *var.* rubra) *neben den Tomatenpflanzen.*

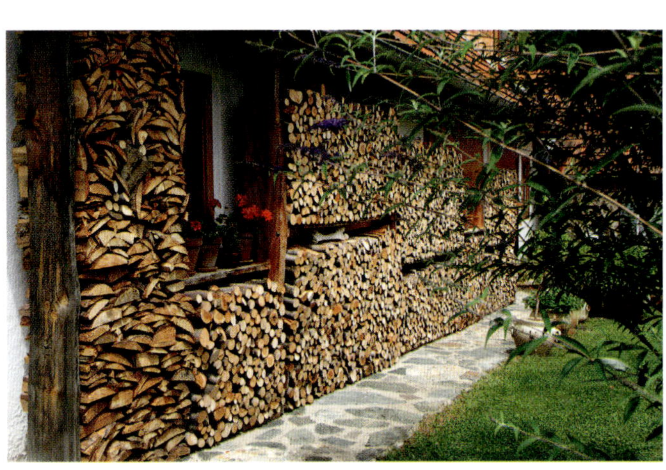

fast jedes Gewächs darf sich letztlich den Platz suchen, der ihm am meisten zusagt. Auch „Unkräuter" wie Löwenzahn, Brennnesseln und Gänseblümchen finden Verwendung in der Küche oder für Kosmetik. Andrea Bregar sammelt, trocknet und verarbeitet zudem Wildkräuter wie Johanniskraut *(Hypericum perforatum)*, Schafgarbe *(Achillea millefolium)*, Odermennig *(Agrimonia eupatoria)*, Labkraut *(Galium verum)*, Beinwell *(Symphytum officinale)* und viele mehr.

Das Wissen um die vielfältigen Möglichkeiten der Kräuter gibt die ausgebildete Kräuterpädagogin in Kursen und Workshops an Interessierte weiter, zum Beispiel das Verarbeiten zu Cremes, Seifen und Salzen. Die dreifache Mutter weiß, dass Naturverständnis am besten schon in der Kindheit verwurzelt wird. Die Söhne Paul, Johannes und Wendelin sind jetzt schon richtige Pflanzenexperten geworden und kennen sich auch mit so manchem Gemüse aus. Kein Wunder, denn sie haben das Glück, in einer intakten Naturlandschaft aufzuwachsen, liegt der Grund der Bregars doch mitten im Landschaftsschutzgebiet.

Auch der Gemüsegarten ist ein üppiger Ort: Was das Herz begehrt, gibt es hier frisch geerntet und lässt so manchen Gartenbesucher große Augen machen. Den ganzen Winter über ist die Familie versorgt, ein Gewölbekeller mit Lehmboden bietet den optimalen Lagerplatz. „Dabei gieße ich gar nichts, ausgenommen die jungen Gemüsepflanzen. Alles andere kommt gut allein zurecht", lässt Andrea Bregar die Gartenarbeit einfach erscheinen. Dann aber verrät sie doch einen Teil des Erfolges: „Der schwere Lehmboden, der das Wasser gut speichert, trägt das Seine dazu bei. Wir haben ihn zum Beginn mit Sand und Kompost aufgelockert, und nun sind die Pflanzen bestens versorgt und der Boden ist leichter zu bearbeiten."

„Kräuter erkennen, genießen und erleben", sind die Eckpfeiler des Kursangebots: Vom Wildkräutersammeln, Heilpflanzenkennenlernen bis zum Seifensieden – Andrea Bregar vermittelt die Schätze und Köstlichkeiten der Natur am liebsten direkt vor Ort, in ihrem eigenen Garten und ihrer gemütlichen Werkstatt. Dabei kann man auch die Wurzeln von Eibisch, Beinwell, Löwenzahn, Baldrian, Alant, Nachtkerzen, Sonnenhut und Engelwurz kennen und nutzen lernen, sie alle sind im kulinarischen Bereich oder in der Hausapotheke verwendbar. „Kräuterpädagogen sind Botschafter der Natur", ist sie von ihrer Aufgabe überzeugt und hat noch viel vor.

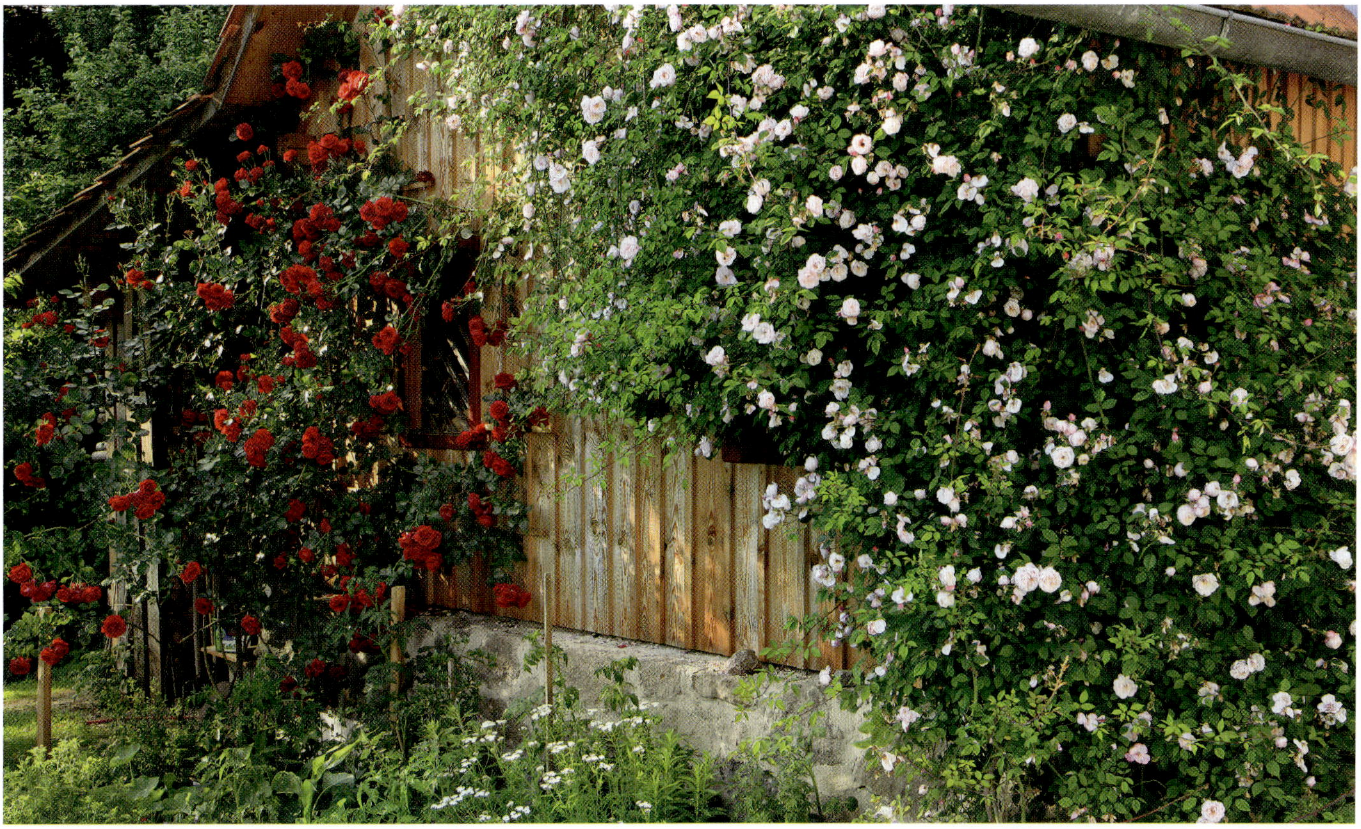

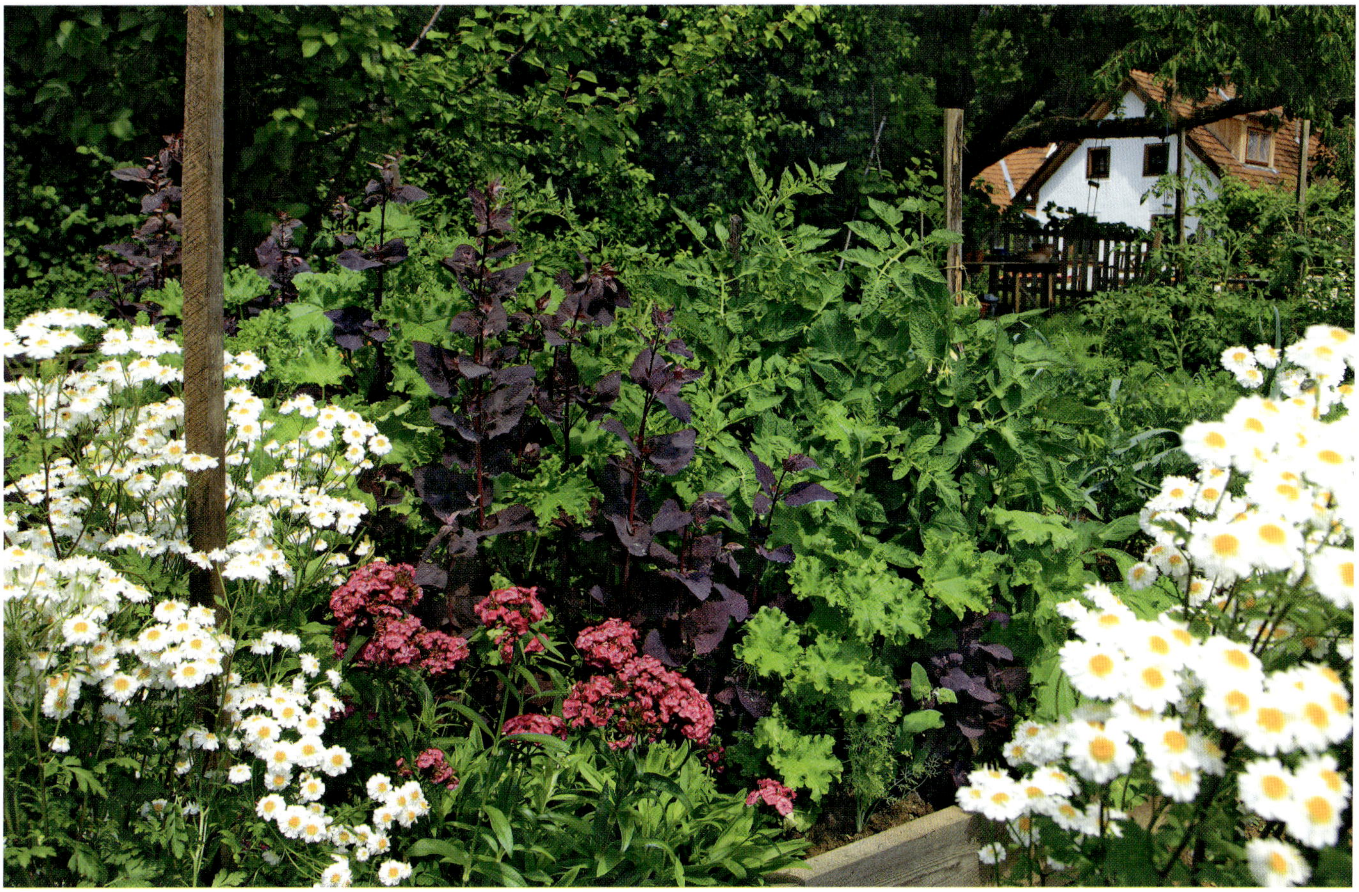

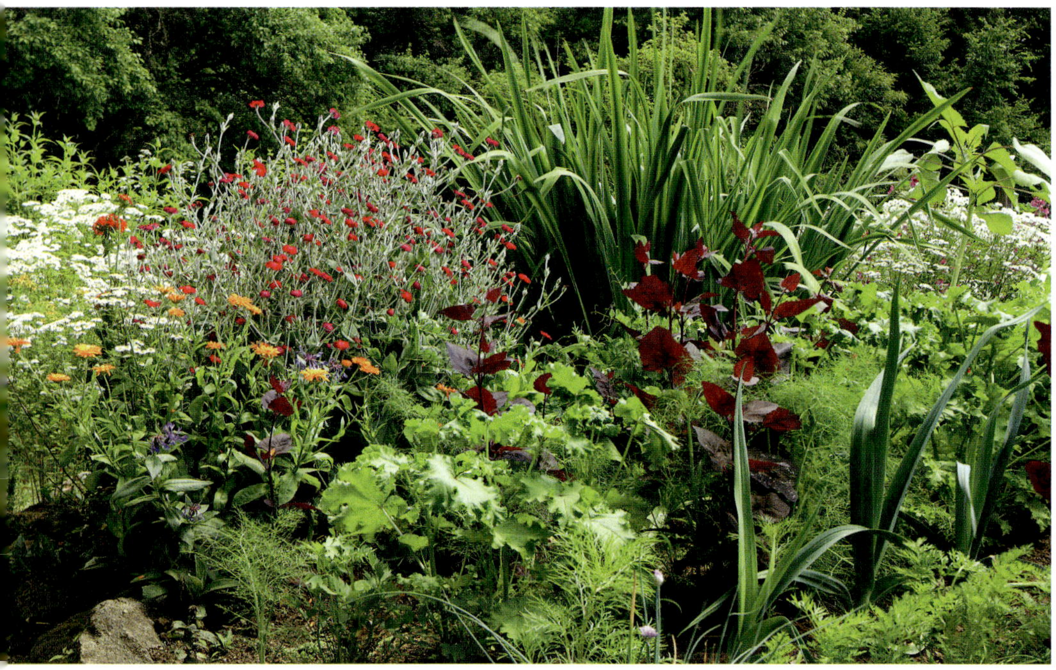

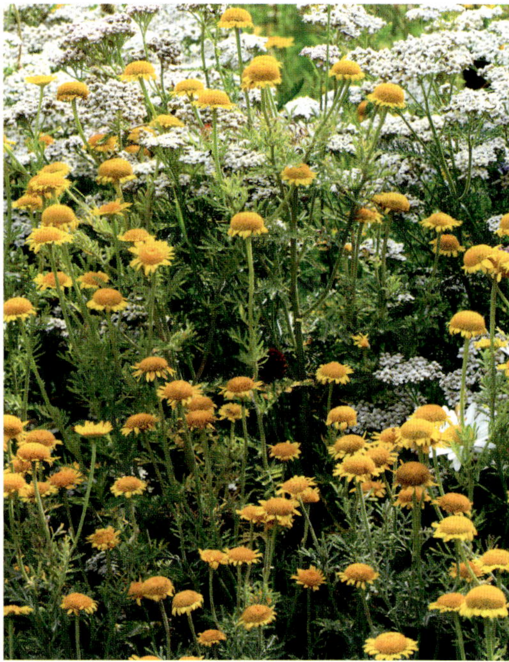

Oben *Ein Naturgarten wie er schöner nicht sein könnte. Kräuter, Gemüse und Stauden wachsen hier fröhlich vereint: von Ringelblumen* (Calendula) *über Fenchel* (Foeniculum) *und Lauch* (Allium) *bis zu Vexiernelken* (Lychnis coronaria).

Unten *Die Wilde Malve* (Malva sylvestris), *auch Große Käsepappel genannt, ist eine bewährte Heilpflanze mit wunderschönen lilafarbenen Blüten. Blumensträuße aus Wildblumen und Kräutern schmücken im Sommer den Gartentisch.*

Oben *Sonne, Blüten, Duft – ein Pflanzenmeer aus Färberkamille* (Anthemis tinctoria), *Schafgarbe* (Achillea millefolium), *Kugellauch* (Allium sphaerocephalon) *und Kornblume* (Centaurea cyanus).

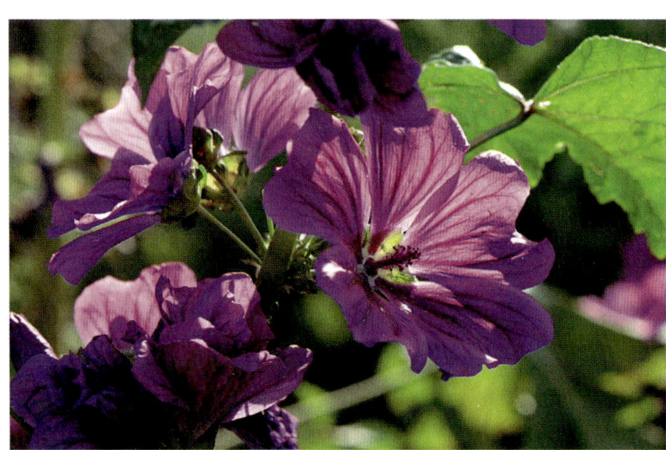

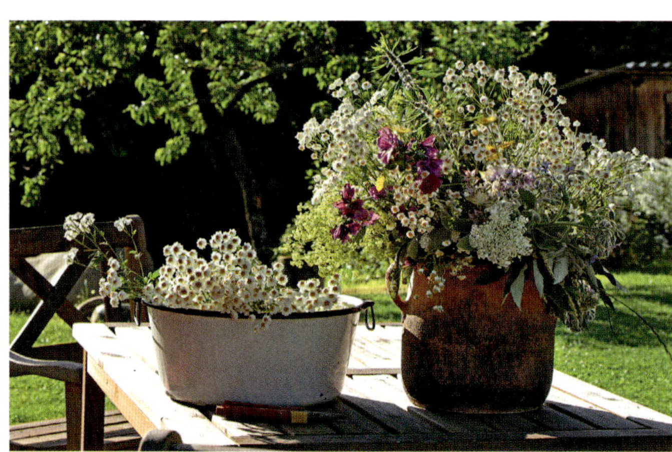

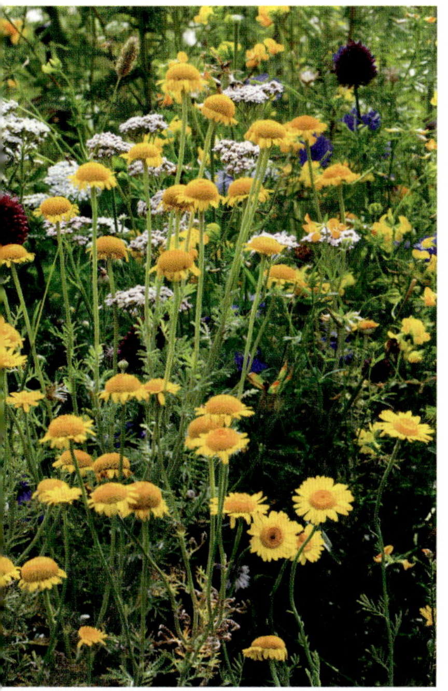

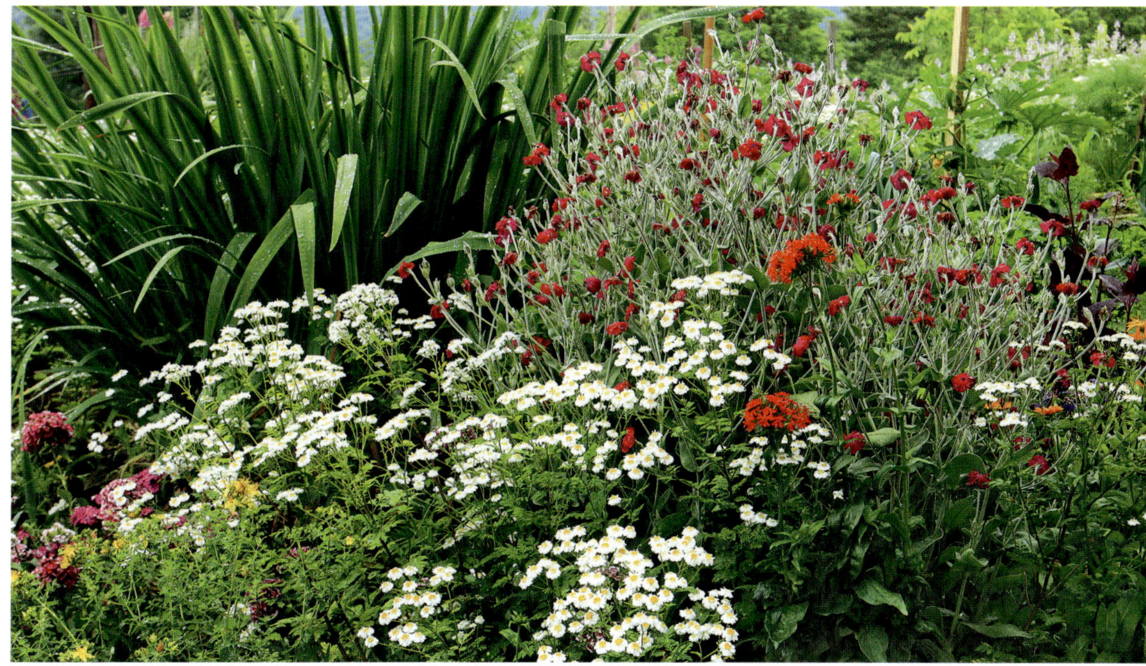

Oben *Der Kräutergarten erstreckt sich auf dem sonnigen Südosthang und ist in Themenbereiche gegliedert. Dabei regiert ein harmonisches Miteinander, und fast jedes Gewächs darf sich den Platz suchen, der ihm am meisten zusagt.*

Unten *„Kräuterpädagogen sind Botschafter der Natur", ist Andrea Bregar von ihrer Aufgabe überzeugt und gibt ihr Wissen gern weiter – vom Wildkräutersammeln über Heilpflanzenkennenlernen bis zur Naturkosmetik.*

Adresse

Andrea Bregar
Gossendorf 79
8330 Feldbach
Tel.: +43/660/149 68 85
E-Mail: andrea@kraeuterhuegel.at

Gartenbesuche nach Voranmeldung möglich
Kurstermine und Anmeldung:
www.lebenmitkraeutern.net

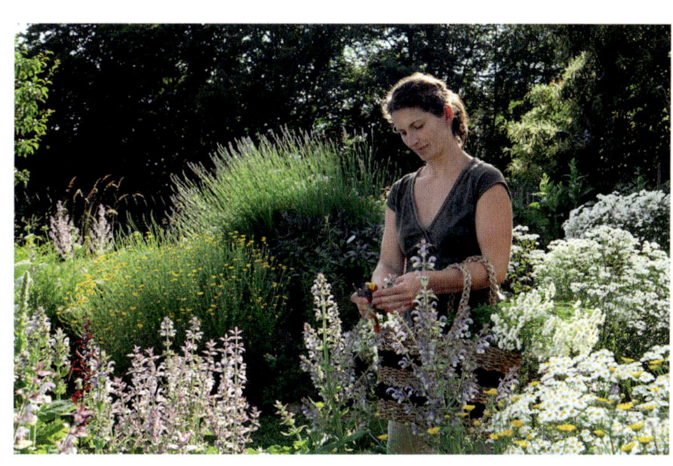

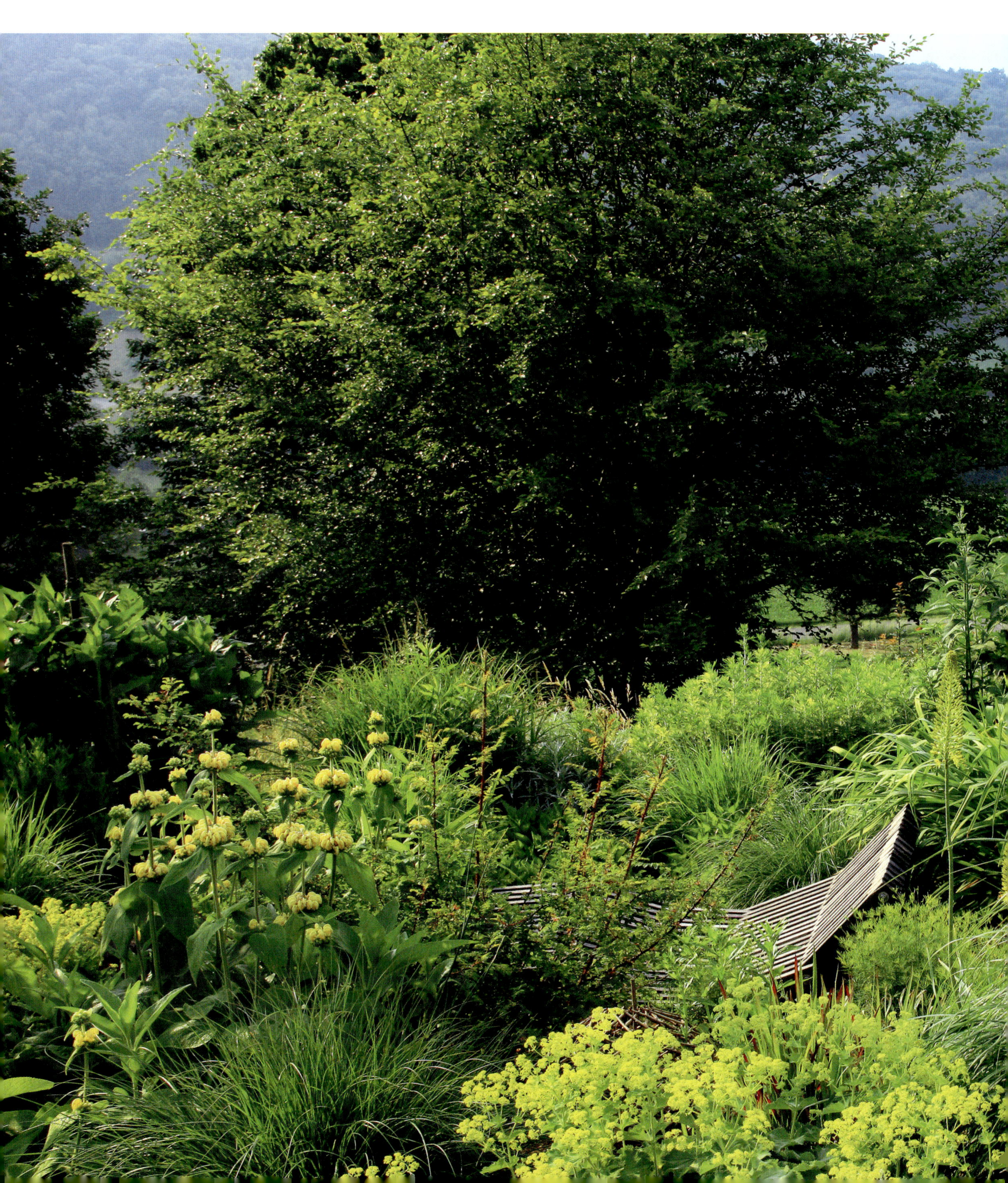

Garten & Gärtnern als Lebensthema

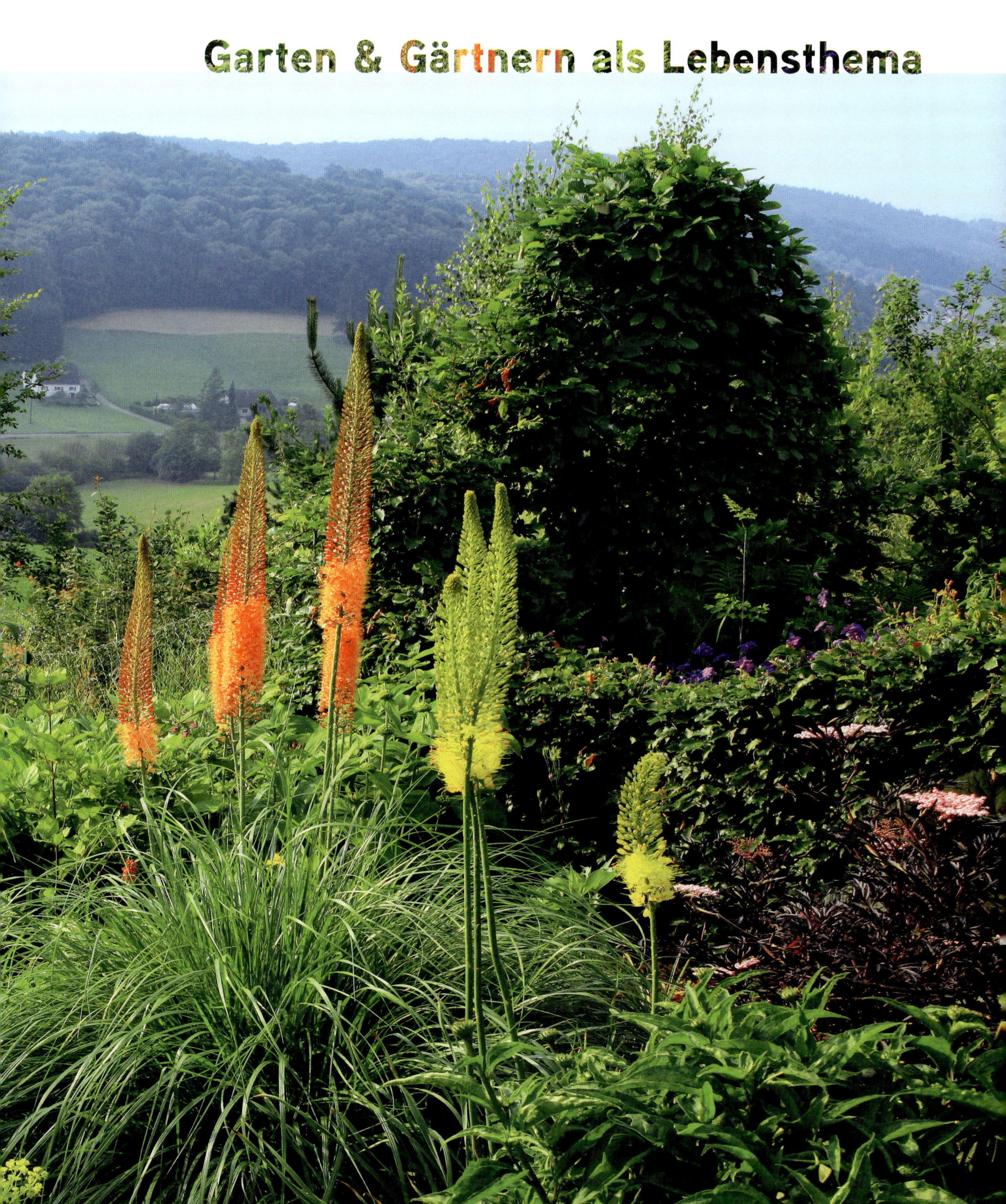

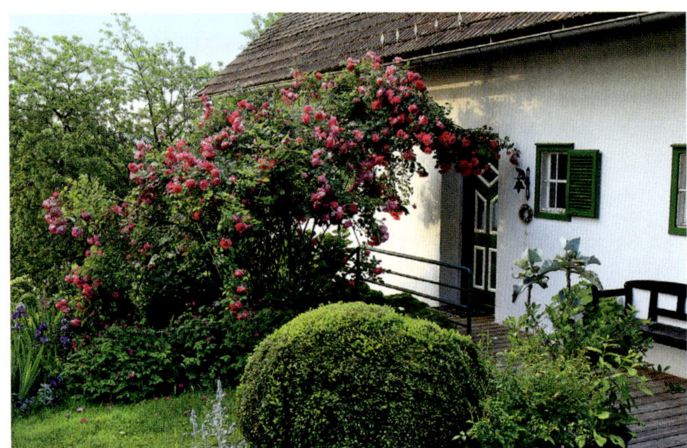

Bei der Haussuche war klar, dass auch ein Garten dabei sein musste. Da kam das ehemalige Wochenendhaus bei Feldbach, im oststeirischen Vulkanland, mit 5000 Quadratmetern „schiefer" Wiese gerade richtig.

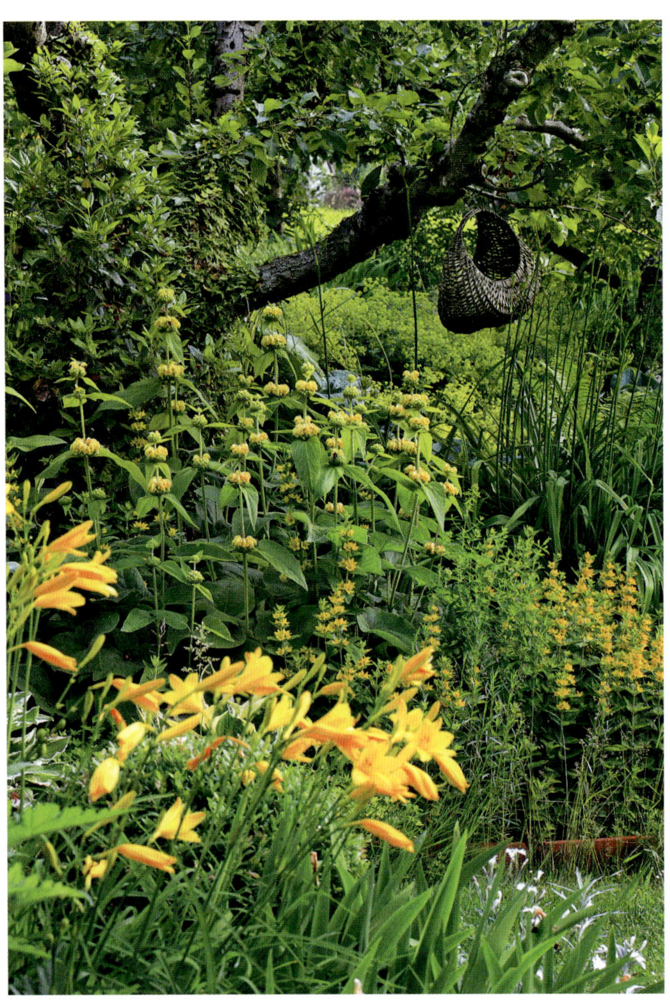

Rechte Seite *Die groben Terrassierungen wurden mit dem Bagger erledigt, damals entstand auch der Teich mit Wasserfall und Sitzplatz. Danach ließ Susanne Pammer keine schweren Maschinen mehr in den Garten.*

Dass Susanne Pammer einmal einen eigenen Garten gestalten würde, war ihr immer klar. „Ich habe schon als Kind gemeinsam mit meiner Oma Löcher gegraben und Pflanzen gesetzt", erzählt sie. Doch zuerst kamen einmal Ausbildung und Beruf. In der Tourismusbranche tätig, zog sie durch die Welt, arbeitete in Hotels in Kanada, Russland und der Schweiz und war an jeder neuen Arbeitsstelle für die Pflanzen im Haus und die Außenanlagen zuständig. „Anscheinend habe ich das angezogen", meint sie, „mein Garteninteresse hat man gespürt."

Mit der Geburt ihrer beiden Töchter wurde die Reisende sesshaft. „In meinem ersten Garten habe ich sicher jede einzelne Pflanzen mindestens einmal umgesetzt", erinnert sich Susanne Pammer heute, „ich habe also mit der Praxis begonnen, die Theorie kam später dazu." Langsam wurde der Garten so zum Hobby und später auch zum Beruf. Im Jahr 2002 war sie auf Haussuche, und es war klar, dass auch ein Garten dabei sein musste. Ein ehemaliges Wochenendhaus bei Feldbach, im oststeirischen Vulkanland, mit 5000 Quadratmetern „schiefer" Wiese, schien dafür gerade richtig.

„Zunächst habe ich die Gartenteile um das Haus herum gestaltet", erzählt Susanne Pammer von den Anfängen. Den „Elfengarten" etwa, ein stimmungsvolles Schattenplätzchen mit Herbstanemonen, Schaumblüten *(Tiarella)*, Sterndolden *(Astrantia)* und Staudenclematis. Die Blütenfarben Weiß und Zartrosa geben hier den Ton an, um helle Blickpunkte in den Schatten zu bringen.

Zwei Mal, im ersten und dritten Jahr nach dem Einzug, war der Bagger auf dem Grundstück und nahm die groben Terrassierungen vor, damals entstand auch der Teich mit Wasserfall und Sitzplatz zum Genießen. Danach ließ die Hausherrin keine schweren Maschinen mehr in den Garten, die kleineren Terrassen und Stützmauern wurden in Eigenregie gestaltet.

Viele gute Ideen kann man beim Spaziergang durch Susanne Pammers Garten entdecken – und vieles davon wäre auch eine

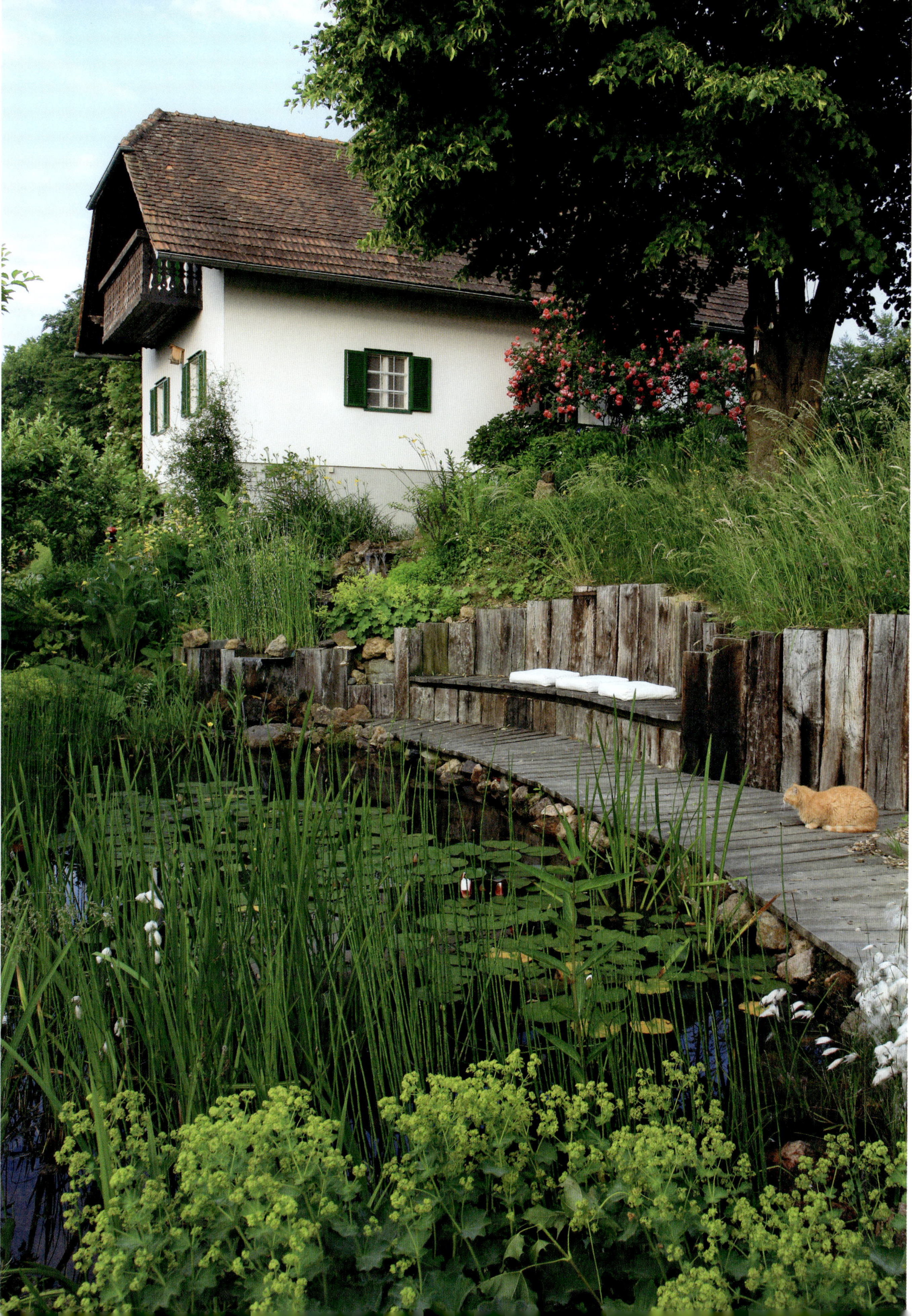

Rosen gehören für die Gartengestalterin selbstverständlich dazu. Im Bild unten geben sich immergrüne Buchskugeln (Buxus) *und blau blühende Bartiris* (Iris barbata) *unter der Kletterrose 'Parade' ein Stelldichein.*

Langsam wurde der Garten zum Hobby und später auch zum Beruf. Das Spielen mit Farben und Formen macht Susanne Pammer Freude, wie hier mit gelb blühendem Brandkraut (Phlomis) *und gelben Taglilien* (Hemerocallis).

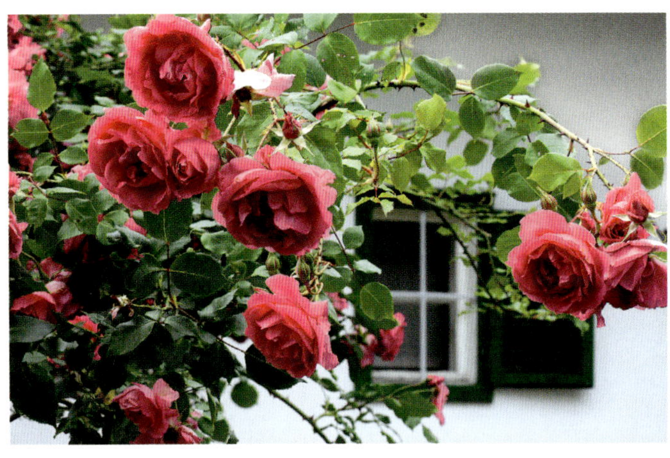

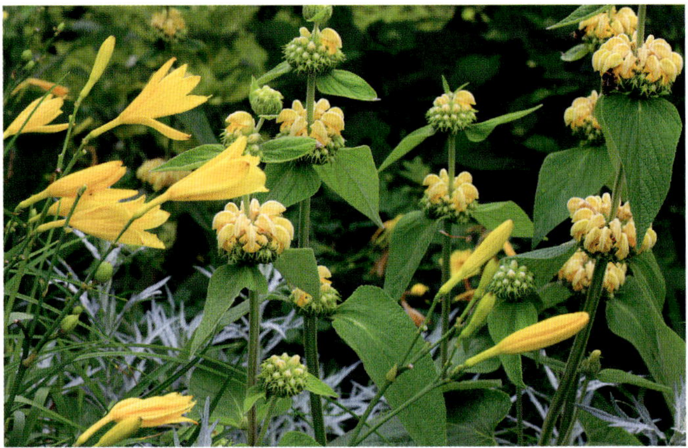

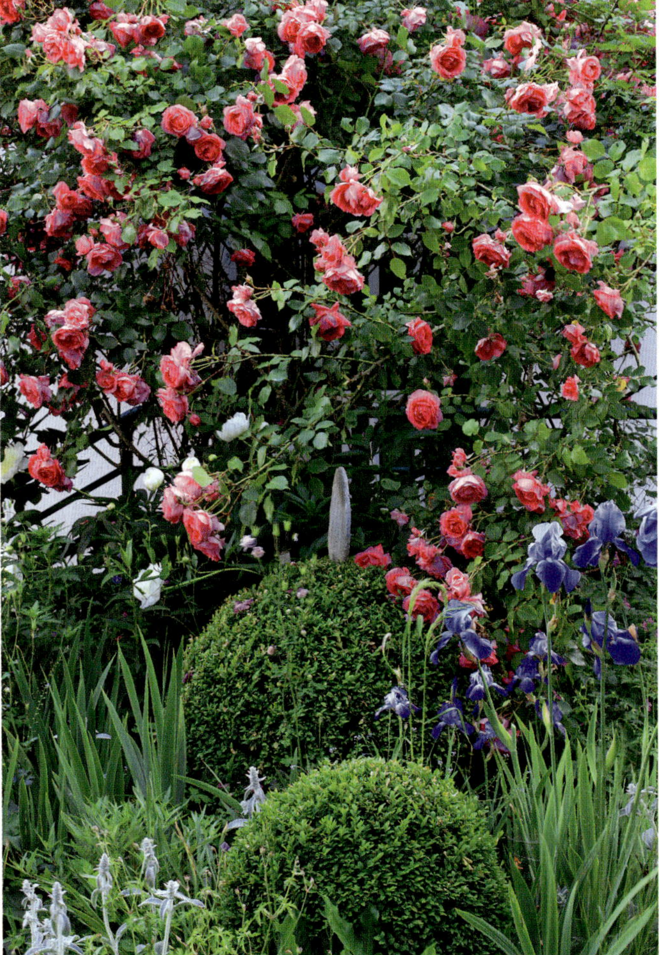

Lösung für den eigenen Garten. So etwa der Weidensitzplatz unter dem Kirschbaum. „Eigentlich habe ich von einer spiralförmigen Holzbank geträumt, die ich in einem Gartenbuch gesehen habe – die wäre aber schwer zu bekommen und wahrscheinlich ohnehin unerschwinglich gewesen." Diese Notlage inspirierte sie zu einer kreativen, günstigen Lösung, einem Sitzplatz aus geflochtenen Weidenruten. Das Innere der Bank füllt Susanne Pammer mit Gehölzschnitt-Material aus dem Garten, damit sie stabil bleibt. Dieses angewandte Recycling funktioniert nun schon seit vielen Jahren so, und die Bank ist immer noch ein „Hingucker" im Garten.

Das sind auch die in Terrassen angelegten Gemüsebeete, die ebenfalls mit Weidengeflecht eingefasst wurden. Hier wachsen Spargel, Winterheckenzwiebel, Physalis, Melonen, besondere Kartoffelsorten und vieles mehr einträchtig in Mischkultur. „Ich finde, man sollte jedes Jahr zumindest eine neue Gemüsesorte ausprobieren – das tut nicht nur der Seele, sondern auch dem Magen gut. Auch, wenn zur Erntezeit plötzlich Berge von Gemüse zur Verfügung stehen und der Nachwuchs so manches Gemüsegericht nur unter großem Protest verkostet", erzählt die Gärtnerin lachend. Aber keine Sorge, die Gemüsebeete sind nur ein kleiner Teil im naturnah gestalteten Hanggarten.

Ein neues Projekt ist der „Waldgarten". Besondere Gehölze mit schönem Laub, leuchtender Herbstfärbung, attraktiven Rinden oder einer besonderen Symbolik möchte Susanne Pammer hier einbringen und so mit der Zeit ein Arboretum entstehen lassen.

Über die Jahre hat sie sich in verschiedenen Ebenen des

Der eigene Garten ist für die Gestalterin auch Kreativbereich zum Ausprobieren. So kann sie ihren Kunden nicht nur Zeichnungen, sondern „echte" Beispiele zeigen, wie den Weidensitzplatz unter dem Kirschbaum.

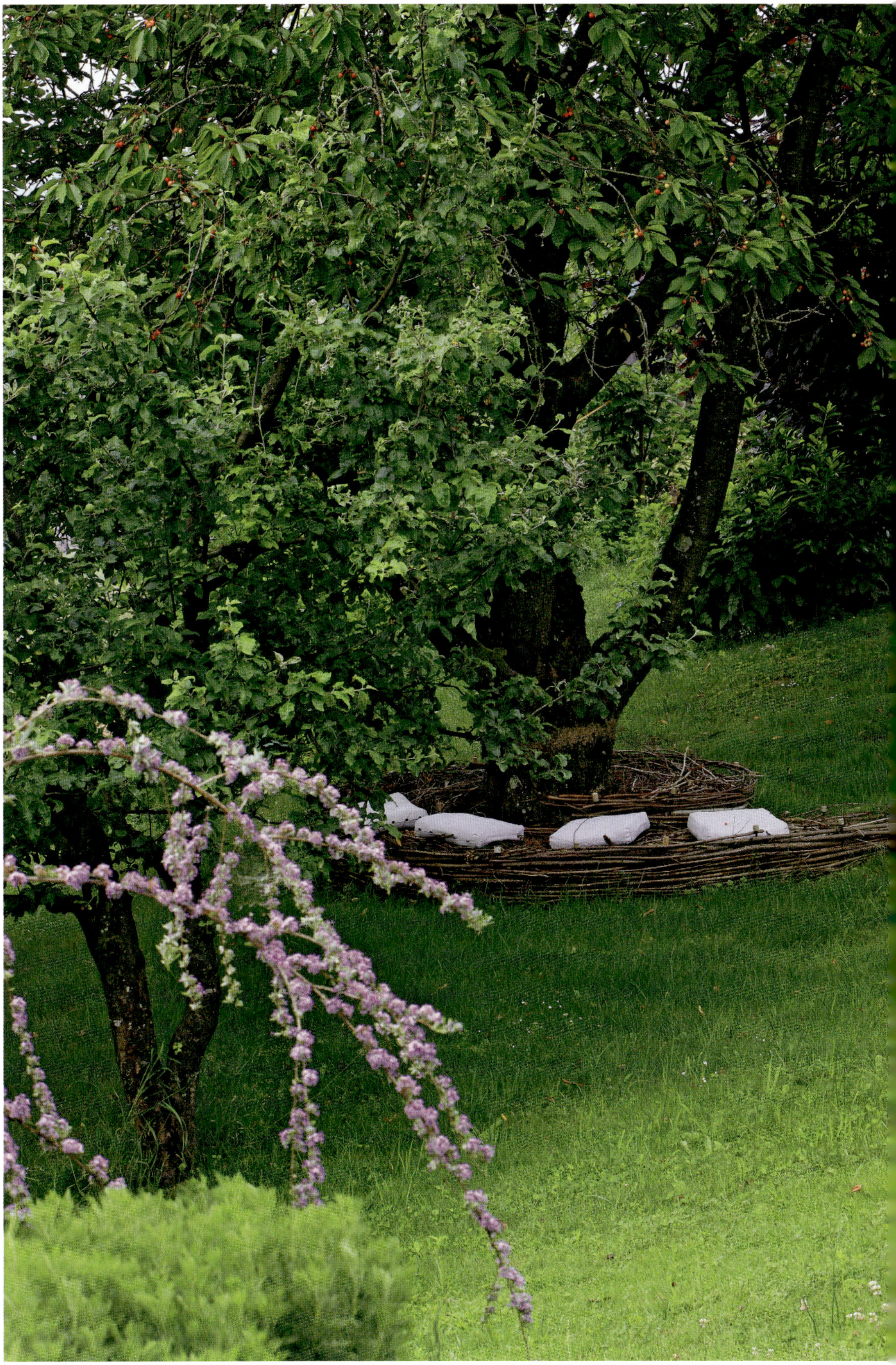

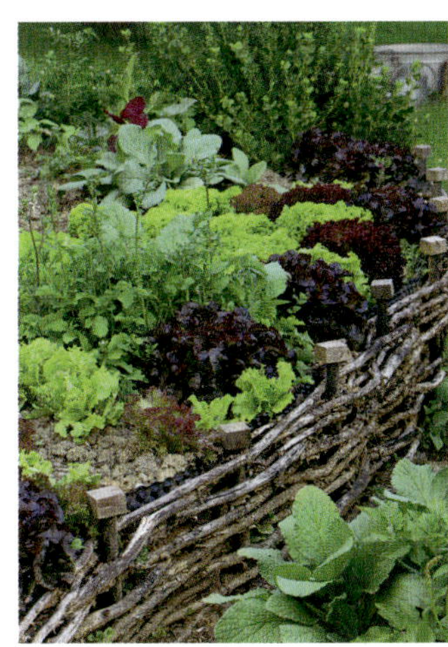

Auch die Einfassungen aus Weidengeflecht sind selbst angefertigt und halten die in Terrassen angelegten Gemüsebeete in Form. Hier wachsen Salate, Winterheckenzwiebel, besondere Kartoffelsorten und vieles mehr in Mischkultur.

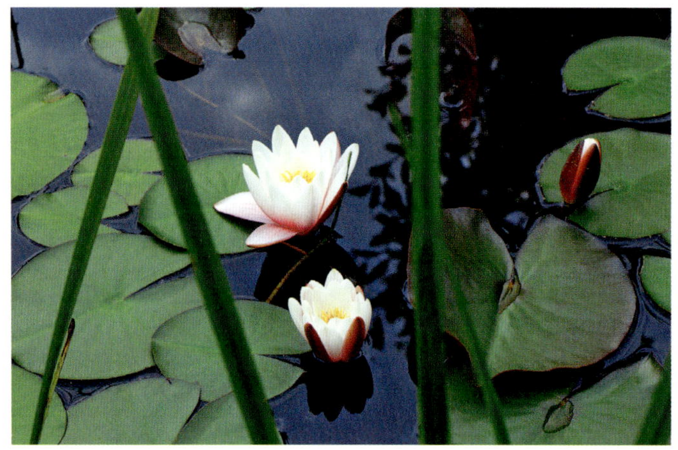

Gärtnerns „Standbeine" aufgebaut, seit 2007 ist sie selbstständige Gartenplanerin, seit 2011 auch Landschaftsgärtnermeisterin; sie unterrichtet, schreibt und gestaltet. „Mir ist wichtig, mit Menschen zu tun zu haben und ihnen die Leidenschaft für den Garten und das Gärtnern zu vermitteln", erzählt sie. „Auf diese Art kann man auch Nachhaltigkeit im Umgang mit der Natur näherbringen und etwas bewegen." Nicht zuletzt deshalb initiierte sie das Projekt „Lebensgärten – das steirische Vulkanland blüht auf", ein Netzwerk aus „Gartenmenschen" der Region, die ihre Gärten für Interessierte öffnen und damit ein Bewusstsein für den Wert von Gärten und Landschaft schaffen möchten. Gärtnern macht Freude, davon ist man hier überzeugt, und wir lassen uns gern anstecken.

Oben *Nach dem Einzug hat Susanne Pammer zunächst die Gartenbereiche um das Haus gestaltet. So auch den romantischen Teich, den zur Sommerzeit Seerosenblüten schmücken. Hier lässt es sich herrlich entspannen.*

Unten *Zahlreiche gute Ideen kann man beim Spaziergang durch diesen Garten entdecken – vieles wäre auch eine Lösung für den eigenen Garten, etwa die wärmespeichernde Mauer aus Dachpfannen.*

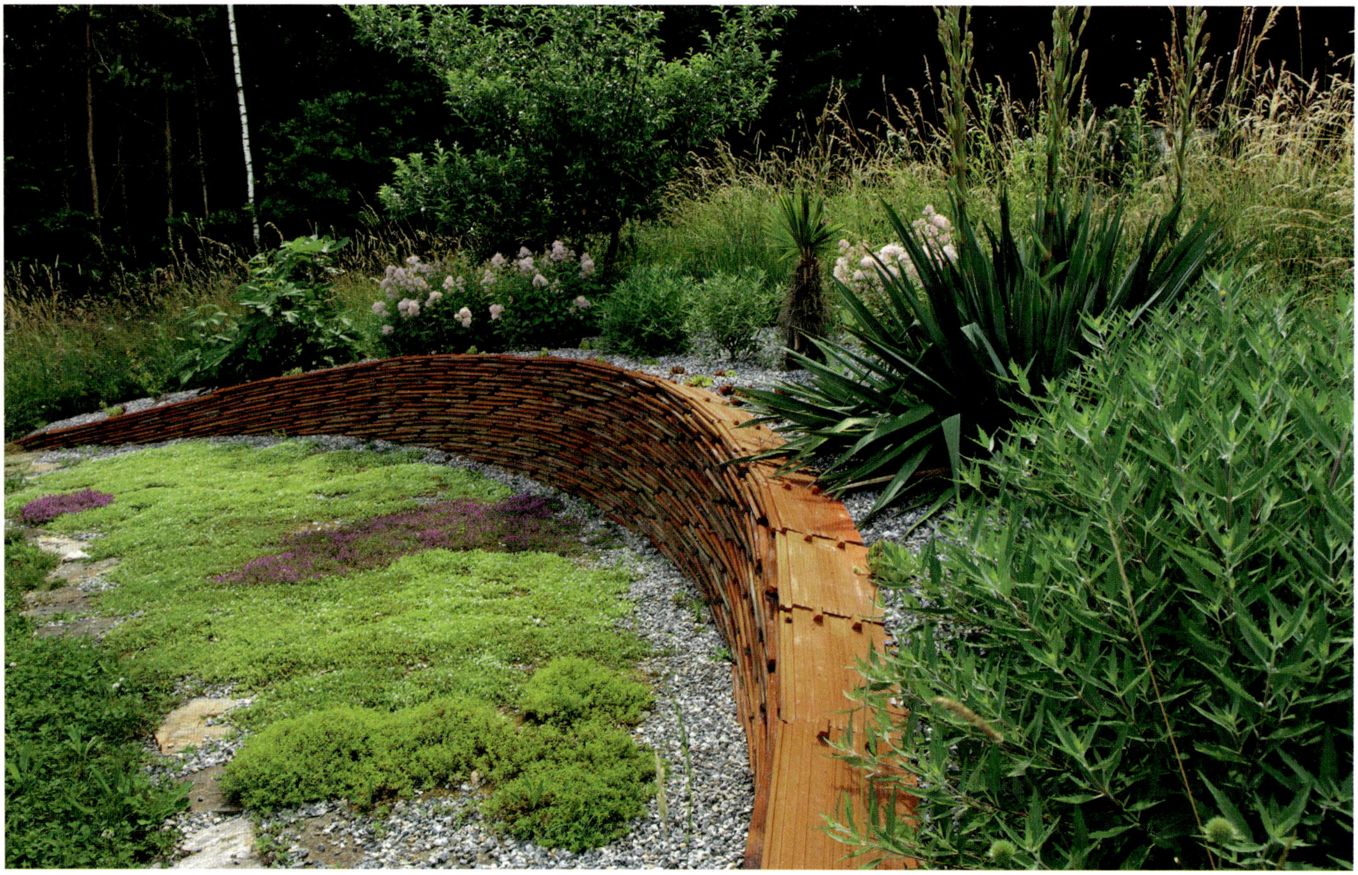

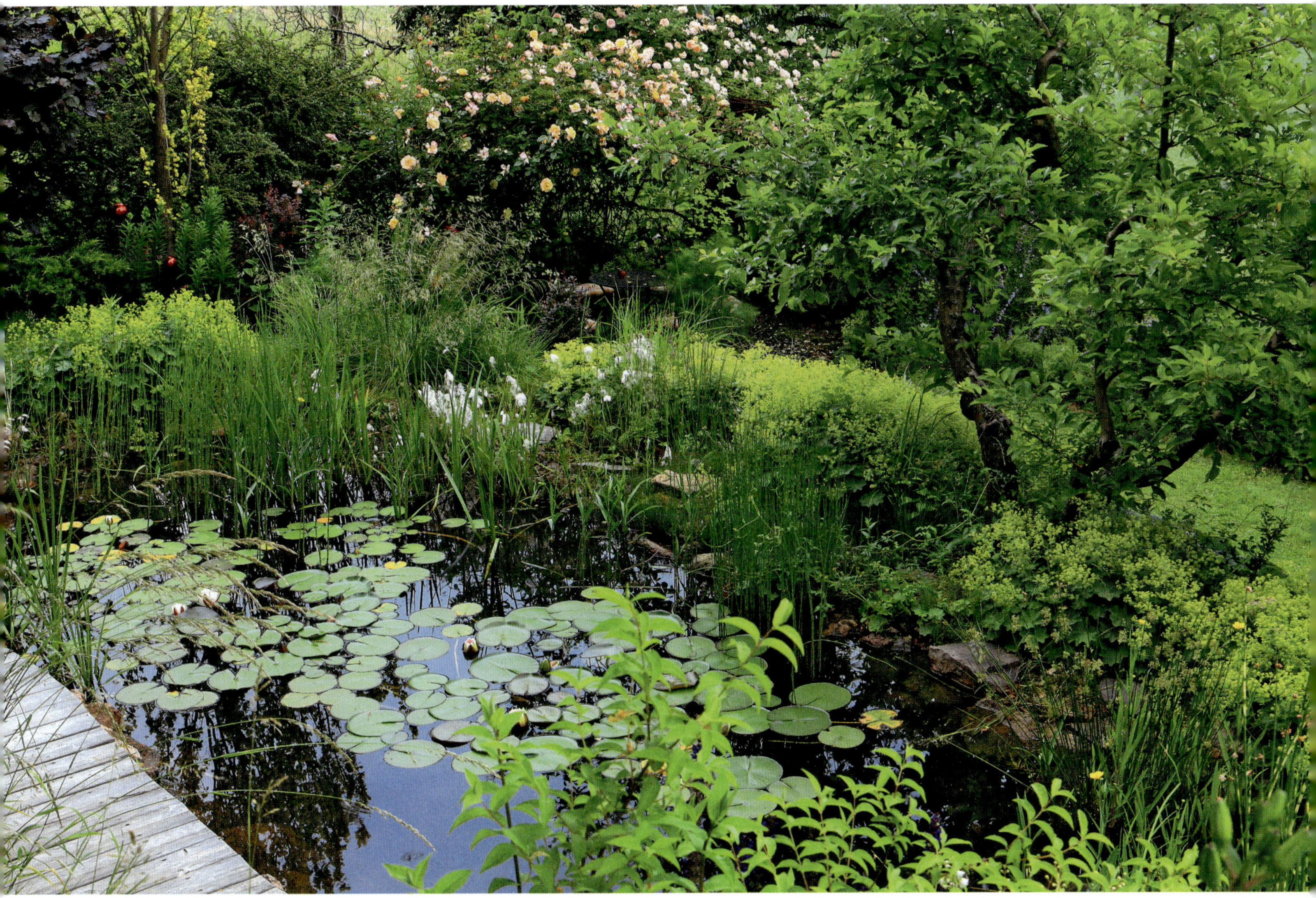

Oben *In den vergangenen Jahren enstand ein Gartenparadies mit viel Atmosphäre – mit Plätzen, Wegen, Gartenräumen und standortgerechten Bepflanzungen. Der Teich ist darin ein besonderer Ruhepol.*

Unten *Susanne Pammer baute sich gärtnerische „Standbeine" auf. Sie ist Garten- und Landschaftsplanerin, unterrichtet, schreibt und gestaltet. Die Leidenschaft für den Garten möchte sie dabei in allen Bereichen vermitteln.*

Adresse

Susanne Pammer
Garten- und Landschaftsplanung
Auersbach 112
8330 Feldbach
Tel.: +43/664/642 54 97
E-Mail: susis.garten@gmx.at
www.susisgarten.at

Gartenbesuche nach Voranmeldung

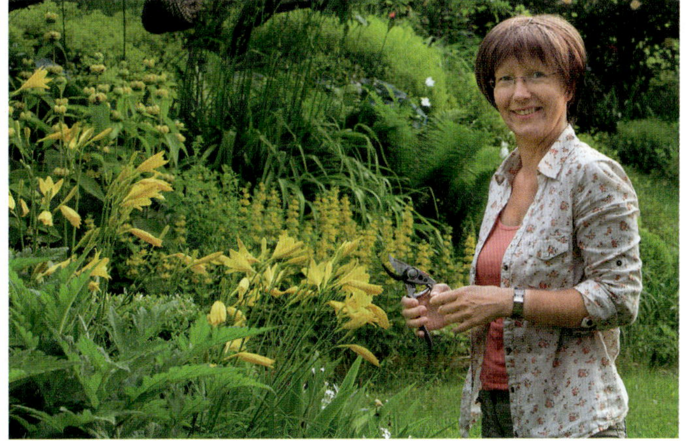

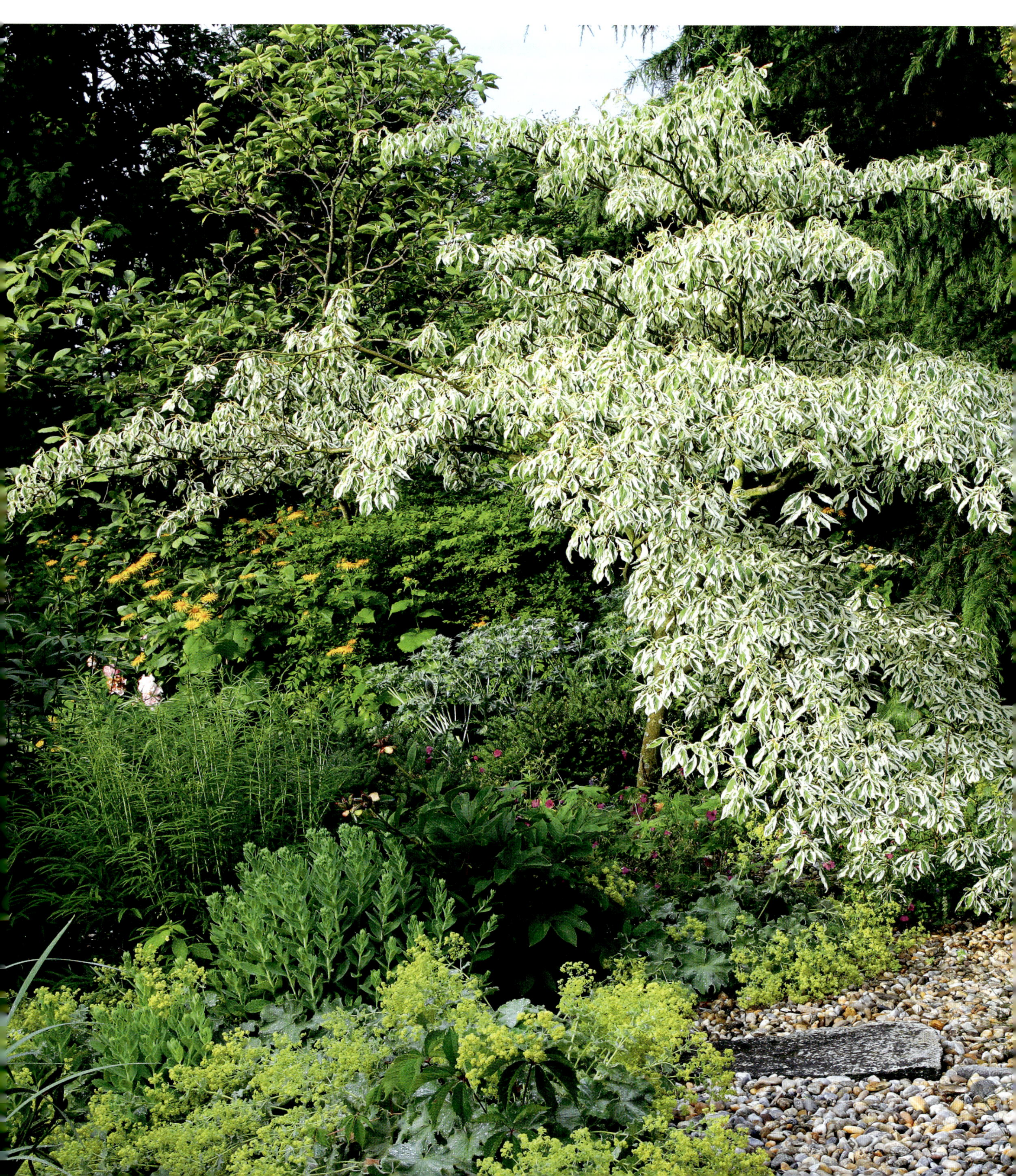

Der Garten vereint Beruf und Berufung

Ein attraktiver Exot mit schirmförmiger Krone ist der Seidenbaum (Albizia julibrissin). *Hier im milden Klima und auf durchlässigem Boden fühlt er sich wohl. Seine filigranen Fiederblätter bewegen sich schon beim leichtesten Lufthauch.*

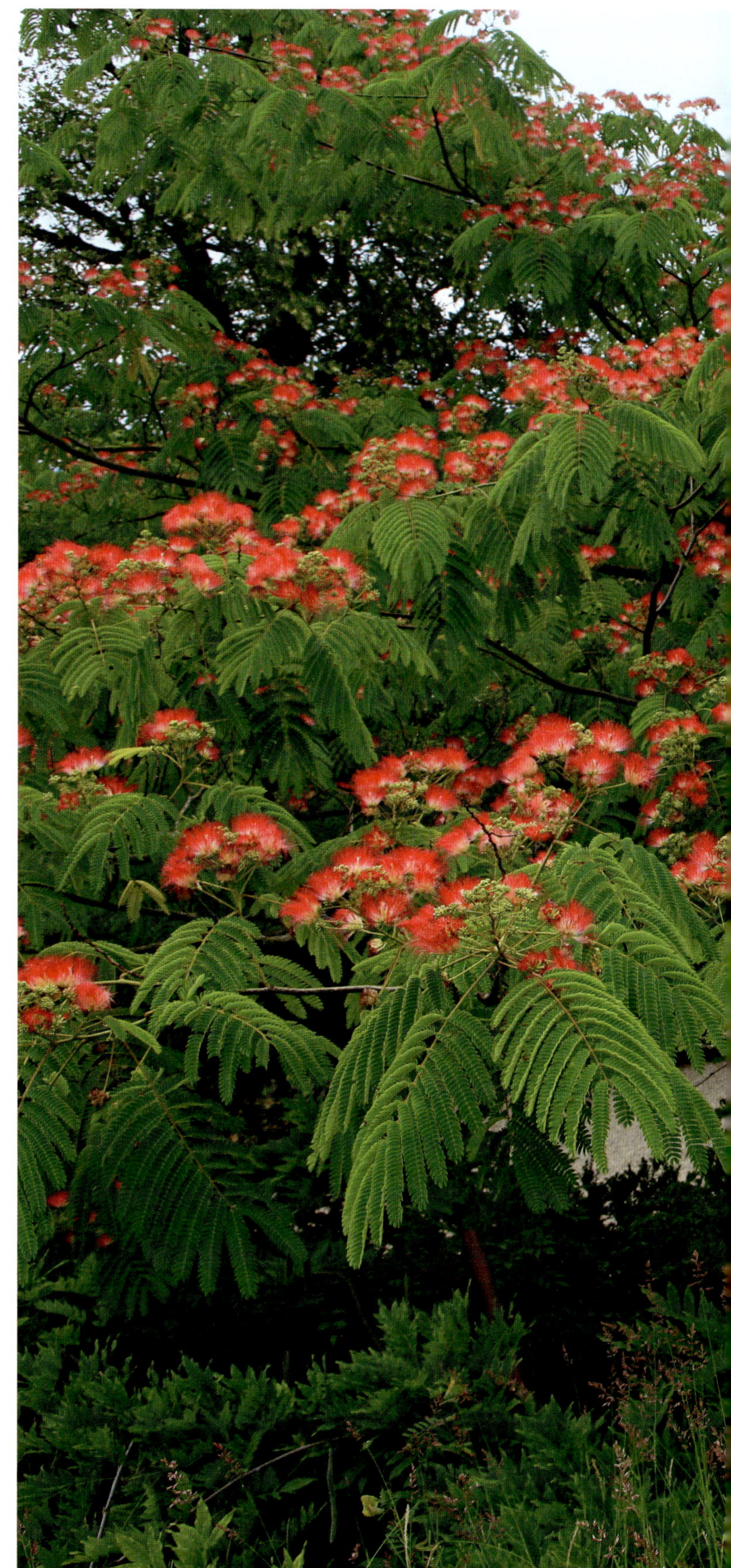

Der Hanggarten über der steirischen Stadt Hartberg, in dem uns Isabell Bayer-Lueger begrüßt, kann auf eine hundertjährige Geschichte zurückblicken. „Ursprünglich war es ein Villengarten“, erzählt sie. „Als wir vor zehn Jahren mit dem Hausbau und der Gestaltung des Gartens begannen, war von der Villa zwar nichts mehr zu sehen, aber ein schöner alter Baumbestand da, den wir natürlich erhalten haben, darunter eine hundert Jahre alte Magnolie.“

Für die aus einer Baumschulfamilie stammende Gartenarchitektin und ihren Mann, Karl Lueger, seinerseits gelernter Gärtner, bedeutete es eine „Riesenfreude“, vorsichtig die alten Strukturen des Gartens zu entdecken, neu zu interpretieren und Schritt für Schritt auf das bestehende Grundgerüst aufzubauen.

Entstanden ist dabei ein Garten, der das ganze Jahr über großartig aussieht. Das „blühende“ Gartenjahr beginnt ab Februar mit dem Blütenmeer der Orientalischen Schneerosen *(Helleborus orientalis)* und der stark duftenden Winterblüte *(Chimomanthus praecox)* und endet spät im Oktober, wenn die Herbstastern immer noch leuchten und die weißen Blüten des Braunblättrigen Wasserdosts *(Eupatorium rugosum* ‚Chocolate‘) mit dessen braunen Blättern kontrastieren. „Wenn der Raureif die Fruchtstände von Stauden, Gräsern und Sträuchern überzieht, ist unser Garten eine Märchenlandschaft“, schwärmt Isabell Bayer-Lueger. „Wir schneiden deshalb absichtlich erst im Frühjahr zurück, so finden auch Vögel eine Futterquelle und Insekten Unterschlupf.“

Im Frühjahr gehören Magnolien, die sich hier im milden Weinbau-Klima wohlfühlen, zu den gartenbestimmenden Pflanzen. 40 verschiede Arten haben die beiden, inspiriert von Reisen ins Tessin gesammelt und nennen diesen Bereich des Gartens auch „Little Tessin“. Unterhalb des Hauses liegt der Schwimmteich mit Schwebeliege, umrahmt von üppigen Stauden und einem Bambushain – ein Lieblingsplatz von Isabell Bayer-Lueger. Zurück hinauf geht es durch den Schattengarten – hier gedeihen

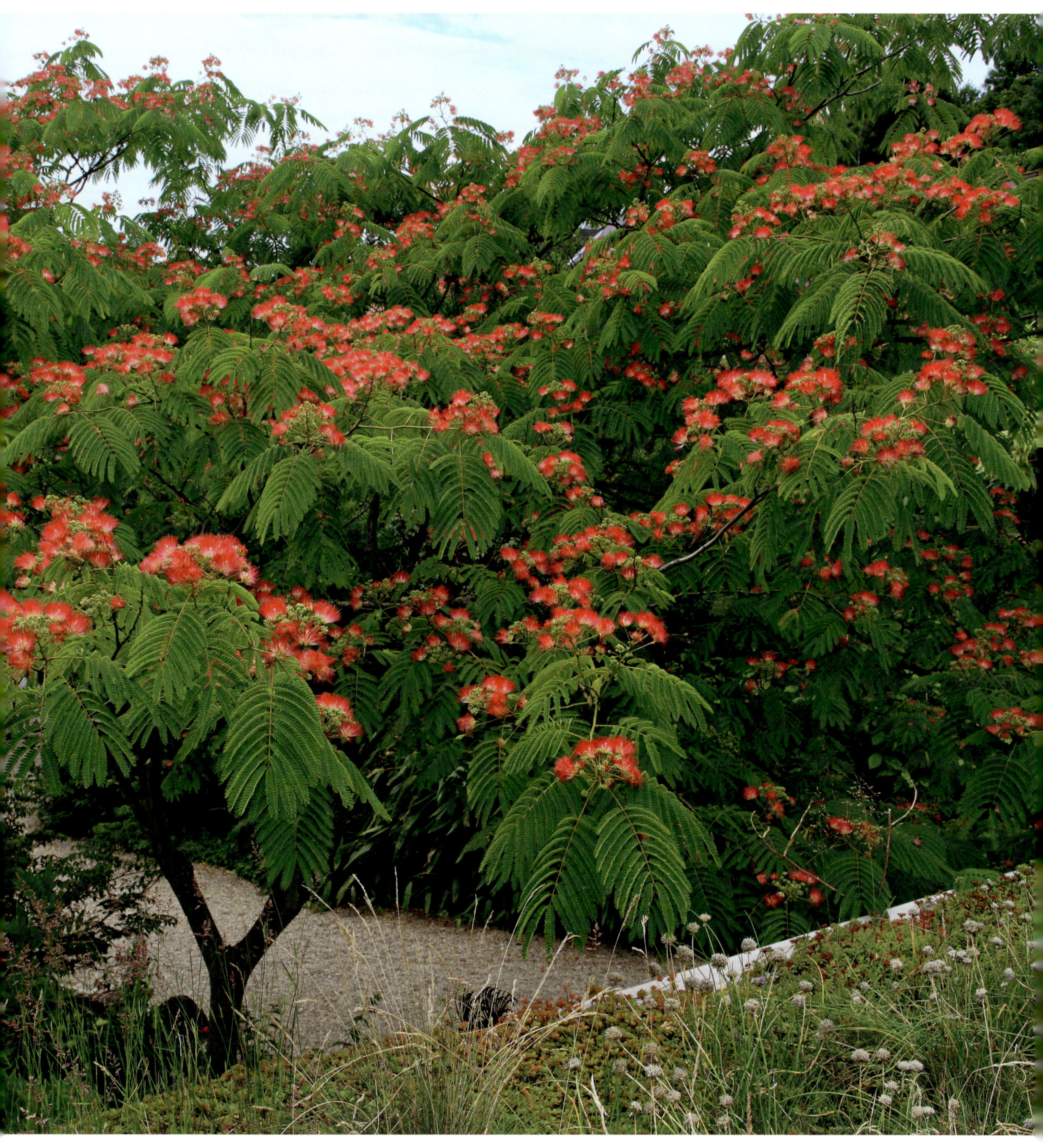

Hortensien, Salomonssiegel, Silberkerzen, Lungenkraut, Funkien, Erdgloxinien und auch ein kleines Orchideenbeet.

Im oberen Teil des Gartens angekommen, gibt es einen üppig bepflanzten Gemüsegarten und die neu entwickelten „Hartberger Hochbeete" aus steirischem Lärchenholz zu bewundern. Und ganz oben wartet der 140 Jahre alte „Troadkasten", ehemals Getreidespeicher und heute stimmungsvolle „Jausenstation" auf die BesucherInnen des Gartens.

Die beiden genießen ihr Glück, Beruf und Berufung vereinen zu können. Dazu gehörte auch die Erweiterung um einen neuen Gartenbereich, den Senkgarten. Er wird umrahmt von über 1000 verschiedenen Tagliliensorten, die den bunten Rahmen für ein jährlich wechselndes Gestaltungsthema bieten. 2011 war es die Skulptur „Individuum", bestehend aus etwa 100 verschiedene Tiergestalten aus Eisen, darunter einer fast 4 Meter hohen Giraffe. Im Jahr davor beeindruckte das 2,5 Meter hohe „Bambuslabyrinth" aus 200 Bambusstäben. Am Ende des Projekts hat das Ehepaar Bayer-Lueger die Bambusstäbe verkauft und den Erlös an bedürftige Familien in Nepal verschenkt. Die Verknüpfung des Gartens mit Kunst und Themen anderer Länder ist in diesem Garten ein besonderer Aspekt der Gestaltung und steht für die Weltoffenheit seiner Besitzer.

Kennen gelernt haben die beiden einander aber nicht auf einer Gartenreise, wie man vermuten könnte, sondern in der Wüste. Karl Lueger ist nicht nur Gärtner, sondern auch „Nomade auf Zeit". Mit einer Ausbildung als Sonderheil- und Erlebnispädagoge ausgerüstet, zog er jahrelang durch die Wüste, zunächst als Therapieangebot für schwer erziehbare Jugendliche, später dann „nur" noch mit Touristen. Isabell Bayer-Lueger „unternahm eine Reise" und traf dabei ihren künftigen Lebenspartner. Eines der ersten gemeinsamen Projekte war dann auch ein 3 Hektar großer Nutzgarten mitten in der Wüste Sinai. Dieses Projekt war im Jahre 2000 auf der EXPO Hannover ein österreichischer Beitrag. Während des Winters sind die beiden immer noch oft gemeinsam auf Reisen. „Aber im Sommer, wenn der Garten so schön ist, will ich gar nicht weg", lacht die Gestalterin. „Ich darf zu Hause bleiben und den Garten genießen!"

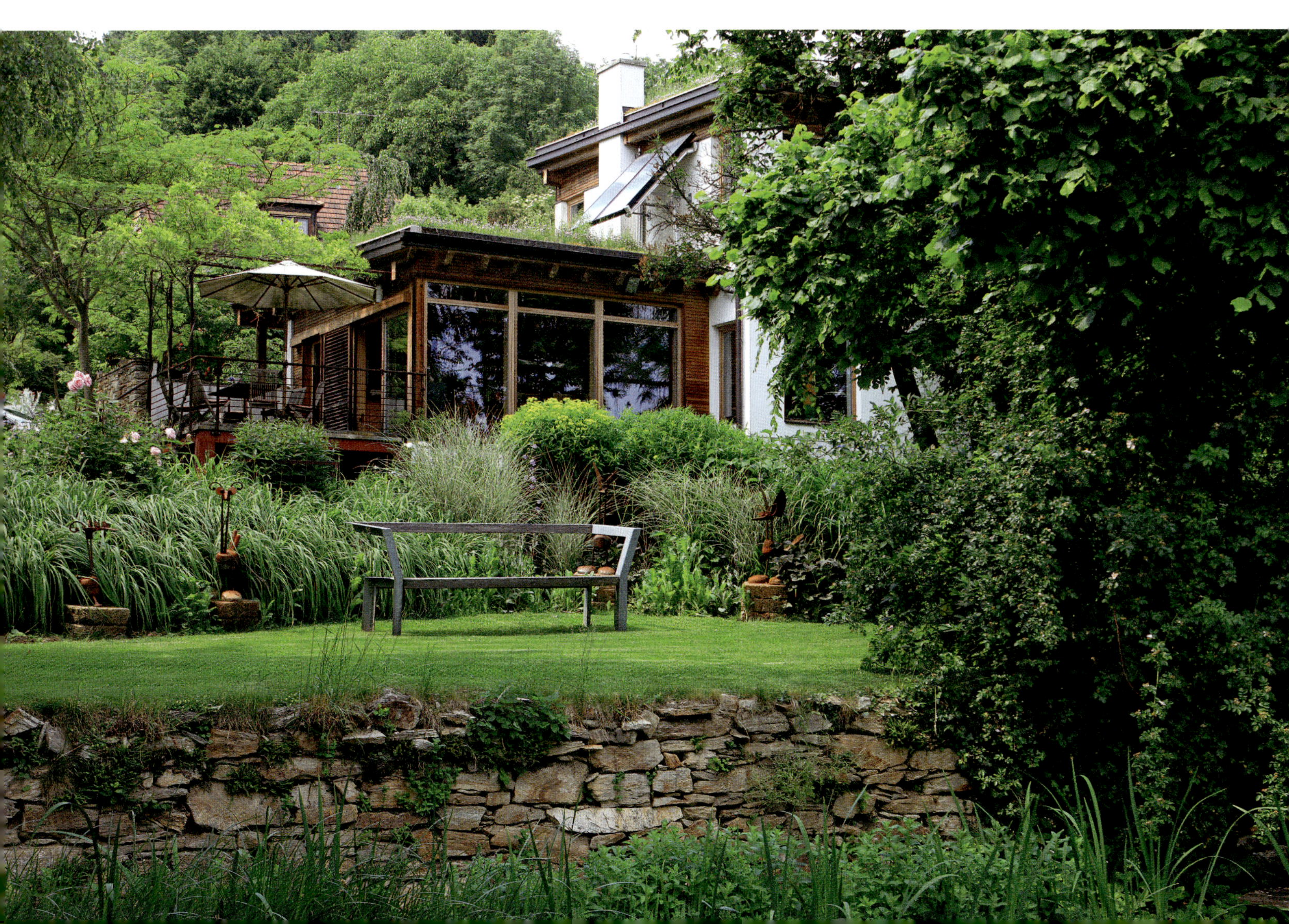

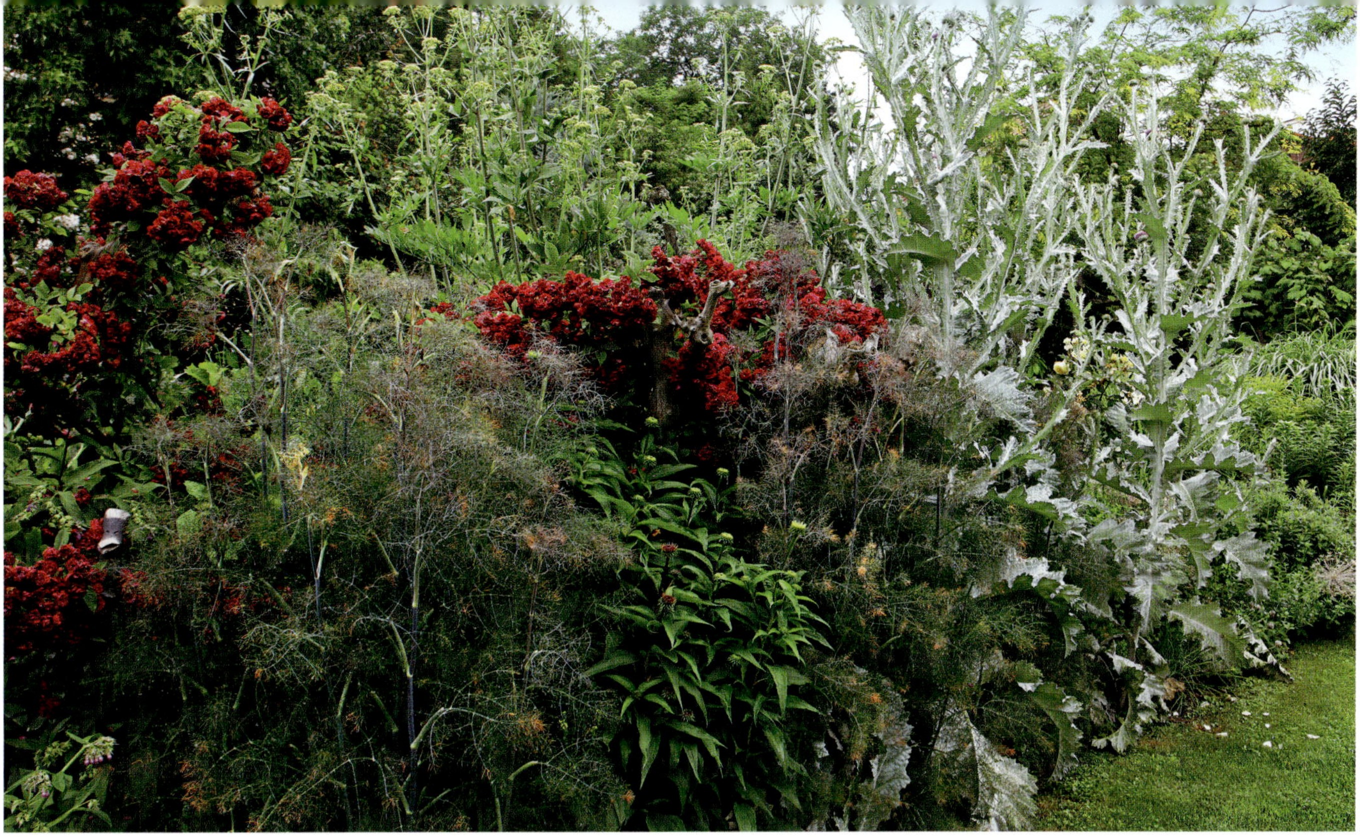

Linke Seite *Der Hanggarten über der Stadt Hartberg kann auf eine hundertjährige Geschichte zurückblicken und war ursprünglich ein Villengarten. Isabell Bayer-Lueger und Karl Lueger haben daraus etwas Besonderes gemacht.*

Oben *Das feine bronzefarbene Laub des Zierfenchels* (Foeniculum *'Bronze Giant')* *wurde hier mit den dunkelroten Blüten der Kletterrose 'Ilmenau' und der Eselsdistel* (Onopordum acanthium) *kombiniert.*

Unten *Ein Gartenspaziergang als Entdeckungsreise: Zahlreiche Kunstobjekte findet man im Garten der Gestalterin, vieles wechselt, manches bleibt für immer an seinem Platz. Nicht zuletzt deshalb kommen BesucherInnen gern wieder.*

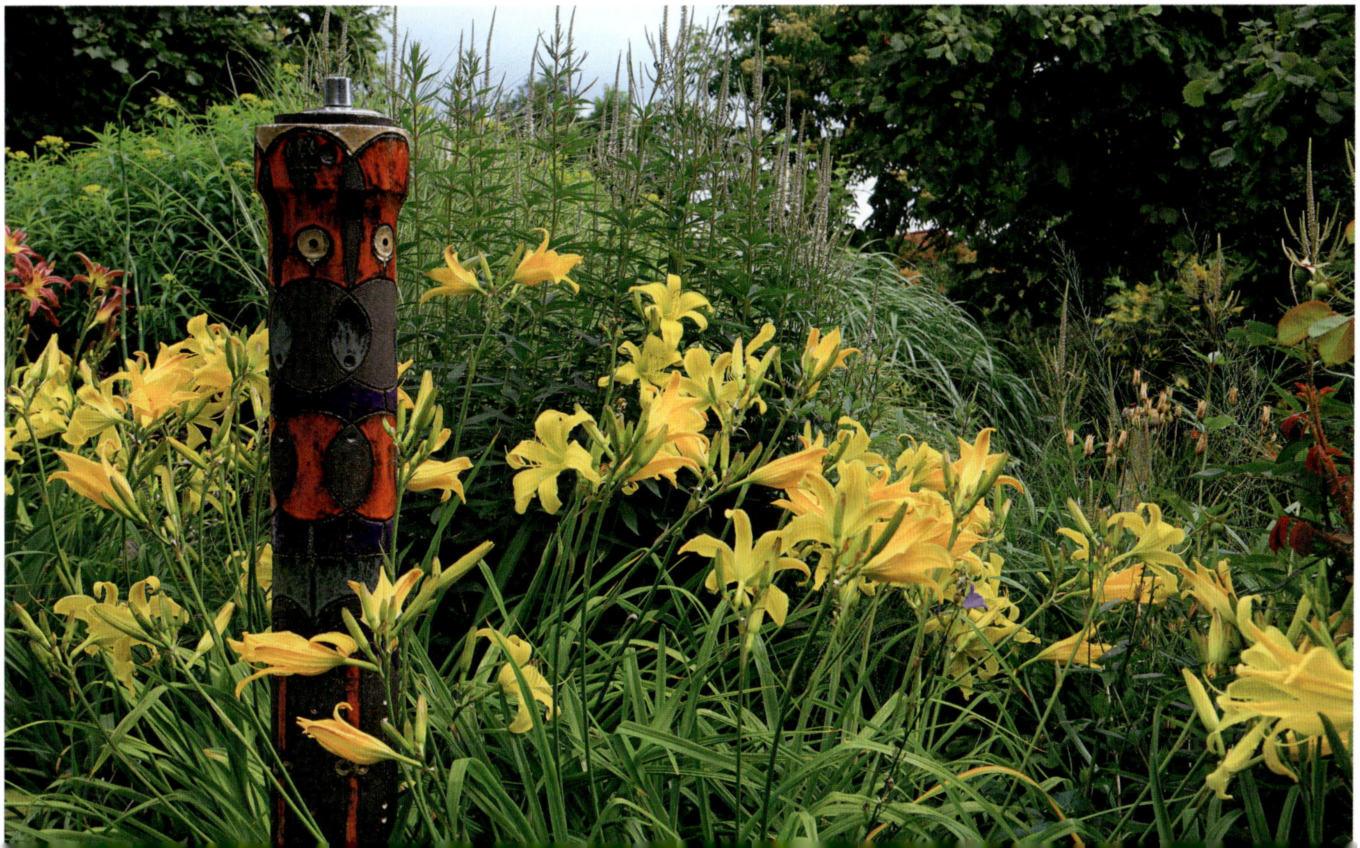

Unten *Die jährlich wechselnde Gestaltung des Senkgartens wird von einem Meer an Taglilien umrahmt. Bis zu 30 000 bunte Blüten von über 1000 verschiedenen Sorten sorgen dabei für ein Feuerwerk an Farben.*

Rechts *Isabell Bayer-Lueger liebt es sehr, Beruf und Berufung in ihrem Garten vereinen zu können. Dabei muss immer auch Zeit bleiben, den eigenen Garten genießen zu können. Er ist das ganze Jahr über eine Quelle der Inspiration.*

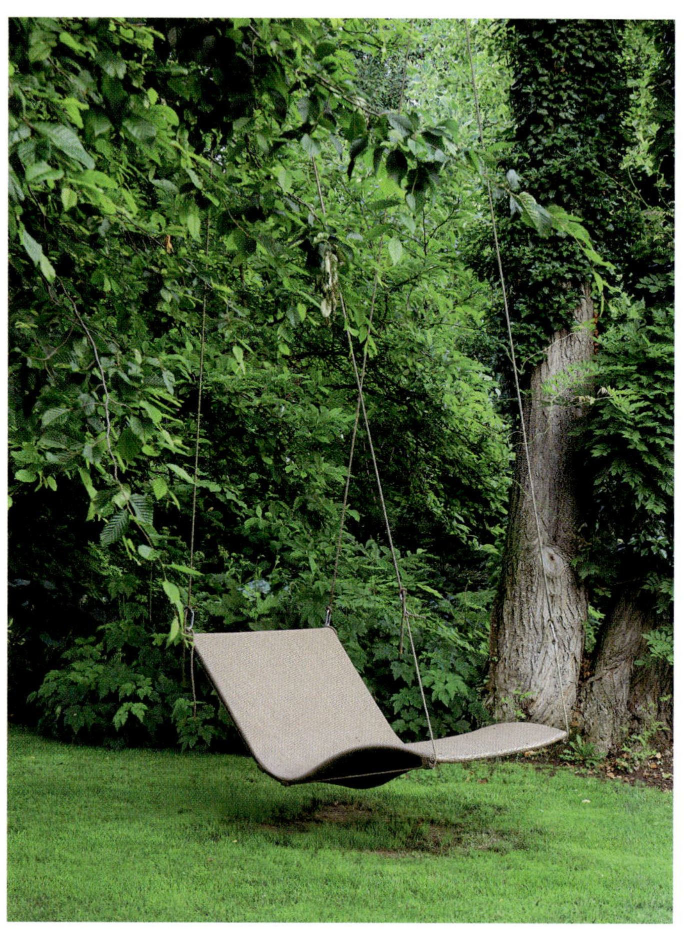

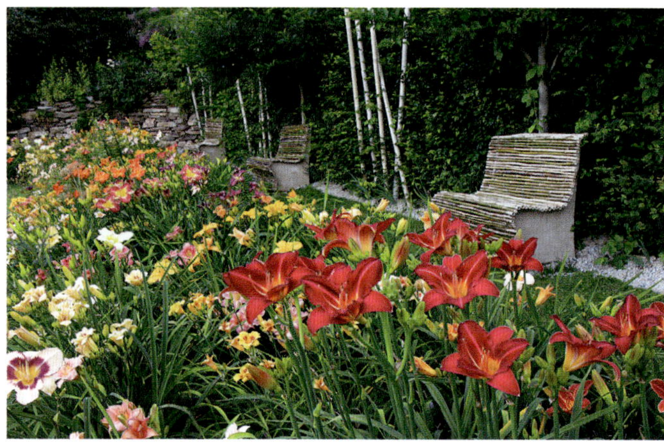

Unten *Der Senkgarten wird jedes Jahr nach einem speziellen Thema gestaltet. 2011 war es die Skulptur „Individum“ aus etwa 100 verschiedenen Tiergestalten aus Eisen. Diese hier hat am Wasser eine Heimat gefunden.*

Unten *Der Garten- und Landschaftsplanerin und ihrem Mann macht es großen Spaß, alte Strukturen des Gartens zu entdecken und neu zu interpretieren. Garten und Kunst sind bei ihnen Bereiche, die unbedingt zusammen gehören.*

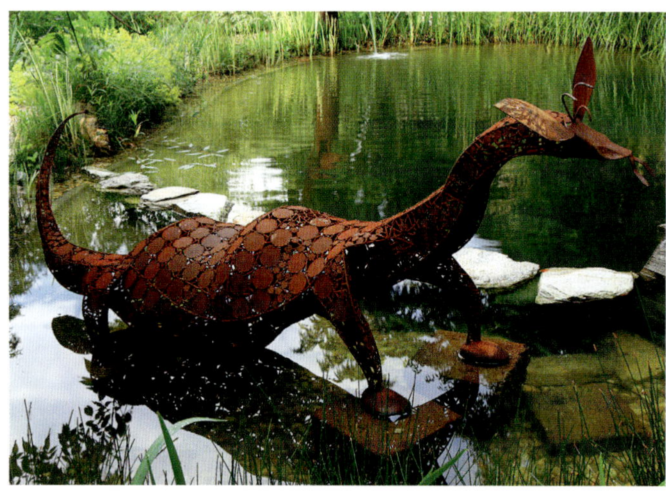

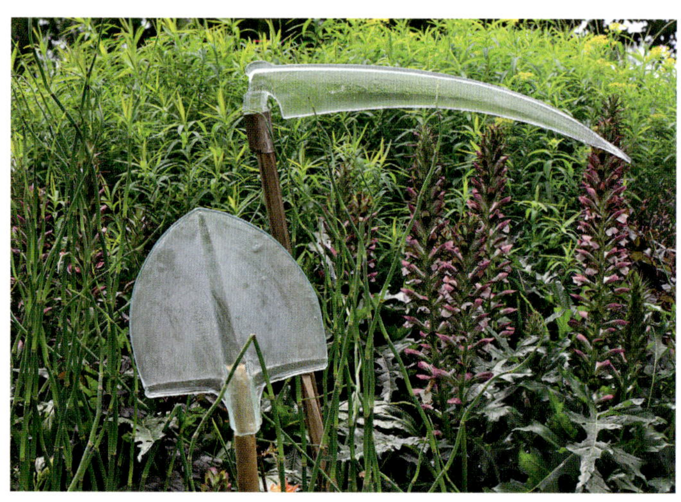

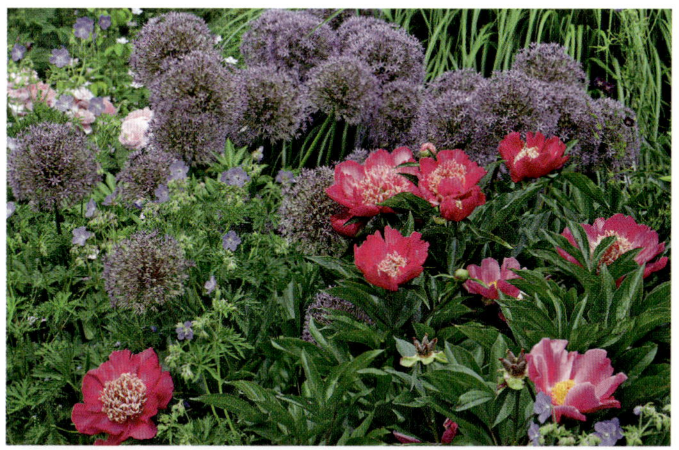

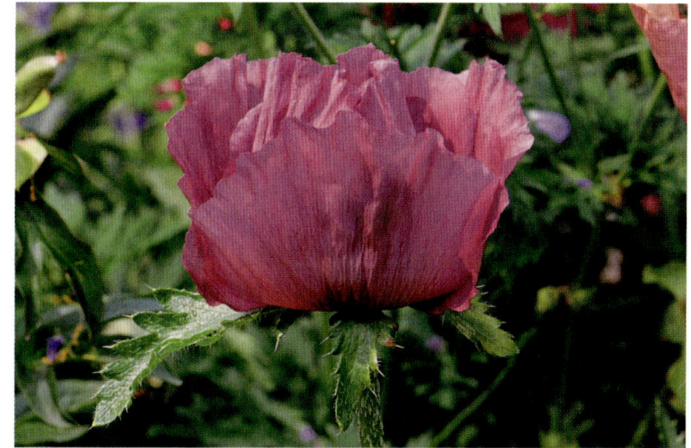

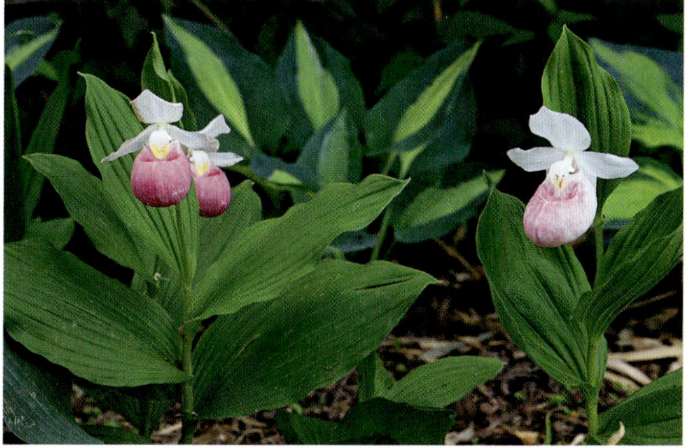

Ganz oben *Im Frühsommer treffen die großen Blütenkugeln des Zierlauchs* (Allium *'Globemaster') auf die pinkfarbene Edel-Pfingstrose* (Paeonia lactiflora). *Dazwischen leuchten die kleinen blauen Blüten des Storchschnabels* (Geranium) *hervor.*

Oben *Die winterharte Frauenschuh-Orchidee* (Cypripedium-Hybride *'Ulla Silkens') wird bis zu 60 Zentimeter hoch. Während der Blütenöffnung kann die Farbe der Lippe variieren. Bei kühlem Wetter ist sie intensiver gefärbt, bei warmen Temperaturen blasser.*

Ganz oben *Der Türkische Mohn* (Papaver orientale *'Pattys Plum') beeindruckt im Mai und Juni mit seiner außergewöhnlichen Blütenfarbe. Er liebt vollsonnige, trockene und nicht zu nährstoffreiche Standorte im Garten.*

Oben*: Im Frühjahr sind die Magnolien gartenbestimmend, wie hier die Großblättrige Magnolie* (Magnolia macrophylla). *Sie trägt breite, tiefgrüne Blätter und creme-weiße, intensiv duftende Blüten mit bis zu 35 Zentimeter Durchmesser.*

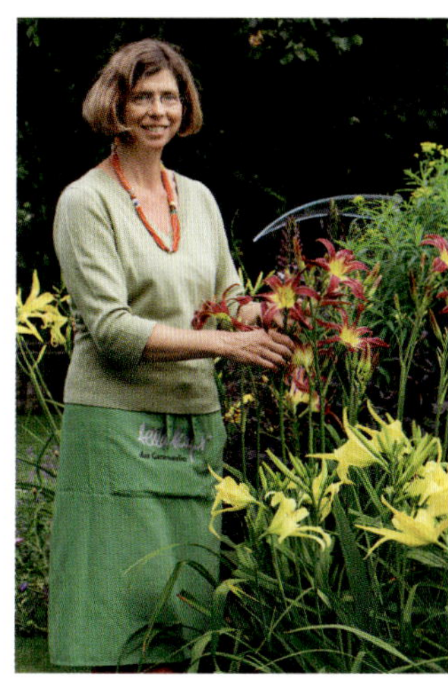

Der Garten musste bedauerlicherweise geschlossen werden und ist für Besucher nicht mehr zugänglich.

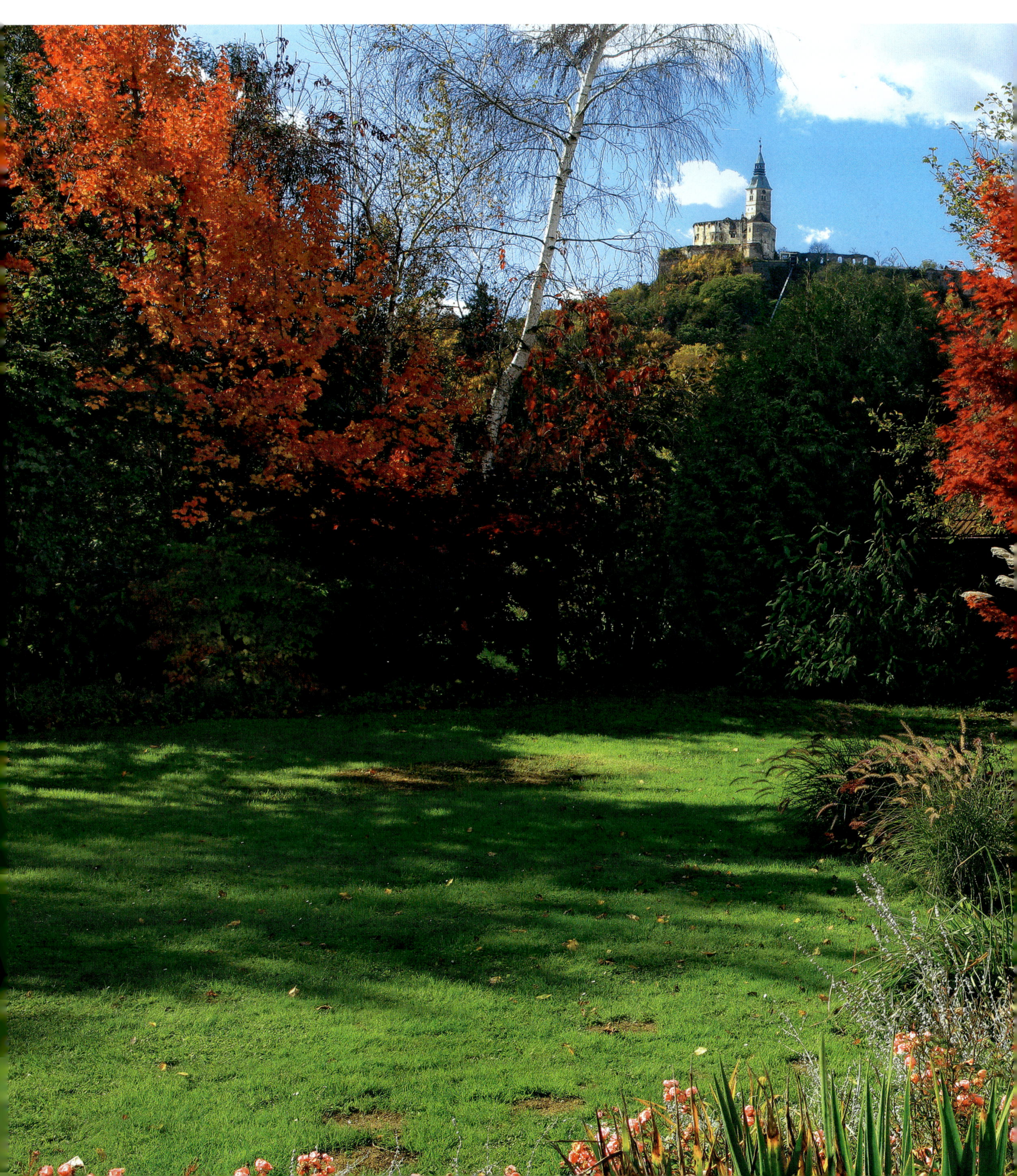

Mit Pflanzen malen

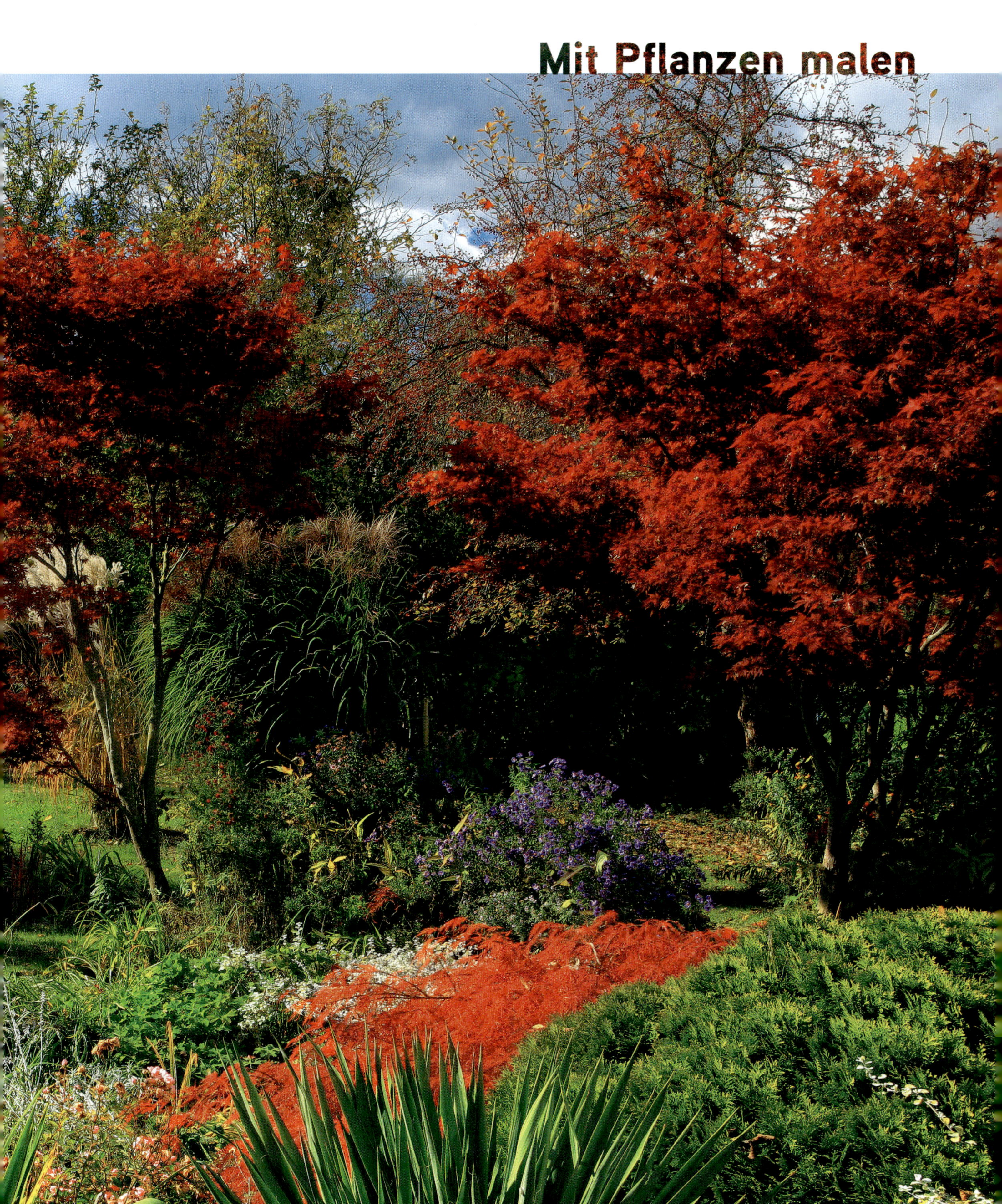

Unten links *Der Staketen-Zaun aus Kastanienholz umrahmt den Bauerngarten. An ihm entlang wachsen Sonnenbraut* (Helenium-Hybride *'Baudirektor Linne'), gelber Sonnenhut* (Rudbeckia triloba) *und Purpur-Sonnenhut* (Echinacea purpurea).

Unten rechts *Durch das geschickte Planen von Sichtachsen werden Gärten interessanter, davon ist Maria Sommeregger überzeugt. Man wird dabei förmlich in einen Garten „hineingezogen" und zum Entdecken animiert.*

Rechte Seite oben *Im milden Klima des Südburgenlandes lässt sich der Herbst bis in den November hinein draußen genießen. Im Licht der Sonne leuchten die Blattfarben um die Wette, wie etwa vom Fächer-Ahorn* (Acer palmatum).

Rechte Seite unten *Auch bei der Bepflanzung am Teich spielt der Herbst groß auf: Neben Schlitz-Ahorn* (Acer palmatum dissectum) *sorgen Gräser wie Lampenputzergras* (Pennisetum) *und Chinaschilf* (Miscanthus) *für Farben und Strukturen.*

Als es Maria Sommeregger und ihren Mann Franz-Xaver 1988 berufsbedingt ins kleine burgenländische Städtchen Güssig, nahe der ungarischen Grenze verschlug, war beiden bald klar, dass sie hier„heimisch" werden wollten. „Wir sind oft spazieren gegangen und haben uns bald in dieses Grundstück mit Aussicht auf die Burg Güssing verliebt", erzählt sie. Dahinter erstreckt sich ein kleiner Auwald und ein Sumpfgebiet, das heute Landschaftsschutzgebiet ist.

Beim Kauf wussten die Sommereggers aber nicht, dass hier einst, in der österreichisch-ungarischen Monarchie, ein Bahndamm lag und sie beim Anlegen des Gartens vorrangig auf Steine und Schutt stoßen würden. „So manches Pflanzloch mussten wir mit dem Pickel schlagen", erinnert sich Maria Sommeregger noch gut an die mühevolle Arbeit. Sie hat sich gelohnt – das sieht man sofort, wenn man den mittlerweile von ursprünglich 2000 auf 4000 Quadratmeter vergrößerten Garten betritt. Wir schlendern am Terrassenbeet mit Yuccas und Rosen vorbei und in den Garten hinein.

„Ich möchte anderen GartenbesitzerInnen Mut machen und ihnen zeigen, dass man sich auch unter schwierigsten örtlichen Bedingungen ein Paradies schaffen kann", erzählt Maria Sommeregger. Schwere Gewitter sind hier keine Seltenheit, ebenso wie extreme Hitze und Trockenheit im Sommer. „Man braucht dafür vor allem Freude an der Natur, eine starken Willen und eine Familie, die mithilft", meint sie lachend.

Bei den Sommereggers hat das geklappt, schon bald waren auch Ehemann und Kinder mit dem Gartenvirus angesteckt und halfen kräftig mit. Zum Beispiel beim Bau des Teichs, der heute zum „Urwald" gehört, wie die Familie diesen Gartenteil bezeichnet. Große Blattstauden, Bambus und hohe Gräser bilden die Bepflanzung um eine alte Weide und einen Trompetenbaum *(Catalpa bignoides)*, dazwischen blühen Taglilien, Federmohn *(Macleaya cordata)* und Wasserdost *(Eupatorium)*. Mühelos nennt Maria Sommeregger die Pflanzen beim botanischen Namen. „Ich habe Latein in der Schule zwar gehasst, aber jetzt merke ich mir die botanischen Bezeichnungen der Pflanzen dafür sehr gut", erzählt sie.

Hinter dem „Urwald" liegt das „Hexengärtlein", in dem die Kinder einst eine urige Hütte aus den dicken Stängeln des Japan-Knöterichs *(Phalopia japonica)* gebaut und gemeinsam mit

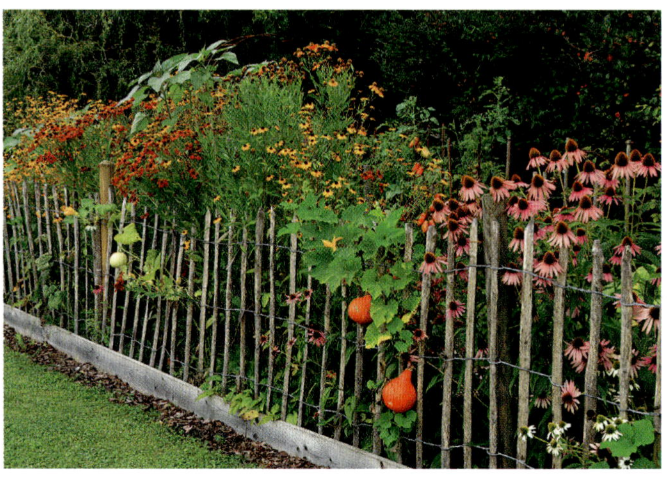

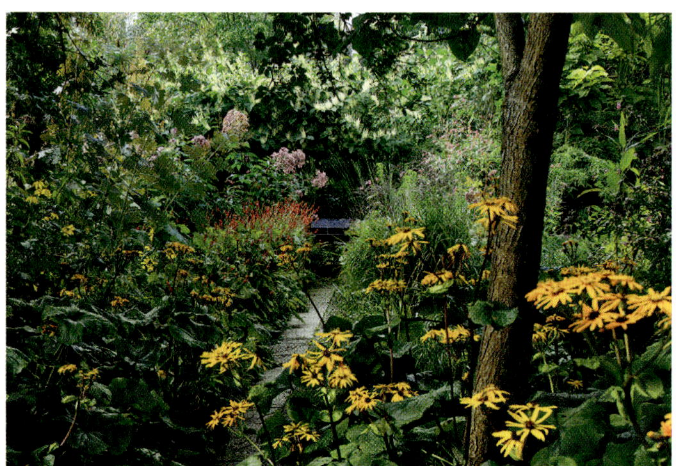

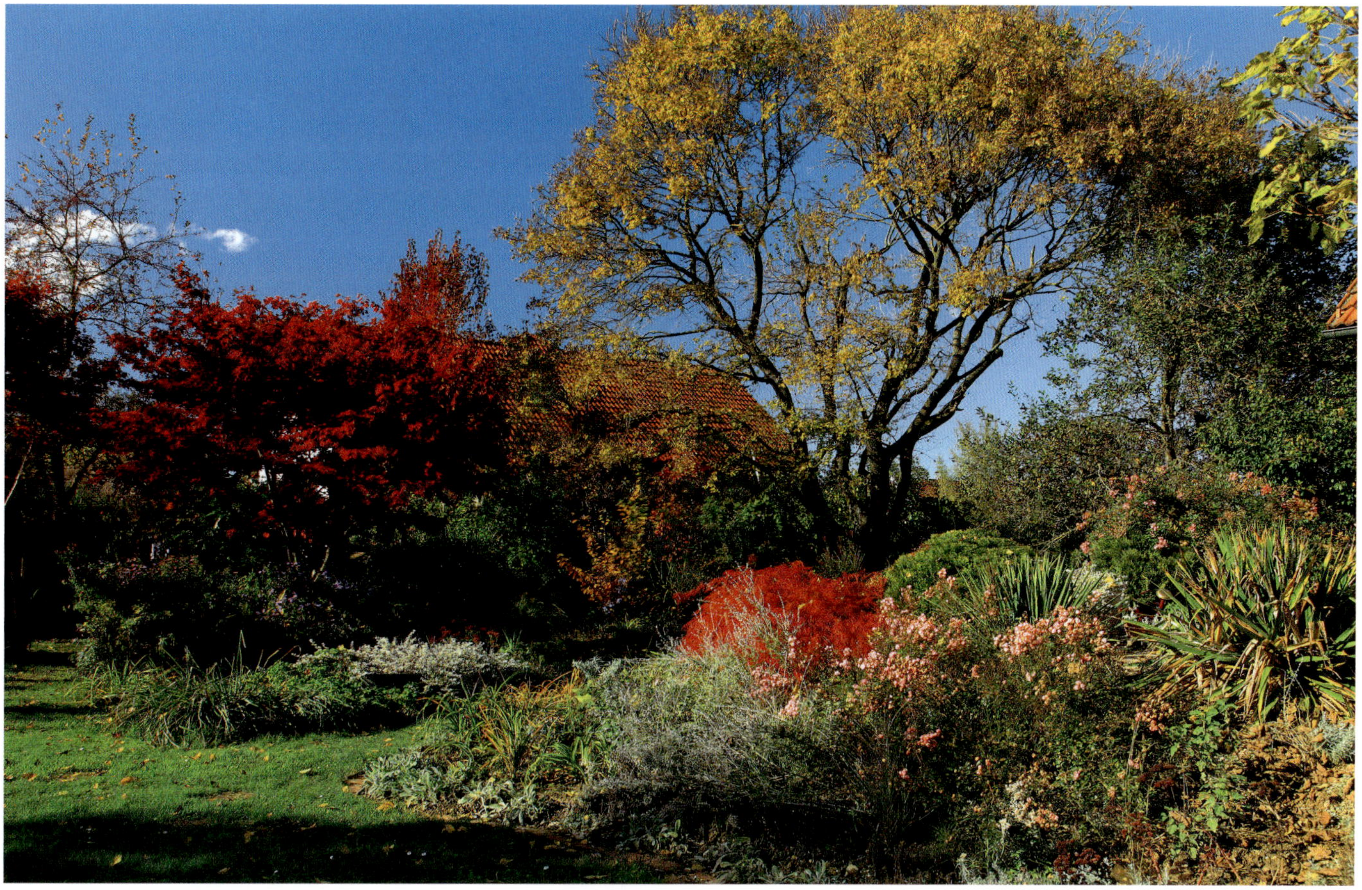

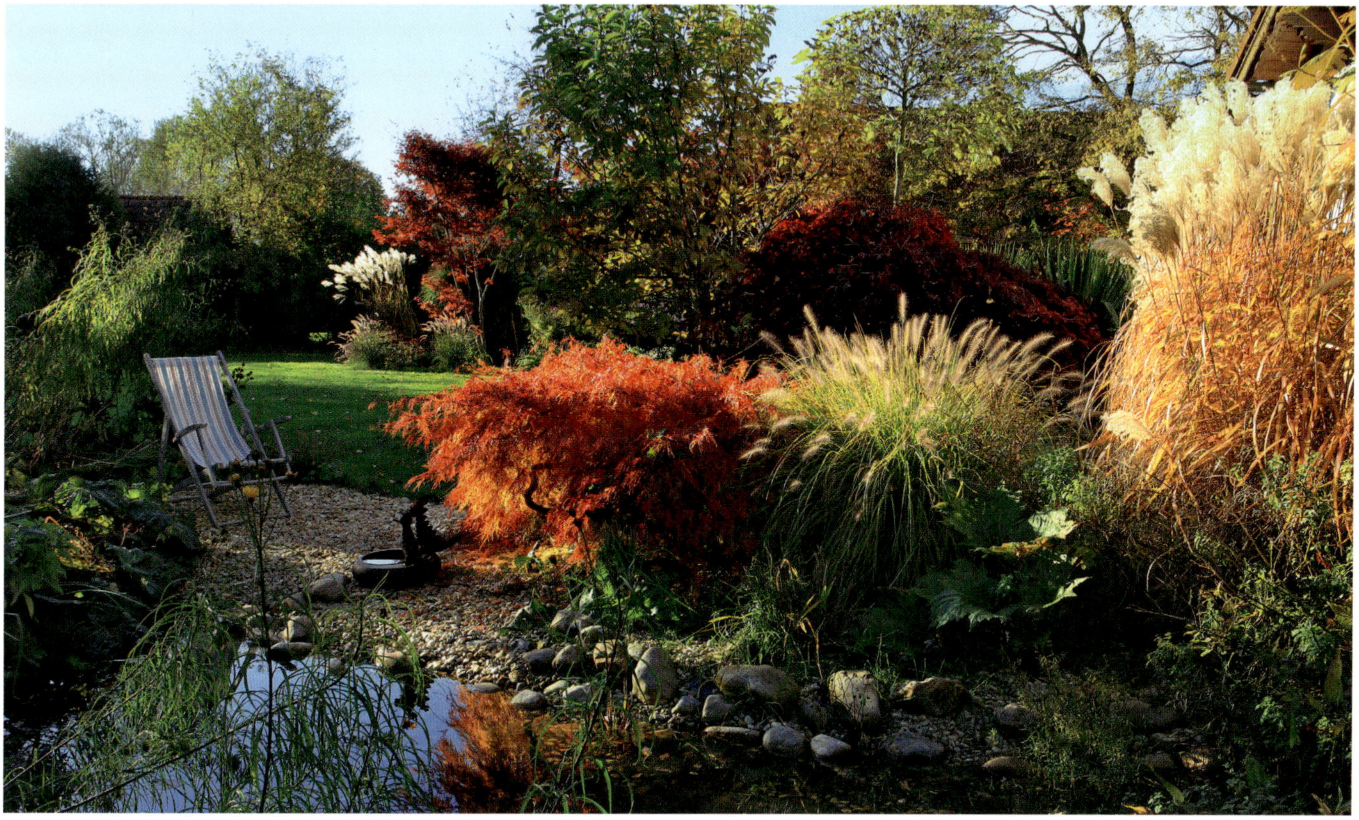

ihren Freunden Abenteuerfilme gedreht haben. Die Kreativität der Eltern liegt auch ihnen im Blut. Maria Sommeregger hat immer schon gern gemalt. So wie ihr die Harmonie von Farben und Strukturen bei ihren Bildern wichtig ist, hält sie es auch bei der Gestaltung und Bepflanzung des Gartens. „Mein Garten ist die dritte Dimension der Malerei, ein lebendes Bild, in dem ich mich bewegen kann", erzählt sie begeistert. „Ich kann dabei mit Pflanzen malen – das bedeutet für mich pure Lebensfreude und ist mir noch wichtiger geworden als das Malen mit Pinsel und Farben."

Im Kräutergarten, der nach altem Vorbild in vier rechteckige, mit Lavendel umfasste Beete unterteilt ist, gedeihen Heilpflanzen mit aromatischem Duft, und auch der Gemüsegarten, gesäumt von Apfelbeere *(Aronia)*, Felsenbirne *(Amelanchier)*, Kornelkirsche *(Cornus mas)* und anderen Wildsträuchern, ist eine Pracht für sich. Dahinter geht der Garten harmonisch in das kleine Auwäldchen über, das eine Kulisse aus heimischen Gehölzen, zum Beispiel Traubenkirschen, Pfaffenhütchen und Weiden bildet.

Ein besonderer Aspekt des Südburgenlandes, der es Maria Sommeregger angetan hat, ist das Licht. „Hier ist es mild und sonnig bis in den November hinein, deshalb freue ich mich immer auf den Herbst. Dann kommen die Farben besonders gut zur Geltung, sie lodern nahezu in der Sonne."

Unten *Mit Pflanzen malen – diesen ihr so wichtigen Aspekt in der Gartengestaltung setzt Maria Sommeregger auch im formal angelegten Rosengarten, in dem über 50 verschiedene Rosenarten gedeihen.*

Rechts *Im Rosengarten bevorzugt die Gärtnerin formale Strenge kombiniert mit üppigem Wachstum von Alten Rosen-Arten und Englischen Rosen kombiniert mit Kräutern. Woll-Ziest* (Stachys byzantina) *und Katzenminze säumen den Weg.*

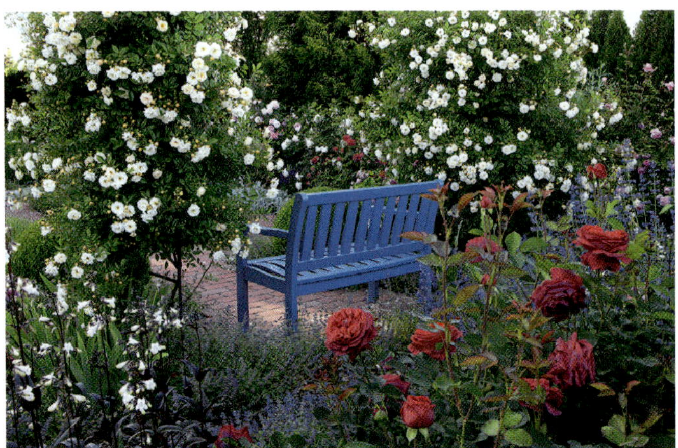

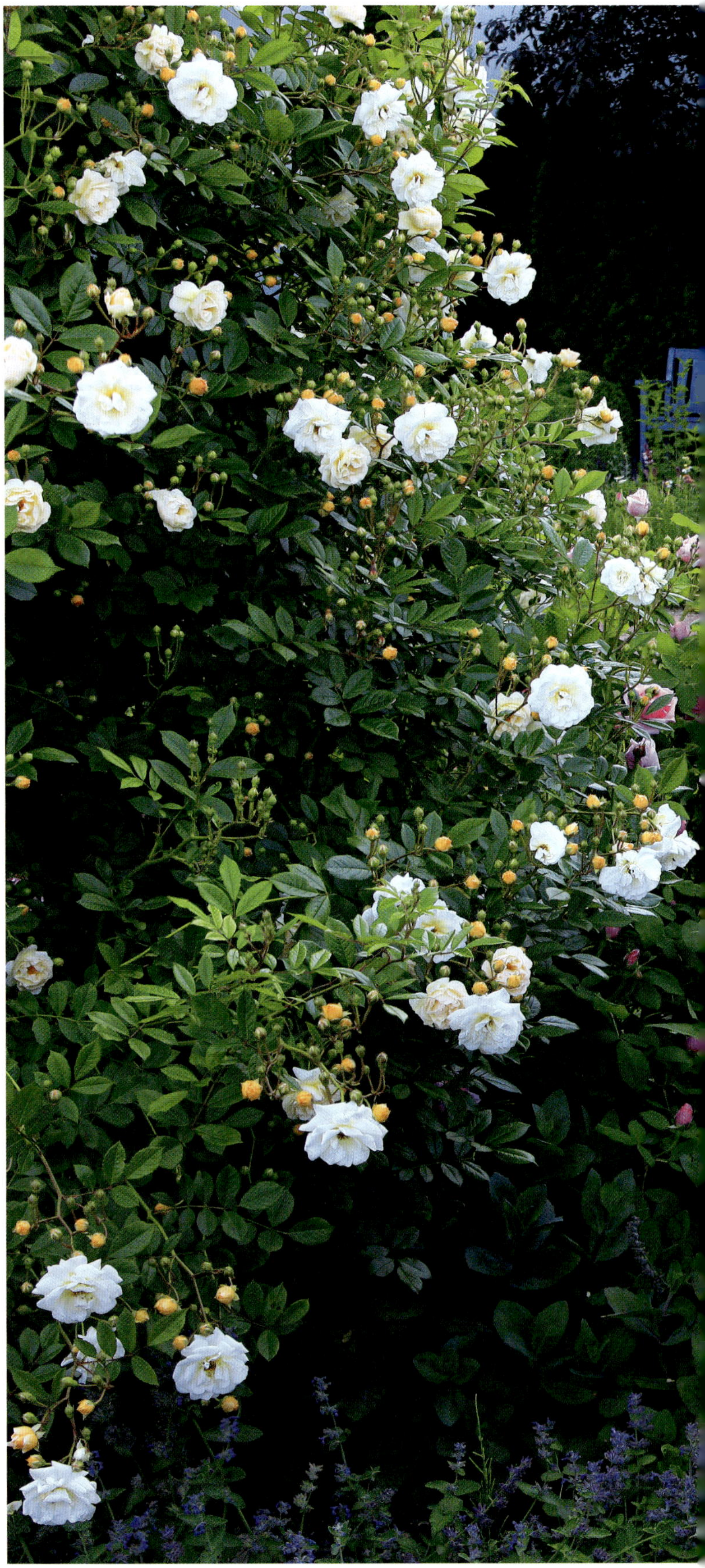

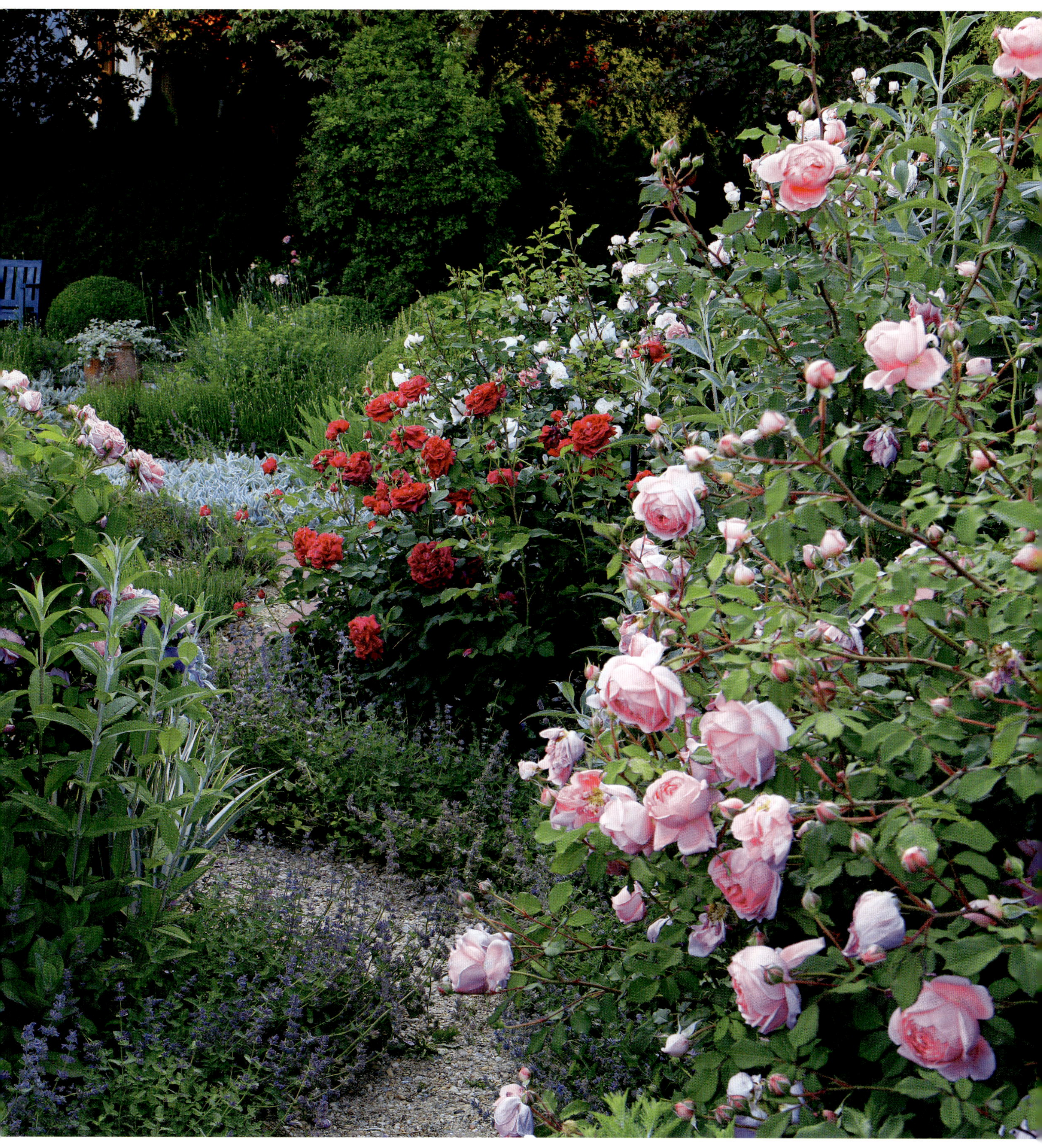

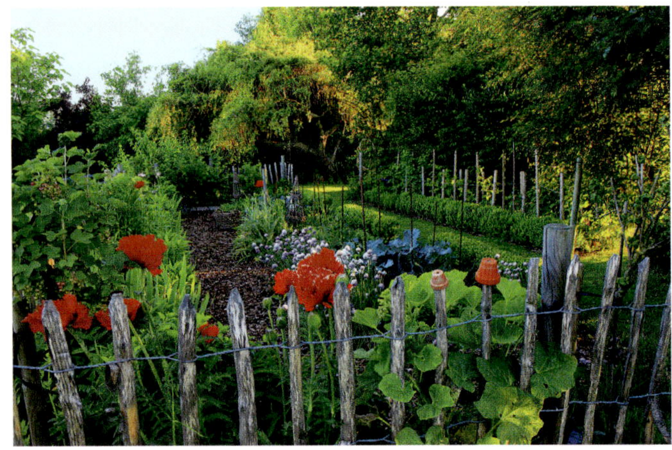

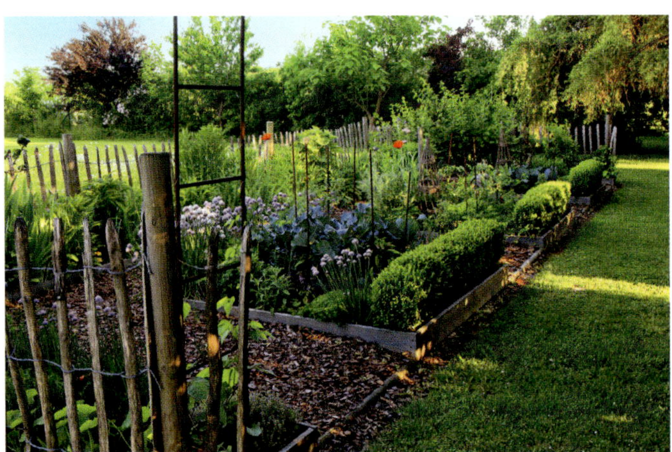

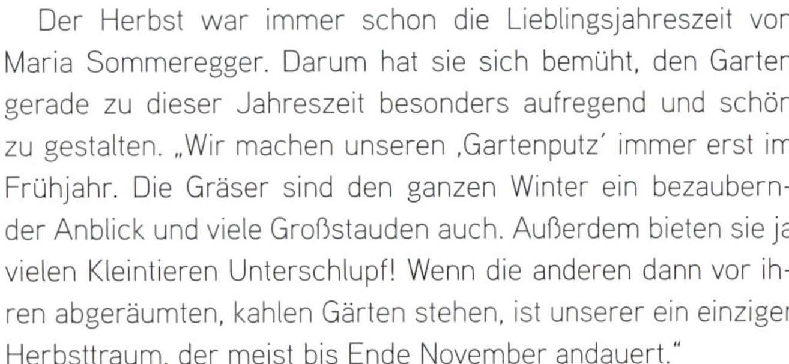

Der Herbst war immer schon die Lieblingsjahreszeit von Maria Sommeregger. Darum hat sie sich bemüht, den Garten gerade zu dieser Jahreszeit besonders aufregend und schön zu gestalten. „Wir machen unseren ‚Gartenputz' immer erst im Frühjahr. Die Gräser sind den ganzen Winter ein bezaubernder Anblick und viele Großstauden auch. Außerdem bieten sie ja vielen Kleintieren Unterschlupf! Wenn die anderen dann vor ihren abgeräumten, kahlen Gärten stehen, ist unserer ein einziger Herbsttraum, der meist bis Ende November andauert."

Oben links *Ein übersichtlicher Gemüsegarten war ein lange gehegter Wunsch der Familie. Weil der Boden aber stark verdichtet und mit Bauschutt durchsetzt war, musste die Erde etwa 40 Zentimeter tief ausgetauscht werden. Die Mühe hat sich gelohnt!*

Oben *Der Bauerngarten nach altem Vorbild umfasst drei mit Lärchenholzbrettern eingefasste Hauptbeete. Gewürzkräuter und Bauerngartenblumen findet man hier ebenso wie Johannisbeeren, Erdbeeren, Preiselbeeren, Stachelbeeren und Kürbisse.*

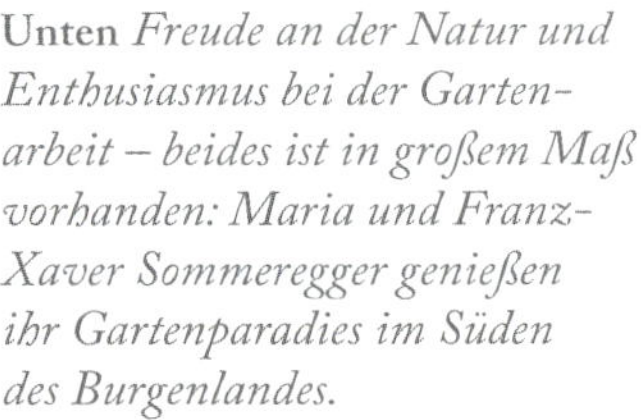

Unten und rechte Seite *Bei dem vorhandenen schweren und lehmigen Boden mussten die Sommereggers erst durch Zugabe von Sand für Durchlässigkeit sorgen; nun fühlen sich hier gleich neben dem Rosengarten auch Kräuter wohl.*

Unten *Freude an der Natur und Enthusiasmus bei der Gartenarbeit – beides ist in großem Maß vorhanden: Maria und Franz-Xaver Sommeregger genießen ihr Gartenparadies im Süden des Burgenlandes.*

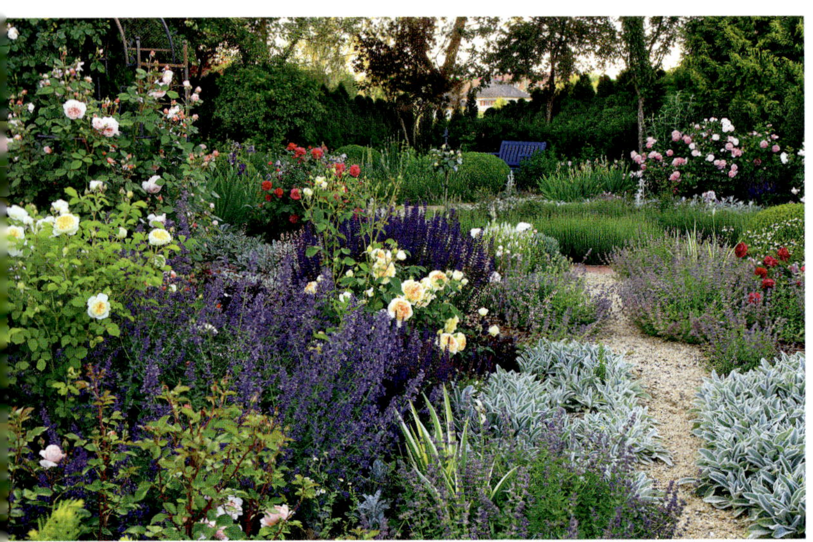

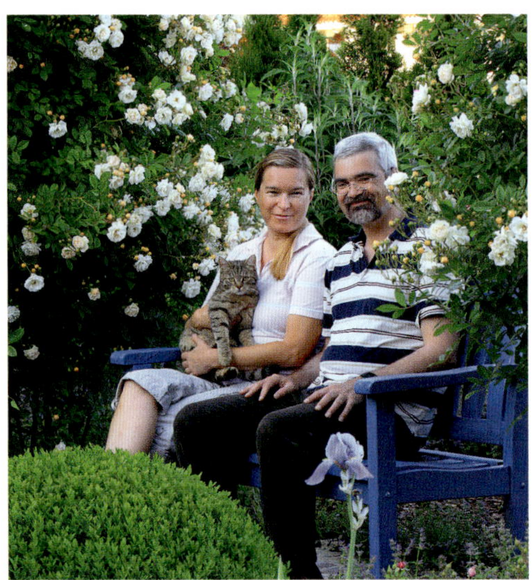

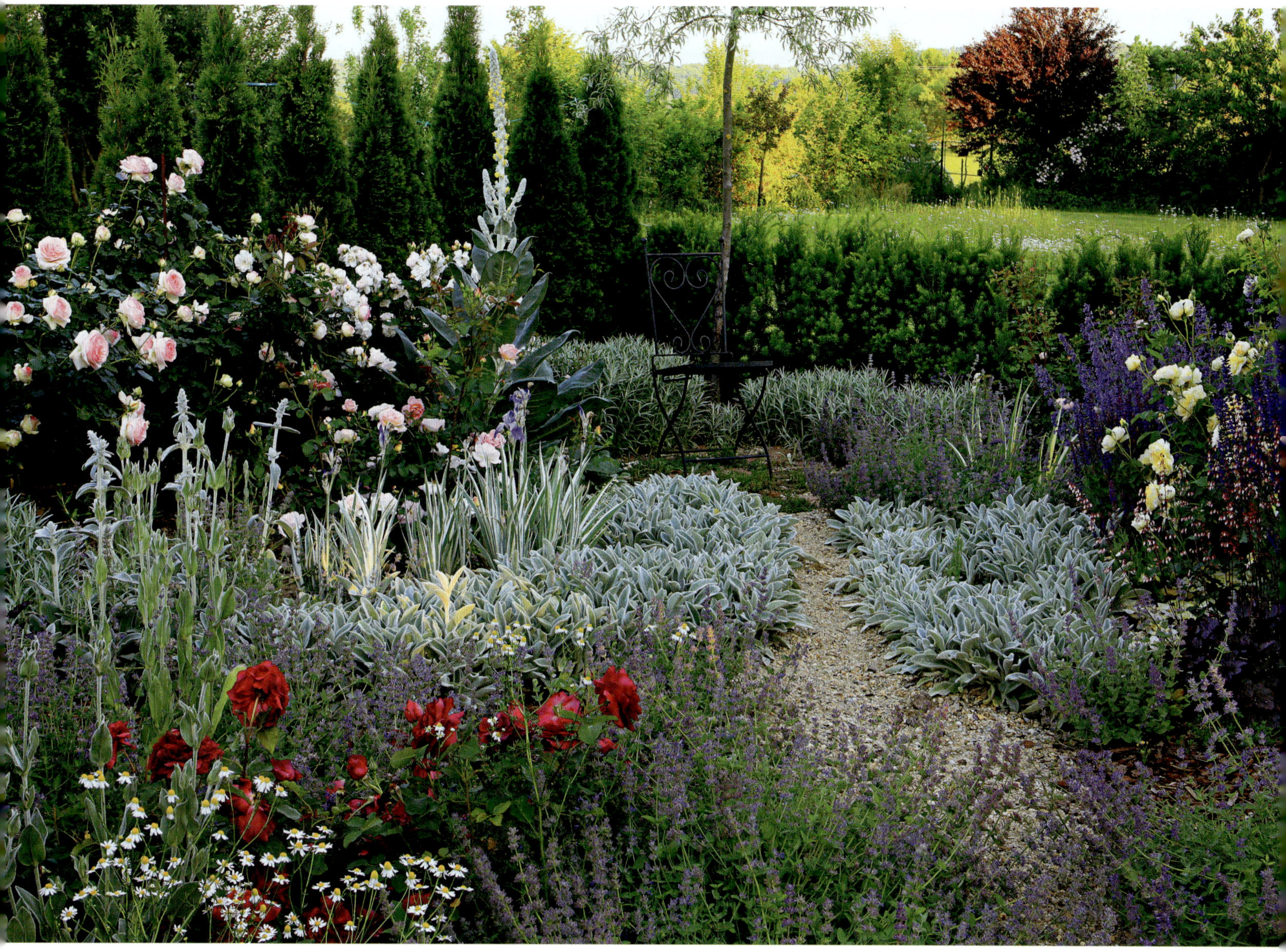

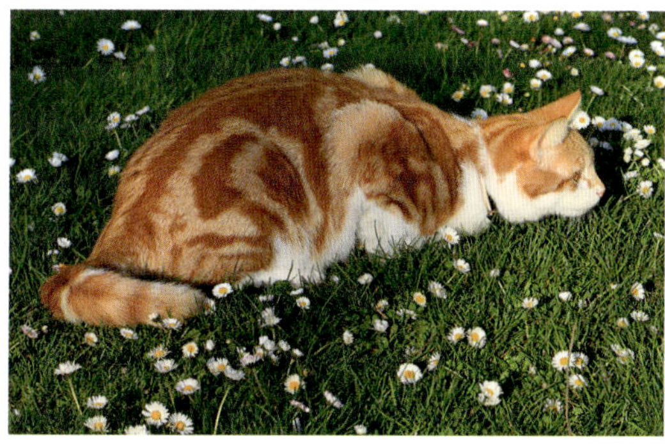

Der Garten ist inzwischen geschlossen und für Besucher nicht mehr zugänglich.

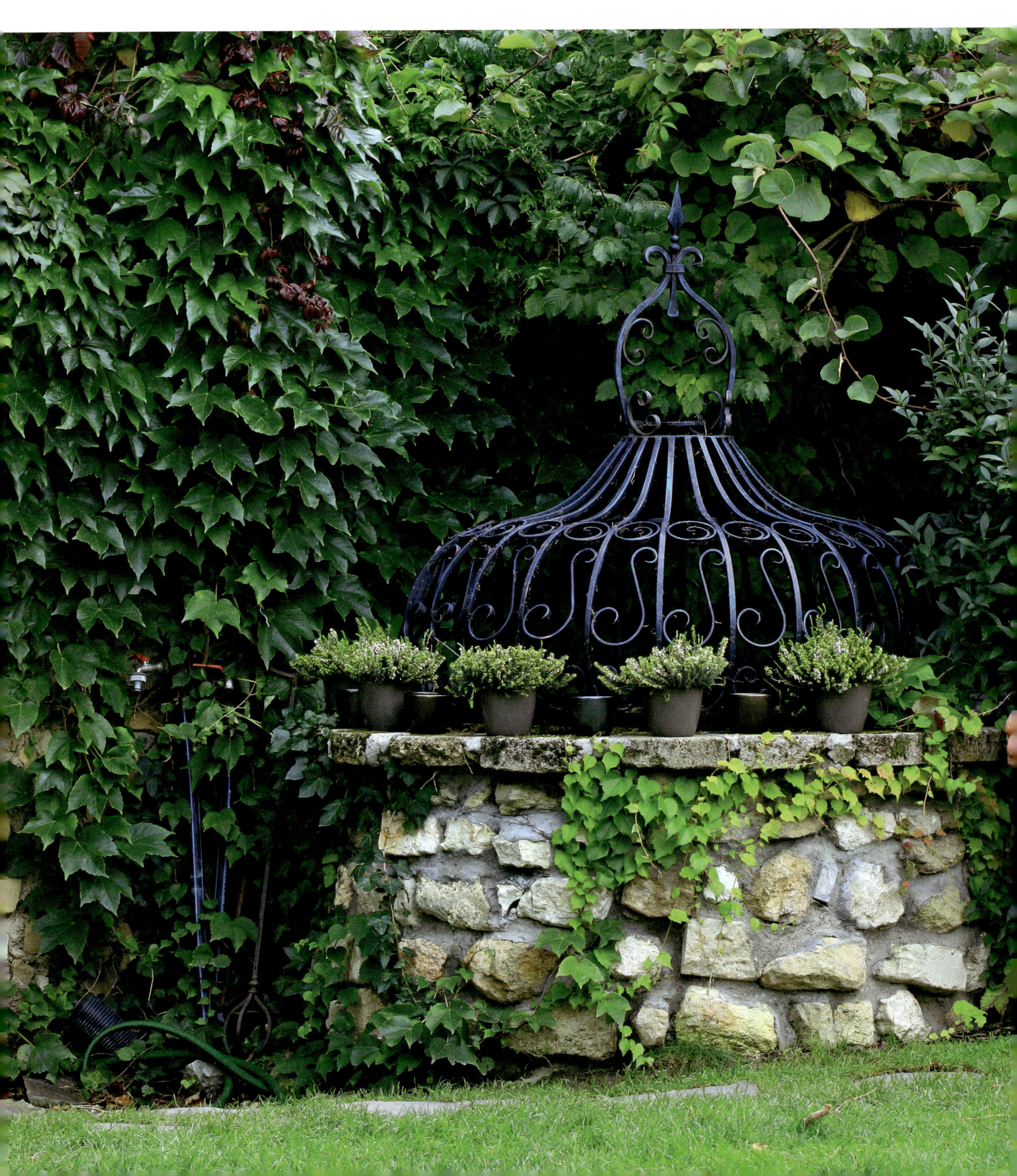

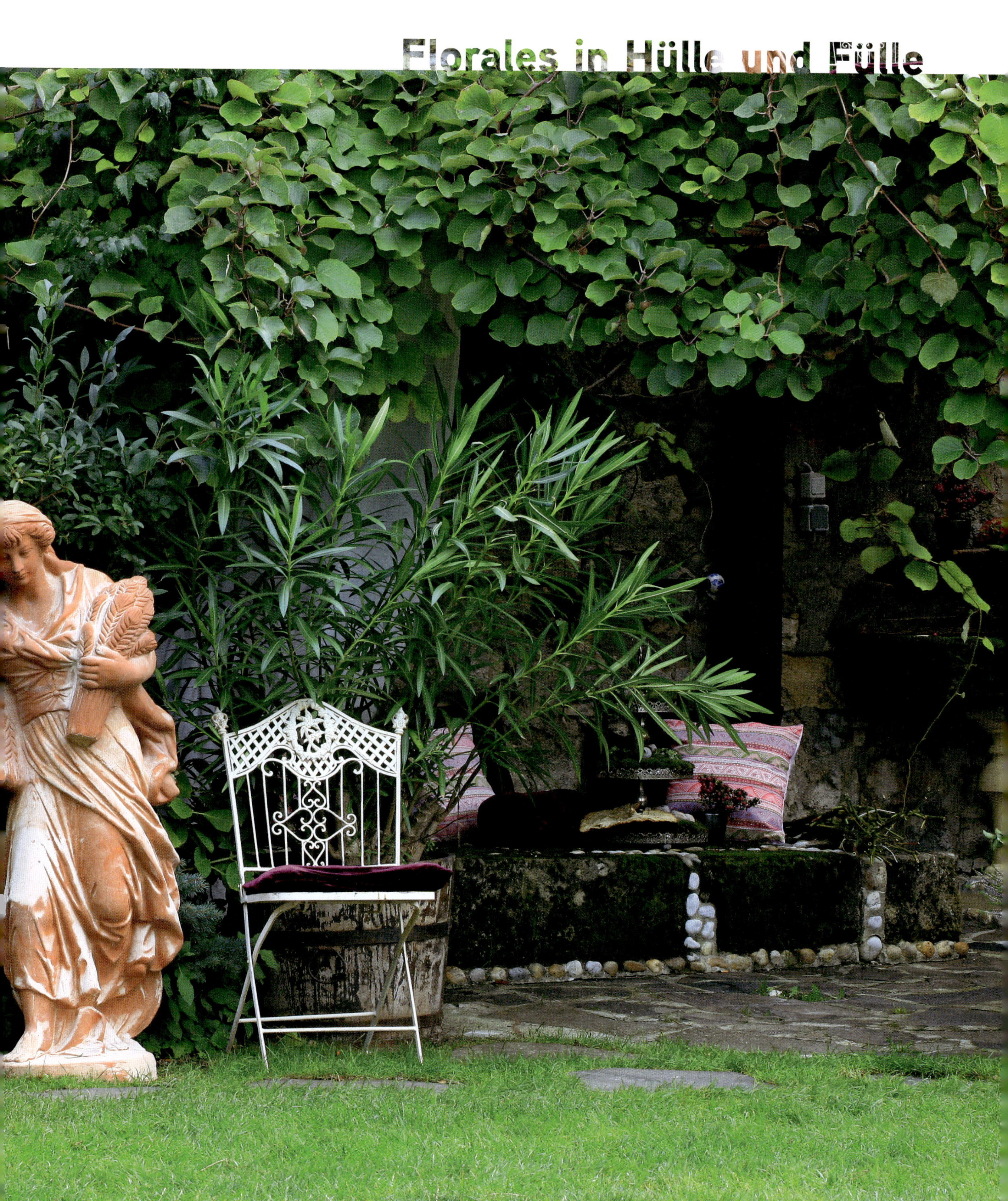

Rechte Seite *Das Bürgerhaus in Rust ist ein österreichisches Kleinod. Hinter historischen Mauern verbirgt sich ein Hotel, dessen Atmosphäre in Haus, Innenhof und Garten durch außergewöhnliche florale Dekorationen geprägt ist. In den Sommermonaten stehen vor den Häusern Oleanderkübel und vermitteln südliches Flair.*

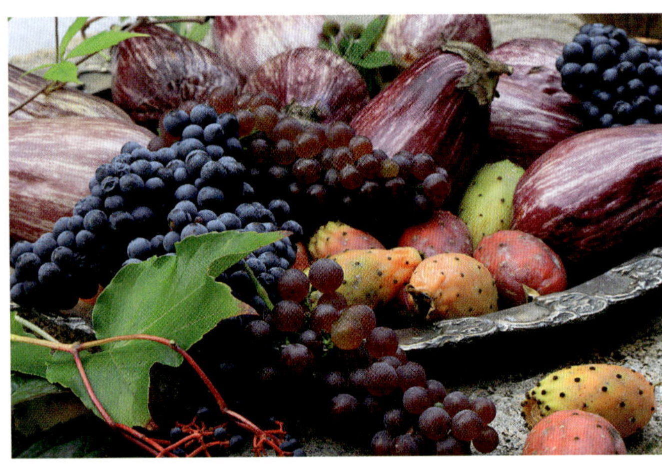

Exotisches Obst, mediterrane Früchte und besondere Gemüsesorten wie gestreifte Auberginen werden mit Blumen und grünem Beiwerk von Gastgeberin Tina Mooslechner zu zauberhaften Arrangements verarbeitet.

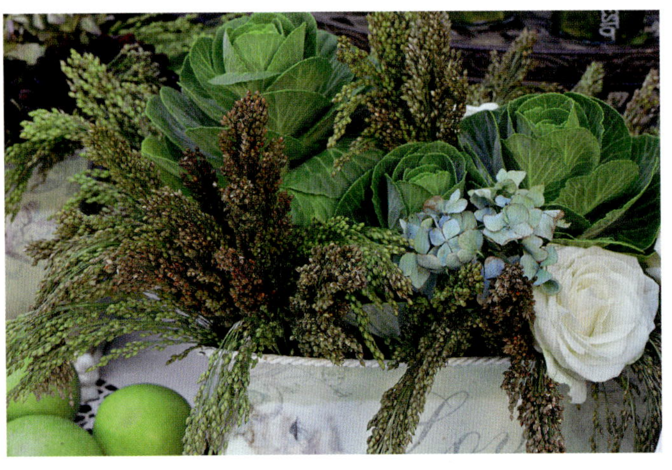

Inmitten der pannonischen Landschaft um den Neusiedler See, liegt Rust, bekannt für den guten Wein der Region und die Festspielzeit im Sommer. Ob Oper, Operette oder Schlossspiele, in diesem Winkel des Landes gibt es neben Kultur auch noch die Natur zu entdecken. Hier finden Gäste eine völlig andere Landschaft vor als im bergigen Tirol und Vorarlberg. Der Neusiedler See, Österreichs größter Steppensee, zählt zu den artenreichen Naturschutzgebieten, seine Ufervegetation und auch Teile des Burgenlands sind durch das mildere Klima stark geprägt.

Typisch sind Buschenschanken, „Heurige" genannt, die man durch große Torbögen in den kleinen, dicht aneinander gereihten Häusern betritt. Die Gastlichkeit in Rust aber hat sich weiterentwickelt und heute einen Namen: Tina und Michael Mooslechner betreiben hier im Bürgerhaus ihr individuelles Restaurant und „Hotelgeheimnis" auf höchstem Niveau. „Klein, aber fein", lautet die Devise und zieht sich wie ein roter Faden durch das im Jahr 1537 erbaute, zauberhaft renovierte Haus. Die liebevollen Details tragen allesamt die Handschrift von Tina Mooslechner, einer gelernten Visagistin, Stylistin und Glasdesignerin. Sie lebt für das Schöne, liebt es zu dekorieren und steckt dazu voller Kreativität. Aus Sandstein, ausgewählten Steinen und Stuck entstehen Tag für Tag neue „Hingucker", die eine außergewöhnliche Atmosphäre schaffen.

Wer diesen Ort entdecken möchte, sucht nicht den Garten der Gärten im klassischen Sinn. Der Reisende findet ein romantisches Anwesen und lernt, dass Dekoration an jeder Ecke, auf Tischen, Stufen, selbst an Wänden oder der Brunnenmauer alles aufwerten kann und exklusiv werden lässt. Nur ein einziges jener Arrangements aus Tina Mooslechners Hand könnte so manches Zuhause in völlig neuem Licht erscheinen lassen.

„Man kann die Momente nicht festhalten, das ist das Sonderbare", steht an der Wand geschrieben. „Wir können sie jedoch verzaubern, das ist das Wunderbare." Treffend für Tina Mooslechner, die selbst bekennt, dass Kreativität gepaart mit

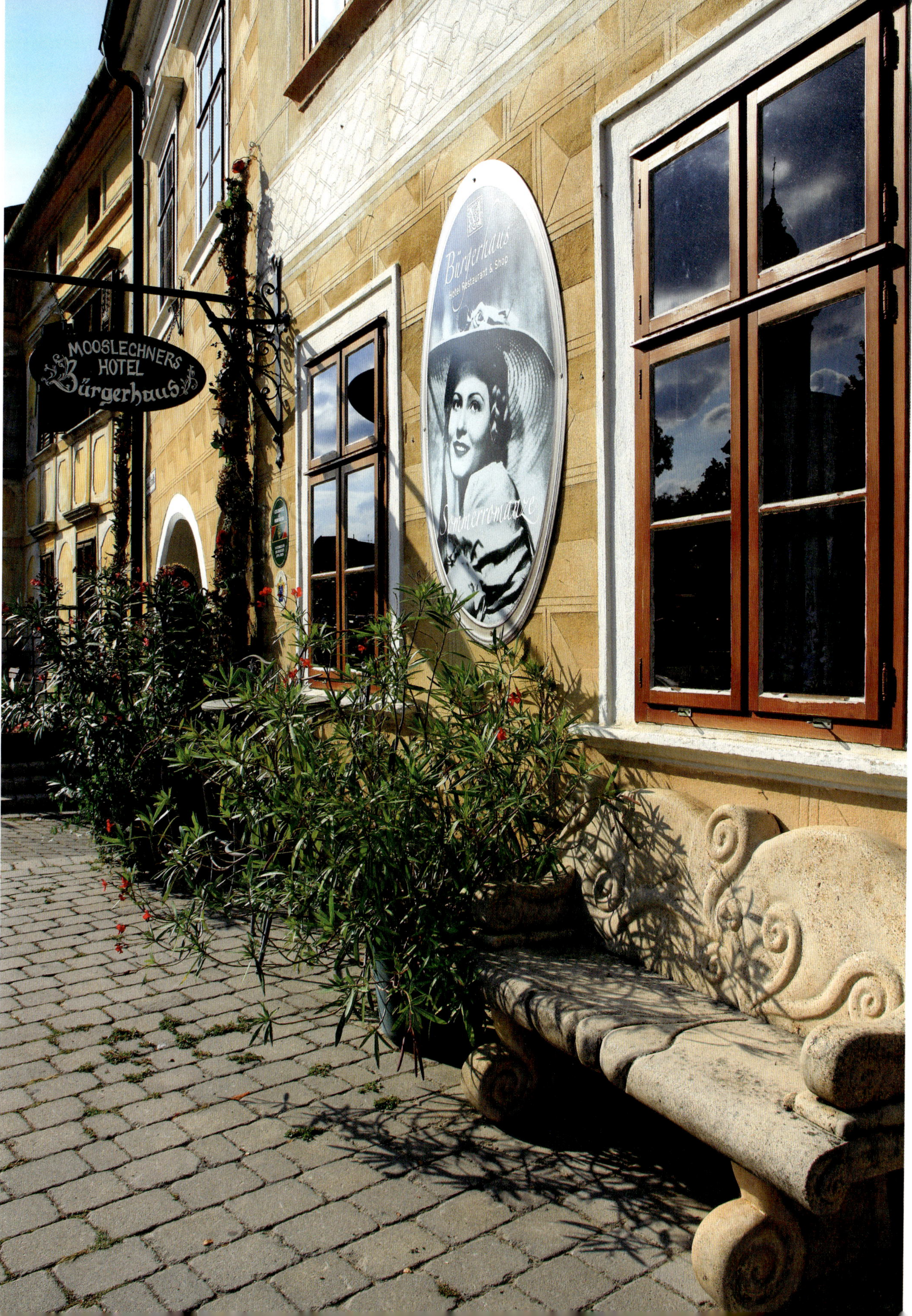
MOOSLECHNERS
HOTEL
Bürgerhaus
Bürgerhaus
Hotel Restaurant & Shop
Sommerromanze

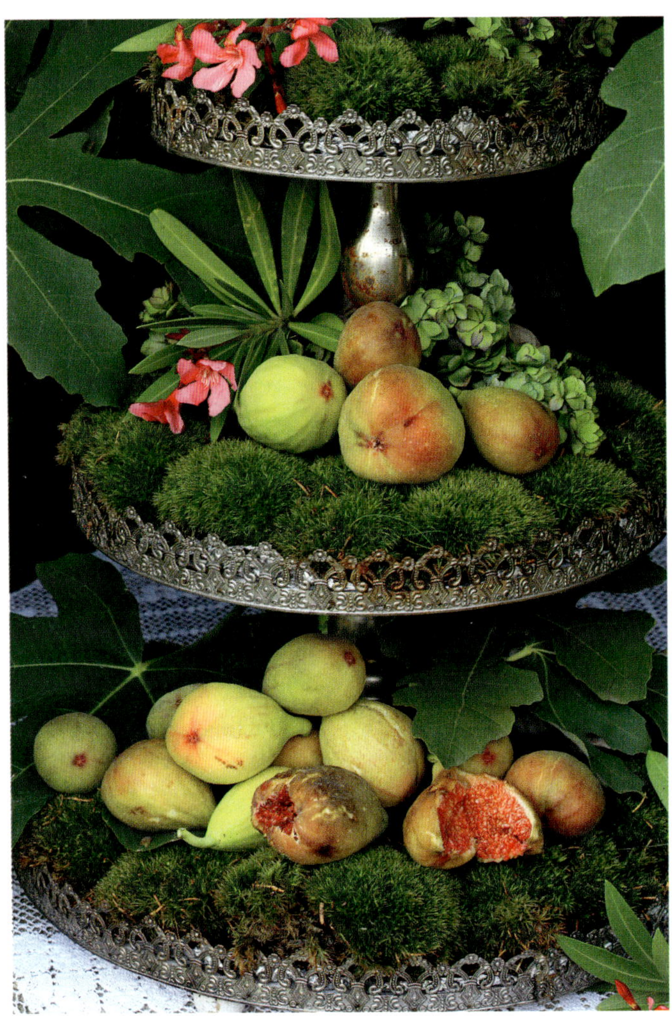

Feigen, die durchaus auch im Burgenland gedeihen, Oleander- und Hortensienblüten auf saftig-grünem Moos – eine außergewöhnliche Kombination! Oder zarte Kohlköpfe mit grünen Äpfeln, Weintrauben und weißen Rosen – der Aufwand, der hier für ein Gesteck betrieben wird, reicht vom Zufallsprodukt bis zum lange inszenierten Kunstwerk. Kreativität ist das Potential, aus dem die Mooslechners schöpfen und Gastronomie und Floristik verschmelzen lassen.

Geselligkeit ihr größter Schatz sei. Schätze aber hat die fröhliche Gastronomin mehrere, neben den drei Kindern vor allem Ehemann Michael, ein begnadeter Zuckerbäcker und Koch. Er verwöhnt die Gäste des Hauses kulinarisch, während Tina Mooslechner mit Naturmaterialien wie Rosen, Äpfeln, Hortensien oder Ingwerwurzeln zwischen kleinen Skulpturen und alten Vasen die Tafel dekoriert. „Ohne ihn könnte ich meine Träume nicht verwirklichen", sagt die Powerfrau. „Er versüßt das Leben der Gäste und sorgte so auch schon für Gaumenfreuden eines heimischen Künstlers, dessen massiven Sandsteintisch in Kürbisform wir uns sonst niemals hätten leisten können."

Die Schwäche für Fülle und Überfluss der Hausherrin hinterlässt überall ihre Spuren. Am meisten natürlich in den Dekorationen. Aber auch der Innenhof wurde üppig mit historischen Pflanzen wie Buchs, Jasmin und Duftwicke bepflanzt. Tina Mooslechner kommt sogar in gärtnerischer Hinsicht auf unkonventionelle Ideen. Wer sonst setzt heimischen Knöterich in Balkonkästen? Zart und dezent verwendet, bringt aber gerade diese Pflanze mit ihren weißen, leichten Rispen eine edle Note. „Ich habe Bilder im Kopf und setze sie um, ich frage nicht lange. Schon mein Vater hat gesagt: ‚Wenn du jemand fragen musst, bist du schon Zweiter'", erklärt sie ihren Weg. „Ich muss es zuerst mir recht machen, um dann anderen Gutes zu tun."

Ihren Privatgarten öffnet sie nur für Hochzeiten, die sie liebevoll und gekonnt im altehrwürdigen Bürgerhaus inszeniert. Im Frühling sorgt die Glyzine für einen blauen Regen, im Sommer duften die Rosen über dem Bogen, der in den geheimen Garten führt. Dort wirft die Pergola luftige Schatten, aus dem Brunnen daneben – so lässt sich vermuten – wird schon bald der Froschkönig lugen. Unser Blick fällt auf den Seerosenteich und verliert sich schließlich in Träumen. Vermutlich wollte das Tina Mooslechner auch erreichen. Denn sie lebt ihre Träume und hat immer neue Visionen – demnächst möchte sie ihr Atelier in einem historischen Glashaus sehen, eine Schlosswerkstatt in ihrer eigenen Orangerie, passend zum Bürgerhaus.

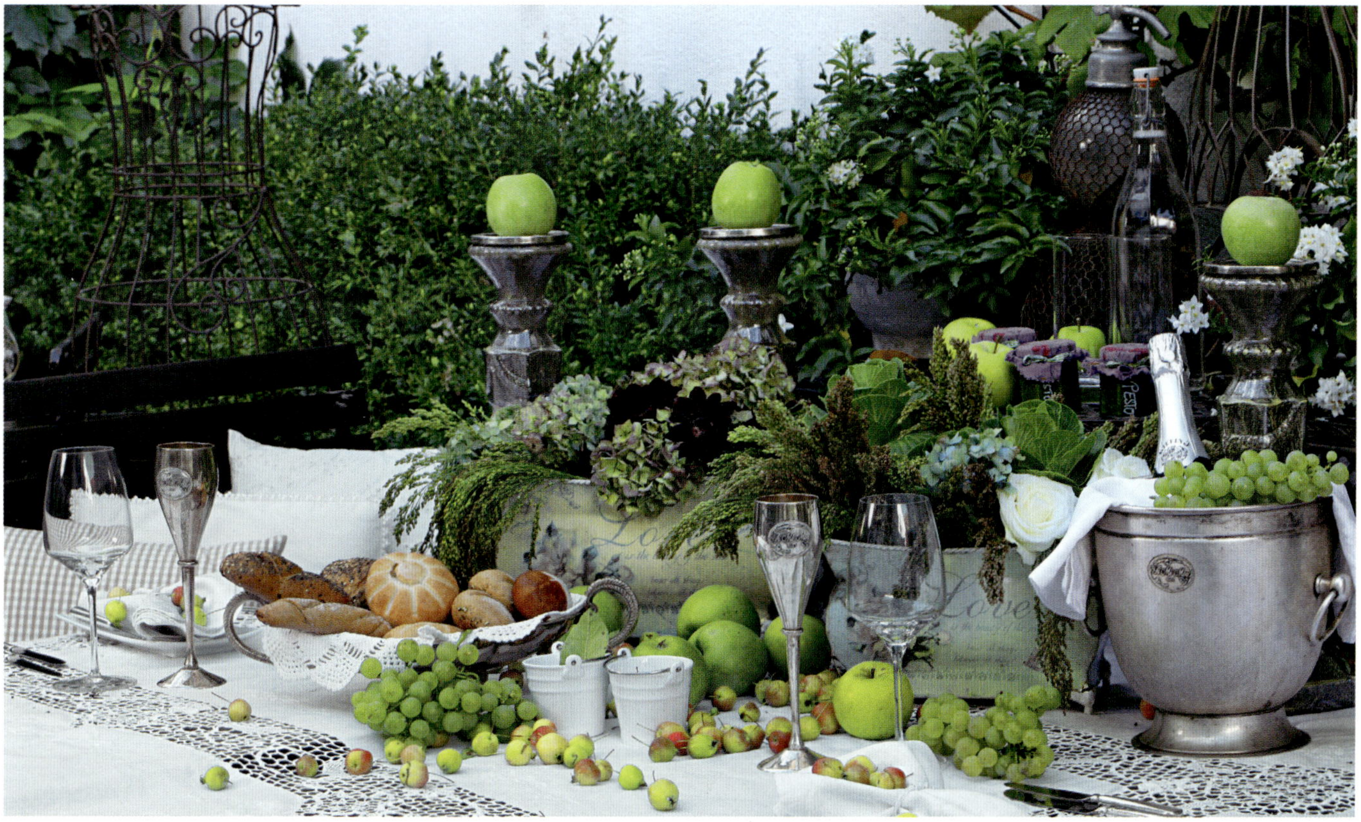

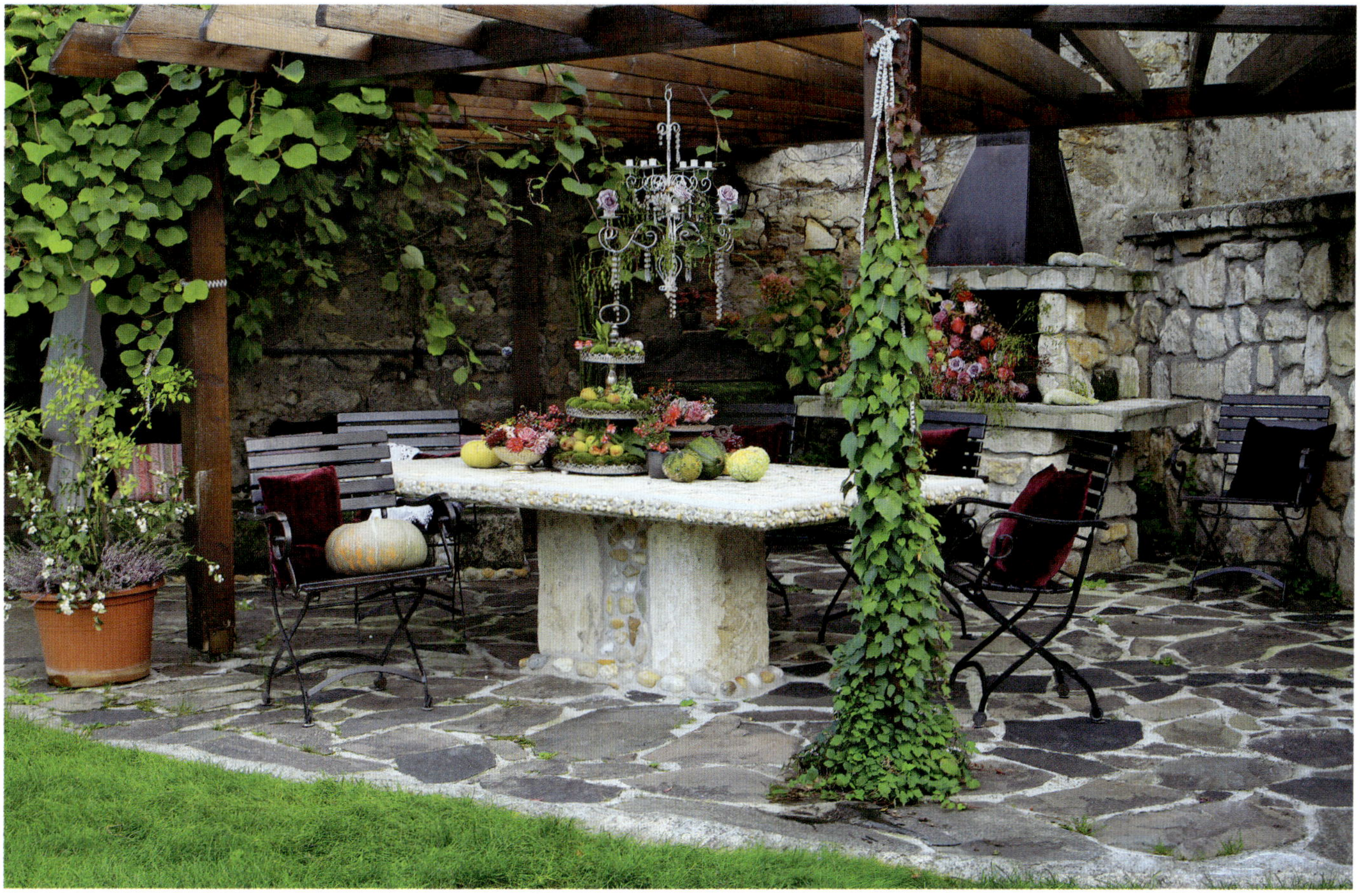

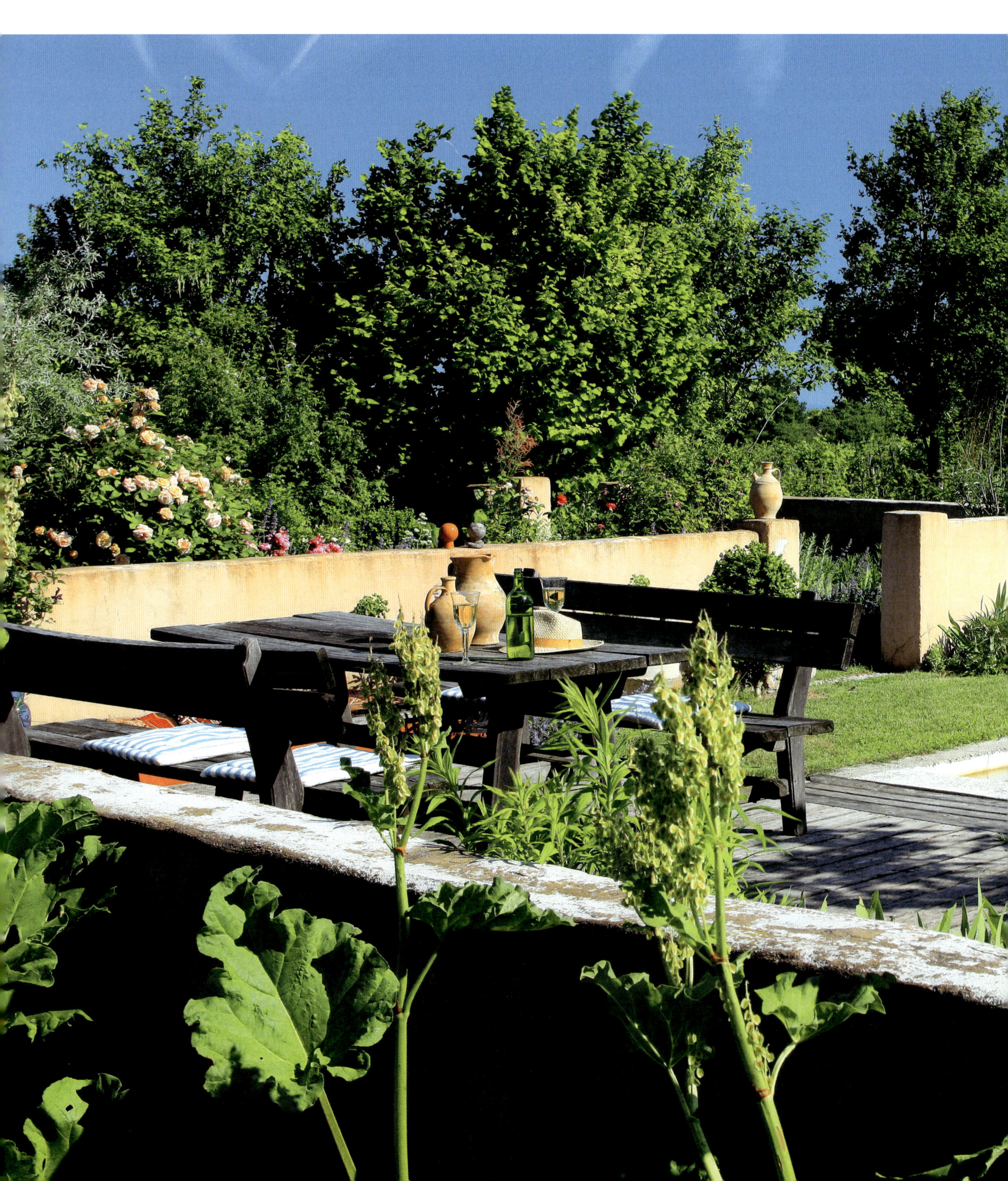

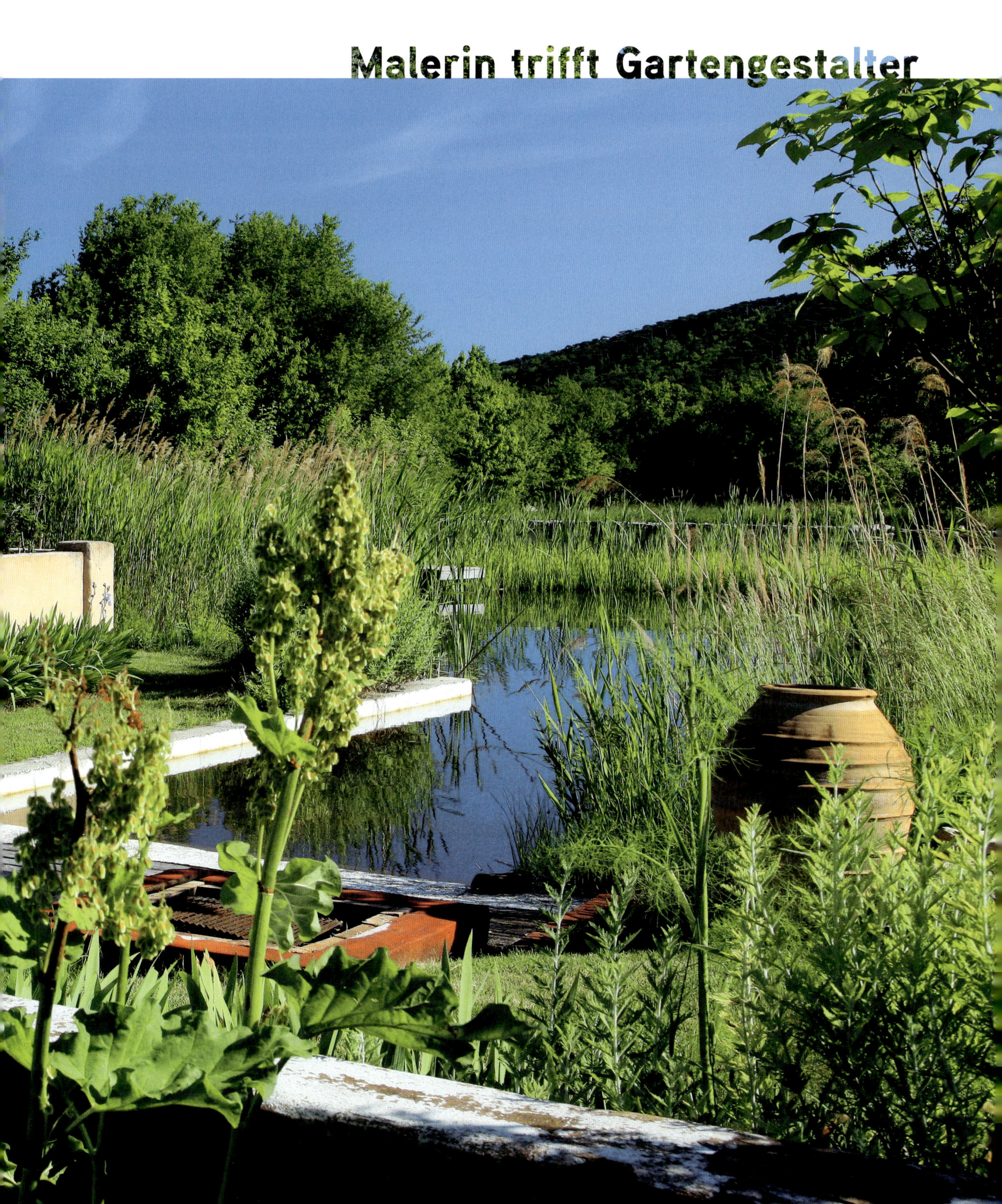

Rechte Seite beide *Im Garten von Gabi Burger und Johannes Schawerda dürfen Gräser nicht fehlen, denn von ihnen geht ein besonderer Zauber aus. Wenn der Wind durch die zarten Halme streicht, wird die Bewegung der Gräser zu einem Naturschauspiel – unaufdringlich und doch eindrucksvoll.*

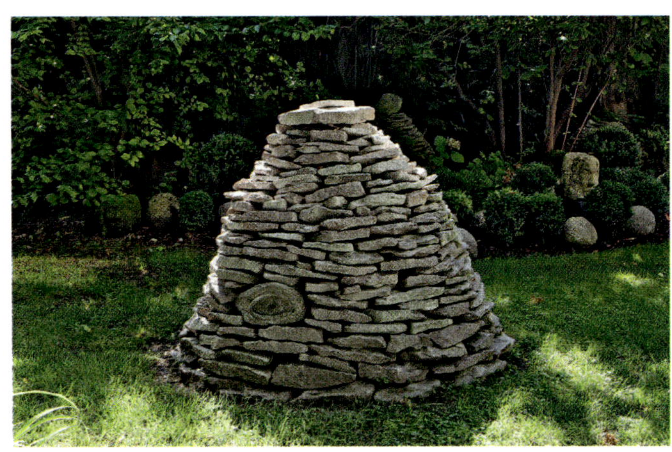

Das Steinhaus wie auch verschiedene Kunstobjekte sind in die Gartengestaltung gekonnt eingebunden, stehen aber auch solitär und für sich. Der gelernte Profigärtner schafft Bezüge, setzt Akzente und behält dabei immer das Gesamtwerk im Auge.

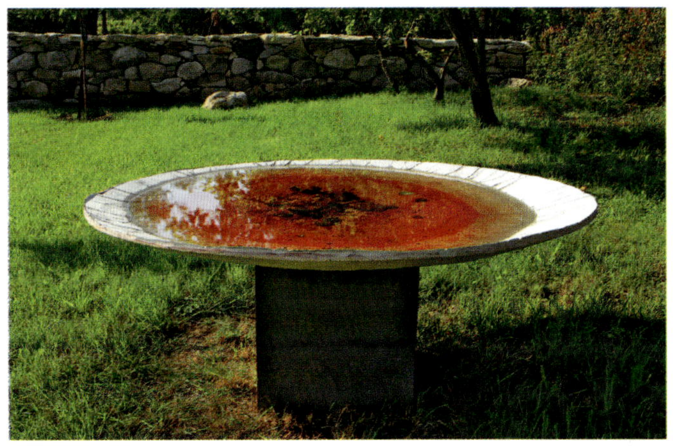

Das Gartentor steht immer offen, im Juni umranken üppige Rosen den Eingang – und man muss sich etwas bücken, um nicht von den Dornen gefangen zu werden. Neugierig umrunden Besucher das Haus inmitten der prächtigen Weingärten im Süden Wiens. Johannes Schawerda wuchs hier in Sooß bei Baden auf. Damals endete der kleine Garten bei der Trockenmauer, heute beginnt er an dieser Stelle. Stück für Stück und Raum für Raum hat der professionelle Gestalter sein eigenes grünes Reich angelegt, den Weingarten in einen Schaugarten verwandelt.

In jungen Jahren studierte Johannes Schawerda zunächst Botanik, um zu erkennen, dass er lieber praktisch arbeiten wollte. Es folgte die Ausbildung zum Gärtner und Gartengestalter. „Ein kreativer und künstlerischer Zugang bei meinen Planungen war und ist mir wichtig." Die Beschäftigung mit Form, Farbe und Material zeigt sich in einer zunehmenden Anzahl von Objekten und Skulpturen, die den Garten „bevölkern". In den Wintermonaten entstehen Jahr für Jahr neue Objekte. Auch Lebenspartnerin Gabi Burger hat deutlich ihre Handschrift hinterlassen. Die leidenschaftliche Malerin versteht es, mit Farben Akzente zu setzen. In ihren farbkräftigen Bildern rückt sie Menschen in den Vordergrund, im Garten lässt sie klare Farbflächen die dominante Rolle spielen.

Natursteinmauern korrespondieren mit den Weinreben der Umgebung, Betonmauern dazwischen ermöglich den Farbanstrich in Magenta oder Rot. So wurde das mit wunderbar blühenden Seerosen bestückte Wasserbecken in leuchtendem Rosa bemalt. Gleich dahinter erstreckt sich der Schwimmteich, öffnet sich aus einer geometrischen Form in weiche natürliche Rundungen, um schließlich in die zauberhafte Landschaft zu fließen. Der Wind streicht durch das Schilf an den Ufern und scheint Teil der Inszenierung zu sein.

Trotz klarer Raumgestaltung gelingt es Johannes Schawerda, die Weite der sanften Hügel aufzugreifen. Die unterschiedlichen Elemente wie Kräuter- und Gemüsegarten, Rosenhain

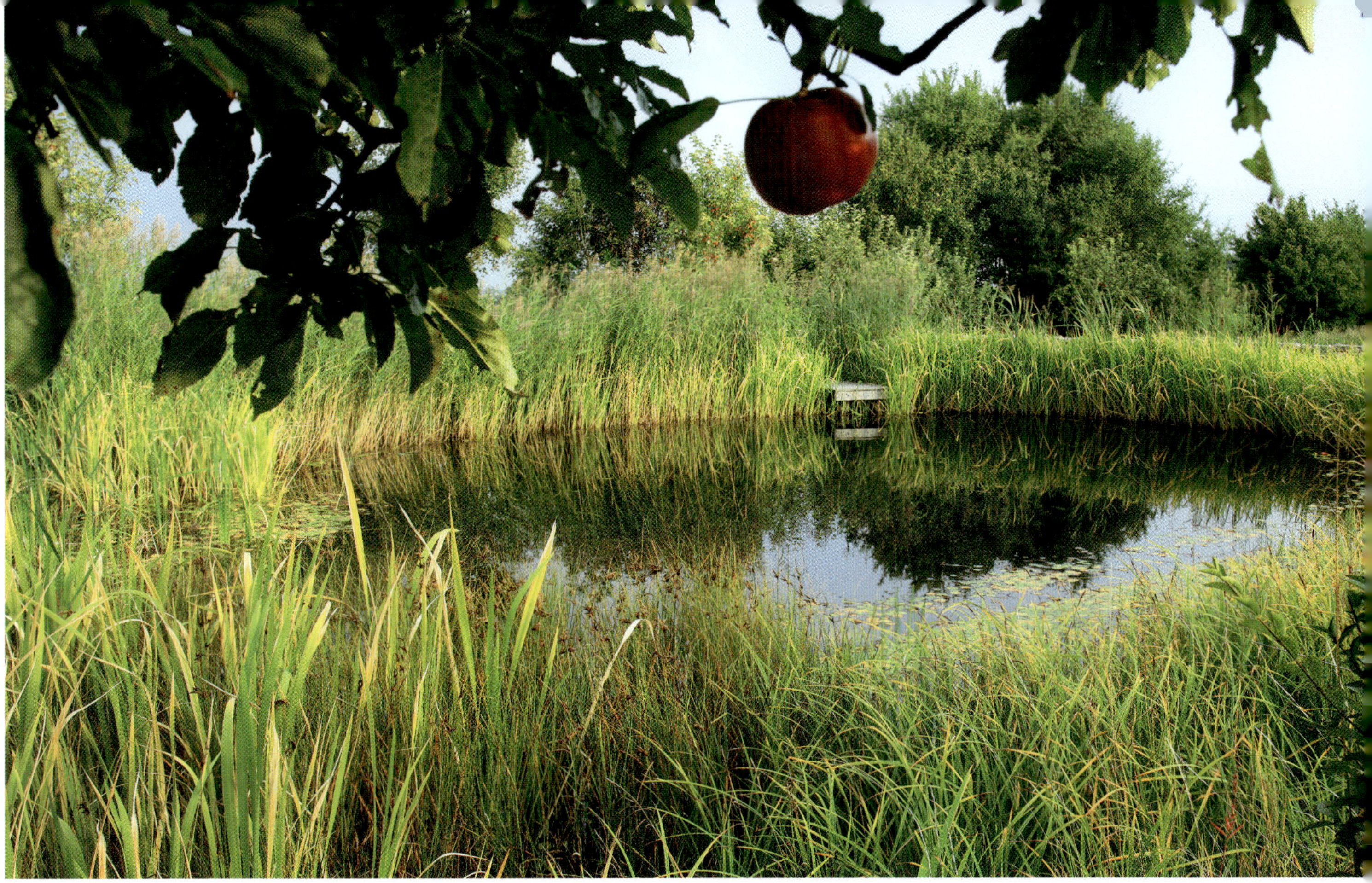

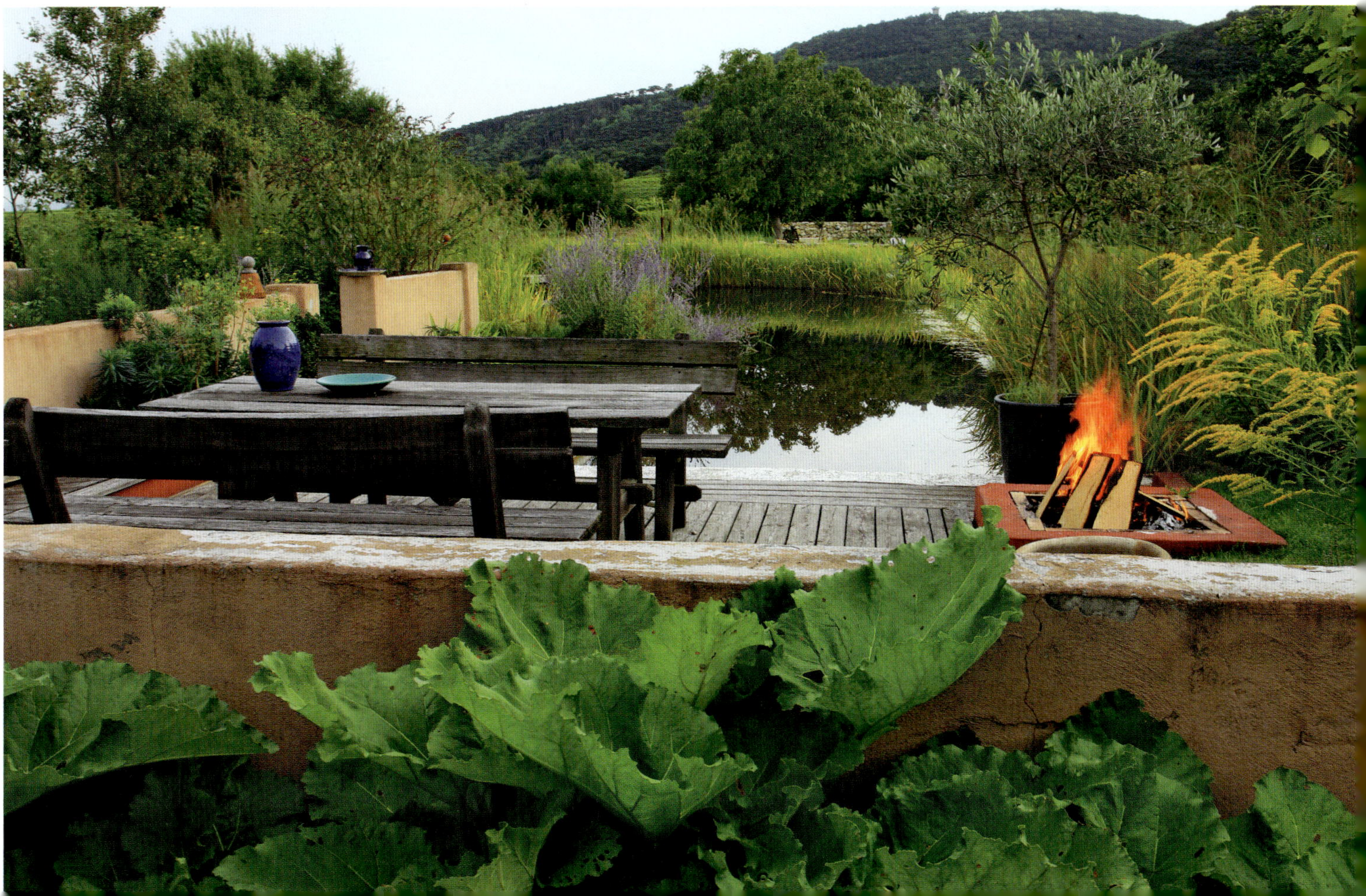

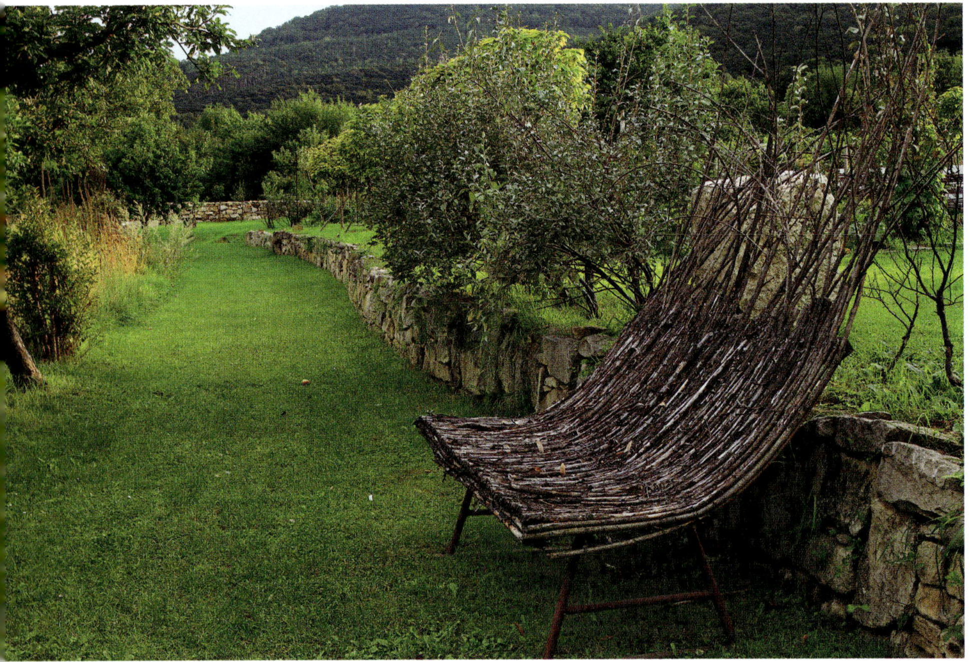

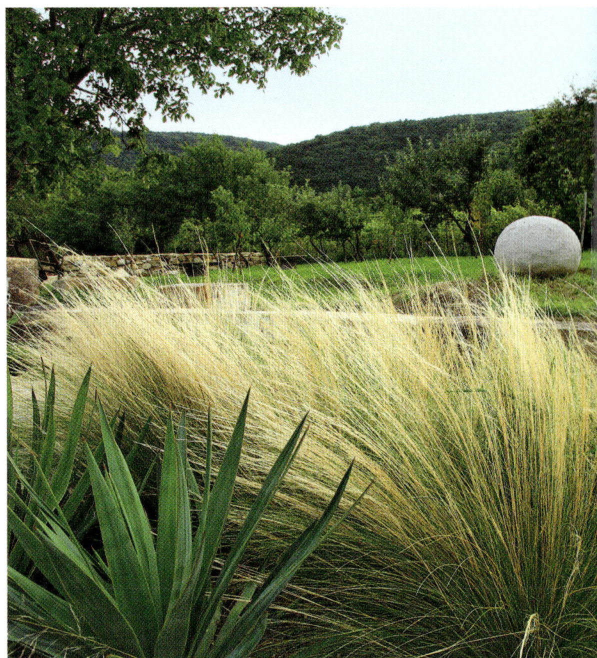

Der Garten korrespondiert mit der ihn umgebenden Landschaft. Trockenmauern sind Elemente der Weingärten im Süden Wiens. Kreative Ideen machen den Grünraum des Künstlerpaars exklusiv, Naturmaterialien fügen sich harmonisch ins Bild.

und Buchskugeln, Pergolen, Terrassen, Wege, Wasser und Staudenbeete stehen in keinem Widerspruch zum Gesamtbild. „Der Garten muss immer ein Ganzes bleiben", meint er, „die Kunst besteht darin, auch bei Veränderung an einem Konzept festzuhalten."

Das milde Klima im Süden der Hauptstadt begünstigt das Wachstum mediterraner Gewächse wie Feigen. In Österreich prägen immer wieder stattliche Feigenbäume Gegenden, in denen auch der Wein gut gedeiht. Jener nebst der Holzterrasse beim Haus war einst ein Muttertagsgeschenk, erzählt der Besitzer. Vor etwa 40 Jahren hat er ihn aus einem Weingarten ausgegraben. Ein gutes Beispiel dafür, dass Pflanzen, die in heimischen Gefilden wuchsen, klimatisch am besten geeignet sind.

Der Garten von Gabi Burger und Johannes Schawerda vereint vieles. Er ist erweiterter Wohnraum zum Erholen, Platz für Neues und kreative Ideen, Schaugarten und gleichzeitig auch Selbstversorger-Nutzgarten. Beim Unkrautjäten zwischen den Gemüsereihen lässt sich entspannen. Frisches Gemüse und Obst für den alltäglichen Bedarf müsse jeder Garten liefern, so die beiden unisono. Tomaten stehen in Reih und Glied, Melonen und Kürbisse ranken über sanft aufgeschüttete Hügelbeete und am Kompost. Mangold, Kohlsprossen und Sellerie dürfen sich eingezäunt und vor den Rehen geschützt entfalten.

Während Rosen im Sommer mit den Kräutern im Garten um die Wette duften, strahlen später Astern im Herbstlicht und lassen das Gartenjahr würdig ausklingen. Da und dort keimt zwischendurch der Samen einer Königskerze und setzt einen zufälligen Kontrapunkt. Dieser außergewöhnliche Garten hat seinen eigenen Charme, nichts ist nach der Norm und doch alles so klar. Die Gestaltung im Kleinen wie im Großen gelingt in jedem Detail, stimmig verläuft der Garten letzten Endes weit über seine Grenzen hinaus.

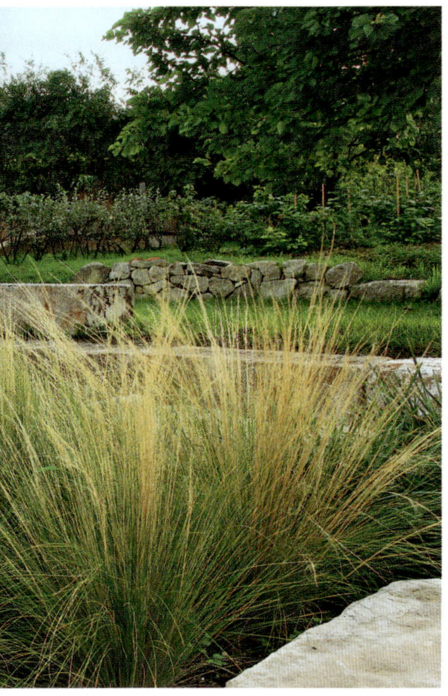

„Gräser sind die Harfen im Gartenorchester" – so beschrieb der berühmte Staudenzüchter Karl Foerster die filigranen Pflanzen. Mit Gräsern bringt der Gestalter Struktur in den Garten und gleichzeitig eine gewisse Leichtigkeit.

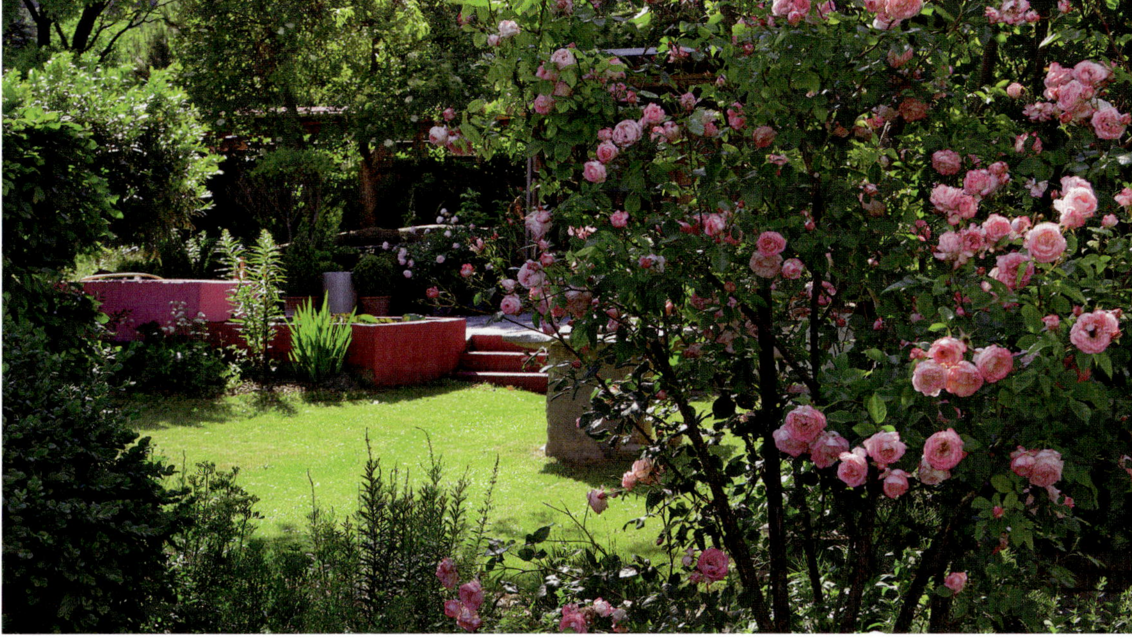

Die Malerin Gabi Burger setzt gekonnt Akzente. Betonmauern streicht sie in Magenta oder Rot, im Juni korrespondieren die Farben dann wunderbar mit der Rosenblüte. Der sehr spezielle Zugang zu einer Gartengestaltung der Kontraste ist charakteristisch für das Künstlerpaar.

Adresse

Johannes Schawerda
Hauptstraße 155
2500 Sooß
Tel.: +43/676/944 58 57
E-Mail: johannes.schawerda@aon.at
www.schawerda-garten.at

Besuch nach Vereinbarung

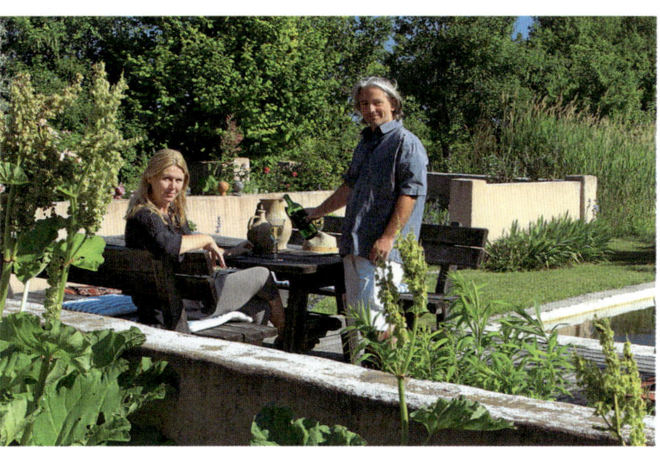

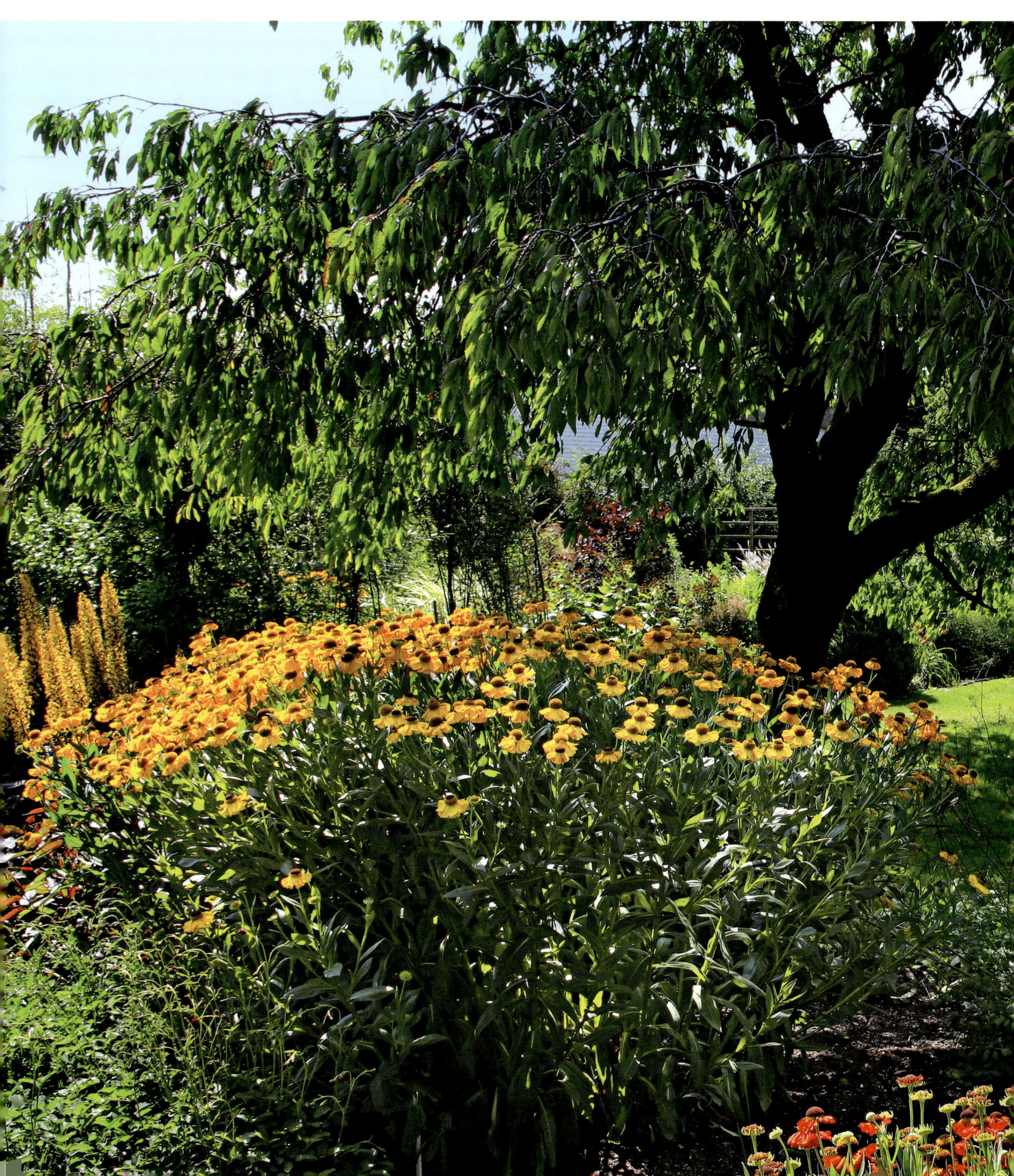

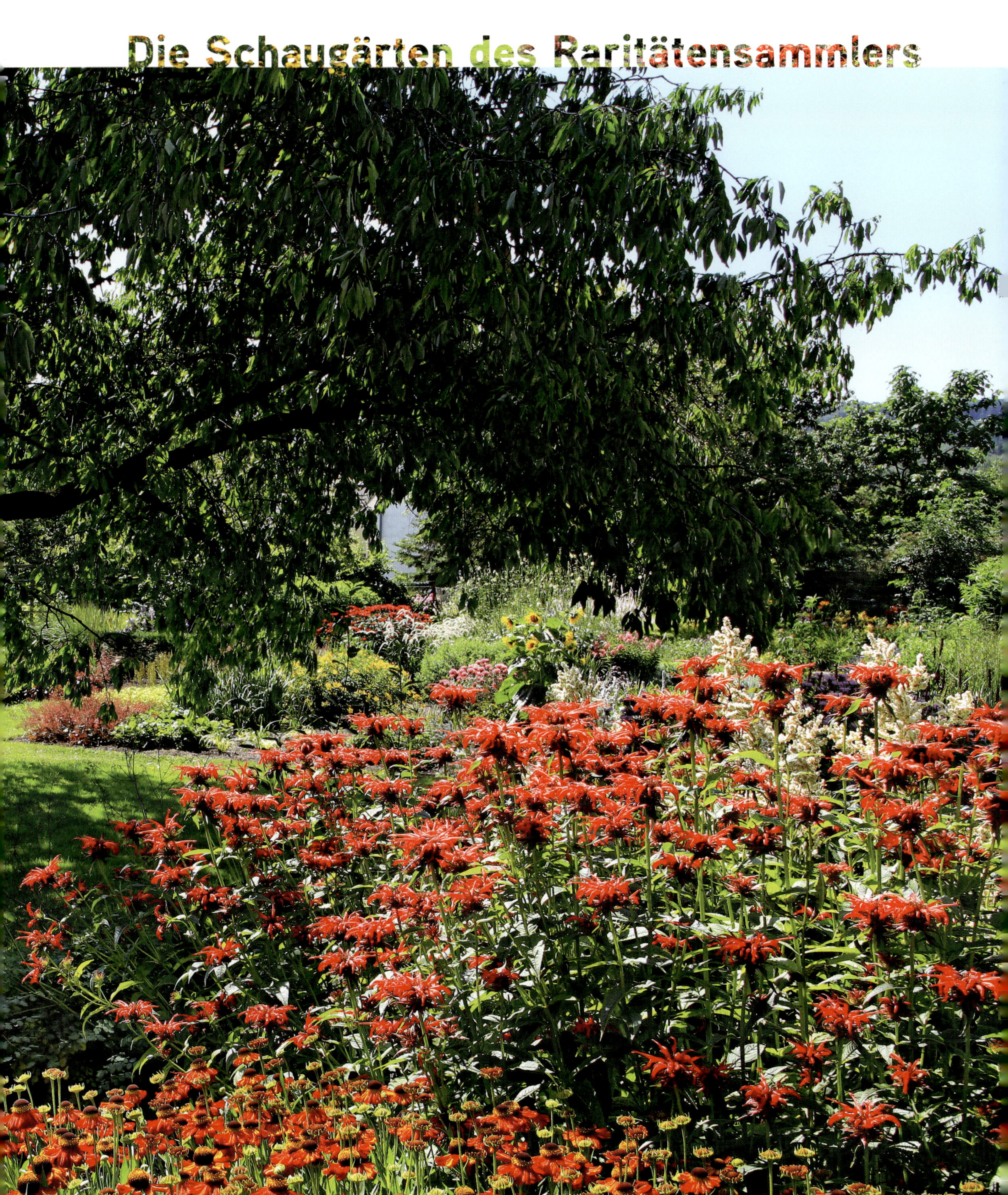

Unter dem Kirschbaum im lichten Schatten blüht der Schlangen-Knöterich (Bistorta amplexicaulis), *dahinter rosa die Indianernessel* (Monarda *'Fishes'). Der Staudengärtner pflanzt unermüdlich neue Kombinationen, um zu sehen, wie sie und ob sie harmonieren.*

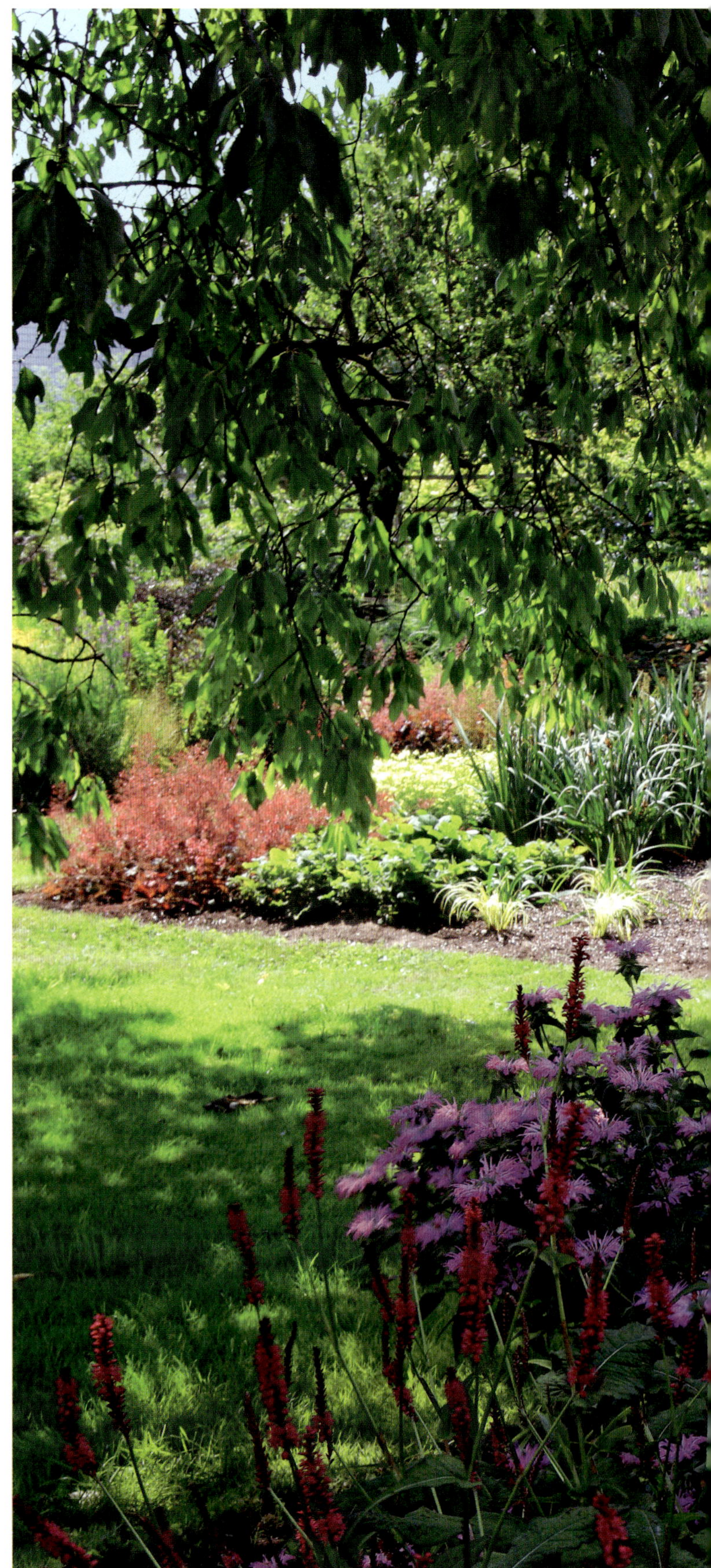

„Gartenkultur" steht auf eleganten Fahnen entlang der Dorfstraße geschrieben, hier in Ornding nahe Pöchlarn in Niederösterreich befindet sich das grüne Reich des Staudenexperten und Profigärtners Reinhard Oberleitner. Viele Jahre schon arbeitet der Gartenarchitekt an seinen persönlichen Schaugärten, die zugleich auch Versuchsfeld sind. „Es gibt einige überlieferte Irrtümer, zum Beispiel, dass die Wasserpflanze Lotos bei uns nicht winterhart ist", begründet der Experte, warum er seine Erfahrungen lieber selbst macht.

Schon als kleines Kind durfte sich Reinhard Oberleitner im alten Obstgarten der Großmutter gärtnerisch betätigen und schuf dort seinen kleinen Garten Eden. Es folgten eine fundierte Ausbildung und die Anlage von Schaugärten und schließlich einer Raritätengärtnerei, begleitet von vielen Pflanzenversuchen und Gestaltungen von ungewöhnlichen und gekonnten Staudenkombinationen. Der charmante Mann mit dem Strohhut ist in der Tat ein besonderer Profigärtner, einer, für den die Liebe zu den mehrjährigen, krautigen Pflanzen und die Leidenschaft an gelungenen Rabatten oberstes Gebot ist.

Genau dieser Zugang zum Beruf, der Berufung ist, ließ das Unternehmen „Oberleitner Gartenkultur" wachsen und Scharen von Gartenmenschen, die Raritäten suchen oder die letzten Ergebnisse aus dem Versuchsgarten mit eigenen Augen sehen möchten, in die Gärtnerei pilgern. Die Schaugärten geben zu jeder Jahreszeit ein schönes Bild ab, denn wo, wenn nicht hier, werden gekonnt Blütezeiten und -verläufe, Blatttexturen, Herbstfärbungen, Attraktivität von Fruchtständen und Düfte berücksichtigt. Selbstverständlich plant Reinhard Oberleitner auch Beete und ganze Gärten für seine Kunden. „Man muss in freier Natur stehen und sehen, welche Pflanze wohin passt", ist der Gestalter überzeugt und plant nicht gern „nur am Papier".

Die Innenhöfe des Doppelhauses, in dem Schwester und Eltern leben, entstanden schon früh. Der östliche Gartenhof beherbergt Pflanzen des Ostens wie Bambus und Ahorne und ist

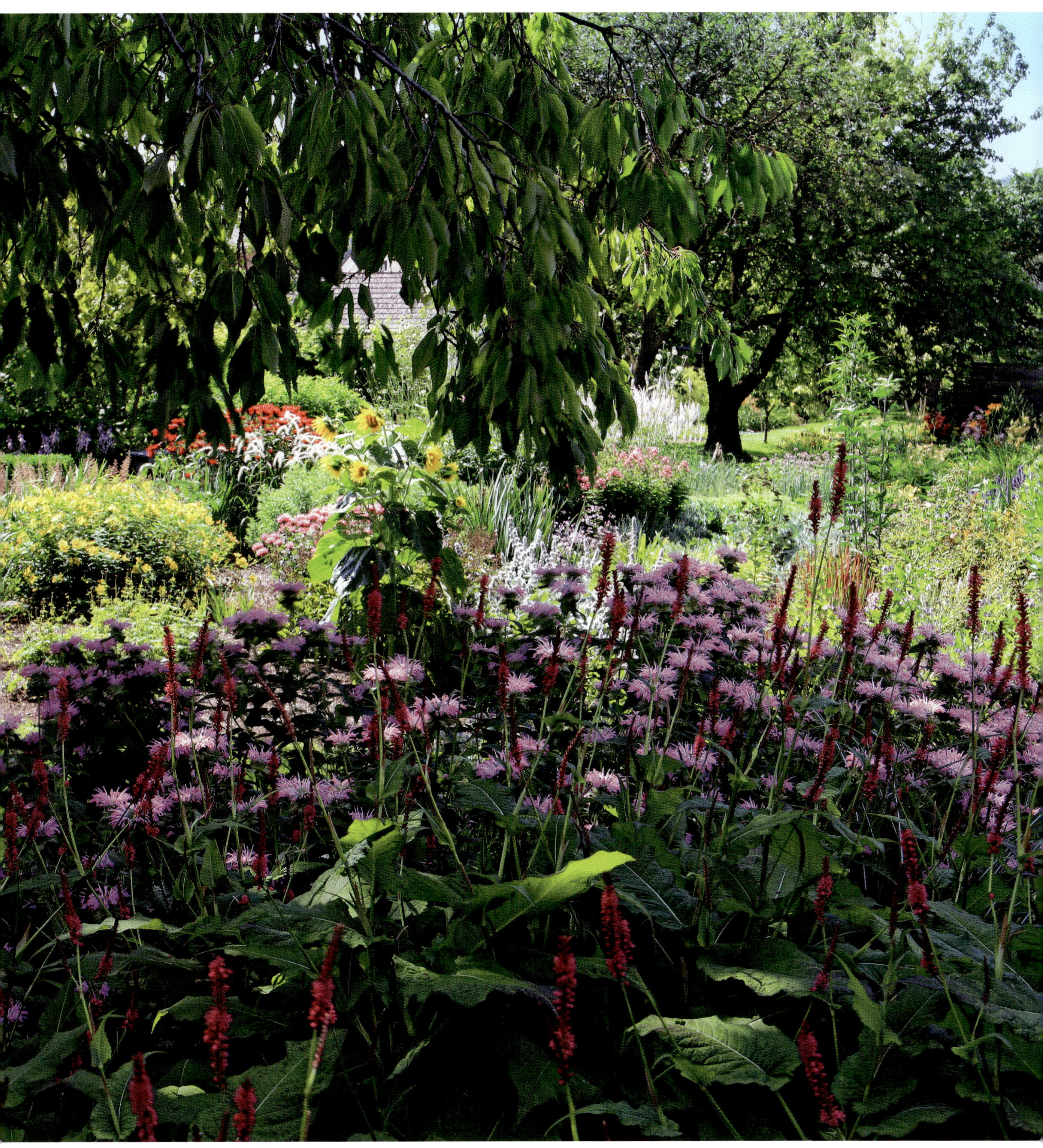

Unten *Das glühend rote Laub des Eisenhutblättrigen Japan-Ahorns* (Acer japonicum *'Aconitifolium') breitet vorübergehend einen bunten Teppich auf den Rasen, als wären Impressionisten am Werk gewesen. Die glänzenden Blätter der Balkan-Wolfsmilch* (Euphorbia amygdaloides *subsp.* robbiae) *bleiben hingegen in milden Wintern grün.*

Ganz unten *Wichtig ist es, in Staudenrabatten zu jeder Jahreszeit einen Blickfang zu schaffen. Reinhard Oberleitner gelingt dies in meisterlicher Präzision. Raublatt-Astern* (Aster novae-angliae *'Purple Dome'), China-schilf* (Miscanthus *'Kleine Fontäne'), Lampenputzergras* (Pennisetum alopecuroides), *Fette Henne* (Sedum *'Matrona') oder die Schönfrucht* (Callicarpa bodinieri *var.* giraldii) *sind im Herbst besonders schön.*

Rechte Seite oben *Unter der bizarren Aralie* (Aralia elata) *gedeihen in voller Sonne Sonnenbraut* (Helenium *'Kupferzwerg') und Sonnenauge* (Heliopsis helianthoides).

Rechte Seite unten *Der Zimt-Ahorn* (Acer griseum) *mit seiner attraktiven Rinde wächst langsam, darunter Blattschmuck-Stauden wie das Schaublatt* (Rodgersia) *und Purpurglöckchen* (Heuchera), *vis-à-vis in voller Blüte Frauenmantel* (Alchemilla mollis) *und mit zartem Laub und noch wenig Blüten der Scheinmohn* (Meconopsis cambrica).

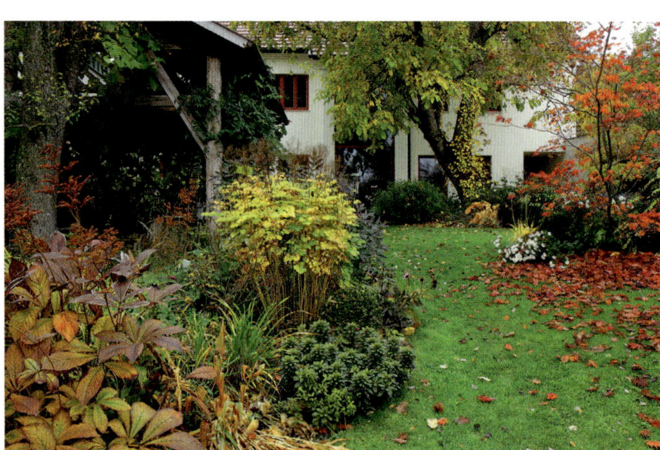

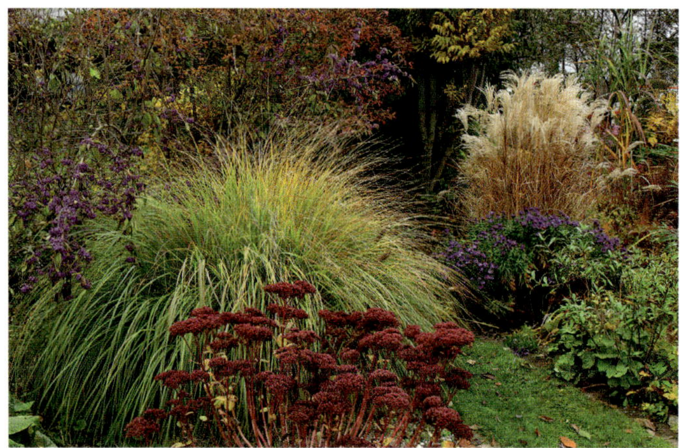

klar und formal angelegt. „Ich habe zugunsten von Gelb-, Ocker- und Brauntönen hier auf starke Farbkontraste verzichtet", erklärt Oberleitner sein Konzept. Das Wasserbecken wie auch Laube und Wege wurden geometrisch angelegt. „Bei den Sprossen der Gartentüre sind die Abstände nach einer Sinusfunktion gesetzt und die Plattenwege schwingen aufgelockert." Dadurch blieb die Geometrie erhalten und dennoch „ist alles im Fluss". Ein Hauch asiatischer Philosophie lässt sich nicht leugnen. Im westlichen Atriumgarten dominiert hingegen mediterrane Lebensfreude, unterstrichen durch Pflanzen wie Feige, Olive, Kirschlorbeer oder Weidenblättrige Birne *(Pyrus salicifolia).*

Im Laufe der Jahre hat Reinhard Oberleitner die Sammelwut gepackt. Funkien, Taglilien, Iris und Pfingstrosen blühen in unglaublicher Vielfalt. Auch neue Eigenzüchtungen gibt es jährlich zu bestaunen. Der Nordgarten liegt hinter dem Wohnhaus des Besitzers und beherbergt zahlreiche Sitzplätze und verschiedene Stauden. Der Purpursonnenhut blüht mit Schlangenknöterich, Schönaster und Akanthus in der Sonne um die Wette, während Gräser wie die Rutenhirse Struktur einbringen.

Unter dem alten Nussbaum gedeihen neben großen Goldrand-Funkien *(Hosta*-Hybride 'Sagae') auch Herbstanemonen, Schildfarne *(Polystichum)* und Nieswurz *(Helleborus foetidus* 'Wester Flisk'). Der Lerchensporn entlang der Trockenmauer bildet einen gelben Saum. „Wo welche Staude gut gedeiht, hängt ganz wesentlich vom Standort ab", sagt der Experte. „Herbstanemonen würden unter besseren Bedingungen zu wuchern beginnen, und auch der Lerchensporn könnte durch extreme Selbstaussaat rasch überhandnehmen. Aber es gibt für jedes Gewächs den richtigen Platz, und den gilt es zu suchen."

„Er ist ein Perfektionist", fügt Lebenspartnerin Sandra zwinkernd hinzu. „Wir wachen in der Früh auf und sprechen über den Garten; wir gehen schlafen und auch dieses Gespräch bleibt stets im grünen Bereich."

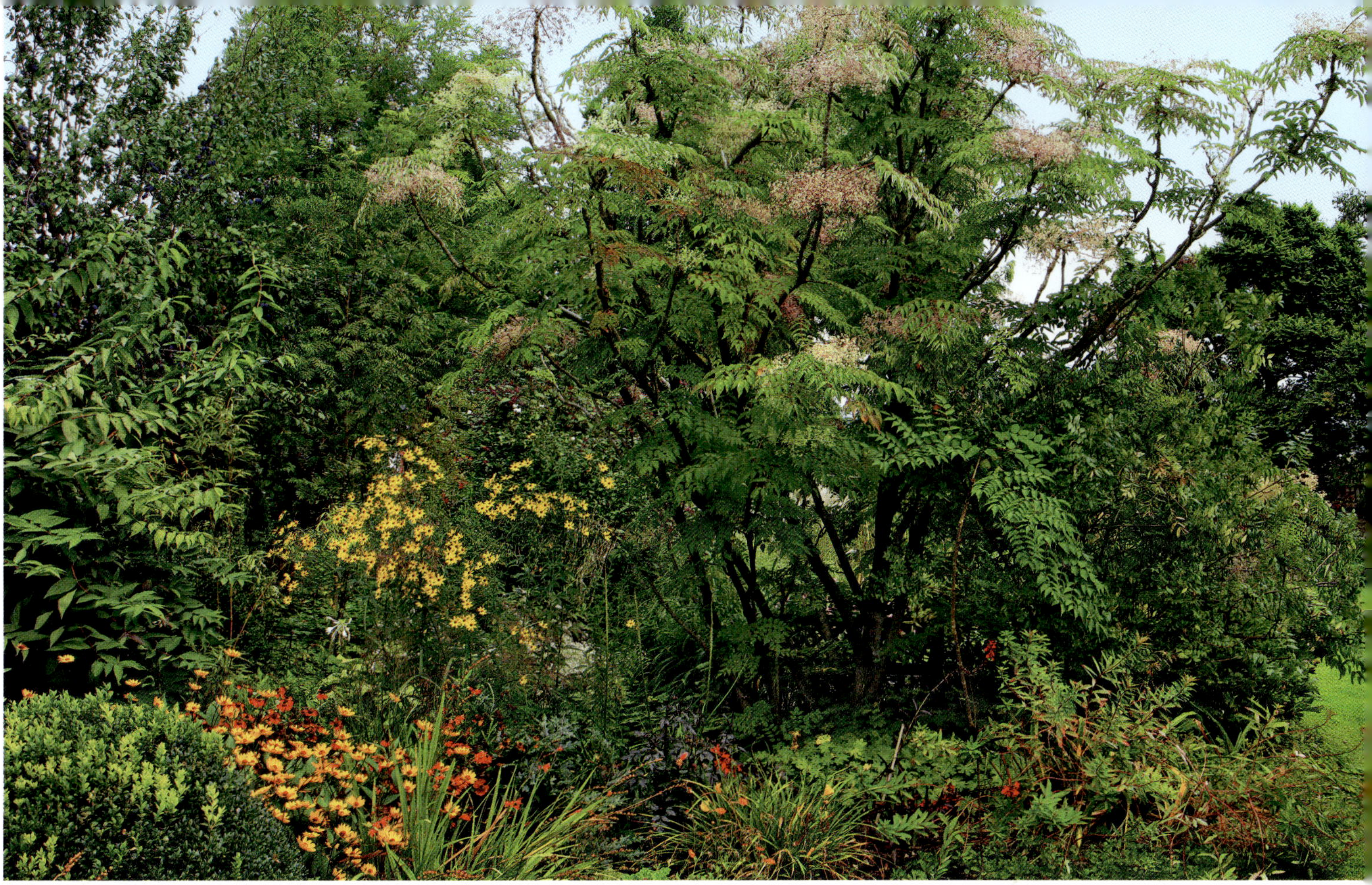

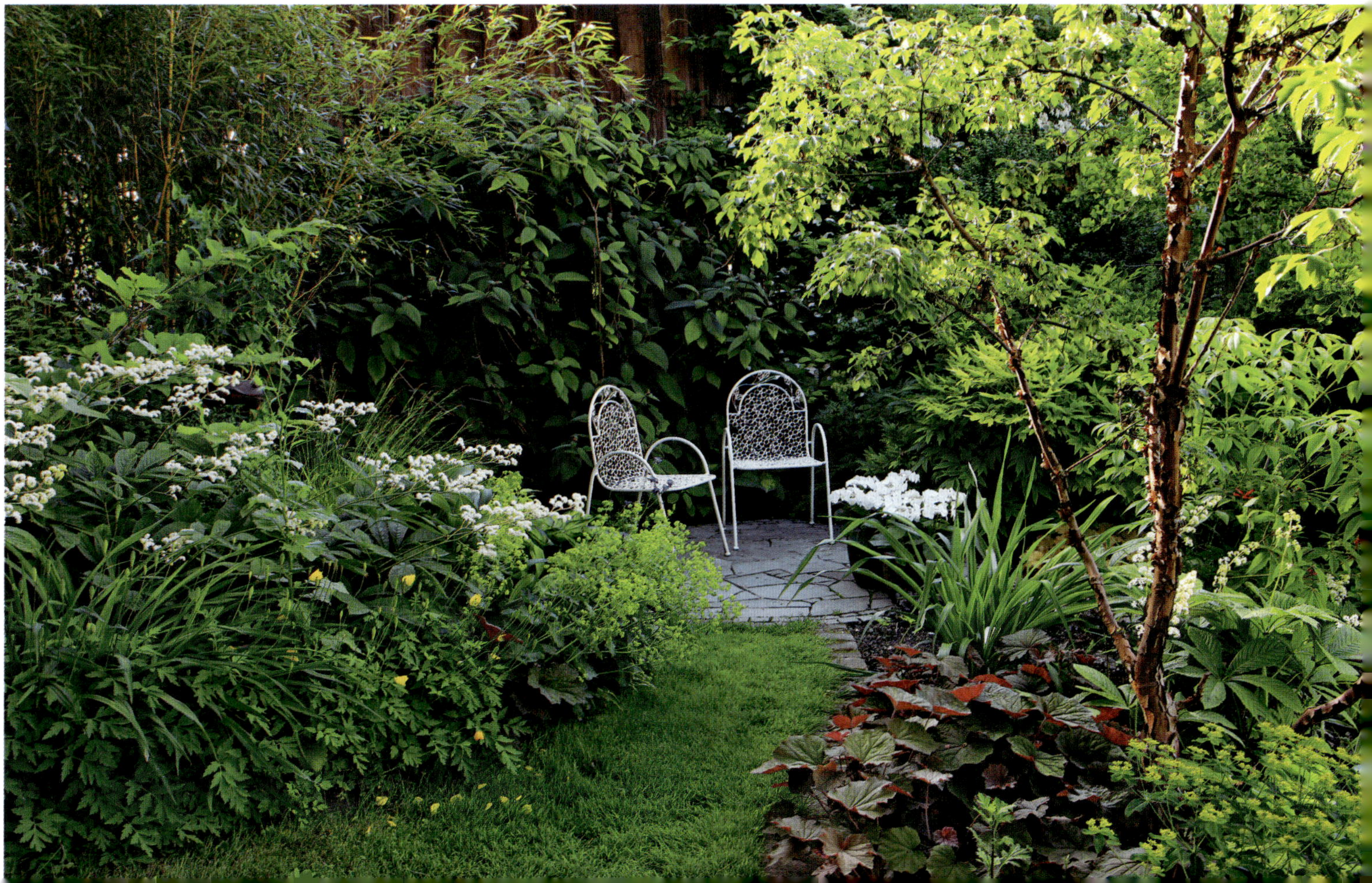

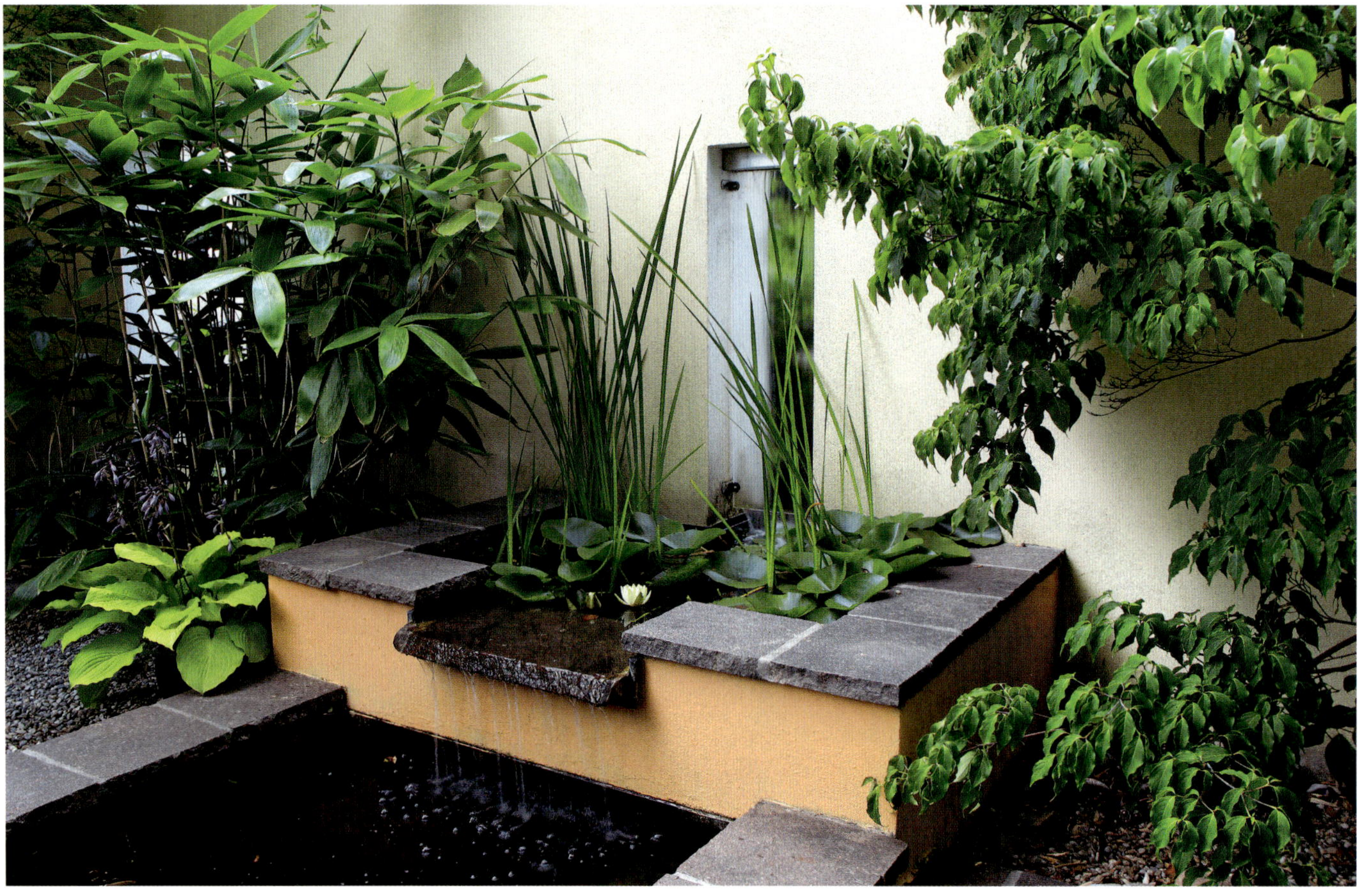

Oben *Die formale Gestaltung des Wasserbeckens überzeugt durch klare Linien und Schlichtheit. Wasserpflanzen wie Seerosen eignen sich gut. Den Rahmen bilden ein Blumenhartriegel* (Cornus kousa *var.* chinensis), *Bambus* (Sasa palmata *f.* nebulosa) *und eine Funkie* (Hosta *'Squash Casserole') im Topf.*

Unten links *Die Früchte des Zimt-Ahorns* (Acer griseum), *auch Nasenzwicker genannt, sind im Herbst braun und trocken. Wie bei allen Ahornarten handelt es sich um Spaltfrüchte mit Flügeln, die in Schraubendrehungen zu Boden fallen.*

Unten rechts *Das Sonnenauge* (Heliopsis helianthoides *var.* scabra *'Summer Nights') eine Spätsommerstaude, beeindruckt mit goldgelben Blüten mit orangefarbener Mitte. Es wird über einen Meter hoch und eignet sich gut als Schnittblume für Sträuße.*

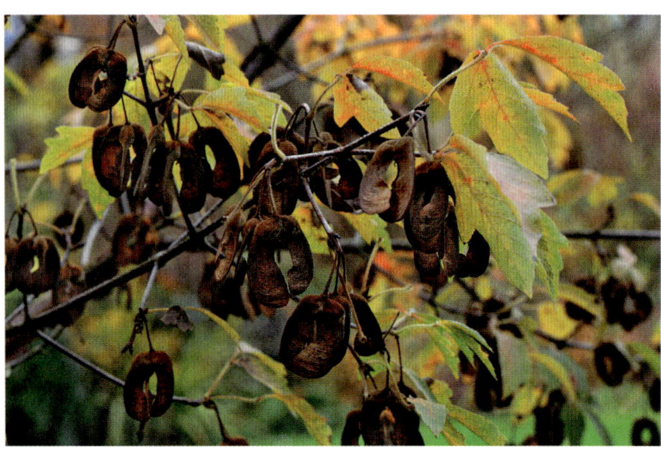

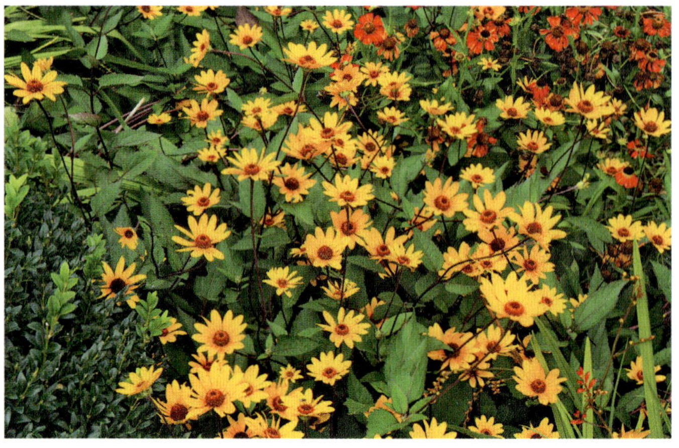

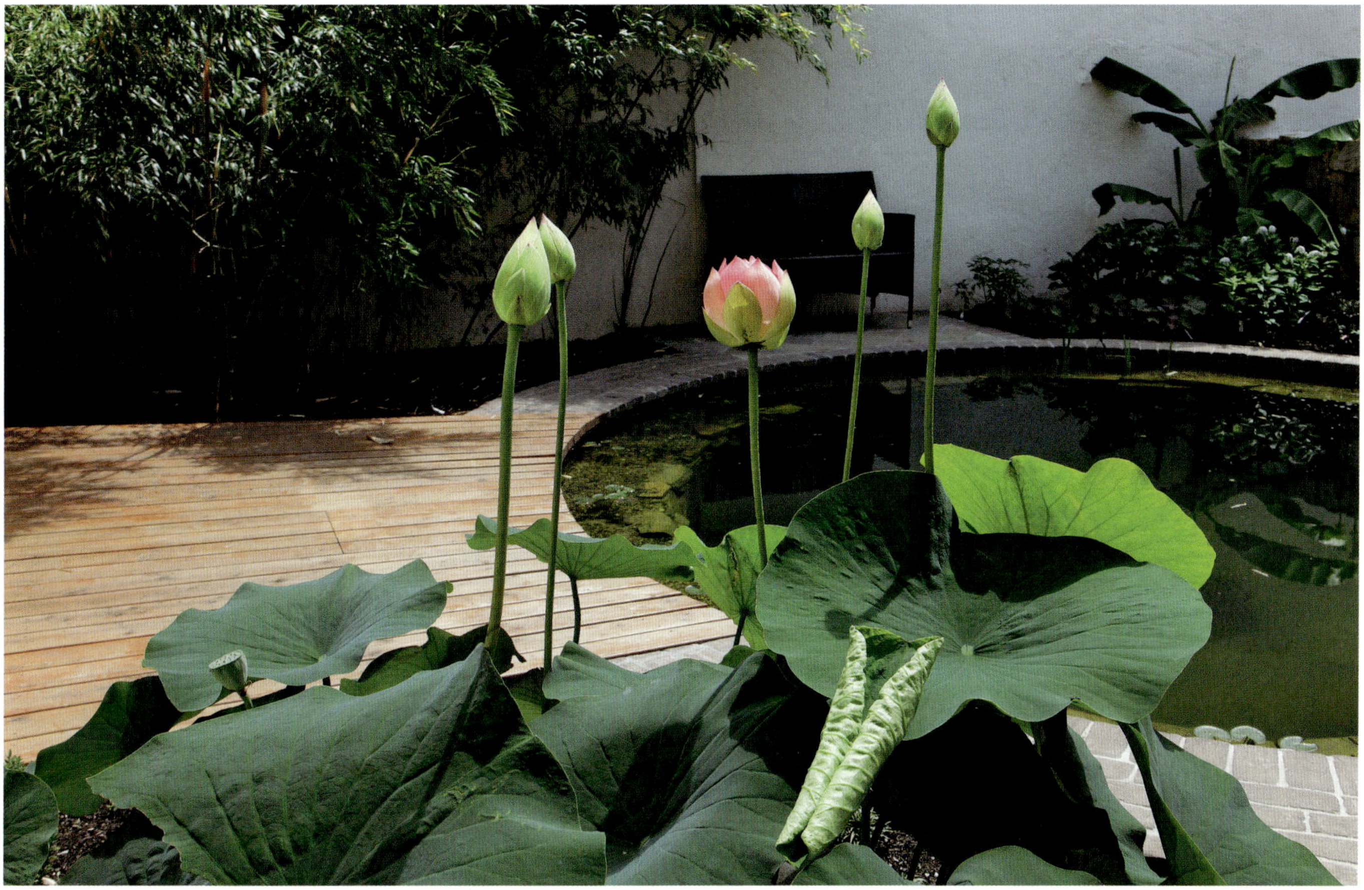

Oben *Nahe dem Haus lädt das Holzdeck um die runde Wasserfläche an heißen Sommertagen zum Sprung ins kühle Nass. Die exotisch anmutende Lotos-Blume macht hier eine besonders gute Figur. Im Hintergrund rahmen Bananen-Staude und Bambus das Becken ein.*

Unten *Die Blütenstände der Aralie* (Aralia elata) *setzen sich aus vielen doldigen Teilblütenständen zusammen, deren Stiele sich leuchtend purpurrot färben, während unzählige schwarze Steinfrüchte reifen und den Vögeln als Leckerbissen dienen.*

Adresse

Oberleitner Gartenkultur
Ornding, Hauptstraße 31
3380 Pöchlarn
Tel. Gartenarchitekt +43/664/522 25 32
Tel. Gärtnerei: +43/670/205 67 88
E-Mail: office@gaerten-oberleitner.at
www.gaerten-oberleitner.at

Besuch zu den Öffnungszeiten (siehe auch Homepage)

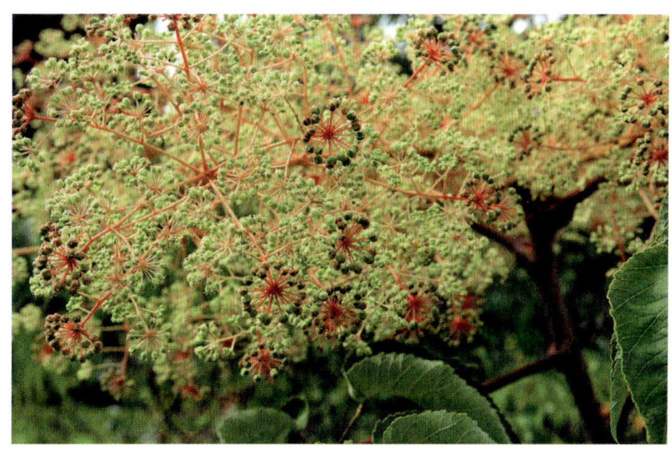

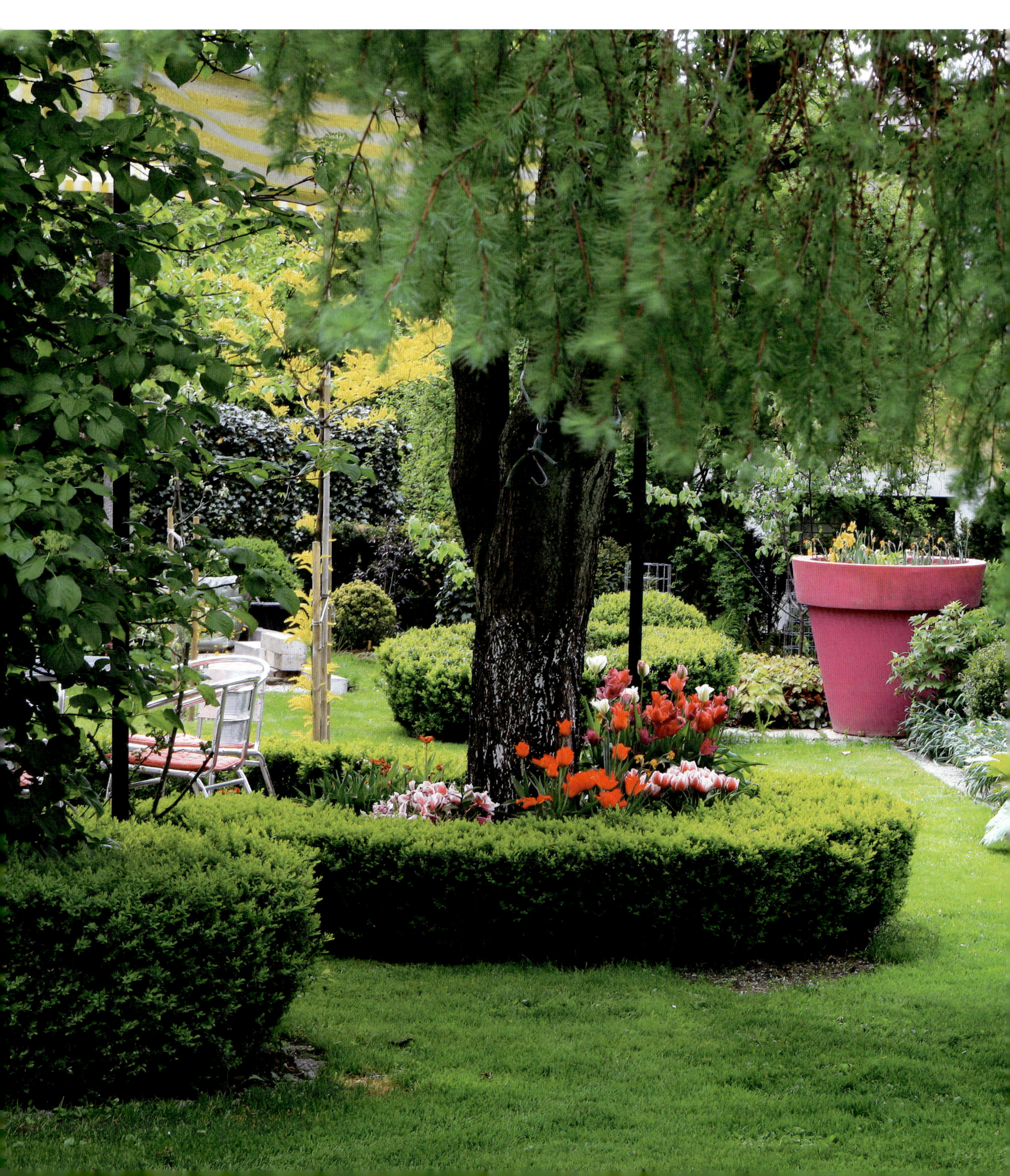

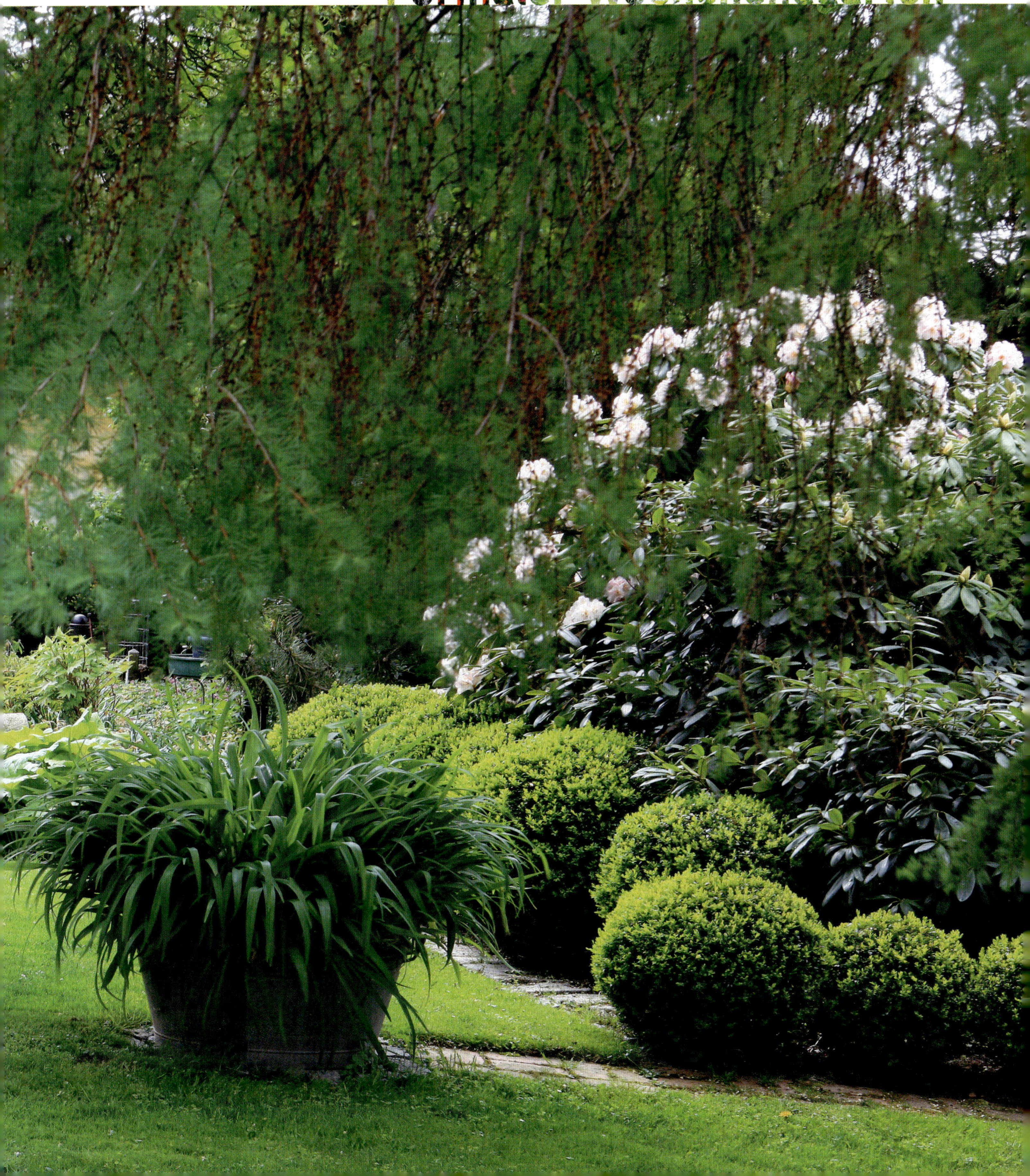

Rechte Seite *Das Glashaus wurde ursprünglich für den Gärtner und seine Anzucht errichtet. Doch es blieb bei einem Wunschtraum, denn nur an Wochenenden ließ sich nichts in die Tat umsetzen. Immer mehr mussten alle Gestaltungen den Ansprüchen des Wochenendgärtners angepasst werden. Das Glashaus steht jetzt für Partys zur Verfügung und ist von leuchtenden Rosenkugeln umgeben, ein formschönes Gartenelement für sich. Gartenzwerge drinnen und die Gartencouch draußen bringen eine heitere Note.*

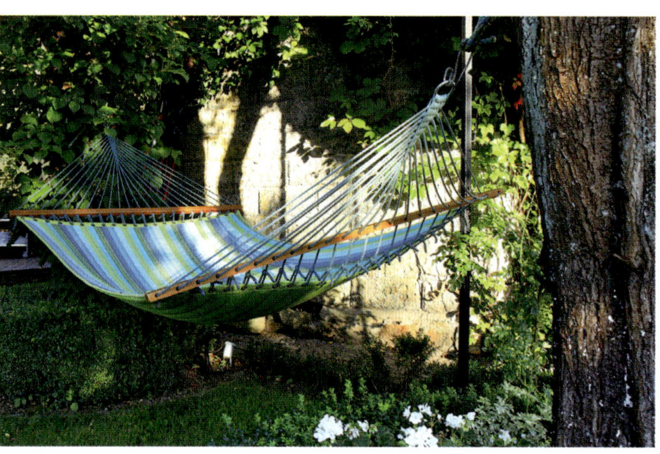

Heinz W. Steinbüchel ist Grafiker und zugleich Landschaftsgärtner – eine ungewöhnliche Kombination. An seinen Planungen und auch den farblich auffälligen Details im Garten lässt sich die persönliche Handschrift erkennen.

Die Auswahl der Stoffe von Sitzbezügen oder Hängematte haben einen hohen Stellenwert, vor allem im großteils immergrünen Garten und wegen der zurückgenommenen Blütenakzente.

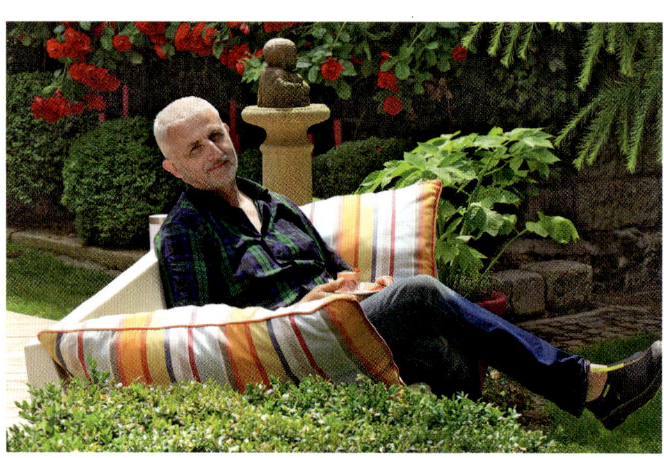

„Jeder Mann braucht einen Abenteuerspielplatz", sagt Heinz W. Steinbüchel gleich eingangs verschmitzt, um seine gärtnerischen Ambitionen zu erklären. Die Form des etwa 1000 Quadratmetergroßen Grundstücks ist ungewöhnlich zweigeteilt, die Gartenbereiche völlig getrennt voneinander. Während der Vorgarten Einsicht gewährt, bildet der durch einen Aussichtsturm – entstanden aus einem ehemaligen Wirtschaftsgebäude – getrennte hintere Raum einen Ort des Rückzugs. Von oben lässt sich der formale, mit exakt geschnittenen Buchshecken und -kugeln versehene Garten gut überblicken.

Der gelernte Grafiker hat in seinem grünen Reich eine klare Handschrift hinterlassen. Sein Hang zu Formen und Farben, zu Gliederung und Design prägt das Bild. Gehölze, allen voran der immergrüne Buchs, bilden das Korsett des Gartens und geben ihm über das ganze Jahr eine pflegeleichte, aber vitale und attraktive Struktur. Heinz Steinbüchel kann nur am Wochenende seinen Garten genießen und so kommt ihm die formale Gestaltung sehr entgegen, kurzlebige Blüten wären zu unberechenbar.

Niederösterreich setzt sich aus Vierteln zusammen, eines davon ist das Mostviertel. Der Name lässt auf die traditionelle Bewirtschaftung von Streuobstwiesen und die Herstellung von Most schließen. So ist es nicht weiter verwunderlich, dass auch dieser Garten nahe Amstetten ursprünglich eine Streuobstwiese war. Vor etwa 25 Jahren begann Heinz Steinbüchel daraus seine Ideen zu formen. „Mein Garten war, ist und bleibt eine stete Baustelle", beschreibt er seinen Zugang, obwohl der Garten für den Besucher keineswegs unfertig wirkt. „Gestalten bedeutet für mich ein ständiges Austesten von Möglichkeiten und ein ‚Austarieren' der Gegebenheiten. Gärtnern ist eine Leidenschaft, der ich verfallen bin", sagt er und zitiert lachend Karl Foerster, den Doyen der Staudengärtner: „Wer der Gartenleidenschaft verfiel, ist noch nie geheilt worden."

Dass ein formal gestalteter Garten auch nach ökologischen Gesichtspunkten gut funktionieren kann, zeigt sich hier eben-

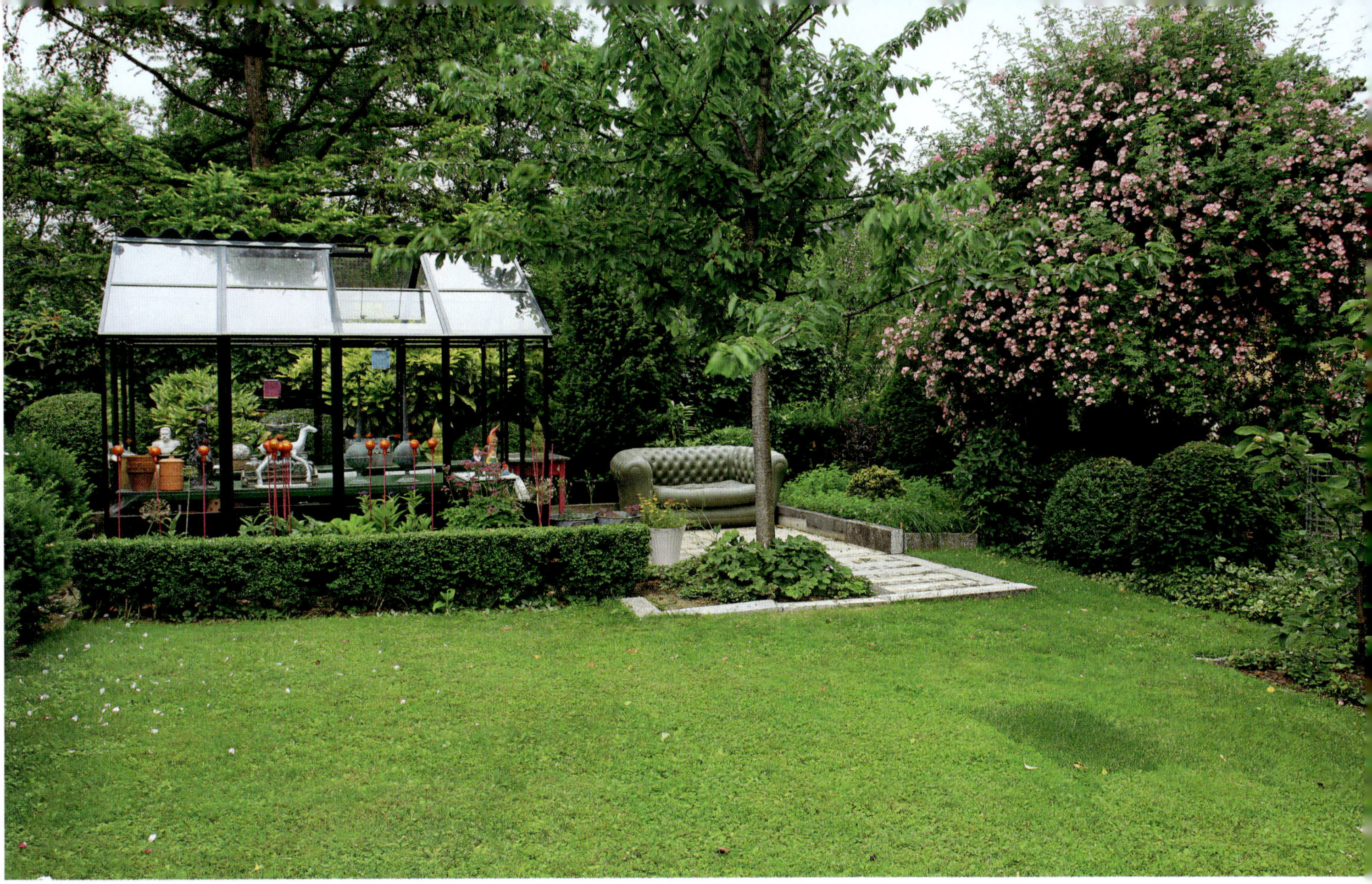

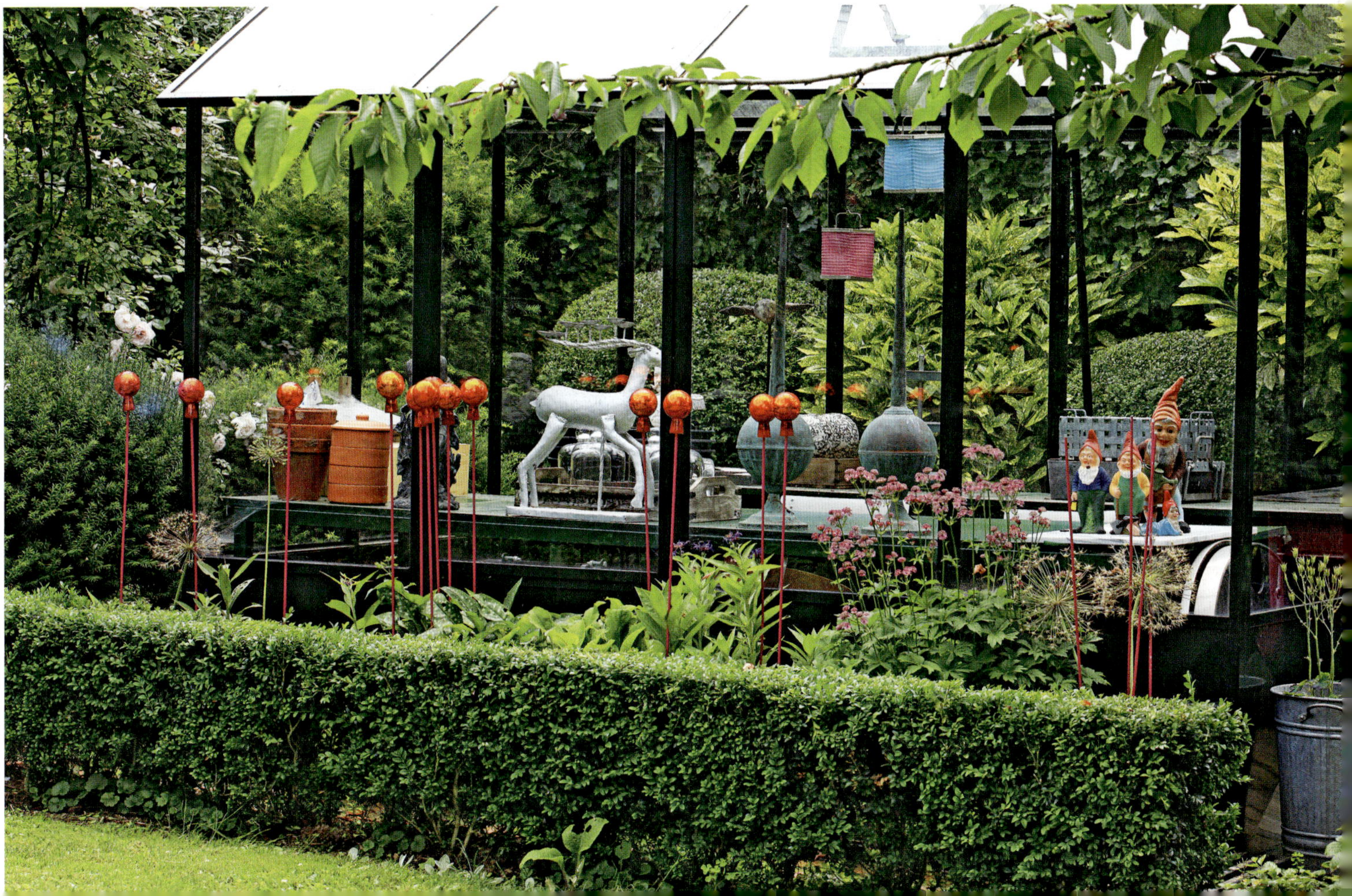

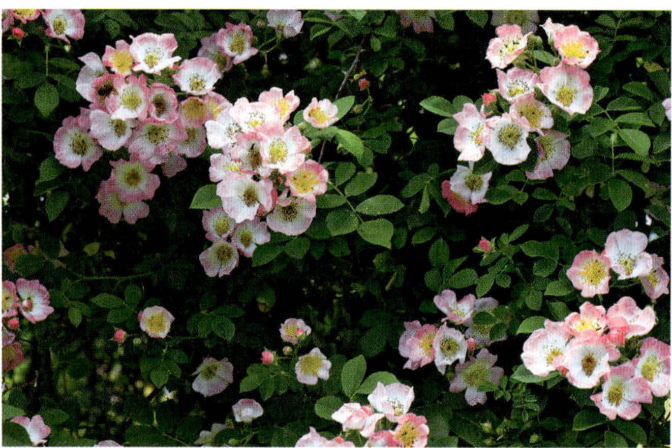

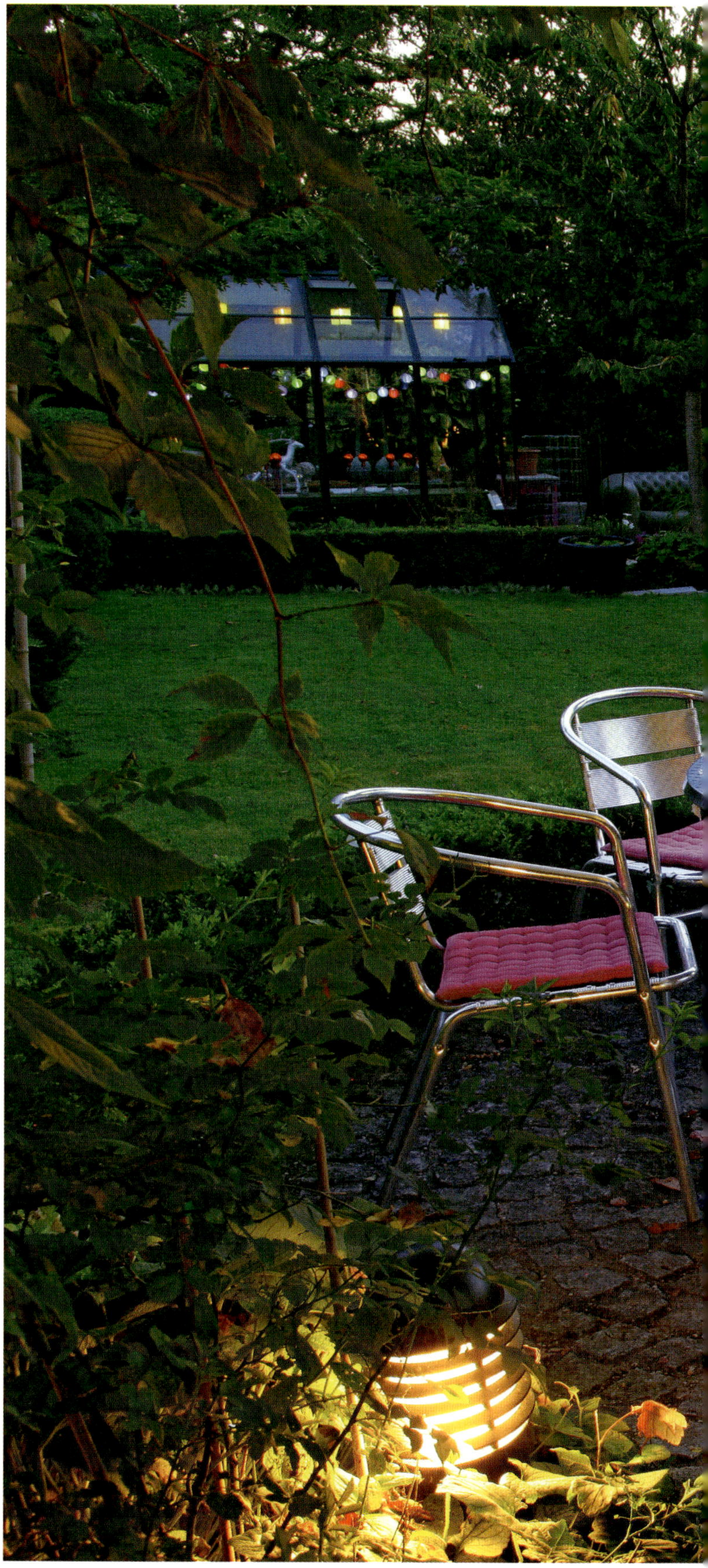

Die kletternde, einfachblühende Ramblerrose 'Kew Rambler' besticht durch ihre einfachen, schlichten und unschuldigen Blüten. Sie duftet zart, überwuchert jedoch alles. Abends wird der Garten durch die entsprechende Beleuchtung in Szene gesetzt. Die Besitzer verstehen es, Feste zu feiern, und geben oft große Gesellschaften. Die Liebe zum Detail und zur Dekoration bringt eine charmante Stimmung in den Garten, und der Zauber heißer Sommernächte lässt sich schon erahnen.

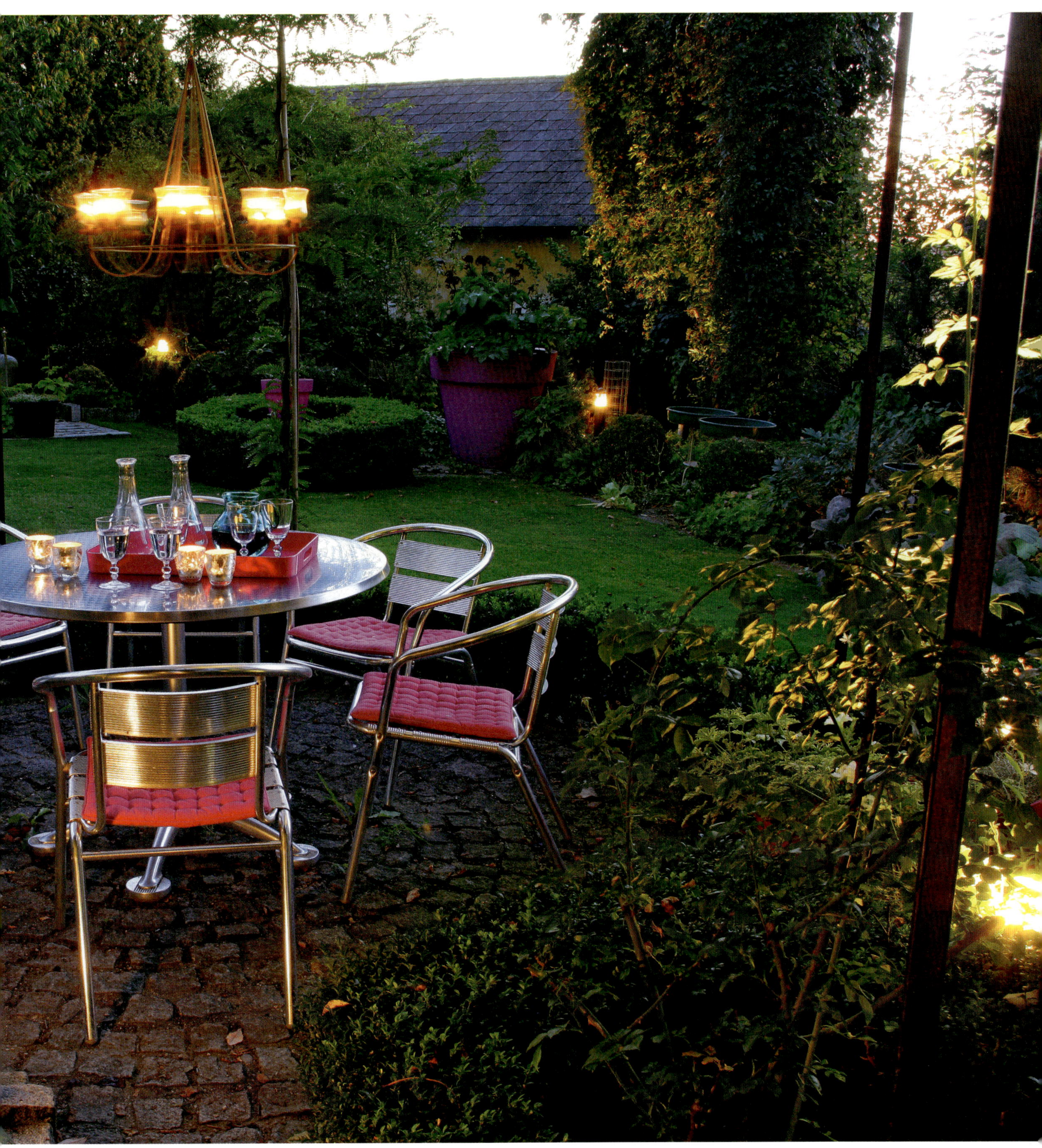

Das kleine Gartenhaus (unten und rechte Seite oben) ist ein Ort des Rückzugs. Viele Sitzplätze ermöglichen für verschiedene Bedürfnisse jeweils den richtigen Ort zu finden – ob stilles Frühstück, wo schon ab sechs Uhr morgens die Sonne scheint, ausgelassener Freundeskreis oder Zeit zum Entspannen ganz für sich allein in der Hängematte. Die blauen Flaschen in der Kiste und markanten Glaskugeln (ganz unten) sind kleine Kunstwerke und setzen Akzente. Der Garten ist für Heinz Steinbüchel ein Gesamterlebnis, er hat ihn bis in jede Ecke durchgeplant. Selbst ein Komposthaufen soll schön aussehen. Der formale Garten steht trotzdem nicht im Widerspruch zum ökologischen Gärtnern. Denken und Arbeiten in Kreisläufen bedeutet, dass nichts verloren geht, alles im Garten bleibt. Das verrottete Material wird in Form von Kompost wieder zugeführt. Nur etwas Pferdemist für die Rosen und Quarzsand zur Bodenauflockerung dienen der Verbesserung.

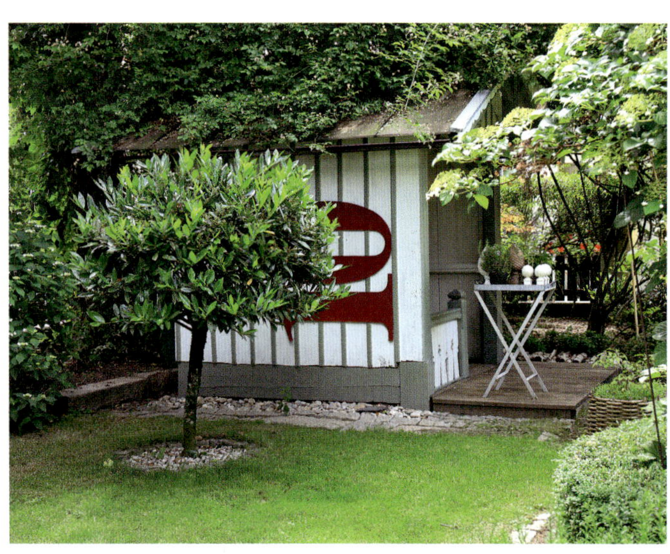

so. „Ganzheitliches Denken in Kreisläufen bedeutet intelligentes Denken", überlegt der Hausherr philosophisch. Die Materie muss im Garten bleiben, nichts soll verloren gehen. Kompostieren ist eine Selbstverständlichkeit. Pflanzen, die wild aufgehen, dürfen bleiben, wie der Woll-Hahnenfuß *(Ranunculus lanuginosus)* auf der Baumscheibe oder Storchschnabel *(Geranium* sp.) und Goldnessel *(Galeobdolon luteum)* unter Sträuchern.

„Warum nicht? Sie sind pflegeleicht, robust, eine Zierde und kosten gar nichts!", bekräftigt er sein Einbinden der Natur zwischen den formalen Elementen. An manchen Stellen hat er sich sogar mit dem Erdholler (Giersch, *Aegopodium podagraria)* arrangiert.

Wilde Schönheit steht in keinem Widerspruch zur Gartenkunst. Üppige Rhododendren zeigen im Frühjahr einen wahren Blütenrausch, und einen Kontrapunkt zur grünen Grundstruktur bildet die Farbe Magenta, die vor allem in Form übergroßer Blumentöpfe dominiert. Magenta ist eine der Grundfarben in der Drucktechnik – Heinz Steinbüchel verbindet ganz offensichtlich grafische mit gärtnerischen Ansätzen. Ein interessanter Zugang, eine ungewöhnliche Gartenprägung!

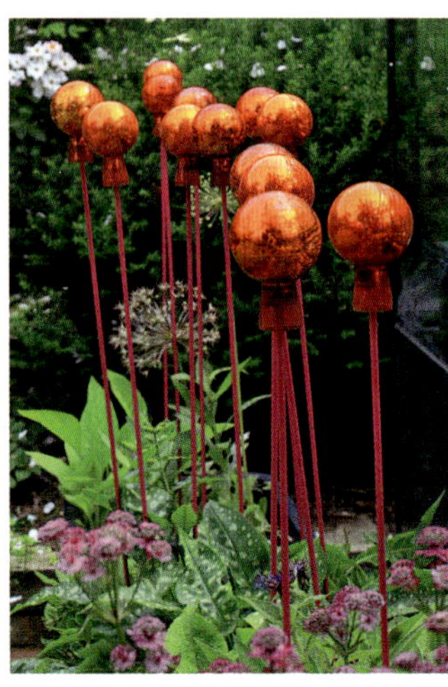

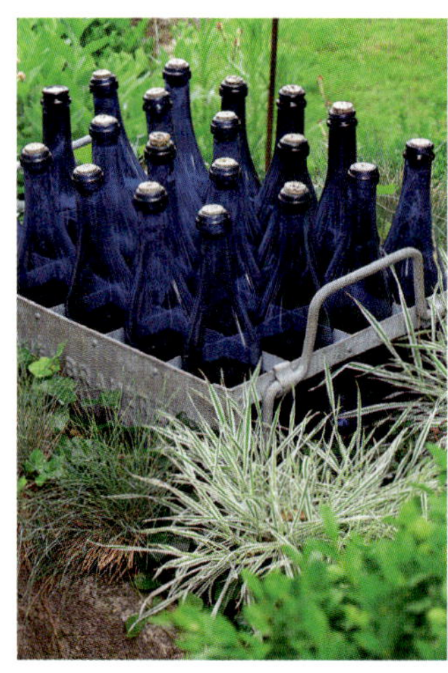

„Gärtnern heißt für mich: Planen, Reagieren, Planen und wieder Reagieren! Der Garten verändert sich permanent. Bäume sterben, Unwetterschäden gilt es wiedergutzumachen, Neupflanzungen sind an der Tagesordnung – geplante wie spontane." Im Frühjahr blühen Narzissen, Kaukasus-Vergissmeinnicht *(Brunnera macrophylla),* Zierlauch und die ersten Stauden. Zauberhaft sind die berankten Obstbäume – Relikte aus früheren Zeiten – und zahlreiche duftende Rosen.

Was diese wunderbare Gartengeschichte noch mit sich brachte: Aus einem Grafiker wurde nun ein professioneller Garten- und Landschaftsplaner – denn es ist nie zu spät, sich beruflich zu verändern. Und so begibt sich Heinz Steinbüchel auch in Zukunft auf die Suche nach weiteren grünen Abenteuerspielplätzen ...

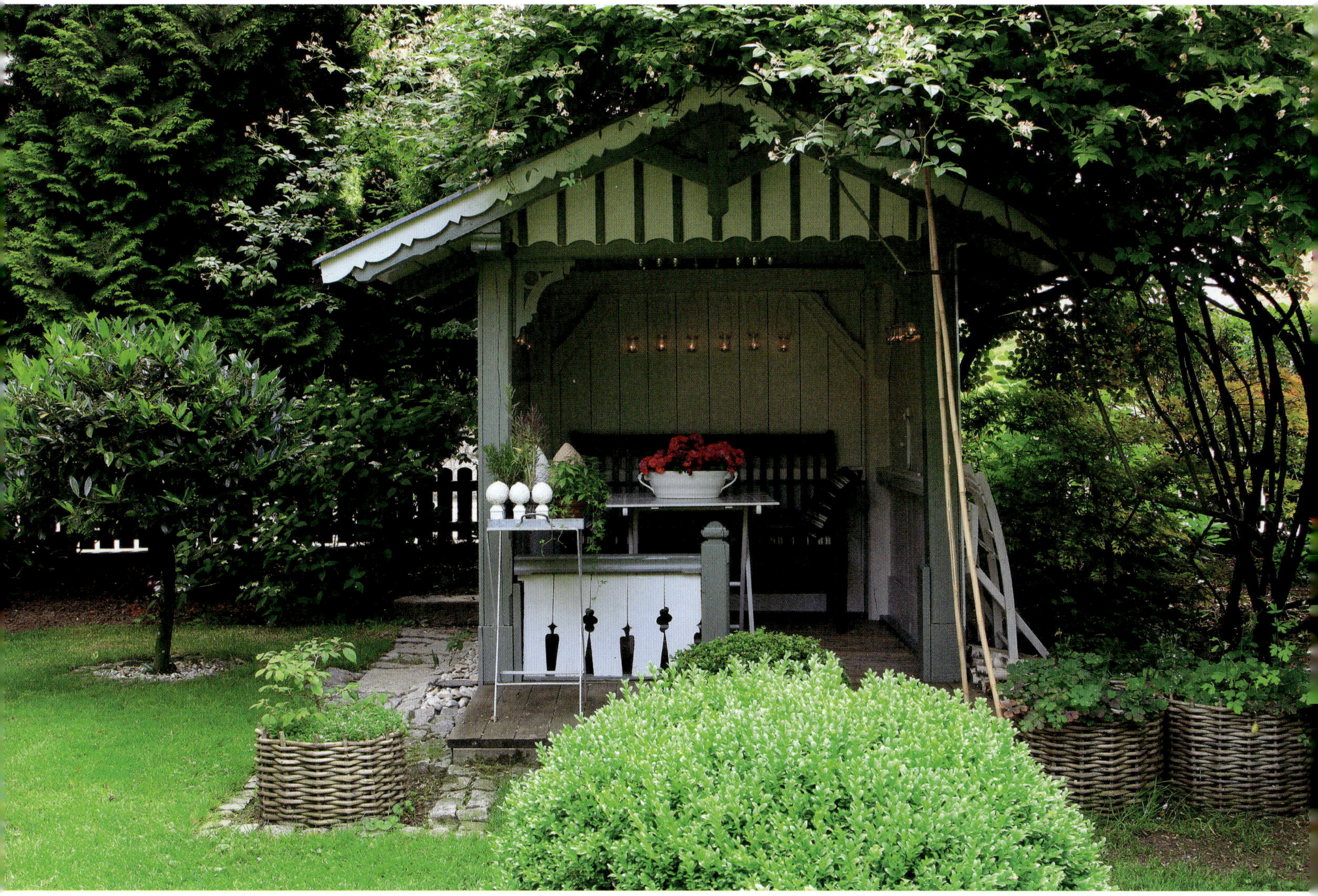

Adresse

Heinz W. Steinbüchel
3322 Viehdorf, Dorfstraße 9
Tel.: +43/66 42/31 10 13
E-Mail: steinbuechel@aon.at
www.steinbuechel.at

Besuch nur an Wochenenden nach Vereinbarung von Mai bis August.

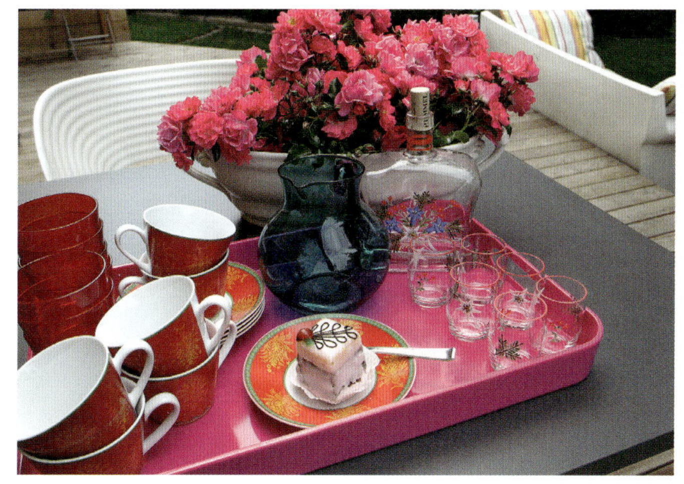

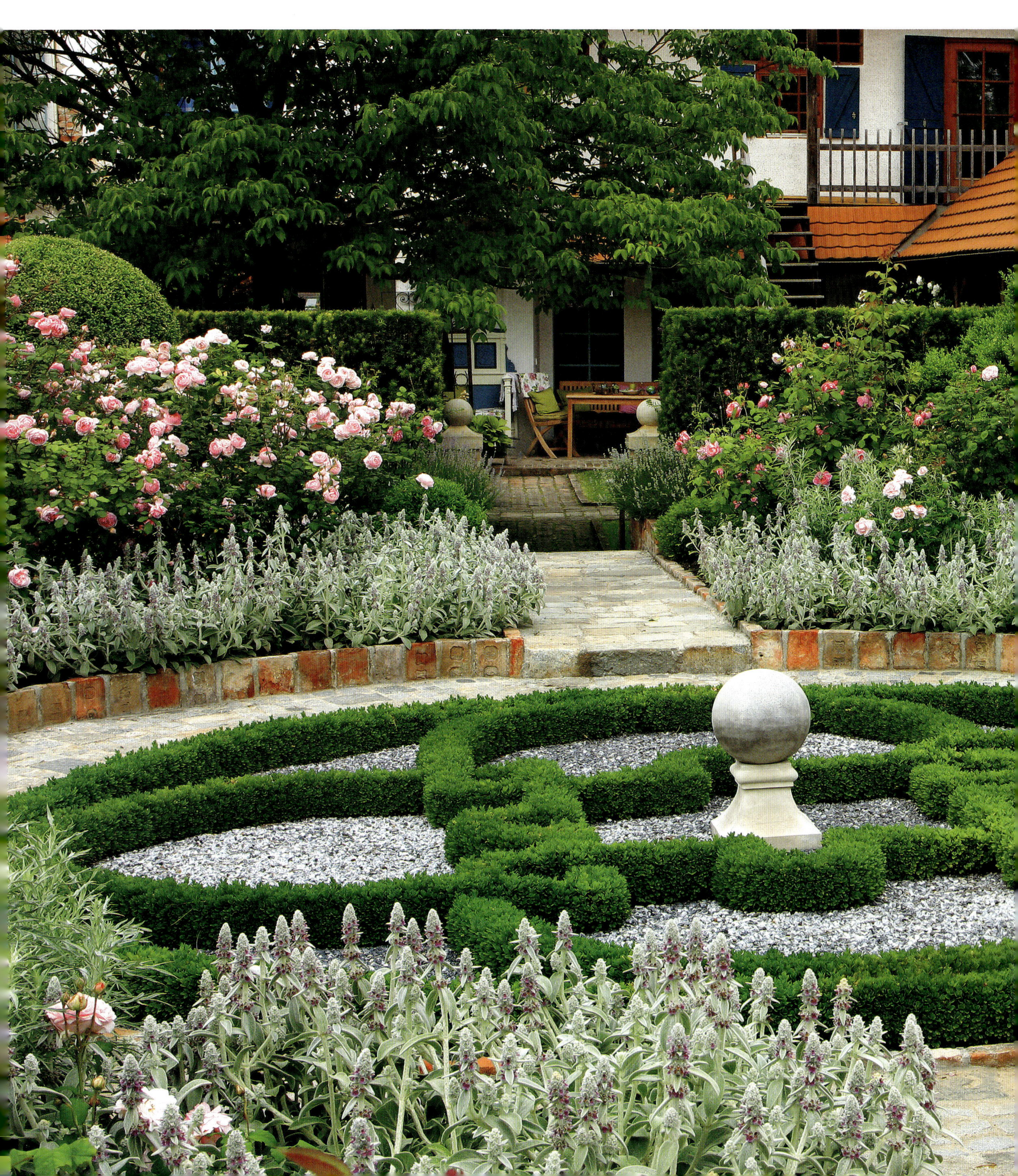

Rosenvielfalt im englischen Landhaus-Garten

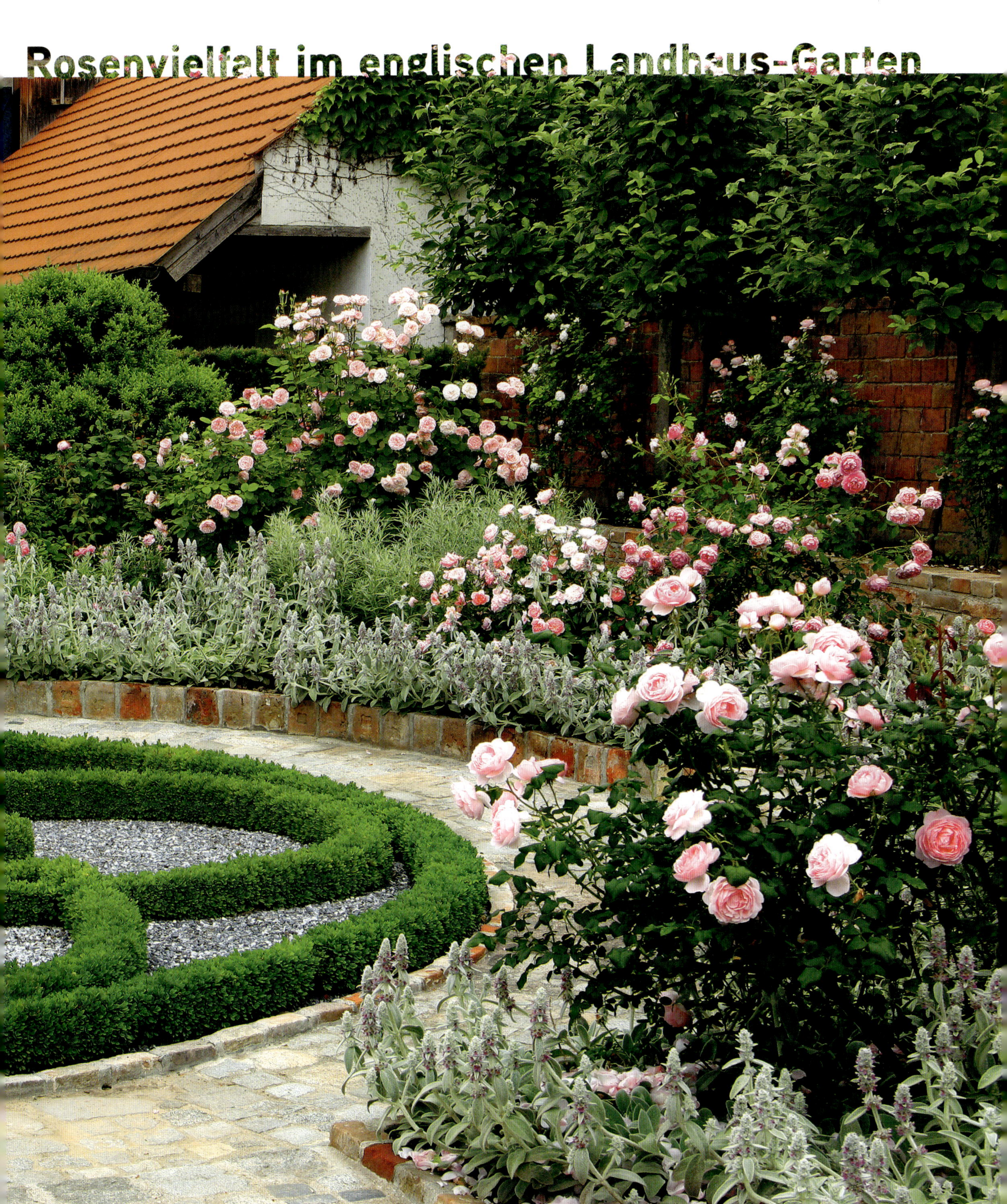

Rechte Seite *Der Küchengarten besteht aus acht formalen Beeten und zwei länglichen Kräuterrabatten. Hier werden die Besucher meist von Monika Köhler zum Gartenrundgang begrüßt. An den Wänden ranken Rosen (Sorten: die kletternde 'Caramella' und Strauchrose 'Colette'), in den Beeten wachsen bunt gemischt Gemüse, Kräuter und Blumen.*

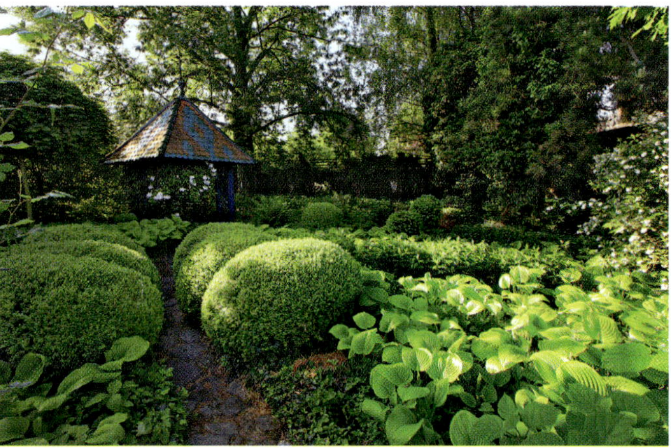

Der geheimnisvolle Schattengarten mit seinen großen Buchskugeln befindet sich im letzten Teil des lang gestreckten Grundstücks. Unter einer großen Esche und alten Birken breiten sich Funkien (Hosta) *aus. Mitten in diesem schattigen Wald steht ein blauer, zierlicher Pavillon, fast schon verschlungen von der Wüchsigkeit der Pflanzen. Im grauen Rosengarten dominieren geometrische Formen, Licht und edle Eleganz der Rosen.*

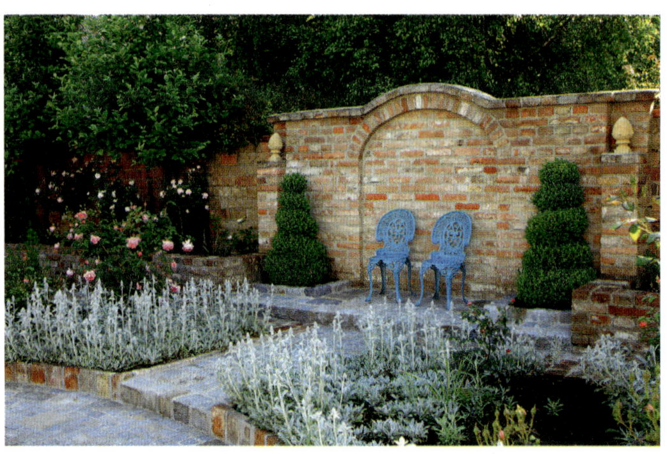

Nördlich von Wien erstreckt sich das Weinviertel mit seinem typischen trockenen Klima und den lehm- und lösshaltigen Böden. Den Rosen scheint es bei Monika Köhler in Ladendorf trotz regenarmer Zeiten offensichtlich zu gefallen.

Inspiriert durch englische Gärten, die sie nur aus Büchern und Magazinen kannte, schmiedete die zarte, fröhliche und ambitionierte Hausfrau und Mutter 1992 erste Pläne für ihren Schaugarten. „Die wahren Abenteuer beginnen im Kopf. Ich hatte eine Vision und den eisernen Willen, diese auch umzusetzen", sagt die leidenschaftliche Gärtnerin heute. Von Anfang an war es das Ziel, einen Cottagegarten aus verschiedenen Gartenräumen anzulegen. Die Autodidaktin eignete sich profundes Wissen an und schuf mit ihrem Garten auch gleichzeitig ihren neuen Beruf.

15 Jahre dauerte die Anlage des facettenreichen Gartens. Schritt für Schritt nahmen Monika Köhlers Ideen konkrete Formen an. Im symmetrisch geplanten Gemüse- und Kräutergarten breiten Mangold, Schnittknoblauch und Sellerie ihr dekoratives Blattwerk zwischen ausdauernden Kräutern und Sommerblumen aus. Für ein Mitglied der Aktion „Natur im Garten" ist es selbstverständlich, ökologisch zu gärtnern. Im Hofgarten nebenan plätschert der Wasserspeier vor sich hin, und Steinobjekte des Weinviertler Künstlers Martin Messinger unterstreichen die Gestaltung. „Jeder Garten sollte unbedingt einen Hausbaum haben, der beschützt und prägt", sagt Frau Köhler und richtet ihren Blick dabei liebevoll auf die chinesische Honigesche *(Tetradium daniellii)*. Als ausgezeichnete Bienenweide bietet sie vielen Insekten Nahrung und zahlreichen Vögeln Brutstätten. Aber dem nicht genug – Monika Köhler hat gleich daneben ein kleines Dorf aus Vogelhäusern errichtet, um ihre gefiederten Freunde zu unterstützen.

„Inspiriert von den Bildern berühmter Gärten übertrug ich meine eigenen handgezeichneten Pläne auf das lang gestreckte Grundstück", erzählt Frau Köhler weiter über die Entstehung

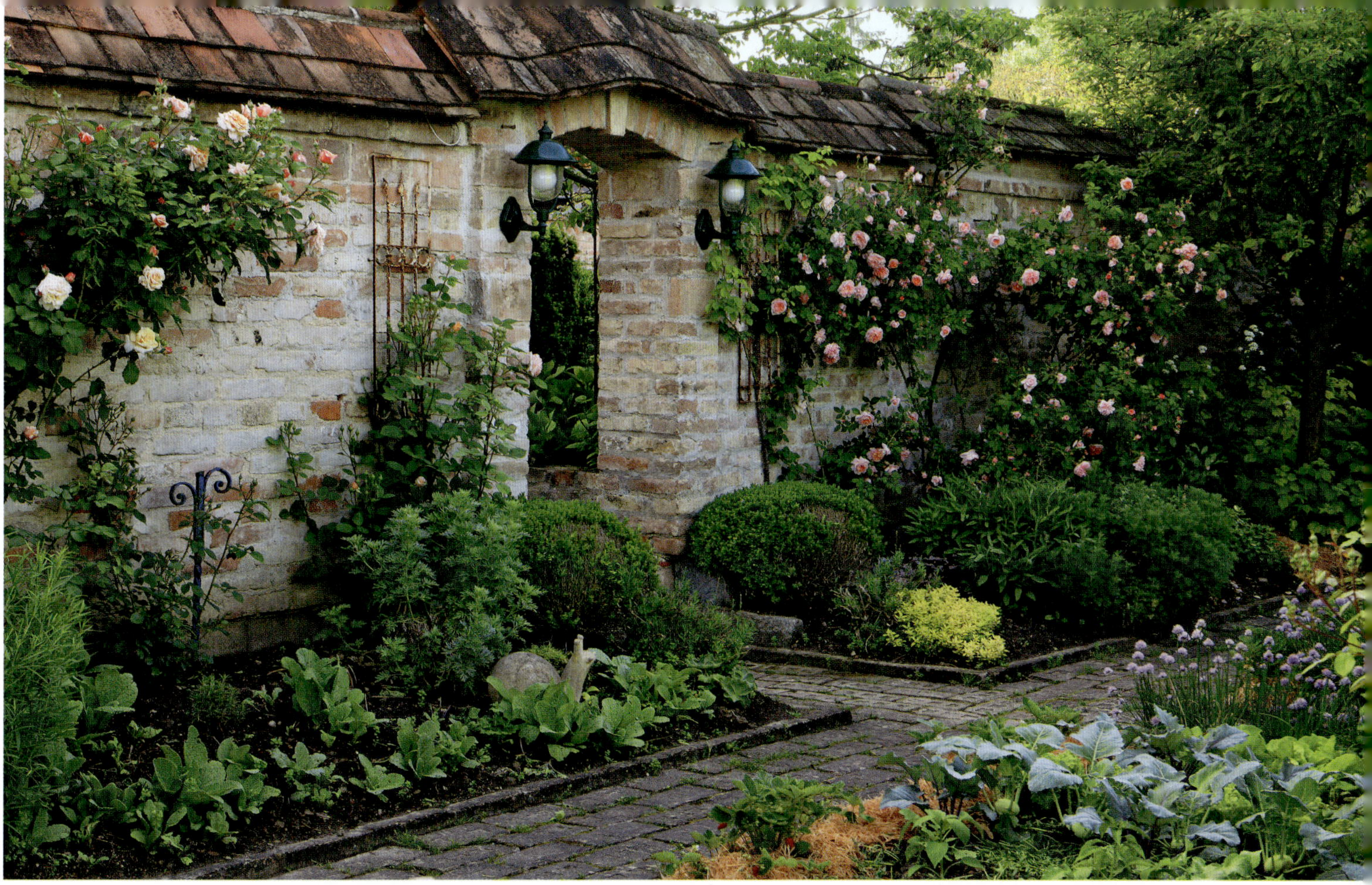

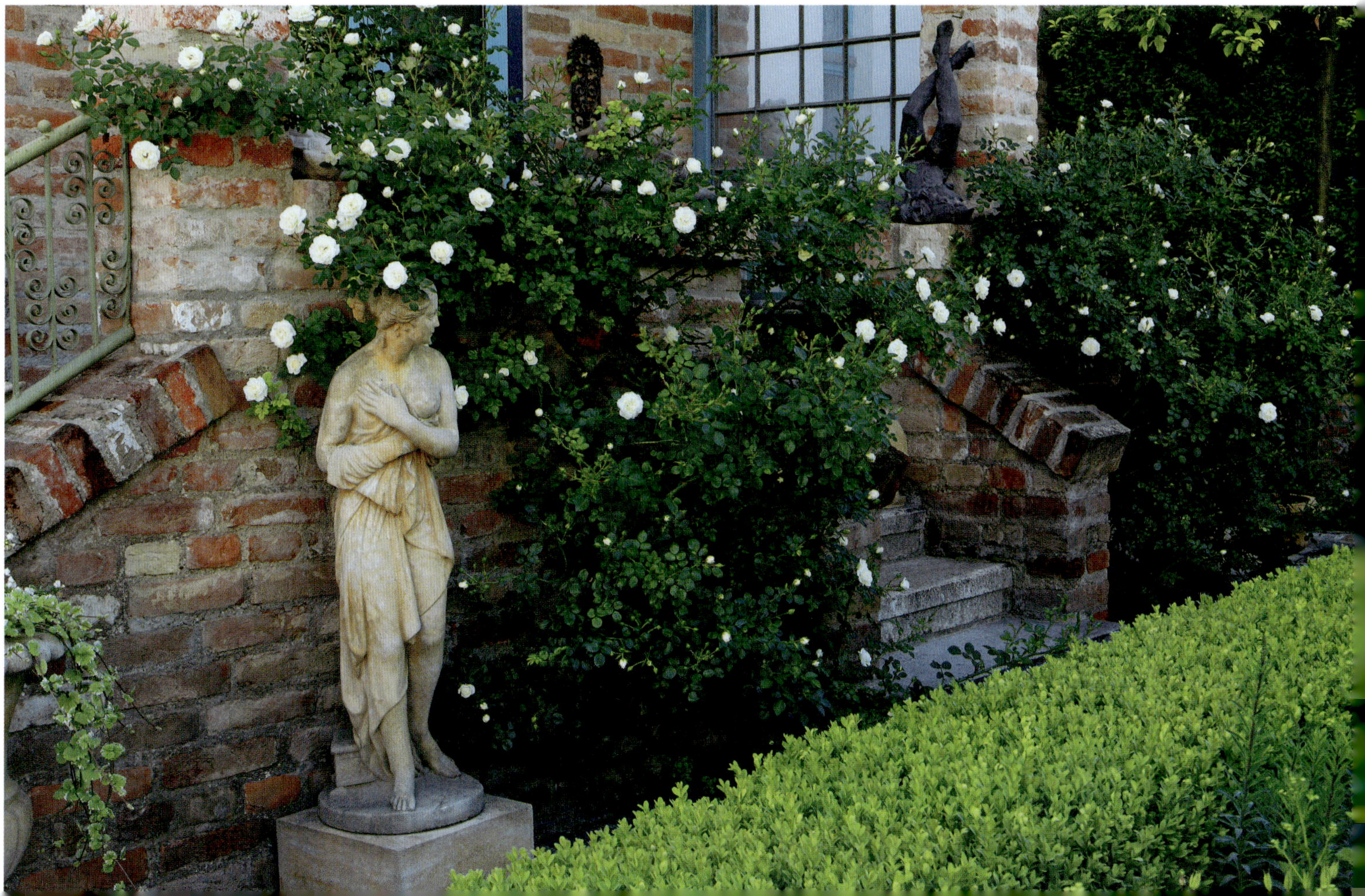

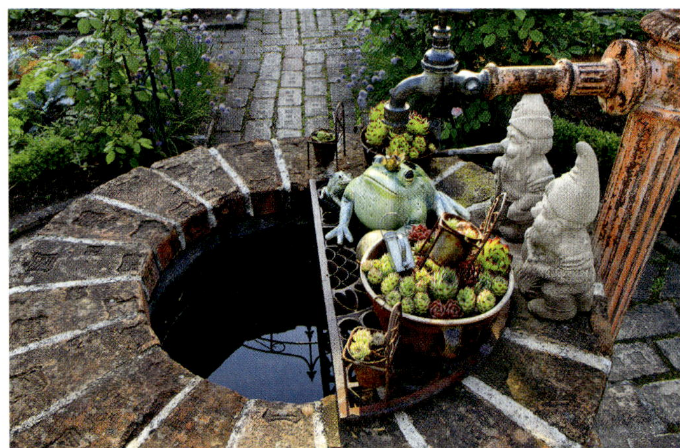

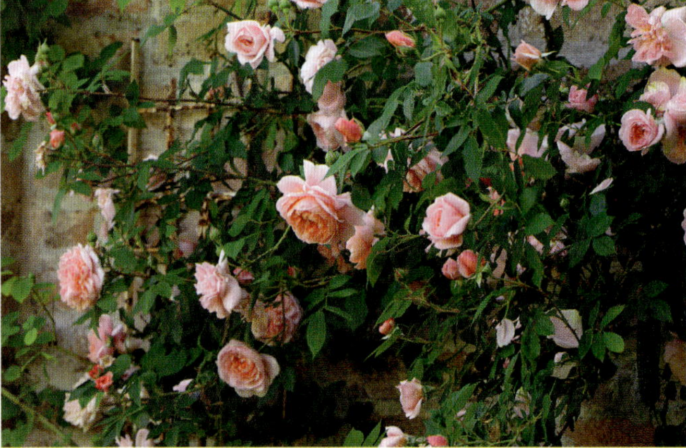

Rosen sind in vielen Gartenräumen zu finden. Die Strauchrose 'Colette' (unten) gedeiht im klösterlichen Küchengarten, die alte 'Heroine de Vaucluse' (oben) in kräftigem Rosa zeigt ihre gefüllten Blüten im Rosengarten.

Die Teehybride 'Gruß an Teplitz' lehnt sich an die weiße Mauer beim Liegedeck neben dem verträumten Schwimmteich und duftet betörend. Glasklar spiegelt das Wasser die Umgebung. Gemütliche Sitzgelegenheiten laden zum Verweilen ein.

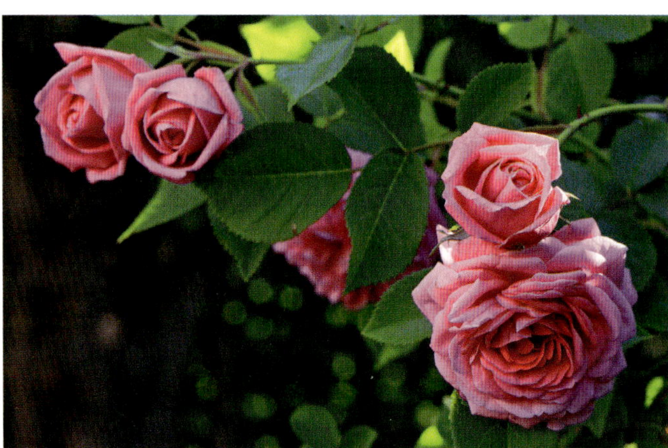

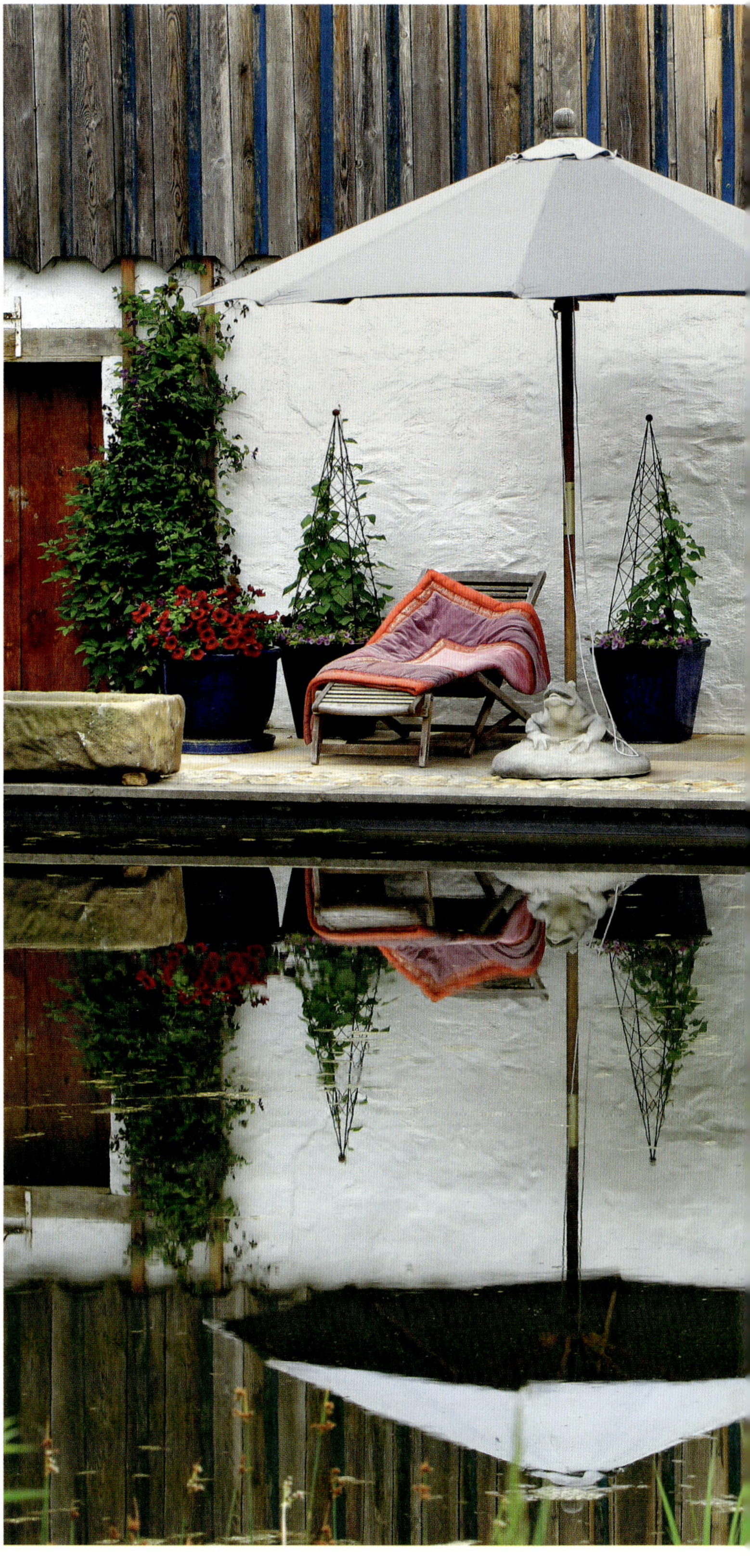

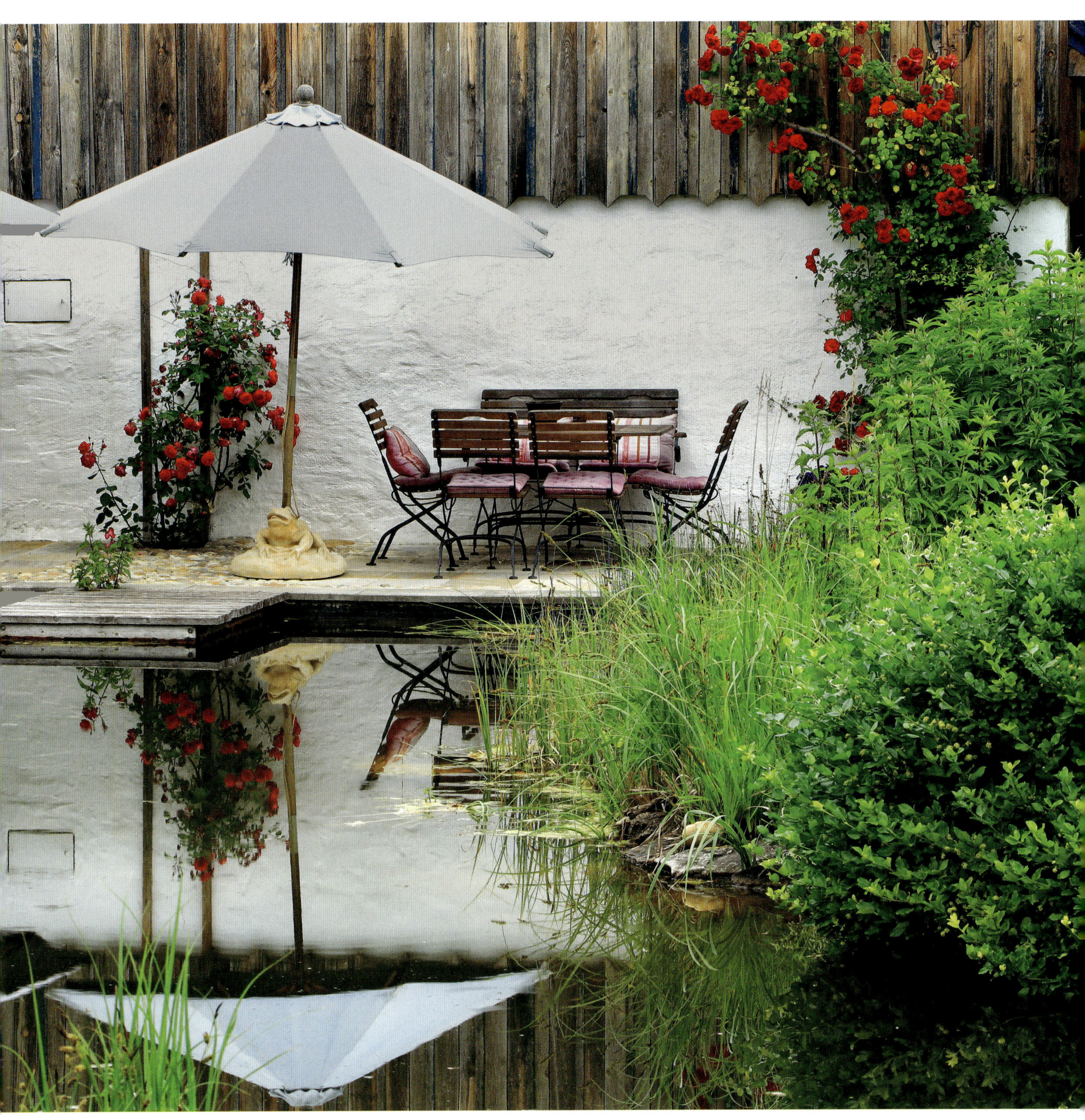

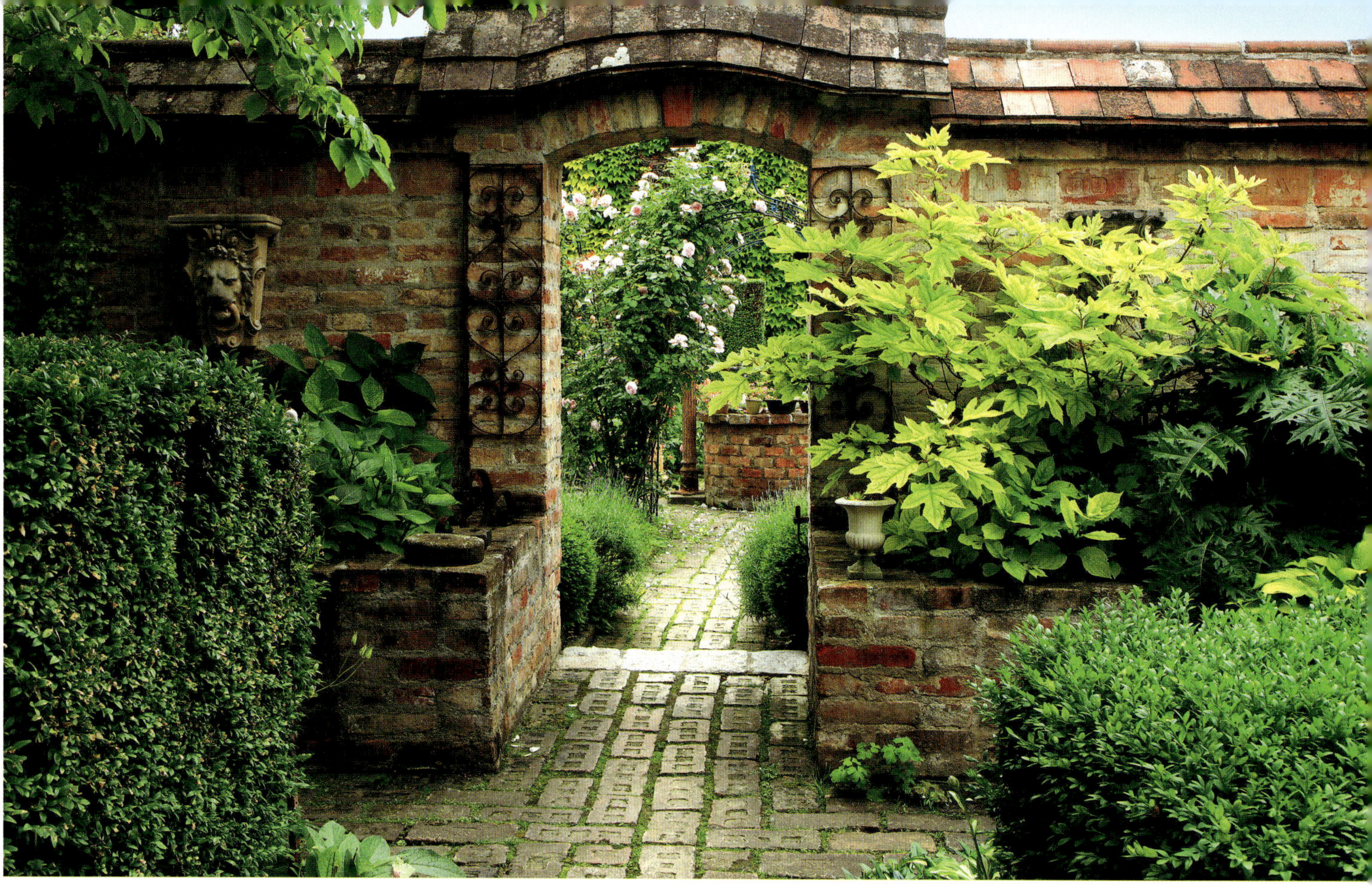

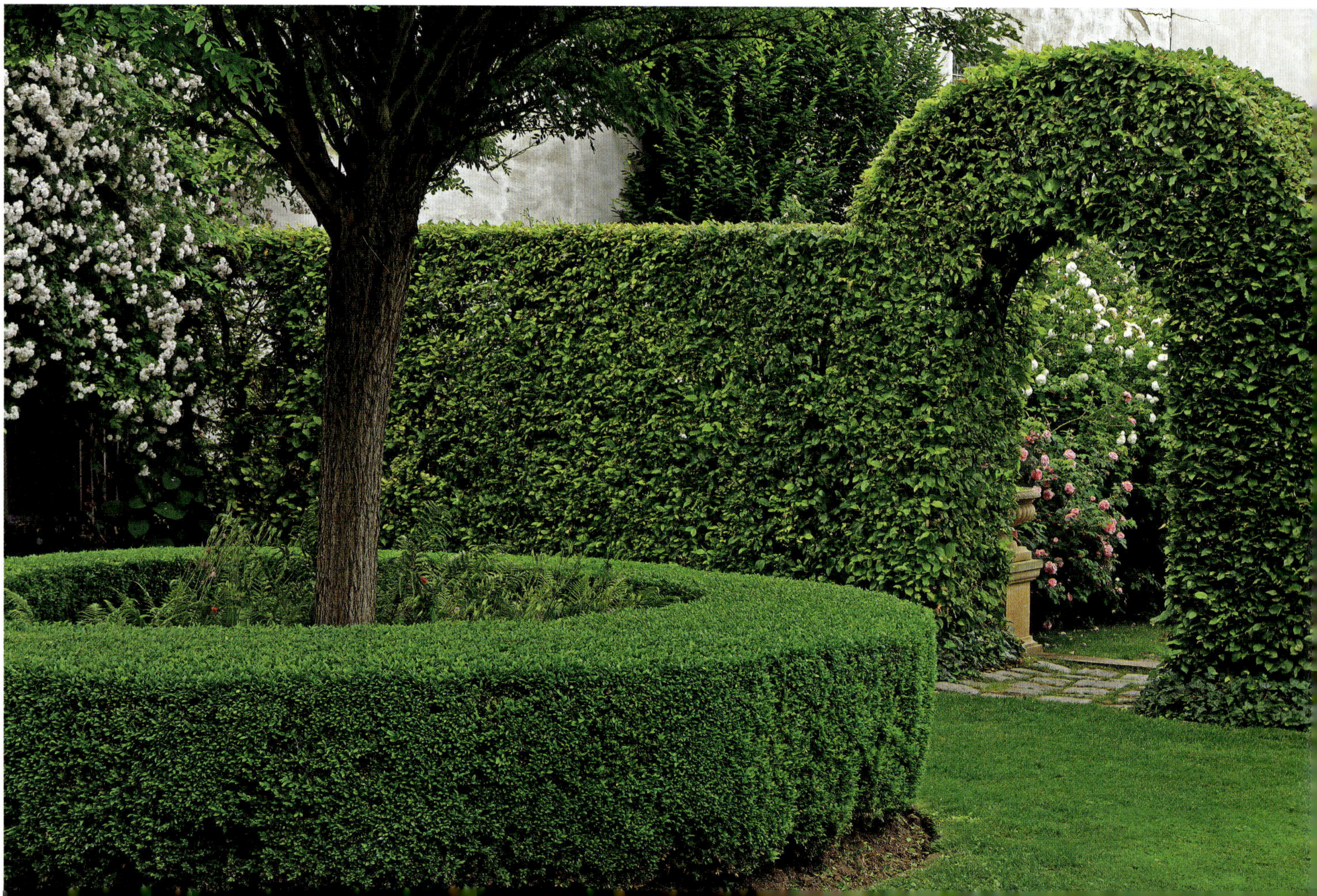

ihres Gartens. Die Auswahl der Pflanzen, speziell der Fokus auf Blüten- und Blattfarben, hatten dabei oberste Priorität.

Rosen, Rosen – überall! Schon den Eingang des Nutzgartens verwandeln 'Charles Austin' oder 'Leander' in ein Blütenmeer. Das englische Rosenzimmer ist der duftende Höhepunkt: 60 rosablühende Rosen werden hier ausschließlich von graulaubigen Stauden begleitet. Im Zentrum steht das historische Knotenbeet aus Zwergbuchs, ein Element aus der Renaissance mit Ursprung im frühen Mittelalter und in Österreich nur sehr selten zu finden.

„Wasser lässt das Gartenerlebnis lebendig werden", ist Monika Köhler überzeugt. Der Schwimmteich bildet mit seinen natürlichen Formen einen starken Kontrast zu den formalen „Gartenzimmern". Seltene Alte Rosen wie 'Gruß an Teplitz' und 'Veilchenblau' ranken an der weißen Mauer empor. Hinter dem Wassergarten erstreckt sich der historische Rosengarten – alle Rosen hier haben den romantischen Charme vergangener Zeiten und duften betörend. Einen Teil der Blütenblätter verarbeitet die Rosenspezialistin zu köstlichen Gelees, um den Wohlgeruch einzufangen und zu konservieren. Besucher nehmen gern eine solche Erinnerung als Souvenir mit.

Obwohl der Garten 3200 Quadratmeter misst, sind wir noch nicht am Ziel. Das grüne Zimmer nimmt wieder die symmetrische Form auf. Die Kugelrobinie im Zentrum ist von einer Rasenfläche umgeben und von einer schützenden Hainbuchenhecke umrahmt. Tiefer Schatten lässt dann im letzten Gartenraum an Elfen denken, unter alten Birken und einer Esche wuchern Waldmeister und Funkien. Zu Kugeln geschnittener Buchs bringt Struktur und Spannung. Hier sind wir im Lieblingszimmer der Gärtnerin angelangt. „Ich fühle mich an diesem Ort verzaubert", sagt sie, „obwohl leider selten jemand diese Meinung mit mir teilt!" Wir lassen die Stille auf uns wirken, glauben, einen Kobold vorbeihuschen zu hören, und so lässt sich für einen kurzen Moment erahnen, wovon Monika Köhler spricht.

Eines ist ihr mit Sicherheit aber gelungen: Ihr Garten spricht alle Sinne an – durch das Geräusch des Wassers, den Duft der Rosen, den Wind, der durch die Gräser streicht …

Linke Seite *Die Ziegelmauern, die den Küchengarten umgeben, haben einen besonderen Reiz – sie schließen den Raum völlig in sich ab (oben). Nicht nur üppige Blütenfülle erwartet einen im Garten der Rosenliebhaberin. Das grüne Zimmer bietet einen Kontrast. Symmetrisch und schlicht, aber dennoch geheimnisvoll und romantisch wollte die Gestalterin diesen Raum anlegen. Von hier führt der Weg entweder zu den Historischen Rosen oder in den zauberhaften Schattengarten.*

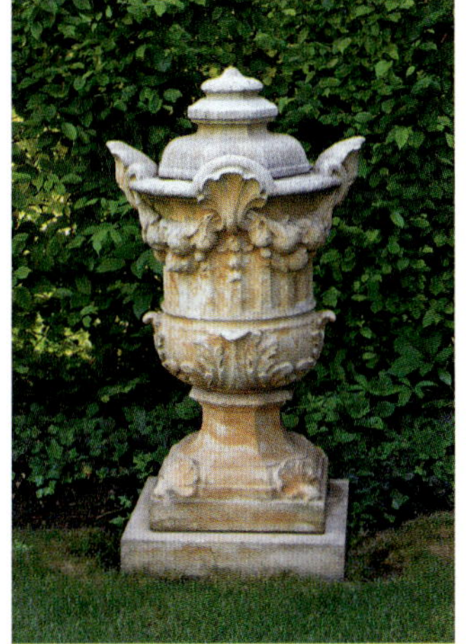

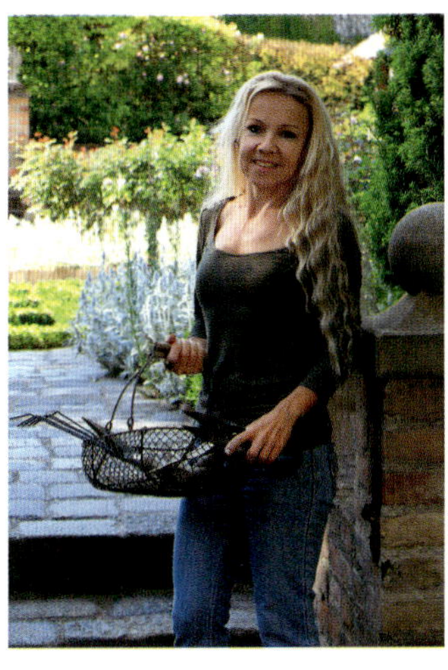

Adresse

Monika Köhler
Hauptstraße 45
2126 Ladendorf
Mobil: +43/664/932 49 58
E-Mail: Schaugarten_Koehler@gmx.at
www.schaugarten-koehler.at

Öffnungszeiten
siehe Homepage sowie nach Voranmeldung

INFO
Eintritt: € 7,–/Person
Kinder bis 12 Jahre frei
Gruppenpreis ab 20 Personen:
€ 7,–/Person plus Sektempfang
keine Hunde
Nichtraucherbereich

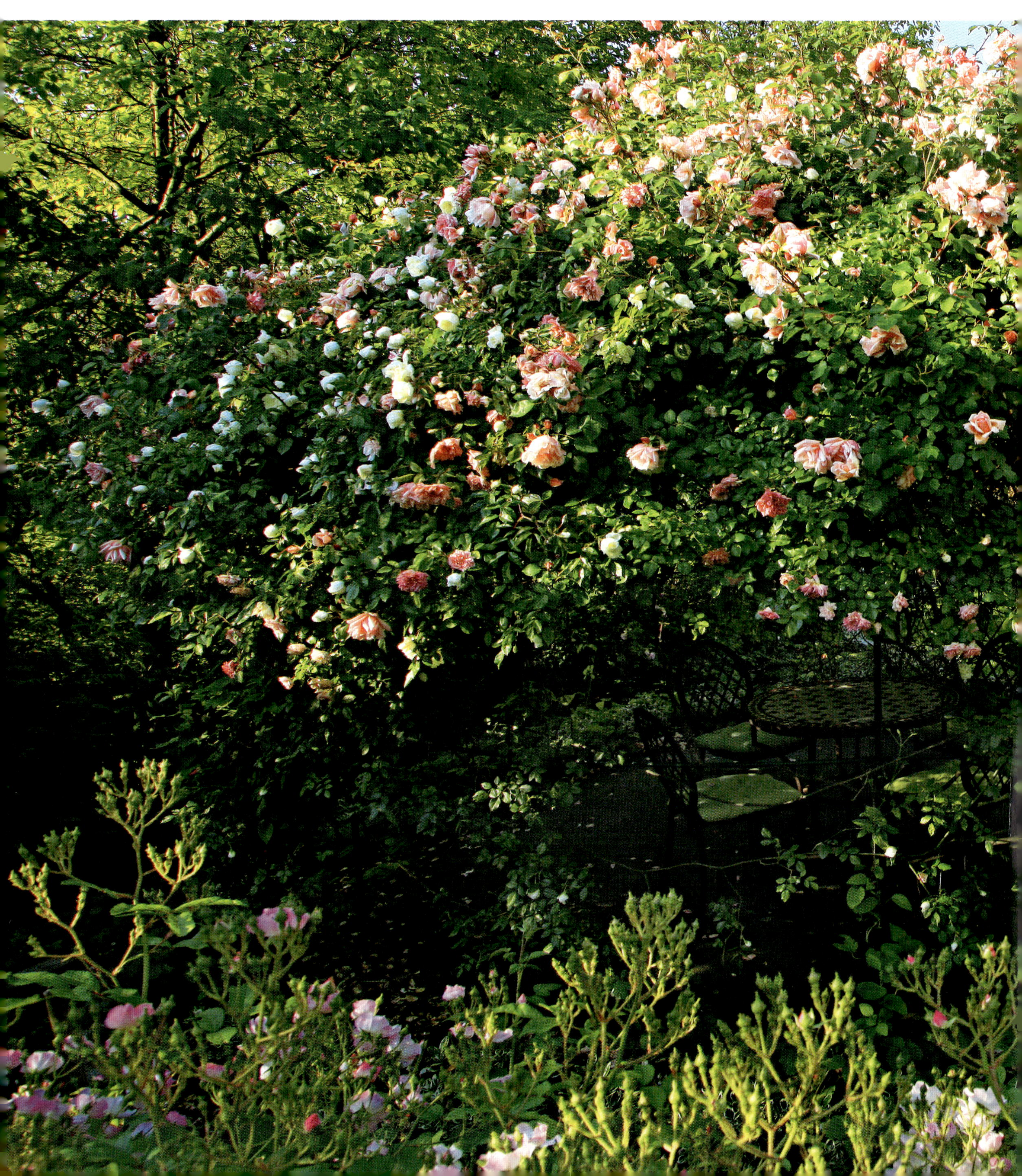

Mediterranes Flair im Weinklima

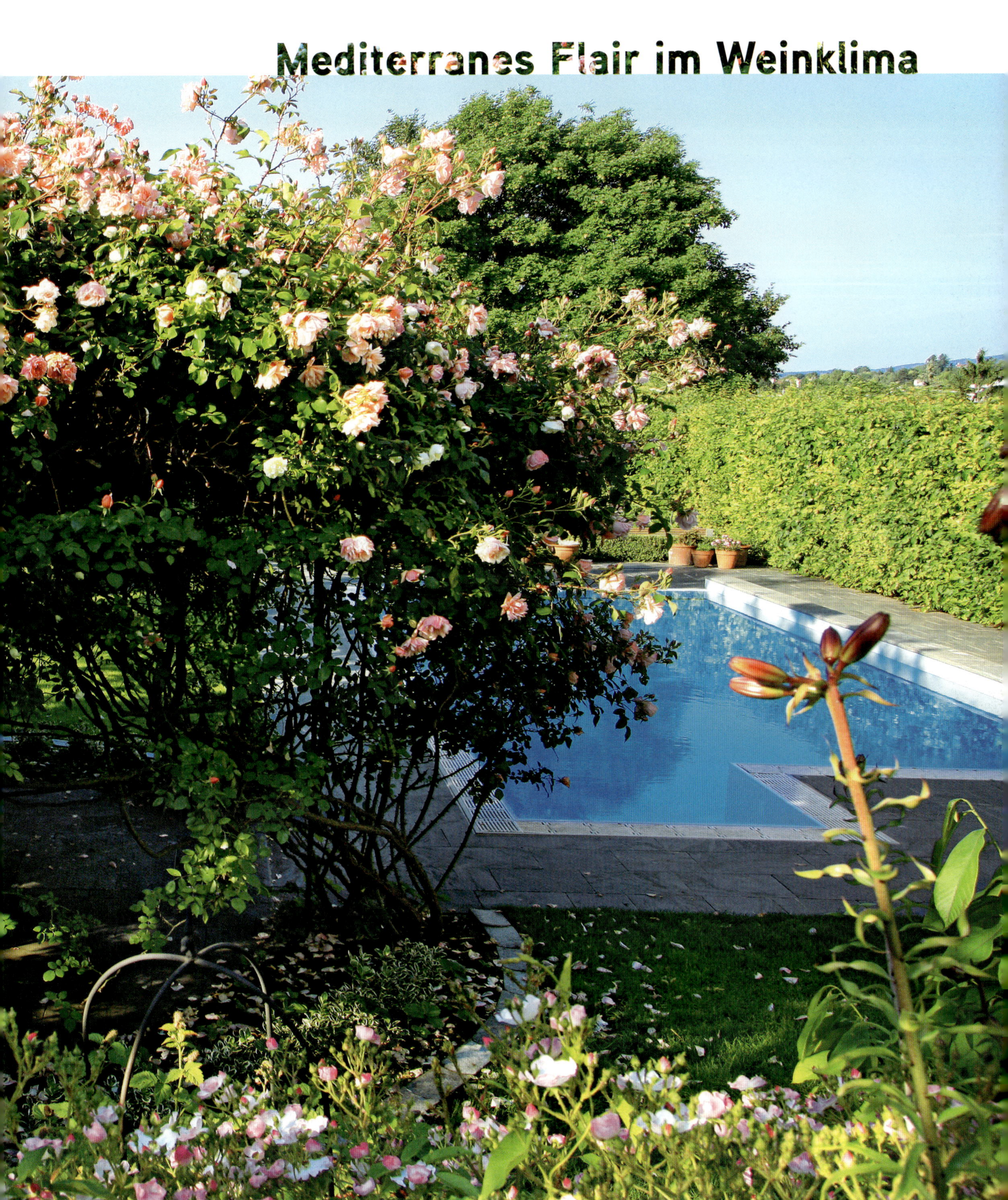

Rechte Seite *Gemüse und Obst gedeihen hier prächtig und in üppiger Fülle. Das milde Weingarten-Klima im Nordosten Wiens begünstigt den Anbau. Verschiedenfarbige Salate und violette Kohlrabi sind nicht nur Gaumenfreude sondern auch Augenschmaus.*

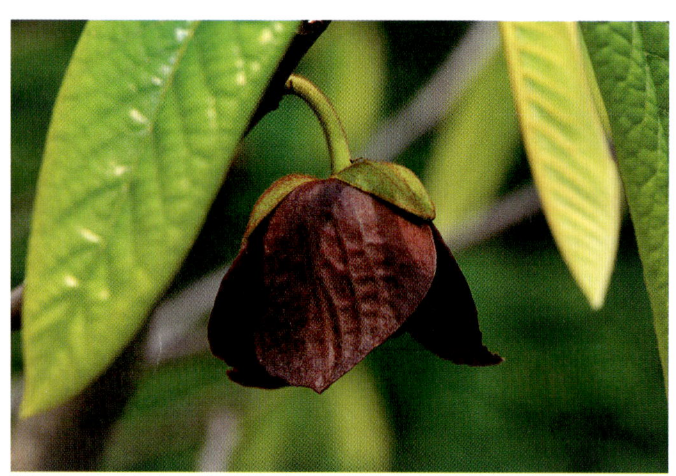

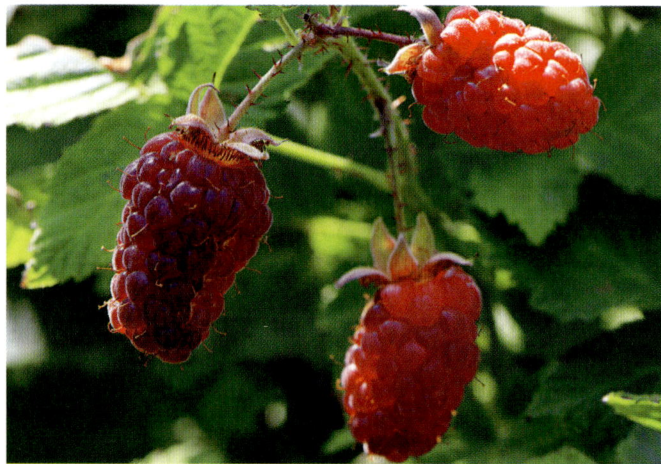

Ein besonderer Strauch und in den letzten Jahren zur Trendpflanze geworden, ist die Indianerbanane (Asimina triloba), *auch Dreilappige Papau genannt, mit ihren braunen Blüten. Sie stammt aus Nordamerika und gehört zur Familie der Annonengewächse. Die Früchte schmecken nach Bananen und Mango (oben). Die köstlichen Früchte der Taybeere (unten), einer Kreuzung aus Himbeere und Brombeere, reifen im Juli.*

Im nördlichen Hügelland Wiens liegt der Garten von Constanze Schmutzenhofer an einem sonnigen Hang. Der Bezirk Grinzing ist bekannt für seine Weingärten und Buschenschanken. Ein idealer Platz, um üppige Obst- und Gemüseernten einzufahren, aber auch ein Ort, der ohne Terrassierung nicht gut nutzbar wäre.

„Wir dürfen die Böschung zum Nachbarn nicht höher als zwei Meter hochziehen", erklärt die Wiener Unternehmerin, die einen Handwerksbetrieb für Dachdeckung betreibt. „Ich habe nach einer guten Lösung gesucht und schließlich die Stützmauern in Bögen bauen lassen." Es entstanden Terrassen in Tränenformen, die sich harmonisch in den Hang schmiegen, als wären sie schon immer dagewesen. Die Mauern aus Naturstein sind in Mörtel versetzt und passen fabelhaft in diese Gegend.

Die erste Terrasse beim Haus liegt direkt vor dem großen Wintergarten, der sich über zwei Stockwerke erstreckt. Eine Sammlung an Kübelpflanzen – allen voran große Exemplare Oleander und Schmucklilien *(Agapanthus)* – bringen mediterrane Stimmung in den Garten. „Töpfe zu bepflanzen ist eine Leidenschaft von mir", bekennt Constanze Schmutzenhofer. „In einem Jahr habe ich etwa fünfzig verschiedene Arrangements aus Gräsern und diversen Saison- und Strukturpflanzen zusammengestellt. Mein knappes Zeitbudget lässt diesen Aufwand aber nicht mehr zu."

Im Frühling blühen Zierlauch in Weiß kombiniert mit zahlreichen schwarzlila und grün-weißen Tulpen. Im Sommer zaubern gefüllt blühende Ramblerrosen wie die cremeweiße 'Albéric Barbier', die lachsrosa 'Albertine' oder die pinkfarbene 'Juranville' Romantik und Duft in den Garten. Auch die Historische Damaszenerrose 'Jacques Cartier' ist Zeugnis einer ausgesprochenen Rosenliebhaberin. Wiesenerdbeeren und Spindelstrauch säumen den kreisrunden Rand der großen Rosenlaube. „Die Konstruktion haben wir eigens im Durchmesser von etwa fünf Metern und ohne Verzierungen anfertigen lassen. Heute

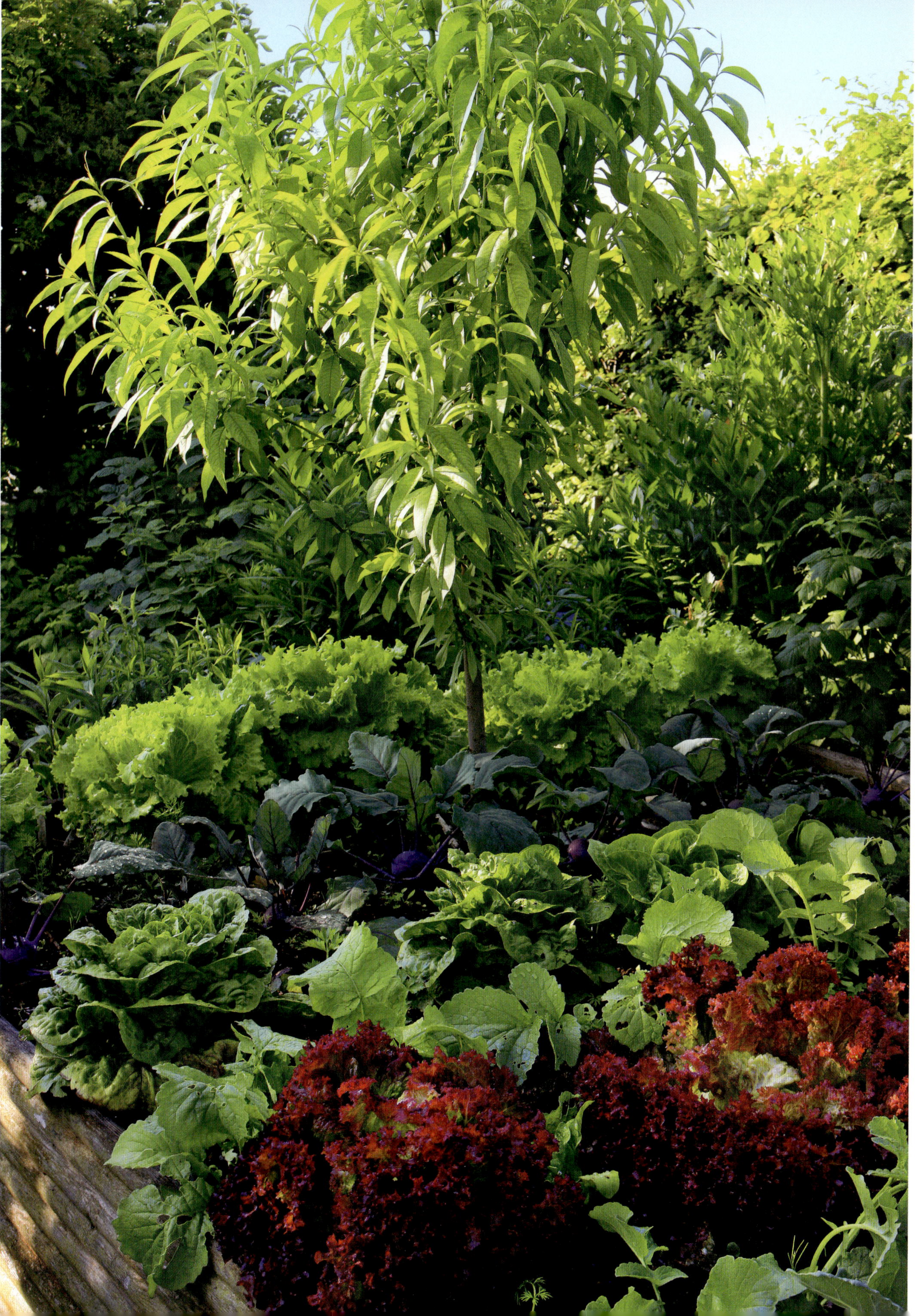

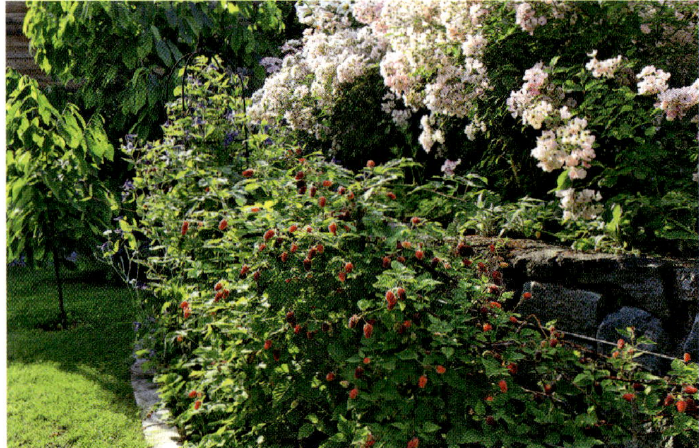

Entlang der Trockenmauern wachsen in voller Sonne prächtige Taybeeren, Staudenclematis und Rosen. Abends wird die Terrasse mit zahlreichen Kübelpflanzen wie Zitrus, Schmucklilie und Oleander zum Traum vom Süden. Die warmen Sommertage verlagern das Leben ins Freie. Gastgeberin Constanze Schmutzenhofer hegt und pflegt einige Exemplare von Kalanchoe thyrsiflora, *auch Wüstenkohl genannt. Sie sind mit ihren großen, fleischigen Blättern eine außergewöhnliche Tischdekoration.*

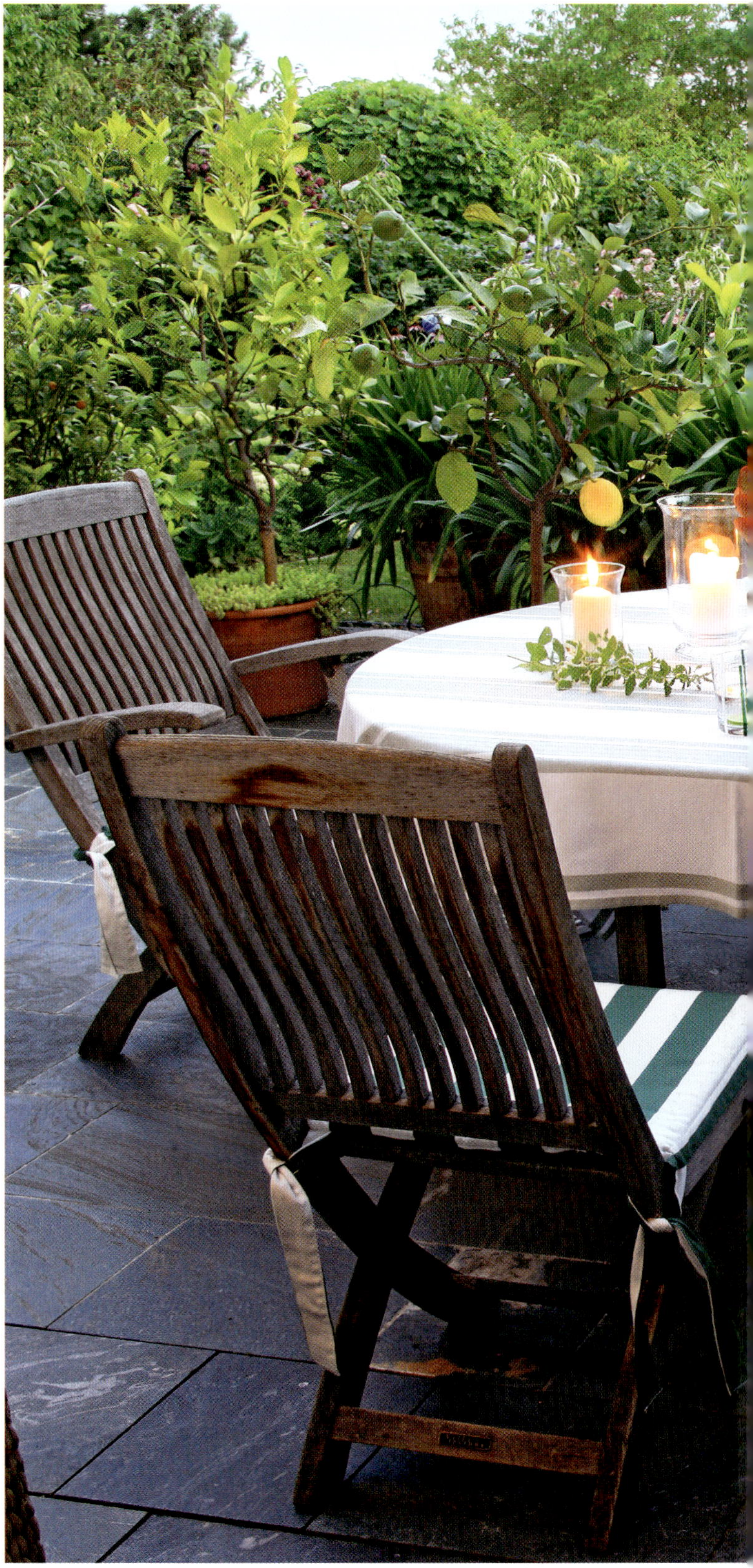

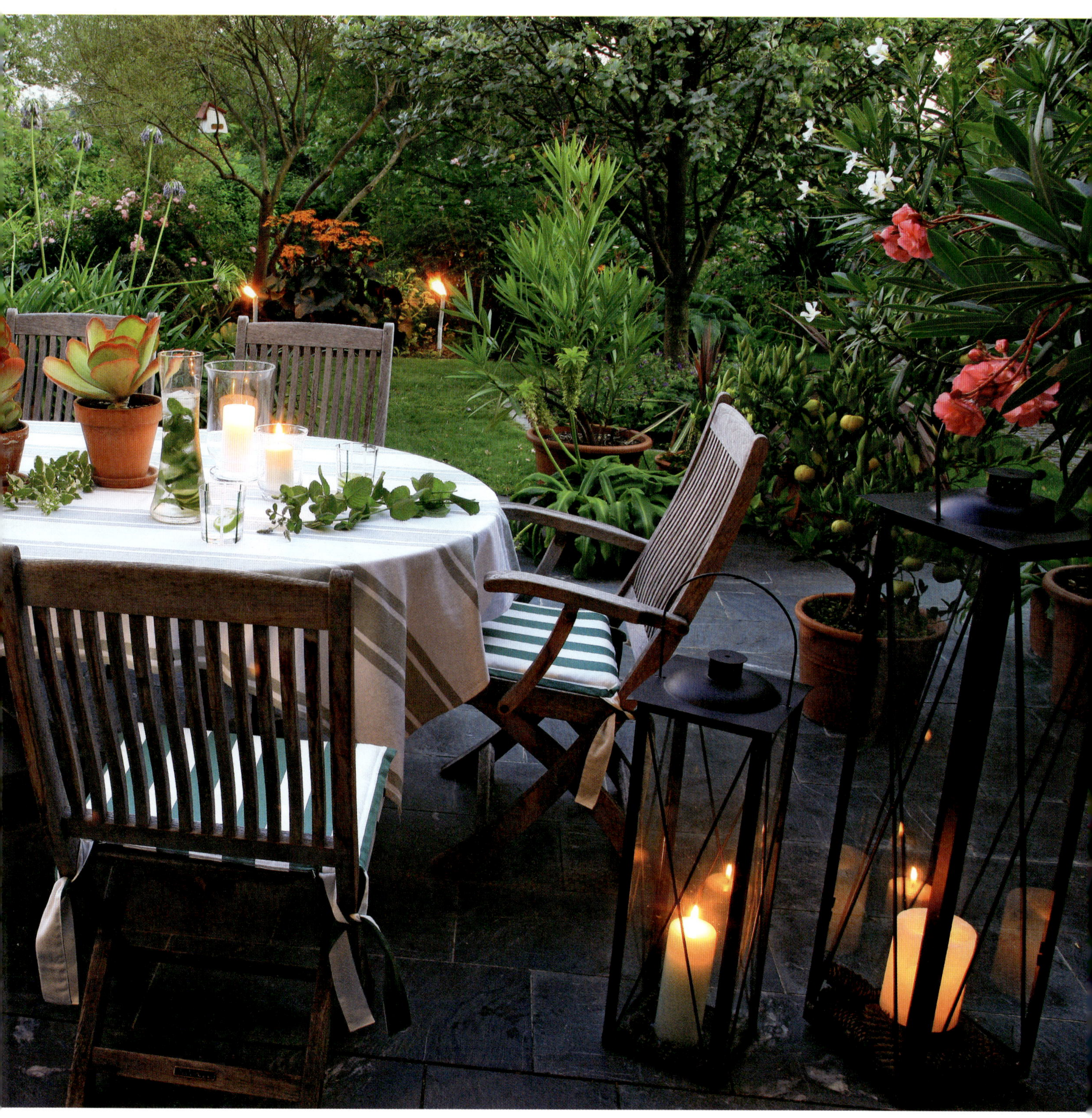

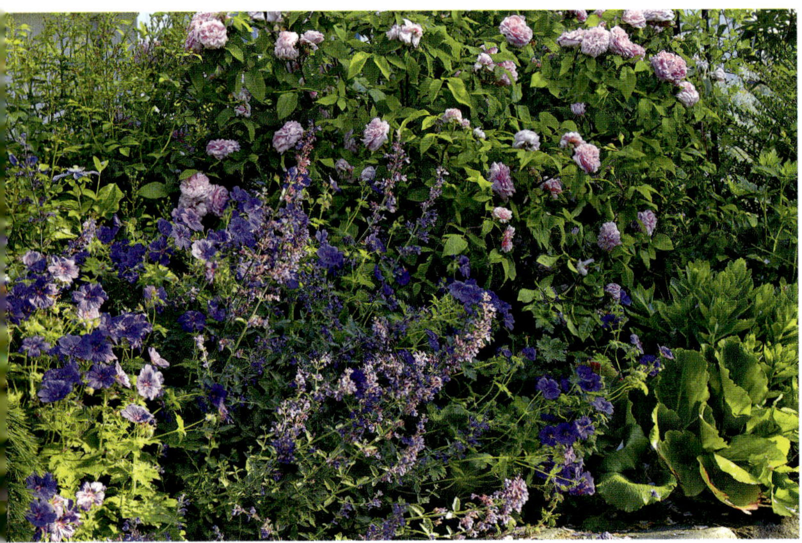

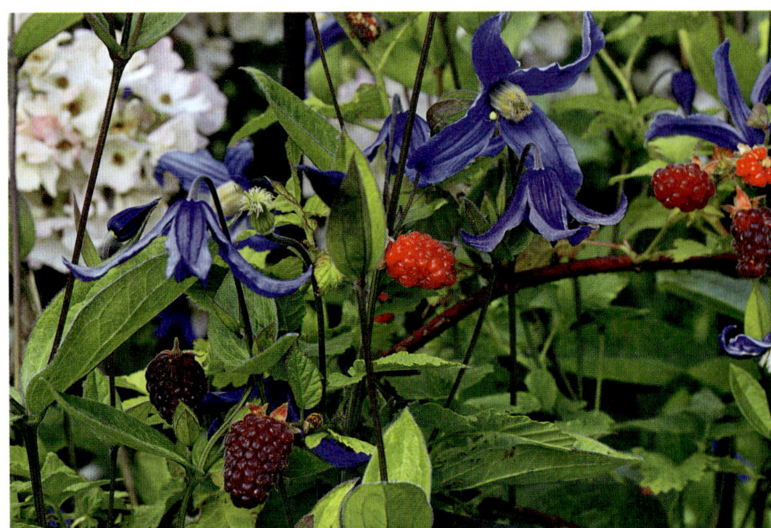

Oben *Storchschnabel und Katzenminze in kräftigen Blau- und Violett-Tönen wachsen harmonisch ineinander und sind dabei gute Begleitstauden für Rosen.*

Oben rechts *Die Blüten der Staudenclematis* (Clematis integrifolia) *leuchten zwischen Taybeeren hervor. Bizarr blüht diese Waldrebe im Hochsommer.*

wachsen zwischen den Ramblerrosen auch Clematis üppig darüber und spenden in der Sommerhitze wunderbar Schatten", erzählt Constanze Schmutzenhofer. „Eine spannende Kombination in Staudenpflanzungen sind übrigens Präriekerzen *(Gaura)* und zartrosa, mehrmals blühende Ballerinarosen."

Einen Obstgartenbereich gibt es nicht – denn eigentlich ist der ganze Garten ein einziger Obstgarten. Gekonnt integriert und zwischen Beeten, in der Wiese und an Böschungen gedeihen im Weinklima Rosenmarillen, Weingartenpfirsiche, Feigen, aber auch Äpfel, Kirschen, Mehl- und Apfelbeeren und Papiernuss. Entlang der Hecken aus Eiben und Hainbuchen schlängeln sich Storchschnabel ebenso wie sie als Unterwuchs auf den Baumscheiben gedeihen. „*Geranium* ist eine wunderbare Pflanze, ich bevorzuge die weißrosa *Geranium macrorrhizum* 'Spessart'", sagt die Hausherrin.

Eine besonders gelungene Staudenkombination findet sich unter dem Nussbaum, hier nuancieren Blätter und Blüten Ton in Ton. Zwischen gelbgrünen Blättern der Funkien, dem Frauenmantel und gelb-panaschiertem Gras *(Hakonechloa macra* 'Au-

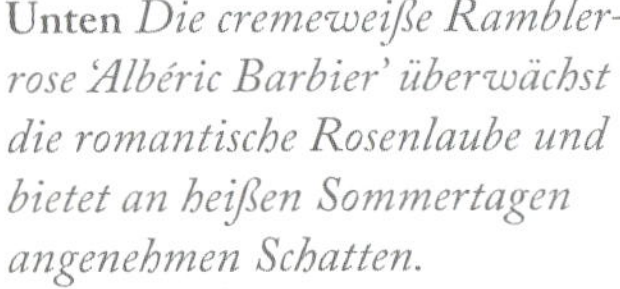

Unten *Die cremeweiße Ramblerrose 'Albéric Barbier' überwächst die romantische Rosenlaube und bietet an heißen Sommertagen angenehmen Schatten.*

Unten rechts *Neben dem Weg unter dem Nussbaum entstand ein Staudenbeet Ton-in-Ton. Blätter und Blüten sind allesamt in Gelb- und Maigrün gehalten.*

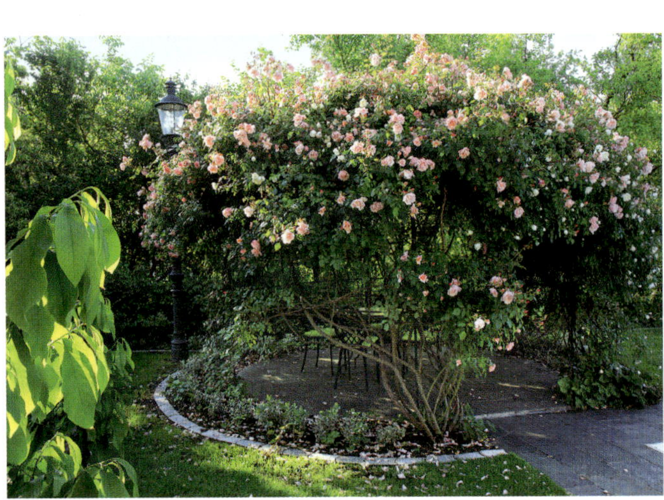

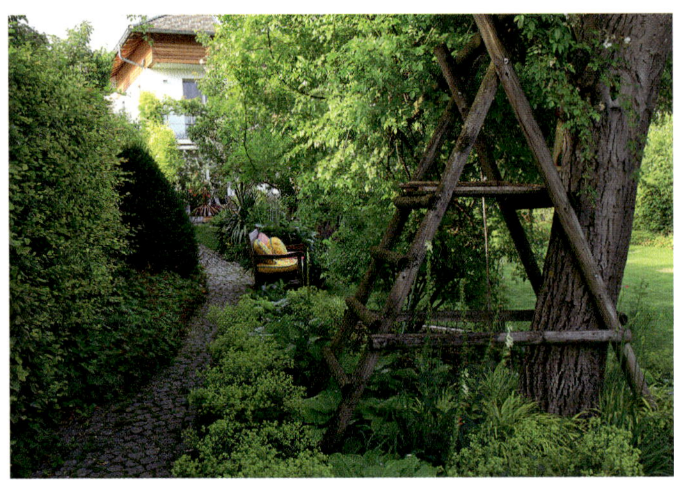

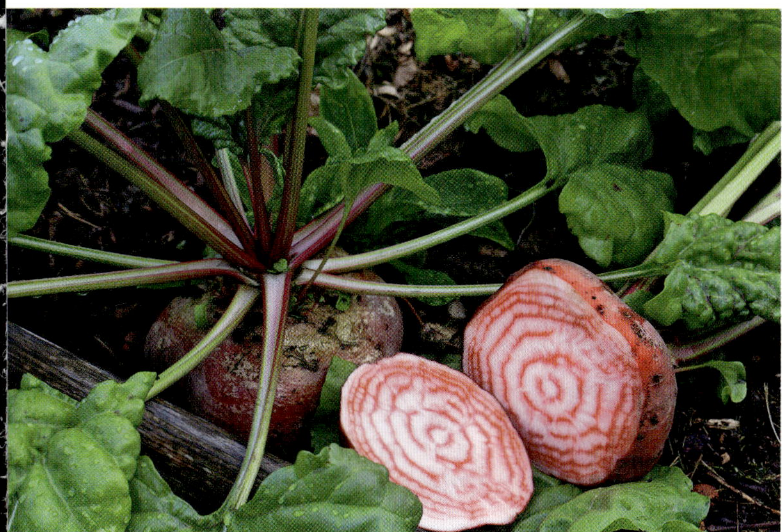

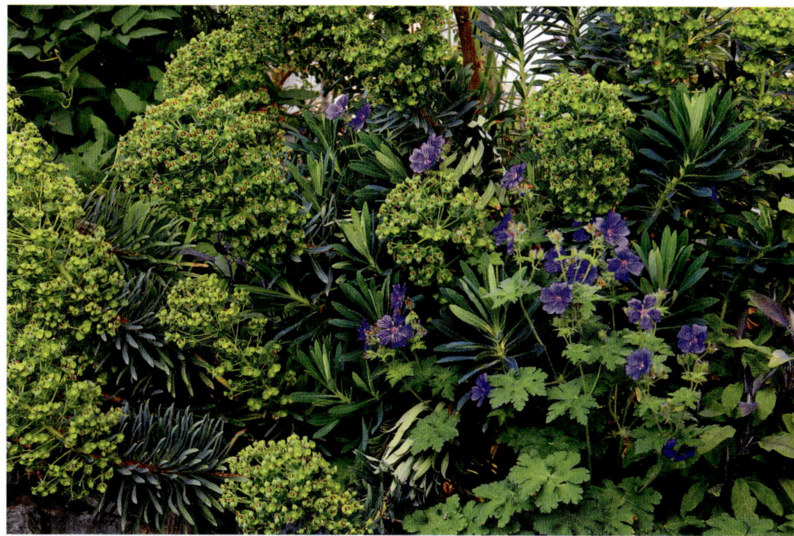

reola') wachsen zitronenfarbener Fingerhut und Taglilien. Nur im Frühling dürfen Vergissmeinnicht zarte, blaue Tupfen in das Beet malen.

Auf der untersten Terrasse entstand ein schmucker Gemüsegarten, großteils in Hochbeeten. Ein Kürbis klettert wild entschlossen auf die Hainbuchenhecke zum Nachbarn, und weiße Himbeeren wollen vermitteln, dass süße Früchte keineswegs immer rot sein müssen. Liebevoll wurde dieser Gartenteil mit kleinen Buchshecken eingefasst. Davor stehen Duftpelargonien in Töpfen und verströmen nahe dem Pool den Duft des Südens. Ein schmaler Pfad führt hinter die letzte Mauer, dorthin, wo man nichts mehr vermutet hätte. Weit gefehlt! Jeder Winkel wurde genutzt. Hier unten gedeihen Felsenbirnen, Sanddorn, Johannisbeeren und darunter jede Menge saftiger Erdbeeren.

Zwanzig Jahre sind vergangen, seit die erklärte Gartenliebhaberin mit der Gestaltung des 1200 Quadratmeter großen Grundstücks und der damit verbundenen Wissensaneignung begonnen hat. In dieser Zeit ist ein interessant angelegter Garten mit perfekt und artenreichen Pflanzungen entstanden.

Oben links *'Tondo di Chioggia' ist eine gleichmäßig runde, raschwüchsige und ertragreiche Rote Beete mit rot-weiß geringeltem, sehr süßem Fleisch.*

Oben *Die Palisaden-Wolfsmilch* (Euphorbia characias), *hier in Kombination mit Storchschnabel, bildet attraktive gelbe Scheinblüten.*

Unten *Constanze Schmutzenhofer verbringt jede freie Minute auf der Terrasse und im Garten. Sie wurde in kürzester Zeit zur Garten-Expertin.*

Adresse

Constanze Schmutzenhofer
Schreiberweg 41
1190 Wien
Tel.: +43/676/477 66 21
E-Mail: c.schmutzenhofer19@gmail.com

Besuch nur nach Vereinbarung

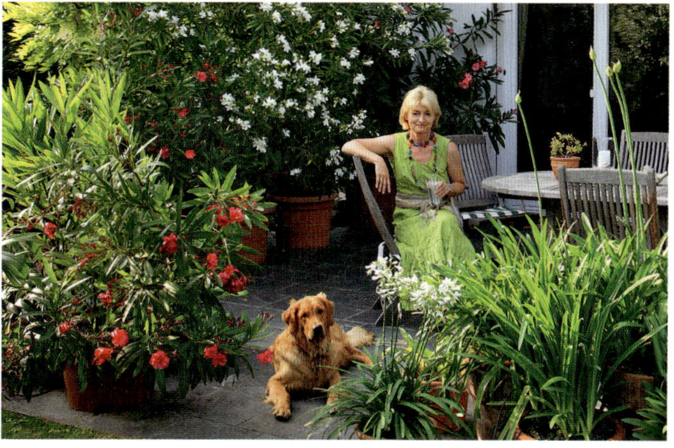

Ursel Borstell studierte an der Folkwangschule in Essen Fotografie und Grafik-Design. Seit 1990 zählt sie zu den bekanntesten Gartenfotografinnen im deutschsprachigen Raum. Ihre Fotos erscheinen in Garten- und Wohnzeitschriften sowie in zahlreichen Büchern und Kalendern.

Veronika Schubert und Elke Papouschek, beide selbstständige Gartenbautechnikerinnen mit eigenen Redaktionsbüros. Seit Jahren arbeiten sie mit dem Bestseller-Autor und ORF-Fernsehmoderator Karl Ploberger zusammen.

ISBN 978-3-8094-4626-2

1. Auflage

Layout und Satz: Monika Pitterle/DVA
Projektleitung dieser Ausgabe: Dr. Iris Hahner
Cover: Gerhard Versen, Bad Aibling
Herstellung dieser Ausgabe: Elke Cramer

Druck und Bindung: DZS Grafik d. o. o., Ljubljana

Printed in Slovenia

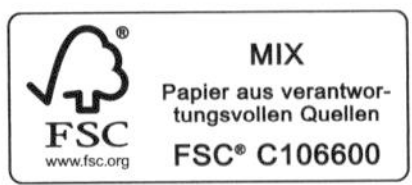

Penguin Random House Verlagsgruppe FSC® N001967

430038410212